U0516579

戰國楚簡特形"心"符字群研究

劉寶俊 著

中 華 書 局

圖書在版編目(CIP)數據

戰國楚簡特形"心"符字群研究/劉寶俊著. —北京:中華書局,2020.6
ISBN 978-7-101-14528-1

Ⅰ.戰…　Ⅱ.劉…　Ⅲ.竹簡文–研究–中國–戰國時代
Ⅳ.K877.54

中國版本圖書館 CIP 數據核字(2020)第 064608 號

書　　名	戰國楚簡特形"心"符字群研究	
著　　者	劉寶俊	
責任編輯	張　可	
出版發行	中華書局	
	(北京市豐臺區太平橋西里 38 號　100073)	
	http://www.zhbc.com.cn	
	E-mail:zhbc@ zhbc.com.cn	
印　　刷	北京市白帆印務有限公司	
版　　次	2020 年 6 月北京第 1 版	
	2020 年 6 月北京第 1 次印刷	
規　　格	開本/710×1000 毫米　1/16	
	印張 19　　插頁 2　字數 325 千字	
印　　數	1-1500 册	
國際書號	ISBN 978-7-101-14528-1	
定　　價	65.00 元	

目 録

第一章　緒論

第一節　研究緣起

一、秦漢簡帛文獻概述

在學術研究領域,理論、觀點、材料、方法構成學術研究之"四維",而材料又是其他三者得以産生的基礎。欲求學術研究有新的發明,須有賴於新的理論、新的觀點、新的材料、新的方法。其中新的材料,又是新的理論、新的觀點、新的方法得以産生的基礎。在 20 世紀 20 年代,著名學者傅斯年創辦中研院史語所,就十分强調歷史研究的材料——即史料在史學研究中的重要性。傅斯年在 1928 年提出了"史學即是史料學"的觀點,認爲"凡一種學問能擴張他所研究的材料便進步,不能的便退步"①。所謂"擴張研究的材料",具體而言,就是將研究的材料擴展到傳世文獻以外的東西,如甲骨、簡牘、陶器、璽印、石刻、青銅器等地下出土文物,在田野考古中尋找新的材料,開拓新的思路,研究新的問題。1928 年到 1937 年,傅斯年領導史語所對安陽殷墟進行了數次發掘,爲中國的學術研究奉獻了極爲重要的材料,就是"擴張研究的材料"的具體體現。傅斯年的主張與王國維、陳寅恪、陳垣、胡適等史學大師的史學實踐,形成現代史學界與"史論派"相對的"史料派"。由此看來,"史學即是史料學"絶非妄言,而是當時一代學者對於材料,尤其是新的材料在學術研究中重要地位的總體理解和認知。

著名史學大師陳寅恪先生在爲陳垣先生的著作《敦煌劫餘録》所作的序言中,開篇即指出:"一時代之學術,必有其新材料與新問題。取用此材料,以研求問題,則爲此時代學術之新潮流。治學之士得預於此潮流者,謂之預流(借用佛教初果之名)。其未得預者,謂之未入流。此古今學術史之通義,非彼閉門造車之徒所能同喻者也。"②陳寅恪先生通過闡述敦煌學利用新材料解決問題的重要

---

① 參見傅斯年《歷史語言研究所工作之旨趣》第 5 頁。

② 陳寅恪《〈敦煌劫餘録〉序》第 231 頁。

性,説明研究任何學問都須充分掌握新的材料,研究並解決新的問題,這是"古今學術史之通義"。尤其是對於先秦時期的學術研究而言,因爲時代相對久遠,傳統的文獻材料相對較少,所以對新材料的期待和依賴比其他時期更爲突出。

在歷史上,每一項新出土文獻的發現都會引起學人的興奮、學界的激蕩和學術研究的革新與精進。西漢發見的孔壁古文、西晉出土的汲塚竹書等新的文獻材料,都曾對中國學術的發展産生過極其重大而深遠的影響。自 19 世紀末以來,隨著殷墟卜辭、兩周金文、敦煌卷軸、西北漢晉簡牘、吐魯番文書,以及新時期戰國、秦漢各地簡帛等新材料的面世,我國的學術研究進入了一個被學界稱之爲"考古發現"的新時代。新的材料産生新的認知、新的理解,孕育出新的知識、新的理論和觀點。尤其是殷商甲骨、兩周金文和秦漢簡帛文獻的發現,極大地豐富了我們的研究材料,充實了我們的研究内容,開拓了我們的學術視野,爲上古文明史的探索和先秦、秦漢典籍的整理帶來了新的契機,並促成了相關新興學科的迅速發展。這一系列重大發現,最直接、最重要的影響表現在兩個方面:其一是對語言文字學研究的影響,其二是對古代學術思想的重新認識。

1925 年,王國維先生在清華國學研究院所作《最近二三十年中中國新發見之學問》的著名演講中指出:"今日之時代,可謂之發見時代,自來未有能比者也。"[1]考古新發現給傳統學術注入了新的生命活力,新材料的發現與研究成爲新時代學術研究的重要特徵。相對於傳世文獻而言,新出土材料的價值,一是可以印證傳世文獻的記載,二是可以彌補傳世文獻的空白,三是可以糾正傳世文獻的訛誤。新出土材料因其未經後人接觸改動的真實性,具有其他材料無可替代的作用,其價值足以與傳世文獻相與並列,甚至超越傳世文獻。王國維在《古史新證》中提出了著名的"二重證據法":"吾輩生於今日,幸於紙上之材料外,更得地下之新材料。由此種材料,我輩固得據以補正紙上之材料,亦得證明古書之某部分全爲實録,即百家不雅訓之言,亦不無表示一面之事實。此二重證據法惟在今日始得爲之。雖古書之未得證明者,不能加以否定;而其已得證明者,不能不加以肯定,可斷言也。"[2]王國維創立的"二重證據法",即把"紙上之材料"與"地下之新材料"相互印證、把地下發現的新史料與傳世古籍記載結合起來以考證古史的研究方法,對中國學術的研究産生了巨大的影響,有力地推動了 20 世紀以來中國學術的發展。

---

① 王國維《王國維全集》第十四卷第 239 頁。
② 王國維《古史新證——王國維最後的講義》第 2—3 頁。

自王國維以後,尤其是 20 世紀 50 年代以來,天不愛寶,地不藏珍,考古發現層出不窮,不斷有驚世的成果出土。而這些出土的簡帛,又大多發見於戰國時代的楚國境地,計出土竹簡 30 多批、1 萬餘簡,帛書 2 批,總字數 10 多萬字。我們今天所見的簡帛材料,數量上不啻百倍於王國維時代。其性質、內容和年代涵蓋的範圍,也比王國維所見擴大了許多。對於這些新出土簡帛材料的研究也日臻興盛,呈現出方興未艾之勢,並逐漸形成一門專門的學問——"簡帛學",即應用語言文字學、考古學、歷史等學科理論,從文字、考古、歷史等角度對出土簡帛材料進行綜合分析的一門學問。簡帛學與此前的金石學、甲骨學並列,構成現當代對古代中國學術研究的三大顯學。

20 世紀以來出土的戰國秦漢時期的重要簡帛文獻,按其出土年代順序排列,可確定出土年代和地點的大致有:

1907 年至 1998 年,在甘肅西部疏勒河流域的漢代長城關塞遺址中,共發掘出 11 批漢代簡牘,計 25,000 餘枚,統稱爲"敦煌漢簡"。內容爲記錄屯戍活動的官府檔案、籍簿和邊塞吏卒的私人書信、契券等文書,以及儒家典籍《易經》《力牧》等古佚書。

1930 年和 1972 年,在甘肅北部額濟納河流域(即古代"居延"地區、現內蒙古阿拉善左旗地區)的兩次發掘中,出土漢代簡牘 3 萬餘枚,統稱爲"居延漢簡"。內容爲當時社會政治、經濟、軍事、科技、文化以及日常生活等方面的文書。

1942 年,在湖南長沙子彈庫戰國中晚期楚墓中,出土帛書 900 餘字。內容爲四時、天象、月忌等術數內容的文書。

1957 年,在河南信陽長臺關 1 號戰國早中期楚墓中,出土竹簡 299 枚,計 1,454 字。內容或爲傳世古籍《墨子》的佚篇。

1965 年,在湖北江陵望山 1、2 號戰國中期楚墓中,出土殘簡 273 片,計 2,018 字,內容爲卜筮祭禱記錄和記載隨葬物品的遣策。

1972 年,在山東臨沂銀雀山 1、2 號漢墓中,出土竹簡 4,974 枚,內容包括《孫子》《孫臏兵法》《晏子》《尉繚子》《太公》以及論政、論兵、陰陽、時令、占候、相狗、作醬等方面佚書多種。

1973 年,在河北定縣八角廊 40 號漢墓中,出土殘簡 2,500 片。內容爲《論語》《文子》《太公》《六韜》《儒家者言》等書籍。

1973 年,在湖南長沙馬王堆 3 號漢墓中,出土秦漢時期帛書 28 種,計 12 萬餘字。內容包括六藝類的《周易》《春秋事語》等,諸子類的《老子》《戰國縱橫家書》等,兵書類的《刑德》等,數術類的《陰陽五行》《天文氣象雜占》《出行占》《相馬經》《五星占》等,方術類的《五十二病方》《胎産圖》《養生圖》《雜療方》《導引圖》等。

1975 年,在湖北雲夢睡虎地 11 號秦墓中,出土竹簡 1,150 餘枚,近 4 萬字。内容多爲秦代法律文獻,如《秦律十八種》《秦律雜抄》《秦律答問》《效律》,以及《爲吏之道》《日書》等。

1977 年,在安徽阜陽雙古堆 1 號漢墓中,出土西漢竹簡 6,000 餘枚。内容包括《詩經》《周易》《倉頡篇》《萬物》等書籍多種。

1978 年,在湖北隨縣曾侯乙墓中,出土竹簡 240 餘枚,約 6,600 字。内容爲遺策。

1981 年,在湖北江陵九店 56、621 號楚墓中,出土戰國竹簡 234 枚。内容爲日書以及計量、換算之類文書。

1983 至 1984 年,在湖北江陵張家山 247 號漢墓中,出土竹簡 1,236 枚(不含殘片)。内容爲《漢律》《奏讞書》《脈書》《引書》《算數書》《闔廬》等文書。

1986 年,在甘肅天水放馬灘 1 號秦墓中,出土竹簡 460 枚,内容爲《日書》(甲乙兩種)等。

1987 年,在湖北荆門包山 2 號楚墓中,出土竹簡 278 枚,12,472 字。内容爲司法文書、卜筮祭禱記録、遺策等。

1987 年,在湖南慈利石板坡 36 號戰國中早期楚墓中,出土竹簡 4,371 枚。内容包含與《國語·吳語》《逸周書·大武》《管子》《寧越子》等相近的古書。

1989 年,在湖北雲夢龍崗 6 號秦墓中,出土竹簡 283 枚。内容爲法律文書。

1990 至 1992 年,在敦煌懸泉置遺址發掘中,出土漢簡 35,000 餘枚。内容涉及漢代中央到地方以及郵置系統的各種律令、簿籍、符、傳、記、奏、檄、信劄、曆譜、醫方等文書。

1993 年,在湖北江陵縣王家臺 15 號秦墓中,出土竹簡 800 餘枚。内容爲《效律》《日書》及《易占》等文書。

1993 年,在江蘇連雲港尹灣 6 號西漢墓中,出土一批竹簡。内容有《神烏賦》《博局占》等書篇、文書。

1993 年,在湖北荆門郭店 1 號戰國楚墓中,出土竹簡 804 支,12,072 字。有《老子》《太一生水》《緇衣》《魯穆公問子思》《五行》等儒、道著作共 18 種。郭店墓屬於戰國中後期楚墓,下葬年代約在公元前 4 世紀末,不晚於公元前 300 年。竹簡的書寫應早於墓葬年代,著作年代自然更早,均應在《孟子》成書之前。

1994 年，在河南新蔡葛陵 1 號戰國中期楚墓中，出土殘簡 1,571 片，近 8,000 字。內容爲卜筮祭禱記録和遣策。

1996 年，在長沙走馬樓古井窖群中編號爲 J22 的古井中，出土三國吳簡 14 萬餘枚，約 300 萬字。形制可分爲大小木簡、木牘、竹簡、封檢、標識簽牌等，內容爲券、刺、簿、帳等文書，涉及政治、軍事、宗教、文化等諸多領域。吳簡的年代在東漢獻帝建安二十五年到孫吳嘉禾六年（220—237）期間，是公元 3 世紀上半葉三國孫吳政權長沙郡的一批極爲珍貴的檔案資料。

1999 年，在湖南沅陵縣虎溪山 1 號漢墓中，出土竹簡 1,000 餘枚。內容爲日書、刑德、黄籍、美食方等。

2000 年，在湖北隨州市北郊孔家坡 8 號漢墓中，出土竹簡 500 餘枚。內容爲日書、曆譜、遣策等文書。

2002 年，在湖南省龍山縣里耶鎮里耶古城 1 號井中，出土秦簡 36,000 枚，20 餘萬字。內容涵括户口、土地開墾、物産、田租賦税、勞役徭役、倉儲錢糧、兵甲物資、道路里程、郵驛津渡管理、奴隸買賣、刑徒管理、祭祀先農以及教育、醫藥等相關政令和文書。里耶秦簡是繼秦始皇兵馬俑之後，秦代考古的又一重大發現，它對於秦史研究的重要性堪比甲骨文之於商史研究，其研究成果將大大填補史料的缺佚，從根本上改變秦史研究的面貌。

2015 年，在江西省南昌市新建區大塘坪鄉觀西村的西漢廢帝海昏侯墓中，出土了近 3,000 枚記載重要歷史信息的竹簡以及少量木牘。據報道，簡牘內容大致有《論語》《易經》《禮記》《醫書》《五色食勝》《悼亡賦》和《簽牌》《奏牘》等。

不能確定出土年代或地點的簡帛文獻，均是近三十年來從境外購回，具有代表性的有：

上海博物館藏戰國楚簡：1994 年春發現於香港古玩市場，上海博物館於 1994 年從香港購回以及獲贈，是繼郭店楚簡之後又一次先秦典籍的重大發現。上博楚簡包括上海博物館獨立出資購買和後來友人捐贈兩部分，共計 1,700 餘支竹簡，35,000 餘字，其中書篇近百種，百分之九十以上都是後世失傳的珍貴佚書，被學術界公認爲國之重寶，是研究各學術領域十分珍貴的資料。該批戰國楚簡涵括文學、歷史、哲學、宗教、音樂、軍事、政論等方面的內容，以儒家著作爲主，兼及道家、兵家、陰陽家等著作。這些竹簡是劫餘截歸之物，其出土的時間和地點已無從考證。經科學測定，竹簡形成的年代應在戰國晚期，應是楚國遷郢以前貴族墓中的隨葬物。經與郭店楚簡的字體和竹簡內容、形制相比較，可知該批戰國楚簡的形成年代和埋藏地點都距離郭店楚簡不太遠,被盜掘的時間也應和郭店簡的發掘時間相近。

清華大學藏戰國楚簡:2008 年由清華校友從香港文物市場拍買下來後捐贈給母校清華大學。竹簡共 2,388 枚,至少有 63 篇文獻典籍。經專家鑒定,這批竹簡應是古楚國境內出土的戰國簡册。根據 AMS 碳 14 年代測定,該批竹簡形成於公元前 305±30 年,相當於戰國中晚期。其中有經史類書籍如《尚書》、類似《國語》的史書、類似《儀禮》的禮書、與《周易》有關的書、前所未見的樂書等,還有上起西周初、下至戰國前期的編年體史書,可與傳世文獻《春秋》經傳、《史記》等相比證。

武漢大學藏戰國楚簡:據報道,該批楚簡爲大陸商人莫小平於 2009 年從香港古董商人手裏購買珍藏,於 2011 年捐贈給武漢大學簡帛研究中心。經碳 14 測試和理化檢測,顯示竹簡年代爲公元前 350 年或稍晚,經專家對文字的辨識,認爲屬於戰國時代的楚簡。竹簡共 129 枚,其中書寫文字的有 110 多枚,完整的竹簡有 30 多枚。主要内容爲楚地占卜禱祠記録。

嶽麓書院藏秦簡:湖南大學嶽麓書院於 2007 年從香港文物市場上購回,共 2,098 枚,2008 年 8 月又由香港一收藏家捐贈 76 枚,共 2,174 枚,其中字跡、形狀較爲完整的有 1,330 餘枚。内容包括《質日》《爲吏治官及黔首》《占夢書》《數書》《奏讞書》《秦律雜抄》《秦令雜抄》等律令和法律文書、案例、占夢書、算術書等。專家判斷,這批秦簡可能出自湖北某位郡守之墓,大致書寫於秦代。

北京大學藏西漢竹簡:2009 年北京大學從海外搶救回歸收藏的珍貴西漢竹簡,完簡 1,600 餘枚,大致推斷竹簡年代約在西漢中期、漢武帝時代。專家認爲這批竹簡南方文化、道家色彩很濃,可能出土於楚地或受楚文化影響很深的地方。竹簡中含有近 20 種古代文獻,其中《老子》近 5,300 字,殘缺極少,堪稱完璧,是繼馬王堆帛書本、郭店楚簡本之後出土的第三種《老子》古本。另有字書《蒼頡篇》,史書《趙正(政)書》《周馴(訓)》,醫書,文學作品《魂魄賦》《妄稽》,還有《雨書》《日書》《堪輿》《六博》《荆決》《節》等記載陰陽五行、占卜吉凶的術數文獻。

安徽大學藏戰國楚簡:據報道,該批竹簡是 2015 年安徽大學從海外搶救回來的戰國簡,經清洗整理後共計有 1,167 個編號。經科學檢測和初步研究判斷,這批竹簡的時代約在公元前 400 年至前 350 年左右,爲戰國時期的楚簡。竹簡内容涉及經學、史學、哲學、文學和語言文字學等多個學科領域。

以上出土的簡帛文獻,按其内容和性質,主要有著作與文書兩類;按其墓葬年代,主要可分爲戰國、秦、漢三個時期;按其出土地域,主要可以分爲古代楚國地區和楚國以外地區兩類。

　　戰國楚簡的形成、保存和出土,究其原因,首先得益於楚國境地温濕多水的氣候環境,爲地下簡帛的保存提供了較好的自然地質條件,使其能在適合的濕度、温度和密封的條件下保存下來。其次,春秋及戰國早期的楚地在湖北、湖南,而戰國中晚期楚國統一東南半壁山河,疆域廣闊,天下非秦即楚,中原以及長江以南均屬廣泛意義上的楚地。其地所出簡帛,都可泛稱楚地出土文獻。第三,戰國秦漢時期的楚國在中國思想文化領域中佔有特殊的地位,自春秋戰國至秦漢以來,長期的積澱形成了深厚的文化内涵。在文學領域,以屈宋《楚辭》爲代表的詩歌與北方的《詩經》相並立;在哲學思想領域,以老、莊爲代表的道家思想與北方的儒家相抗衡。由此形成獨具特色的楚國文化,使簡帛文獻具有影響當時、流傳後世的意義内涵。第四,楚國崇文重教的文化傳統,形成生前傳承研習書籍、死後陪葬墓中的風尚,爲簡帛文獻的存世提供了必不可少的前提條件。漢興以後,以《史記》《漢書》爲代表的學術流傳多側重北方,對南方楚地文化涉及較少。而先秦、漢魏時期楚地簡帛的發現,在一定程度上彌補了這一缺失的環節。

　　在這些考古發現中,已經整理出版的《郭店楚墓竹簡》、《上海博物館藏戰國楚竹書》(一到九册)、《清華大學藏戰國竹簡》(壹到柒册)三種出土文獻,除少數有傳世文獻相對應外,多爲從未見過的古佚書,而且全都是學術著作或文學作品,尤其是儒、道兩家的論著,涉及中國上古學術的核心部分,對於研究中國古代學術思想史的價值尤爲巨大。這些驚人秘笈的發現,猶如打開了一座藏書豐富的地下寶庫,充實了中國古代學術思想史的研究内容,爲先秦學術思想的研究提供了新的論據,在中國和世界學術界都產生了巨大的反響,對國内外的專家學者產生了强烈的震撼,被認爲與中國古代的汲塚竹書和中東古代的死海古卷具有同等重要的價值。本書即以上述三種出土楚簡文獻爲取材範圍,分析研究其中特別引人矚目的“心”符特形文字,及其文字背後的思想文化現象和社會背景。

二、楚系文字的特點和價值

　　在中國殷商和西周時期,中央王朝一統天下,社會的高度統一,使文字也基本統一,没有明顯的地域性差異。到春秋時期,統一的社會格局發生了重大的變革。東周、春秋時期“諸侯力政,不統於王”,列國的文字也隨著社會的分化而發生了顯著的變化。到了戰國,社會發生了更加劇烈的改變,嚴重的社會分裂,促使政治、經濟、文化多元發展。百家争鳴的思想解放,帶來了學術思想的空前繁榮,也促使語言、文字因地域而産生大分化、大發展,逐漸形成"田疇異畮,車涂異軌,律令異法,衣冠異制,言語異聲,文字異形"的社會分裂局面①。

王國維先生最早關注和研究戰國文字的地域差異現象。他在《史籀篇疏證敘録》一文中,把戰國文字分爲東土六國文字和西土秦國文字兩大部分,開啓了戰國文字分域研究的先河。20 世紀 50 年代,李學勤先生於 1957 年發表了《戰國時代的秦國銅器》一文,將戰國文字分爲秦、三晉、齊、燕、楚五種樣式,1959 年又在《戰國題銘概述》一文中,把戰國題銘分爲齊、燕、三晉、兩周、楚、秦六個部分。黄盛璋在 1989 年發表的《三晉銅器的國别、年代與相關制度問題》一文,認爲中原三晉與西秦、東齊、南楚、北燕構成戰國文字五大系統。何琳儀《戰國文字通論(訂補)》第三章"戰國文字分域概述",將戰國文字按地域分爲齊、燕、晉、楚、秦五系。學者對戰國文字逐漸深入的研究最後形成"五系説",較準確地反映了戰國文字的地域特點,成爲現在戰國文字分域研究的基本共識。

戰國時期秦、楚、齊、晉、燕五系文字中,最有代表性、差異最大的是西方的秦系文字和東方的楚系文字。

戰國七雄中以秦、楚兩國的國力最强,文化的影響力最大,形成了不同於其他五國的文化特質。地理位置和文化背景對秦、楚文字的地域性差異也有很大影響。秦國地處西周故土,正是這種先天的條件,使得它自然地接受並繼承了周代的文化,與東方六國文字相比,秦國文字形體結構上對殷周文字的繼承更多。

秦文字的源頭可以追溯到西周晚期的籀文。《漢書·藝文志》記載:"《史籀》十五篇,周宣王太史籀作大篆。"籀文即"大篆",西周晚期使用的文字,是周宣王時期太史籀對原有金文進行整理、規範和改革後形成的。東周初期,周平王將都城由西土的鎬京遷到東土的洛邑,而秦人仍然盤踞西周故地,同時也繼承了西周的文化和文字傳統,因而秦國文字比東方各國文字更接近於西周文字的形貌。正如王國維《戰國時秦用籀文六國用古文説》一文所説:"而秦居宗周故地,其文字猶有豐鎬之遺。故籀文與自籀文出之篆文,其去殷周古文反較東方文字(即漢世所謂'古文')爲近。"②裴錫圭先生也指出:"在春秋時代的各個主要國家中,建立在宗周故地的秦國,是最忠實地繼承了西周王朝所使用的文

① 許慎《説文解字》第 316 頁。
② 王國維《王國維全集》第八卷第 197—198 頁。

字的傳統的國家。進入戰國時代以後,秦國由於原來比較落後,又地處西僻,各方面的發展比東方(指函谷關以東)諸國遲了一步,文字的劇烈變化也開始得比較晚。"①

　　秦始皇統一天下後,"席百戰之威,行嚴峻之法,以同一文字"②。李斯、趙高、胡毋敬等高層政治人物,在繼承源自西周的秦國文字基礎上,對傳統的史籀大篆進行簡化而爲小篆,以用作"書同文字"的標準和依據。秦朝統治者站在勝利者的高度,理所當然廢除所有與秦文字寫法不合的東方六國古文。凡六國文字之存於古籍者,盡行焚燒剗滅,朝野所用文字,非秦文不得行用。以致"不與秦文合"的六國文字,在秦朝短短的十五年統治時期(前221—前206)就遏而不行,基本消失。由此可見"書同文字"的力度之大、成效之顯著。

　　與傳統、保守的秦人迥然不同,由於歷史和地域的原因,生活在南方山林川澤中的楚人,在"篳路藍縷以啟山林"的艱苦奮鬥過程中,形成了精進、浪漫、狂放和不斷開拓進取、革故鼎新的精神,自西周以來致力於發展地域性、創新性文化,逐漸形成具有獨特風格的楚國文化。受這種文化精神的深刻影響,楚系文字與商周古文字到《説文》小篆系統的秦系文字存在很大差異,面目大異於秦系文字。

　　楚國的文字源遠流長。到目前爲止,已知時代最早的楚國文字資料應是四件《楚公家鐘》和一件《楚公家戈》上的銘文。楚公家即楚國國君熊渠,清華簡(壹)《楚居》寫作"酓巨"。據《史記·楚世家》記載,熊渠生活在周夷王至周厲王(前885—前841)之世,其所鑄銘文當在西周中晚期,絕對年代當在公元前9世紀後葉。自此到公元前223年楚滅國爲止,楚文字經歷了六個多世紀的演變歷程。在漫長的使用過程中,楚文字逐漸在形體結構、記錄詞義、書寫風格等方面形成了與他系文字有顯著區別的特徵,在戰國各系文字中字形變化最爲特異。楚人獨立創造了大量不見於前代和後代,也不見於同代其他國家的新創文字,如"歲"寫作"哉"、"關"寫作"闌"、"李"寫作"杢"、"吾"寫作"虗"、"甲"寫作"虘"、"陵"寫作"陸"等等。這些具有獨特形體的新字,是楚人的變革精神和創造意識在文字上的體現。

　　由於近八十年來戰國楚地簡帛文獻的大量出土,在目前出土的戰國文獻材料中,楚國文獻和文字的總量比其他任何地域都要多得多。豐富的出土文獻、

---

① 裘錫圭《文字學概要》第52頁。

② 王國維《王國維全集》第八卷第198頁。

鮮明的文字特點，使楚國文字成爲戰國文字研究的重點和焦點。李學勤先生在《郭店楚簡文字編》的《序言》中再次重申"現代的戰國文字研究是從楚國開始的"①，在《戰國文字通論（訂補）》的《再序》中更明確指出："同樣重要而更需要研究精力的，是楚文字。1933 年發現的壽縣李三孤堆楚金文，1942 年發現的長沙子彈庫楚帛書，50 年代開始出土的楚竹簡，已使楚文字躍爲學者論析的焦點。前些年新出的荆門郭店楚簡與上海博物館收藏的楚簡，更確立了楚文字的重要地位。今天研究六國文字，不得不先從楚文字入手。和秦文字得到重點研究一樣，楚文字研究也趨於專門化。"②李先生所謂的"專門化"，應是李守奎所説的："李學勤先生認爲楚文字研究應當成爲一個獨立的學科。這是對楚文字研究的期望。"③由此可見，在古文字研究領域，尤其是在戰國文字研究領域，楚國文字佔有十分重要的地位，對楚國文字的研究成爲戰國文字研究的重點、中心。

三、楚簡"心"符字概況

在戰國楚簡文字與其他時代和地域文字的差異中，除了大量個別文字的差異之外，有些差異還形成了系統的、規律性的對應，例如其他時代、地域的"豸"符和"犬"符字，楚簡文字多寫作"鼠"符，像"豹"寫作"鼩"、"貉"寫作"鼱"、"狐"寫作"鼬"、"狸"寫作"鼺"、"貂"寫作"鼦"、"豻"寫作"鼫"、"貘"寫作"鼰"等等。又如其他時、地的"㫃"符字，楚簡文字多寫作"羽"符，像"旅"寫作"翟"、"旗"寫作"羿"、"旌"寫作"翟"、"施"寫作"帯"等等。另一方面，楚系文字增加形符以强化表意的現象十分突出，例如"兄、弟"加"人"旁、"井、谷"加"水"旁、"秋、冬"加"日"旁等。這些楚國特形文字的産生都反映了楚人對事物認知的獨特角度和認知的細緻、深刻程度。

在楚國特形文字中，最突出的是楚系"心"符特形文字與其他時代、地域非"心"符字的對立。這種對立，又集中體現在《荆門郭店楚簡》《上海博物館藏戰國楚竹書》和《清華大學藏戰國竹簡》（下文分別簡稱爲"郭店簡、上博簡、清華簡"）中。

據筆者初步統計，郭店簡、上博簡和清華簡中的"心"符字約有 250 個。其中見於《説文》（包括正篆、古文、籀文、或體等）的"心"符字約 50 個，如"心、志、惠、忠、念、難、慧、悊、恩、慶、息、忘、愚、急、惡、恥、悶、悲、忍、思、恙、愈、慈、戀、惑、忌、忿、患、惡、恃、想、愷、惇、慢、惠、忐、愢、憂、悆、寒、悆、忿、戀、憙、懕、忎"

————————

① 張守中等《郭店楚簡文字編》第 50 頁。

② 何琳儀《戰國文字通論（訂補）》第 2 頁。

③ 李守奎等《包山楚墓文字全編》第 1 頁。

等等。楚簡這些字的字素和配置方式與《説文》所載"心"符字完全相同,應該是同一字,但不排除同形字的可能。

郭店簡、上博簡和清華簡所見"心"符字不見於《説文》的更多,約 200 個。其中又可以分爲四種情況。

一是楚簡與《説文》所載"心"符字字素相同,但配置方式不同。如(前字爲楚簡所見字,後字爲《説文》所載字,下同):

意—情　恭—快　忞—忻　焦—惟　褭—懷　䰟—懼　怘—怕　蕉—懂
悉—悈　蕫—憧　委—悸　愳—惻　感—惑　患—惶　悳—惮　惕—惕
怘—悟　怒—惄　罢—憚　元—忨　夵—恔　甚—謀　愍—恥　惠—悚
怘—惛　惑—惑　惡—惸　惕—惕　惏—惏　每—悔　憎—憎　罜—憚
尤—忧

這些字都是形聲字,形符、聲符都相同,祇是楚簡均是上下組合而《説文》均爲左右組合。它們之間的關係存在兩種可能:其一,它們可能是同一個字,是音義相同、僅組合方式不同的異體字;其二,它們可能是意義不同或者讀音和意義都不相同的兩個字。

二是楚簡與《説文》"心"符字配置方式相同,但表音字素稍異。如:

慈—慈　忨—惛　惹—怒　憙—憙　恭—恭　忈—甚　忎—恁　恣—恁
柔—懋　忘—恕

這些字也都是形聲字,形符相同,聲符雖然不全相同,但有明顯關聯——或簡省,或繁化,或爲同一字素的古今不同寫法。它們之間的關係也存在上述同一字或不同字兩種可能。

三是楚簡與《説文》"心"符字表音字素稍異、配置不同。如:

愳—悟　恩—慍　惪—恓　蕬—恓　褭—懼　愳—惻　思—懼

這些形聲字在配置方式上有左右配置與上下配置之別。它們形符相同,聲符雖然不同,但有明顯關聯。它們之間的關係同樣存在同一字或不同字兩種可能。

四是楚簡的"心"符字完全不見於《説文》。如:

态　忎　怹　恭　恭　恋　惩　怒　怹　惪　心　簋　笀　怠　愚
書　蕬　瘱　懯　感　心　慕　戕　意　怠　思　誋　圄　隱　慰
偬　蘆　願　憗　斳　憲　利　憲　悬　忞　冬　求　型　家　慕
慸　憲　恕　薰　米　悬　愈　兔　恩　慶　毌　忎　佻　斳　忈
矣　我　怹　才　憁　嚎　寏　陔　聰　司　悳　愚　慮　元　薫
惡　愨　川　念　靈　疆　態　願　母

這些完全不見於《説文》的"心"符字大部分是形音義獨立的單個的字。少部分可能是同一字的異體,如"�、㤅"爲同一字;"愍、懣、㥈"爲同一字。

　　爲揭示先秦時期郭店簡、上博簡和清華簡所見"心"符字在數量上的特徵,下面我們依據高明等的《古文字類編》(增訂本)作一分析。該書第 463 至 508 頁共收"心"符字 198 字。從縱向的時間角度來看,在殷商甲骨文中僅有"心"符字 11 字;西周春秋時期的金文中有"心"符字 40 字,比殷商甲骨文增加了近 4 倍;戰國金、石、簡、帛、陶、璽、泉貨、盟書等文獻中的"心"符字共有 189 字[1],又比西周至春秋金文增加了近 5 倍,比殷商甲骨文則增加了近 20 倍。至東漢時期,今存大徐本《説文解字》心部收字 263 個(不含徐鉉新附字 13 個),見於其他部首而以"心"爲形符的字 9 個[2],古文、異體 11 個[3],共計 283 字[4],比高明《古文字類編》(增訂本)所收戰國"心"符字雖然增加了 94 字,但《説文》是一部字書,所收字包含了先秦至兩漢不同歷史時期所見的所有字,而非一時一地的用字。由此可見,戰國時期的"心"符字,在自商、周以迄漢代的上古時期,確是呈現了一個前所未有、蜂擁而至的高潮。

　　從橫向的空間角度來看,在高明《古文字類編》(增訂本)所收的戰國"心"符 189 字中,見於可確定的楚國文獻的就有 118 字;118 字中見於郭店簡、上博簡和清華簡的就有 105 字;105 字中僅見於郭店簡、上博簡和清華簡而不見於其他楚簡的就有 51 字。又由此可見,在戰國時期所有的"心"符文字中,楚系"心"符字的數量即超過其他各系文字之總和,而郭店簡、上博簡和清華簡又是"心"符字集中出現的三類出土文獻[5]。

　　我們進一步從字素的構字頻率來將秦、楚文字作一個橫向比較。樓蘭的博士論文《構件視覺的秦簡牘文和楚簡帛文構形差異比較研究》對 1,758 個秦簡文字(主要依據睡虎地秦簡)進行拆分,得出 843 個直接構件,它們的總構件頻率爲 3,086 次,其平均構件頻率爲 3.66 次。高於平均構件頻率的構件(202 個)稱爲高頻構件,反之爲低頻構件(641 個)。頻率在 40 以上的高頻構件依次爲:

---

[1]　另有 9 字衹見于殷商甲骨文和兩周金文,不見於戰國。

[2]　即思部"思"、惢部"惢"、囟部"息"、二部"恒"、劦部"協"、釆部"悉"、喜部"憙"、叀部"惠"、宀部"宿"。

[3]　分別爲人部"仁"字古文"忎",犬部"狂"字古文"悝"、"狾"字古文"怯",女部"姦"字古文"悬",力部"勇"字古文"恿"、"勞"字古文"㤉",言部"詩"字古文"悖",是部"鍉"字古文"惶",女部"媿"字古文"愧"。

[4]　參見林源《〈説文〉心部字研究》第 7 頁。

[5]　參見高明等《古文字類編》(增訂本)第 463—508 頁。

人 68,木 62,言 51,口 48,宀 45,水 42,心 41。"心"符在 7 個高頻構件中位於最後一個。

而樓文對 5,650 個楚簡帛文字（主要依據長沙子彈庫楚帛書,長沙五里牌、長沙楊家灣、長沙仰天湖、信陽長臺關、曾侯乙墓、包山、望山、九店、新蔡、郭店、上博 1—6 冊等簡帛文獻）進行拆分,得出 1,443 個直接構件,它們的總構件頻率爲 9,673 次,其平均構件頻率爲 6.70 次。把高於平均構件頻率的構件（316 個）稱爲高頻構件,反之爲低頻構件（1,127 個）。頻率在 40 以上的高頻構件爲:心 240,系 209,人 178,邑 177,辵 174,口 172,土 167,木 160,艸 140,水 138,攴 127,言 122,宀 111,日 99,止 89,戈 83,又 82,肉 80,示 79,金 78,貝、竹 77,女、車 59,衣 53,疒 51,刀、田 49,火 48,犬 45,馬 44,玉 43,見 42,廾 40。"心"符在 34 個高頻構件中位於第一①。

由上述縱向和橫向的比較可見,楚國出土文獻中"心"符是最能構字的字素,也是構字最多的字素,與戰國之前的甲骨文、金文和之後的《説文》在數量上形成强烈的對比,也與同時代的秦系文字形成相差懸殊的鮮明對照。

語言是思維的工具,是思想的直接現實。人類對現實世界的認識凝煉成思想,思想通過詞的形式表達,又進而通過文字轉換成視覺符號得以超越時空而交流。漢字的構造形式和應用狀況,間接而又形象地反映了特定時空的人們對現實世界的認識。尤其是上古時期的古文字,更是彌補文獻不足的重要資料,而爲歷史學、社會學、人類學、文化學所重視。戰國楚簡獨居高位、別具一格的"心"符文字,其構形以及應用狀況,應當是戰國這一特定時期和楚國這一特定地域的人們,對現實世界尤其是主觀内心世界認知的體現,是研究古代文化史、思想史的重要材料。

本書依據《郭店楚墓竹簡》、《上海博物館藏戰國楚竹書》（一—九）和《清華大學藏戰國楚竹書》（壹—柒）中的文獻,參考其他戰國楚簡,收集和分析、研究字形獨特或意義異常的"心"符文字,在現代簡帛學者已有的研究成果的基礎上,作系統和深入的專題考釋和分析,探討戰國楚簡特形"心"符字的字形和字義,以及"心"符字的大量湧現與戰國學術思想的關係。

本書以郭店簡、上博簡和清華簡爲取材範圍,窮盡所有"心"符字,擇選其中不同於通行文字的特形"心"符字 92 個,以《説文解字》作爲比較研究的基礎和下限,進行分類研究。

---

① 參見樓蘭《構件視覺的秦簡牘文和楚簡帛文構形差異比較研究》第 69—184 頁。

本書所指特形“心”符字,包含以下三種情況。

第一種是字形不見於《説文》,多出現於戰國楚簡,基本上不見於戰國之前和戰國同時的他系文字,是典型的楚系文字。這類“心”符字有63個,即本書第二章所論之字。

第二種是字形雖見於《説文》,但意義與《説文》完全不同,實際上與《説文》不是同一字,而是“異字同形”,因此也是楚系文字。這類“心”符字有16個,即本書第三章所論之字。

第三種是與《説文》字形、字義都相同,但其字僅保存在《説文》中,不見用於後世。這類“心”符字有13個,即本書第四章所論之字。其中有9字見於《説文》正篆,4字是附於《説文》正篆下面的“古文”,即戰國時期東方六國的文字,或者就是六國中的楚國文字,是秦朝“書同文字”之後殘留下來的孑遺[①]。

上述第一種、第二種,以及第三種中的“古文”,明顯都是楚國文字,共83字。剩下的9字見於《説文》正篆,是否是小篆化後的楚系文字,尚無證據。但因其見於楚簡,故不能排除在楚國文字之外,後世也罕見使用,因而一併納入研究範圍。

四、前期的相關研究

1977年,河北省平山縣戰國晚期中山王墓出土了一批銅器,計有銘文單字500餘字,其中出現了一批前所未見的“心”符字,如“忎(願)、悉(殃)、慁(圖)、憥(勞)、惪(憂)、忍(順)、悬(謀)、悉(哀)、悳(德)、恁(任)、憼(警)”等等。加拿大華裔學者、古文字學和考古學學者劉翔最早對這一現象予以特別的

① 《説文》所載“古文”,多有與戰國楚簡文字相合者。如:“社”字古文“袿”,“玉”字古文“珏”,“莊”字古文“𧙳”,“番”字古文“𤰷”,“起”字古文“𨑃”,“正”字古文“𤴓”,“近”字古文“岓”,“邇”字古文“迩”,“後”字古文“逡”,“得”字古文“㝵”,“牙”字古文“𤘗”,“謀”字古文“𢘫、𧦝”,“狂”字古文“𢗰”,“勇”字古文“恿”,“僕”字古文“𩐋”,“與”字古文“𢌱”,“革”字古文“𠦶”,“友”字古文“㕛”,“棄”字古文“弃”,“利”字古文“㓿”,“箕”字古文“𠀠”,“旨”字古文“舌”,“養”字古文“羚”,“侯”字古文“矦”,“嗇”字古文“𣏦”,“困”字古文“朱”,“期”字古文“𣅀”,“仁”字古文“忎、𡰥”,“狂”字古文“𢗰”,“丘”字古文“㘳”,“鬼”字古文“䰟”,“吴”字古文“𡗣”,“恕”字古文“恖”,“西”字古文“卤”,“琴”字古文“𤨜”,“圭”字古文“珪”,“甥”字古文“𤱍”,“巨”字古文“𢀚”,“動”字古文“連”,“色”字古文“𩈡”,“懼”字古文“愳”,“冬”字古文“𡱧”,“户”字古文“床”,“往”字古文“𨑩”,“册”字古文“笧”,“共”字古文“𢀜”,“乘”字古文“𠅋”,“絶”字古文“𢇍”,“直”字古文“𥄂”,“君”字古文“𠸸”,“殺”字古文“𣏂”,“慎”字古文“昚”,等等,都見於戰國楚簡,可見《説文》所録古文都有來歷。《説文》中之“古文”有廣義、狹義之分。狹義之“古文”,即許慎《説文·敘》“時有六書,一曰古文,孔子壁中書也”中所謂“古文”,是專指漢代從孔宅墻壁中發現的戰國齊系文字。廣義的“古文”,除孔子壁中書外,還包括許慎《説文·敘》“又北平侯張倉獻《春秋左氏傳》,郡國亦往往與山川得鼎彝,其銘即前代之古文”中所謂“古文”,是指戰國時期相對於西方秦國篆文而言的東方六國的文字,其中既有楚國與其他東方國家共有的文字,也包括楚國特有的文字。

關注。劉翔認爲,這一特殊的文字現象反映了當時的社會意識對於"心"的關注①:

　　　　前舉西周以後的金文及先秦古籍有關心字語義的記錄,大都表示心思、思想或意念。日常的生活體念,使人們逐漸掌握了心在思想意念中的特性,開展對心的自覺感應與認知的功能的探索,創造出一批描述心的活動的文字。

他還對古文字中新出現的"心"符字進行了系統的分析研究,指出②:

　　　　前面,從已知的周代金文所見六十餘個從心的字當中,舉出德、惠、愛、慈、忠、悬(即仁)、懲、念、忢(即順)、忍、憂、怒(即勞)、懿、志、悊(即哲)、愳(即謀)、慮、忘、忎等字進行分析討論。其中德、惠、念、懿、悊、忎六字出現於西周時期,其餘愛、慈、忠等十三字,都是春秋以後出現的,而以戰國時期爲多。反映出先秦時期對心的認識及描述,是逐漸豐富起來的,尤以戰國時期進展較快。

　　　　上述這些從心的字,從不同的角度揭示出對心的認識。大致説來,可以分成兩個大類。即是:

　　　　第一類,描寫心能自覺感思德性。如德、惠、愛、慈、忠、悬、懲、念、忢、忍、憂、怒、懿諸字,把心能感思的如惠愛、忠誠、敬慎、仁義、忍讓、溫順、憂勞等德性諸端,都包括進去了。心被認爲是德性之源,是道德的根基處。心於是被本體化了。這是注重人事的周民族在長期應付現實社會,處理複雜的人際關係,逐漸建立相適應的倫理、道德觀念體系過程中,對心能自覺感思德性,實踐人生潛能的作用的最高肯定。由此積澱形成充分道德化的關於心的文化心理基礎,並在此基礎上培植出戰國時期儒家心學中以孟子爲代表的"盡心知性"的心性道德修養理論。

　　　　第二類,描寫心有獨立認知真理的能力。……由於心有獨立思考之能力,故而慮、愳兩字所表達的謀思之義,正體現出心的獨立思想之機能。忘字爲忘記之義,忎字爲心智未開之義,但都是以認同心可認知做爲前提的。這裏可以看出,心的本質是獨立的思想體,具備自主認知分辨事理的特質。……上述關於心的獨立認知的認識,開拓出儒家心學中以荀子爲代表的"心知道"的心之獨立認知真理的理論。

---

① 劉翔《中國傳統價值觀詮釋學》第203頁。
② 同上第221—222頁。

劉翔認爲，從西周到春秋戰國時期金文中“心”符字的迅速遞增，反映了先秦對“心”的認知功能的逐漸深入，尤其是將戰國時期“心”符字的大量出現，與戰國儒家心學中以孟子爲代表的“盡心知性”的心性道德修養理論，和以荀子爲代表的“心知道”——即“心”能獨立認知真理的理論聯繫結合起來，實在是燭洞見微，極具識見。可惜的是，他的觀點未能引起學界的充分注意。

直到郭店楚簡和上博楚簡問世後，大量湧現的“心”符文字纔引起了哲學界和思想界的重視。著名的中國哲學家、古代思想史家龐樸先生，最早注意到郭店楚簡中大量湧現的“心”符文字現象，並首先將這一文字現象與先秦儒家思孟學派提倡、主張的心性之學聯繫起來。龐樸先生在十多篇論著中反復論及戰國楚簡“心”符文字與先秦思孟學派心性之學的關係。龐樸説[①]：

> 近年荆門郭店出土的楚墓竹簡文字中，一個很顯眼的現像是，從“心”的字特別多。這使人不禁想起 1977 年河北平山出土的“中山三器”。那三器上，也有不少從“心”的字，且多前所未見者。查中山三器的年代，大約在 310BC 上下，與現在推定的郭店楚簡年代正巧同時；而地域上則郢燕懸隔，地北天南。這兩組異地同時文獻之以“心”爲形符之字之多，使人可以想像，那時候，人們對於内心世界或心理狀態的瞭解與研究，已是相當可觀了；否則，自無從造出如此眾多的“心”旁文字來，使得今天的我們也驚歎不已的。

> 今天我們總算有幸，從楚簡上看到許多心旁的文字，更聯想起中山三器上的心旁文字，而進一步推想西元前 4、5 世紀的中國學術界，有一些派別（譬如思孟學派，甚至墨經作者）在向人的内心世界深入。他們爲此使用著的乃至創造出的一些特指心態的文字，將永遠以其智慧之光，見證著它們主人們的不可忘卻的業績。

龐樸先生在一次學術報告中指出[②]：

> 通過竹簡的研究發現那個時間的人對人心的研究之細緻超出了我們的想像，或者可以説比我們現在的研究還要細緻。在這批竹簡裏，我們發現了一類帶心字旁的字，這些字到後來都没有了。這些字都反映了心理的某種狀態，如㤅字，就是反映一種還未行動就已經“迷”了的心理狀態；如㤅字，這與《詩經》中的“窈窕淑女，君子好逑”的行動的追求不同，它僅僅是

---

① 龐樸《郢燕書説——郭店楚簡中山三器心旁文字試説》第 37、41 頁。

② 龐樸《郭店楚簡與先秦哲學》。

一種心理的單相思的一種心理狀態;如愚字,表示一種心理的畏懼,而不是一種行動上的畏懼;如懟字,如懸字,都是説明這樣一種覺得困難或容易的心理狀態的;如遜,就是表示一種心理的謙遜狀態的;更爲特別的是息字。……在短短的 13000 字裏,就有這麽多的帶心字的字,可見那時人們對人的心理狀態的研究是多麽地深入和細緻。他一定是研究了這個狀態,所以纔要造一個字來表示這種狀態,正象化學家發現了一個新的元素一樣,他也必須造個新的字來表示自己的研究成果。

在具體論述"仁"字楚簡寫作"息"時,龐樸先生進一步推闡説[1]:

息字之以"心"爲形,替換了原先尸、仁之以特殊人形爲形來表示仁德一舉,在文字史、思想史乃至倫理學史上,都是一次值得大書特書的躍進。因爲這個息形意味著,仁德已不再被當作僅僅是某個特殊人群的特殊道德,而應被認定爲是一切以心官思索者的應具心態,是凡我人類的普遍德行! 這一點,正是以孔子爲首的儒家學派奔走呼號所以爲己任的天職所在。

郭店楚簡中的多篇儒書,可視爲這個躍進的標誌。簡中出現了許多以"心"字爲形符的單詞、概念和範疇,如仁、義、禮、知四端,喜、怒、哀、樂、愛、惡、欲七情,乃至威、畏、戚、勇、遜、順、謀、求、寵、欺、利、昏、反、爲、難、易等心理和動作,都以"心"字作偏旁。這樣廣泛的"從心所欲",似乎反映著心性問題的研究,在當時(孔子以後、孟子以前)已經成爲時尚,這些字所要强調的,不是某種外在的動作或行爲,而是内在的某種心態!"仁"字由尸、仁而息,由"尸二"而"千心",則是這一大潮中的典型表率。

秦始皇統一文字以後,這些字中的許多心旁都不復贅加了;息字大概也由此簡化成了仁字,一直通行下來。這樣做的結果與影響是,息的心性成分淡出了,行爲因素被突出强調起來。

龐樸先生以他深邃的學術眼光,發現楚簡"心"符字跟戰國思想史之間的關係,並以通俗、生動、形象的表述在學界極力推闡,産生了深遠的影響,成爲這位著名哲學家晚年學術研究的一大亮點。

與此同時,著名美籍華裔哲學家杜維明,也多次論及戰國楚簡中大量"心"符字的出現,與戰國儒家思孟學派心性論的關係,以及對先秦學術思想研究的

---

[1]　龐樸《説"仁"》第 18 頁。

意義。杜維明指出①：

　　　曾經有學者認爲,孟子的學説非常簡單,在政治上有點抗議精神而已,並没有什麼深刻的心性之學。但現在可以説,我們如此説是把孟學簡單化了,我們把這些資料中有"心"意的字都放在一起,就可以發現思孟學派有關心性情的資源非常豐富,目前,我們還不能瞭解他們所體現的内心世界,因爲我們祇能從文字上揣摸還不能真有體知;那個時代的大智大德所掌握的資源,是非常值得我們研究的。

　　　我對這批珍貴的資料雖祇是淺嘗而已,但興奮之情難以言喻。最使我感到驚訝的是在《性自命出》篇中直接討論身心性命之學的字彙如此之多,意蘊如此之深而内涵又如此豐富,真是美不勝收。一般熟知的忠、恕、意、志自不待説,以身心爲仁,直心爲德,我心爲義,既心爲愛,谷心爲欲,訢心爲慎,也許從古文字的角度立論不足爲奇,但從哲學理念加以省視確是韻味無窮。特別是以身心爲仁,難道除六書造字的通則以外没有更深刻的人文資訊嗎?

杜維明還認爲,郭店楚簡的面世"證明原始儒道兩家的和平共處以及先秦儒家天道性命思想資源的豐富深厚,這必將導致整個中國哲學史、中國學術史的重新改寫","簡文中許多'心'符文字除六書造字的通則之外是否具有更加深刻的人文意蘊……這對先秦學術譜系的確定具有至關重要的意義"②。

　　哲學家陳來指出③：

　　　郭店竹簡的一大發現是早期儒家思想中有相當發達的心性論。……《管子》、《荀子》、《禮記》書中的心術説,在竹簡中已有表現。竹簡中從心的字特別多,如"仁"字作上身下心,"愛"字作上既下心,"德"字作上直下心,"義"字作上我下心等。這種"仁"字的寫法,表示仁是心之德,這使我們想起朱熹對仁的解釋"仁者心之德,愛之理也"。

　　哲學家高正認爲郭店竹書是稷下思孟學派的教材,除《老子》以外,乃是子思後學和稷下思孟學派的作品。他説④：

　　　竹書中有些異體字,似可看出孟子學説的影響。如將"過"寫作"化"下加"心",好像是據"所過者化"的意思造的異體字;而將"仁"寫作"人"下

① 杜維明《郭店楚簡與先秦儒道思想的重新定位》第5—6頁。
② 參見杜維明《郭店楚簡的人文精神》。
③ 陳來《儒家系譜之重建與史料困境之突破——郭店楚簡儒書與先秦儒學研究》第567頁。
④ 高正《郭店竹書是稷下思孟學派教材》(上)。

加"心"、"千"下加"心"、"身"下加"心"，則像是據"仁義禮智根於心"、"仁"由"心"中的善端發展而來的說法造的異體字。此蓋當時孟子學説的流行在文字方面留下的痕跡。

臺灣學者楊儒賓特別驚訝於郭店簡中大量出現的"從心之怪字"，指出①：

　　　郭店竹簡大量使用從心之字，這是極特殊，也是極顯目的現象。其數量之龐大，已到了幾近令人觸目驚心的地步。比如身心爲仁，直心爲德，我心爲義，既心爲愛，甬心爲勇，孫心爲遜，反心爲返，順心爲順，爲心爲僞……莫不如是。而且，類似的道德從行爲表述和從心理表述，往往即採用或從心或不從心的字根表達之。如同樣的人爲造作，一般的即以"爲"稱呼之，表示主體道德的即用"僞"字。"勇"字、"遜"字、"順"字等等，皆有這種分化的情況。我們很難想像：郭店竹簡的作者，甚至荆楚士子，或戰國時期的儒者與諸子百家，他們如果沒有對人的心性狀態有相當深刻的反省，他們怎麼會這麼有心，去造出或重複使用這麼多從心的字眼？如果不是"心術論"已經成爲當時儒林的常見論述，郭店這批儒家材料如何流傳？又如何解讀？

然而中外哲學思想界對這種文字與社會之間密切關聯的深刻認知，在語言文字學界卻沒有得到應有的積極響應，沒有全面深入的探討。語言文字學界的缺位，使這一現象所反映的重大價值，不能得到充分的體現。

近四十年來，本書作者一直從事秦漢時期出土簡帛文獻的音韻學和文字學研究，發表了十來篇研究戰國楚簡"心"符文字的學術論文。2005 年發表的《郭店楚簡"仁"字三形的構形理據》一文，從文字學的角度分析研究了郭店楚簡"仁"字寫作"愳、忎、忈"三種形體的理據，探討其中"身、千、人"三符的關係及其功能，字形從"心"的意義和淵源，以及所體現的思想史上的意義。2009 年發表的《論戰國楚簡從"心"之字與心性之學》一文，從郭店楚簡和上博楚簡中擇取 50 個特形"心"符文字，進行逐字的簡要分析，認爲大量從"心"之字在戰國楚簡中出現應非偶然，也不僅僅是語言文字現象，當具有深刻的人文意蘊和社會原因，應與戰國時期興起的心性之學有某種聯繫，在一定程度上反映了戰國儒家心性學在戰國楚地的流行。之後又發表了《戰國楚簡文字釋讀一則："愄（過）"》（2011）、《論戰國古文"仁"字》（2013）、《戰國楚簡"惪"字形義考辨》（2014）、《論戰國古文"義"字》（2015）、《論戰國楚簡特形字"忞"和"惢"》

---

① 　楊儒賓《子思學派試探》。

(2019)等論文,對戰國楚簡中具有典型性、代表性的特形"心"符字進行了個案的研究。2015年發表的《楚國出土文獻異形文字形義關係研究》一文,則綜合研究了包括特形"心"符字在内的楚簡特形文字58個(組),分析這些特形文字的形義關係,論證戰國楚人對於語義内涵的細緻區分和思維認知的深入縝密。

目前已發表的戰國簡帛研究成果,爲本書的研究積纍了材料,奠定了基礎,開拓了思路,提供了獨特的視角,具有發凡起例的作用。但該領域的研究仍存在不足。

戰國楚簡中"心"符文字的大量湧現,是楚簡最突出、最引人注目的文字現象,對於文字學以及先秦學術思想史的研究,具有不可忽視的重大價值和意義。然而上述已有的研究成果,大多是哲學界、史學界的學者從自身專業的角度,舉例涉及戰國楚簡中的極少部分"心"符文字。迄今學界尚未有人對楚簡如此眾多的"心"符文字做過全面的梳理、系統的分析和專門的研究。在目前楚簡文字研究的成果中,涉及"心"符字的仍存在許多説法不一、似是而非的觀點。語言文字學界從文字學與社會學的結合點上分析研究戰國楚簡"心"符文字現象的極少。語言文字學界對戰國楚簡"心"符文字研究的缺位,影響了我們對戰國楚簡價值的深入認知。

第二節　研究目的和意義

郭店簡、上博簡和清華簡中大量出現的"心"符文字,引人矚目,發人深省,令人深思。這些特形"心"符字文字形體上的獨特構造和意義上的特指、專指,既爲我國古文字學的研究提供了十分寶貴的新材料,同時也爲我國古代學術思想的研究開拓了思路,提供了線索。這三批文獻中"心"符文字數量眾多,自成系統;構形獨特,深具匠心。這些"心"符字的"特",是因爲它們創造於特定的時代、形成於特定的地域,反映了特定的意義。它們的成批出現應非偶然,當有其時的社會原因。

本書運用文字學和社會語言學的研究方法,試圖把文字學的研究與思想史的研究結合起來,全面、系統研究戰國楚簡"心"符系列文字與先秦儒家思孟學派心性學之間的關係。具體的研究對象是郭店簡、上博簡和清華簡三批出土文獻中的特形"心"符字。所謂"特形字",是指其字的字形、字義不見於《説文》和上古傳世文獻,或字形雖見於《説文》,但意義與《説文》和上古傳世文獻完全不同,或者字形、字義僅見於《説文》,不見於其他傳世文獻。

　　在郭店簡、上博簡和清華簡所見的 250 個左右的"心"符字中,有些"心"符字與後世通常所見的"心"符字形、音、義完全相同,如"志、忠、慧、恩、怠、忘、愚、急、惡、恥、悶、悲、忍、思、羞、愈、戀、惑、忌、忿、患、惡、恃、想、愷、慢"等,没有特别之處,不納入本書研究範圍。

　　有些"心"符字與後世通常所見的"心"符字字素相同或繁簡略有差異,意義完全相同,如"惪"與"情"、"隹"與"惟"、"褱"與"懷"、"戄"與"懼"、"恕"與"悸"、"曾"與"憎"、"單"與"憚"、"昏"與"惛"、"惄"與"惙"、"罩"與"懌"、"恥"與"恥"、"隶"與"悚"、"慈"與"慈"、"盇"與"盇"、"恭"與"恭"、"恩"與"慍"等等,它們秖是字素位置上下與左右不同或聲符同源的異體字,它們字義相同,也不包含特别的社會意義,不納入本書研究範圍。

　　有些"心"符字是一組異體字,如楚簡"慾、怠、忿""惥、志、忎""忢、惥、袤""惡、慜、繄"等,應合併爲一組研究。

　　還有的"心"符字其隸定和釋讀尚不能確定,暫時存疑,没有納入本書研究範圍。

　　經過對這 250 個左右"心"符字排除、合併和存疑後,本書挑選特形"心"符字共有 92 例(組)納入研究範圍。這近百例特形"心"符字,以《説文》爲依據,分字形不見於《説文》的"心"符字、字形見於《説文》而意義不同的"心"符字、形義同於《説文》而不行於後世的"心"符字三類進行分析。

　　如前所述,在迄今出土的眾多戰國楚簡中,郭店簡、上博簡和清華簡的文本内容與其他記録卜筮祭禱、律令遣策、歷數日書等反映制度、名物的應用類文書不同,是屬於哲學、思想、歷史、文學之類的學術著作,篇幅更長,内容豐富連貫,語言意義明確,文字也相對容易隸定、釋讀,便於分析和比較。本書彙集、分析、研究《郭店楚墓竹簡》、《上海博物館藏戰國楚竹書》(一—九)、《清華大學藏戰國楚簡》(壹—柒)中所見之部分特形"心"符字,比照先秦甲骨金文、戰國古文和秦漢小篆字形,運用古文字學研究方法和社會語言學方法進行研究。研究目的,一是從古文字學角度分析研究楚簡系列特形"心"符字的源流和演變的痕跡;二是以字證史,分析特形"心"符字構形的原因和立意,從文化學、思想史的角度研究楚簡"心"符字的大量湧現與戰國思孟學派心性之學的關係。

　　本項研究的意義,首先是窮盡文獻,博採眾長,擇善而從,在對戰國楚簡"心"符系列文字進行全面系統的整理和分析的基礎上,從文字學角度考釋、研究其中系列特形"心"符字的字形、字義。從歷時的角度分析楚簡系列特形

"心"符字的來源和去向,從共時的角度比較楚簡系列特形"心"符字與戰國時期其他國家(尤其是秦國)相應文字的異同,分析楚國文字的構形特點,以期有益於戰國文字及上古其他古文字的研究。

其次是對整理者的釋讀和注解作進一步的補充、闡述、分析、校勘。在楚簡整理者以及其他簡帛研究者迄今爲止對楚簡特形"心"符字的隸定和釋讀的基礎上進行新的審視,通過自己的目驗,結合辭例的分析,提出自己的見解,以期對楚系簡帛文獻的正確釋讀、深入理解具有一定的輔助作用。

第三是考察戰國楚簡系列特形"心"符字的構形理據,比較它們在異時異地意符的變化,分析意符更替、增删的社會原因,從社會語言學角度解釋特定文字現象與社會思潮之間的關係,探討楚簡系列特形"心"符字與戰國儒家思孟學派心性之學之間的關係,以期對上古學術思想史的研究提供一定的參考。

第三節　研究理論和方法

一、研究的理論和觀點

(一)關於字彙、詞彙和詞彙密度與人類認知的關係

語言是思維的工具,是思想的直接現實。思維的結果形成概念,表達概念的是語言中的詞。語言中許許多多的詞構成一個個表示同一核心意義的詞彙場。從橫向比較的角度看,生活在不同自然環境和社會環境中的民族,其語言中表示同類事物的詞彙場中的"詞彙密度"(lexical density)是不同的。很明顯,詞彙的密度分佈情況能充分體現某類事物對當時當地社會生活的影響程度和關注程度。如果某一語言中某類詞密度很高,就說明這一類詞所指代的事物與使用這一語言的社會有密切的關係,反映了這一社會對這一類事物密切的關注、細緻的區分、深入的觀察和深刻的認識。反過來説,如果某一語言的某類詞密度很低,就說明這類詞所指代的對象與使用這一語言的社會關係不大甚至沒有關係,人們對相關事物缺乏細緻的區分、深刻的認識,在語言中就缺乏這一類詞。同理,從縱向比較的角度看,即使是同一民族、同一語言,在不同時代、不同地域也會因社會和自然環境發生變化,而對相關事物的關注程度、認識深淺程度不同,表示同類事物的詞彙密度也會不同,從而形成不同的詞彙差異。

漢字屬於表意體系的文字,古代漢語字與詞的關係十分密切,絕大部分字、詞是同一的,一個字往往就是一個詞,字彙即是詞彙。古代漢語中相同部首或相同意符的字,既是一個字族,也是同一義類的詞族,構成一個具有共同義素的

詞彙場。根據不同字族中所含字的多少,可以分析研究在某一時代和地域這些字所指代的事物與當時的社會生活輕、重和遠、近的關係。唐蘭先生曾指出:"純粹形聲字的形母,可以指示我們古代社會的進化。因爲畜牧事業的發達,所以牛、羊、馬、犬、豕等部的文字特別多。因爲農業的發達,所以有艸、木、禾、來等部。因爲由石器時代變成銅器時代,所以有玉、石、金等部。因爲思想進步,所以有言、心等部。我們假如去探討每一部的内容,恰等於近代的一本專門辭典。"①王力先生在《新訓詁學》一文中也指出:"曾經有人提及過文字學和文化史的關係,有許多的語源可以證明這一事實。依《説文》所載,馬牛犬豕的名目那樣繁多,可以證明畜牧時代對於家畜有詳細分別的必要。……又上古重農,所以麥稻的名稱也特繁。"②現代學者將詞彙場理論、語義場理論和隱喻理論應用於古代漢字字類、字族的研究,據《説文》部首字研究文字與古代社會、文化之關係者不乏其人,如陸宗達先生的《〈説文解字〉中所保存的有關古代社會狀況的資料》,謝棟元的《〈説文解字〉與中國古代文化》,臧克和的《〈説文解字〉的文化説解》,宋永培的《〈説文〉漢字體系與中國上古史》,黃德寬、常森的《漢字闡述與文化傳統》,林源的《〈説文解字〉心部字研究》等等,其他還有對《説文》人、示、鬼、言、口、目、宀、衣、巾、金、土、田、邑、火、广、疒、隹、豸、虫、馬、牛、羊、犬、山、水、艸、木、禾、食、酉、辵等等各部字的分類研究,都有專門的論文、論著,雖然研究的字類、部首不同,但理論、觀點和方法是一致的。本書通過分析楚簡所見系列"心"符文字,來透視戰國楚人對於心性的認知和重視,瞭解一個特定時代的學術思想和社會思潮,是非常必要也完全可行的。

(二)關於漢字表義字素與思維認知的關係

所謂"字素(Grapheme)",又叫"字位",類似於語音學上的"音位",是"指某種語言的文字系統(Writing system)的最小區別性單位"③。表意體系的漢字具有字形的可分析性,作爲最小區別性單位的字素,有表形字素和表音字素兩種。表形字素是漢字系統裏最小的區別意義的單位,換言之,表形字素即相當於詞彙學中的詞素或語義學中的義素。

漢字是漢族歷史文化的索引,其形體構造和形體變化往往隱含歷史價值和人文内容,就如陳寅恪先生所言:"依照今日訓詁學之標準,凡解釋一字即是作

---

① 唐蘭《古文字學導論》(增訂本)第 122—123 頁。
② 王力《龍蟲並雕齋文集》第一册第 327 頁。
③ [英]哈特曼、斯托克著,黃長著等譯《語言與語言學詞典》第 151 頁。

一部文化史。"①郭沫若也曾指出："以文字言，某一字在何時始出現，或某一字在何時卻廢棄了，一字的字形演變在這四期中經過如何的進程，一字的社會背景和涵義的演變，如向這一方向去追求，不用説便可以豐富文字學或'小學'的内容。"②從漢字的形體構造來説，人類對於事物的認識從來都不是單一的，而是複雜多樣的，人們從不同的角度、方位以及不同的層面來認識同一事物，從而體現出不同民族、不同時代的人觀察同一事物的獨特視角，認知和理解的深淺程度，以及思維方式的差異。不同的認識主體將自己的想像、發揮、創造、取捨通過漢字形體中的表形字素表現出來，從而體現出不同的思維方式和認知結果。

戰國文字異形現象很嚴重，但多發生在形符方面，聲符的差異相對較小。戰國時期形聲造字法已經成熟，尤其是形符的相對統一和穩定，爲漢字的大量孳乳衍生創造了可能和條件，漢字表達漢語的能力迅速增長，原來許多靠假借法記錄的詞，都可以爲其造新的形聲本字，減少了一字多詞的歧義現象。這也是戰國文字異形的一個重要原因。

意符的類化和穩定須要對自然和社會的認識進行深化和歸納，須經歷一個很長的時期。甲骨金文中，自然物方面的意符出現較早、較多，表現人類思想意識和心理情感類的意符則出現較晚、較少。如"心"符字，殷商甲骨文中極少，西周金文也很少見，直到春秋晚期和戰國時期纔大量產生。從戰國時期楚國出土文獻中出現大量的增加意符或改變意符以區分詞義的特形異體字，可以看出戰國時期楚國思想家的思辨能力非常縝密，對概念的理解非常深入，對意義的表達非常精細。比如：

"上、前、先"，楚文字分別寫作"让、遄、选"，顯示這些字的意義都是表示方向動作的動詞，而非表示方位的名詞。

"令"，楚文字或寫作"敂"，右邊的形符"支"表現了"令"乃表示動作，與名詞的"命"不同，即《孟子·離婁上》所謂的"既不能令，又不受命"之別。

"乘"，楚文字或寫作"騪"和"輮"，區分乘木之"乘"與乘馬之"騪"和乘車之"輮"的不同。

"輔"，楚文字寫作"顪"和"酺"或"杴"和"補"，區分面頰之"顪"與"大車榜木"之"輔"的不同。

① 見沈兼士著，葛益信、啟功整理《沈兼士學術論文集》第 203 頁"陳寅恪先生來函"。
② 郭沫若《青銅時代》第 305 頁。郭氏所言"四期"是指他對青銅器的分期：一期是"鼎盛期"，即殷商至西周文、武、成、康、昭、穆諸世；二期即"頹敗期"，即恭、懿、孝、夷諸世以訖於春秋中葉；三期即"中興期"，即自春秋中葉至戰國末年；四期即"衰落期"，即戰國末葉以後。

"本"，楚文字寫作"杏"，强化了置於土穴之中的樹根的意義和視覺形象，以區别本的引申義。

"文"，楚文字或寫作"旻"，以區分花紋、文武之"文"與發之於口的文章之"旻"。

"色"，楚文字或寫作"頤"，表示此"頤"乃臉色而非"女色"。

"美"，楚文字或寫作"頮"和"媖"，表示此"頮"乃視覺上的美色而非味覺上的"羊大爲美"。

"討"，楚文字寫作"戴"，表示此爲武力征討之"戴"而非言語聲討的"討"。

這些特形文字的大量出現，提高了漢字表現漢語的精確性，促進了漢字的形聲化。在這種背景下，楚簡"心"符字的大量湧現就不難理解了。戰國楚簡大量"心"符文字的出現，反映了一種觀念和思潮，那就是通過文字把"心"與非"心"的概念區分和對立起來，凸顯"心"的重要性，體現出對"心"的認知，表現"心"的不可隱含和不可被包容性。

（三）幾個基本概念

1. 同形字

同形字又稱"異字同形"或"歧讀字"，是指意義完全無關的字卻寫作同一形體的文字現象。漢語的字、詞有同音、同義和同形等關係，分别形成漢語中的同音字、同義詞和同形字[①]。一般認爲同形字有廣義和狹義之分。廣義的同形字是指用相同的文字記録不同詞，其中也包括因詞義引申或通假而造成的一字記録數詞的現象。如"行"字，記録了"道路、行列、行走"三種意義、三個詞，三個詞的詞義是本義和引申義的關係，可看作廣義的同形字；"莫"本義爲"日暮"，後來假借爲否定副詞和無指代詞；"忌"本義爲"忌憚"，又通假爲"綱紀"的"紀"，均可視爲廣義的同形字。狹義的同形字是指同一字形記録兩個或兩個以上意義之間没有内在聯繫的詞，其中不包括詞義的引申、假借和通假關係。文字學上"同形字"一般使用狹義的概念，本書"同形字"的概念也是狹義的。

從形體上來說，同形字應當構形字素完全相同，並且字素的配置方式也完全相同。因此"栽"和"救"，"息"和"怕"，前者構形字素不同，後者配置方式不同，都不是同形字。從讀音上來說，同形字既可以讀音相同，如表示樹木名稱的

---

① 裘錫圭先生認爲："同形字這個名稱是仿照同音詞起的。不同的詞如果語音相同，就是同音詞。不同的字如果字形相同，就是同形字。同形字的性質跟異體字正好相反。異體字的外形雖然不同，實際上卻衹能起一個字的作用。同形字的外形雖然相同，實際上卻是不同的字。"見裘錫圭《文字學概要》第 208 頁。

"棹"跟"桌"的異體字"棹"同形,都讀 zhuo^{55};也可以讀音不同,如"文質份份"的"份"(後寫作"彬")讀音 bin^{55},"份額"的"份"讀音 fen^{51},"炮製"的"炮"讀音 pao^{35},"槍炮"的"炮"讀 pao^{51}。

同形字的産生主要有兩個原因。一是異時異地分別造字,不謀而合,這是同形字産生的主要原因。例如楚文字的"唯"字,在銘文中都寫作左右組合的"唯",而在簡文中卻都寫作上下組合的"售",後者與《説文》口部新附字、訓作"賣去手也"的"售"同形。又如郭店楚簡停泊的"泊"字,在信陽楚簡寫作"泉",與《説文》水部訓作"水原也"的"泉"同形。楚簡表示"山谷"意義的"谷"字,均增加意符"水"寫作"浴",與"沐浴"的"浴"字同形。楚簡中的"書"字全都寫作"箸","箸"應就是楚文字的"書"字,與《説文》竹部表示"筷子"意義的"箸"是同形字。二是漢字演變過程中的簡化、繁化、異化和訛變,造成本不同形的字同形。如楚簡"勇敢"的"勇"字或寫作"恿",與現代"慫恿"之"恿"的簡化字"恿"同形。

裘錫圭先生把同形字分爲四種[①]:一是"文字結構性質不同的同形字"。如戰國楚銅器銘文"忐"字,從"心""下"聲;後世"志忑"的"忐"字,從"心"從"下"會意。二是"同爲表意字的同形字"。如"夯",從"大、力"會意,用力舉物之意,音 hang^{55};又是"笨"的異體字,音 ben^{51},亦從"大、力"會意。三是"同爲形聲字的同形字"。如"椅",《説文》木部"梓也。從木,奇聲",讀 yi^{55};又是"桌椅"的"椅"字,亦從"木""奇"聲,讀 yi^{214}。"怕",《説文》心部"無爲也。從心,白聲",音 bo^{35};又是"懼怕"的"怕"字,音 pa^{51}。四是"由於字形變化而造成的同形字"。如"臣僕"的"僕"簡化作"仆"後,便與"前仆後繼"的"仆"字同形。

裘錫圭先生指出,同爲形聲字的同形字"是同形字里最常見的一種"[②]。楚簡多有與傳世文獻中構形字素完全相同,字素的配置方式也相同,而意義毫無關聯的"心"符同形字,其中大多是形聲字。如:

楚簡"恿",簡文均用作"勇敢"之"勇",應是楚文字"勇"的異體字,與後世"慫恿"的"恿"的簡化字"恿"同形;

楚簡"寵",簡文用作"寵愛"之"寵",應是楚文字"寵"的異體字,與《集韻》東韻盧東切、訓爲"忽遽貌"的"寵"字同形;

楚簡"紿",簡文用作"治理"之"治",應是"治理"之"治"的本字,與《説文》

糸部訓“絲勞即紿”的“紿”字同形；

　　楚簡“戁”，簡文用同“困難”和“災難”之“難”，應是楚文字“難”的異體字，與《説文》心部讀女版切、訓爲“敬也”的“戁”同形。

　　這些同形字因爲聲符相同，讀音也就相同或相近，“因此在形聲字的同形現象跟假借現象之間很難劃出一條截然分明的界線。……就會形成一種既可以看作假借，又可以看作形借的現象。也就是説，這個字既可以看做假借字，也可以看作被借字的同形字”①。例如楚簡“紿”用作治理之“治”，既可看作是“絲勞即紿”的“紿”的同形字，又可看作是“絲勞即紿”的“紿”通假作治理之“治”；楚簡“戁”用同困難之“難”，既可看做是訓爲“敬也”的“戁”的同形字，又可看作是訓爲“敬也”的“戁”通假作困難之“難”。這些字視作同形字與視作通假字意義是不一樣的。如果視作同形字，則同形的兩字雖然聲符相同，讀音相同或相近，形符也相同，但形符的意義指向是完全不同的，兩字各有各的意義，不能讀此爲彼。如果視作通假字，則衹是一個語音符號，没有表義的功能，須還原爲本字。

　　對類似於上述現象的字是視作同形字還是視作通假字，本書區分的依據，首先是將文字的歷史演變過程中因簡化、繁化、異化、訛變等原因造成的形聲結構的同形字與通假字區分開。如楚簡“勇敢”的“勇”寫作“恿”，後世“慫恿”之“恿”簡化作“恿”後與之同形，而絶非“慫恿”之“恿”通假爲“勇敢”之“勇”；楚簡的“吟”和“含”字都用作“今昔”之“今”的意義，没有用作“呻吟”之“吟”和“包含”之“含”意義的，我們認爲“吟、含”應就是楚文字中“今”字的繁化，與《説文》口部訓爲“呻也”的“吟”和訓爲“嗛也”的“含”，應爲同形而非通假的關係。

　　其次，尊重簡文的用字習慣，儘量按原文隸定，按本字求解，而不輕易視之爲通假或訛誤。如楚簡的“箸”字都用作“書”而没有用作“筷子”意義的，我們認爲“箸”應就是楚文字中表示“書籍”意義的“書”字，《説文》竹部訓爲“飯攲也”意義的“箸”，與楚文字的“箸”，應是同形而非通假關係。楚簡的“紿”字多用作“治理”之“治”，從來没有用作“絲勞也”意義的，我們認爲“紿”應就是楚文字中表示“治理”意義的“治”字，與《説文》糸部訓爲“絲勞”的“紿”是同形字，而非通假關係。

　　第三，同形字多屬於歷時造字現象，而通假屬於共時用字現象。如果借字和本字分屬於不同時代，相隔很遠，則通假的可能性就很小，如楚簡“態”用作

① 參見裘錫圭《文字學概要》第215頁。

“寵愛”之“寵”,應是楚文字的“寵”字,與中古韻書《集韻》東韻訓“忽遽貌”的“憽”字應是同形而非通假關係。

2. 異體字

異體字是指讀音和意義相同而字形不同、可以互相替代而不影響意義表達的兩個或兩個以上的字。從字形的角度來説,異體字主要有三種類型。

第一種類型是構形字素完全相同但字素的配置方式不同,如“勇”跟“勈”、“崇”跟“崈”、“和”跟“咊”。但是在漢字中,構形字素完全相同而字素的配置方式不同的並非都是異體字,有的是完全不同的字,如“忡”跟“忠”、“怡”跟“怠”、“悱”跟“悲”,是形、音、義都不相同的兩個字。區分此種字是一字異體還是完全不同的字,無規可循,因此學者在判别時,尤其是在古文字的釋讀上,常常會誤此爲彼,相互混淆。例如《説文》女部“姦,私也。從三女。𢙢,古文姦,從心,旱聲”,嚴可均等認爲:“此疑校者輒加。心部‘悍,勇也’。古或借爲姦。其實𢙢即悍字,非姦也。”①而商承祚先生認爲:“嚴氏斯説,亦有可商,因古文每有與篆文形同而音讀義異。若執篆以例古,或據古以繩篆,則失之沾矣。如古文妻,《玉篇》作㛗,似與娋爲一字,而篆别有娋,不聞《玉篇》之㛗爲娋也。……是古文姦,無論其作𢙢悍,亦不得謂即爲悍勇之悍。”②又如《説文》木部“李,果也。從木,子聲。杍,古文”,商承祚先生認爲:“案此非李之古文,乃梓之古文也。《尚書》梓材,馬融曰:‘古文作杍。’《大傳》橋梓作橋杍。是作杍者,壁中古文也。此誤入。”③商先生所言十分精當。楚簡中有很多構形字素雖然相同,但配置方式不同,因而文字本義不同的“心”符字。如“難易”之“易”楚簡寫作“惖”,與《説文》心部訓爲“敬也”的“惕”是不同的字;“圖謀”之“謀”楚簡寫作“惎”,與《説文》心部訓爲“撫也”、《爾雅·釋詁》訓爲“愛也”、《方言》卷六訓爲“憐也”的“煤”是不同的字。“親近”之“近”楚簡寫作“忻”,與《説文》心部訓爲“闓也”的“忻”是不同的字。“盜賊”之“賊”楚簡寫作“惻”,與《説文》心部訓爲“痛也”的“惻”是不同的字。釋者往往隸“惖”爲“惕”,認爲通假作“易”;隸“惎”爲“煤”,認爲通假作“謀”;隸“忻”爲“忻”,認爲通假作“近”;隸“惻”爲“惻”,認爲通假作“賊”。諸如此類,均屬“執篆以例古”而“失之沾矣”。

異體字的第二種類型是構形字素部分相同。其中又分爲兩種,一是“義近意符互通”,如“歌”跟“謌”,聲符相同,意符“欠”跟“言”意義相近或相關,可以

① 嚴可均、姚文田《説文校議》,轉引自丁福保《説文解字詁林》第3070頁。
② 商承祚《説文中之古文考》第106頁。
③ 同上第56頁。

互相通用。二是"音近聲符互通",如"綫"跟"線",形符相同,聲符"戔"跟"泉"
讀音相同或相近,可以互相通用。異體字如果是形符的不同,即可據此研究語
義與社會的變化和人們認知角度及思維方式的差異。裘錫圭先生指出:古人在
"爲形聲字選擇形旁時,如果對文字所指的事或物有不同的著眼點,所選擇的形
旁就會不一樣","有時候,事物本身或人的思想意識的變化也會影響形旁的表
意作用","器物質料或性能的改變或多樣性,也會引起形旁代換的現象"①。楚
簡所見"心"符字多與其他各系文字中的的非"心"符字構成異體的關係。例如
楚簡"謀"寫作"惎"、"順"寫作"恖"、"勇"寫作"恿"、"僞"寫作"惥"、"違"寫作
"憙"、"賊"寫作"恩",均以意符"心"與其他意符相區別。在楚簡中,這種區別
並不是個別的、偶然的,而是成系統的、有意識的,應該有其必然的原因。這些
"心"符字是本項研究關涉文字與社會關係的重要材料。本書祇研究楚簡中以
"心"符區別於其他意符的異體字。至於聲符不同的異體字,體現的是讀音的差
異,無關乎意義,因此不在本書研究之列。

　　異體字的第三種類型是在原字基礎上增加新的表義字素(即形符),構成一
個新的形聲字。如楚簡"去"寫作"迲"、"户"寫作"宲"、"谷"寫作"浴"、"泉"寫
作"湶"、"井"寫作"茾"。清人王筠稱此類增形字爲"纍增字",謂"其加偏旁而
義仍不異者,是謂纍增字"②。之所以增加新的表義字素,是因爲原字的字素已
不能明確地顯示字的意義,或者不能反映造字者所要著重表達的特指意義,所
以增加新的字素使其意義更加明顯,使之能够見形知義。這類因增形而繁化的
異體字,特點是在原有字形上增加偏旁後均不改變字的讀音和基本意義,可以
互相替代。楚簡中此類增形字甚多,增加"心"符的如"畏"寫作"愄"、"固"寫作
"恩"、"衰"寫作"憙"、"害"寫作"憲"、"求"寫作"怸"、"易"寫作"惖"。楚簡
在這些常見的非"心"符字上增加"心"符,基本意義並沒有改變,但與相應的未
增形字的意義指向是不同的:楚簡增加"心"符是要突出表現心性、意識、精神等
抽象的"形而上"的意義,與未增形字表現的動作、行爲、物象等"形而下"的意
義相區別。

　　異體字的第四種類型是構形字素完全不同,如"野"跟"埜"。楚簡中的
"心"符字有與通行字字素完全不同而成爲異體者,尤其是形聲字形符、聲符都
不相同者甚多。如楚簡"謀"寫作"忞"和"惎"、"詐"寫作"慮"、"過"寫作"惢"、

---

① 裘錫圭《文字學概要》第 168、169 頁。
② 王筠《説文釋例》卷八第 327 頁。

“仁”寫作“悬”、“圖”寫作“恚”、“盗”寫作“态”。這類異體字中楚簡字都有意符“心”而相對的常見字都没有“心”符，凸顯了楚國文字不同於通行文字的特點，也是本項研究關涉文字與社會關係的重要材料。

　　從字義的角度來看，異體字有兩種情況。一種是音義完全相同而字形不同。如果一組字的表義字素完全相同，衹是字素的配置方式不同，那麼它們的意義大多就完全相同，如“勇”跟“勎”均從“力”，“坤”跟“堃”均從“土”，這種異體字可以稱之爲“絶對異體字”，裘錫圭謂之“狹義異體字”，是嚴格意義上的異體字。第二種異體字讀音相同而意義不完全相同，字形當然不同。如“勇”跟“恿”、“礮”跟“炮”、“毉”跟“醫”。這種異體字的概念意義是相同的，在書面語言中也可以互相替换而不影響基本意義的表達，但字面上所體現出來的意義是不完全相同的：“勇”跟“恿”有力氣與意志之分，“礮”跟“炮”有石炮與火炮之異，“毉”跟“醫”有以“巫”爲醫和以“酒”爲藥之别。這種異體字可以稱之爲“相對異體字”，裘錫圭謂之“部分異體字”[1]。

　　何九盈在論及異體字的文化功能時，認爲意義不完全相同的異體字有“圖畫與寫意之别”“構字背景有别”“構字基點不同”“構字的思維原點不同”以及“構字理據不同”等五種情況[2]。不同時代或地域的社會文化背景不同，人們觀察事物的角度和思維的方式不同，都可能改變意符、選擇不同的意符而形成異體字。反過來説，我們可以利用歷史上存留下來的此類異體字，去研究不同時代或地域的社會文化背景、觀察事物的角度和思維方式。

　　3. 古今字

　　在原字基礎上增加新的表義字素，除了“其加偏旁而義仍不異者”外，還有在增加新字素後，字的意義範圍發生了變化，增形字衹表現原字意義的一部分或原字幾個義項中的一個義項，如“債”古作“責”，“婚”古作“昏”，“娶”古作“取”，“暮”古作“莫”，這類增形字屬於“古今字”，即王筠所謂之“分别文”：“其加偏旁而義遂異者，是爲分别文。”[3]古字與今字在字形、字義上既有相承關係又有相異關係。新造的今字利用古字原有的形體，古字衹用作今字的聲符，增加新的意符表現其分擔的古字的意義或意義類别，構成新的形聲字。在讀音上，古字跟今字既可相同又可相異。楚簡文字有少量在古字形體上增加“心”符構成的今字，如“欲”寫作“慾”、“反”寫作“忎”、“晏”寫作“悬”、“童”寫作“蕫”

---

① 參見裘錫圭《文字學概要》第 205 頁。

② 參見何久盈《漢字文化學》第 210—217 頁。

③ 王筠《説文釋例》卷八第 327 頁。

等,分別承擔相應古字中的"欲望、反省、心安、童愚"等意義而排除其他意義。

二、研究的方法

　　自宋代以來的歷代學者,在辨認、考釋先秦時代的金石、簡牘、龜甲等出土文獻上的古文字時,逐漸摸索、積纍了許多的經驗,總結出一些帶有規律性的條例,歸納出不少好的研究方法。運用這些研究方法,往往能取得舉一反三的效果,一些疑難問題也能迎刃而解。尤其是自甲骨文出土以來,現當代學者在古文字領域方法論的研究上取得了很大的進展。其中影響較大者,如唐蘭先生對古文字的研究方法進行了系統的總結和深入的闡述,提出了"對照法—或比較法、推勘法、偏旁的分析、歷史的考證"四種方法①。楊樹達先生將考釋古文字的方法總結爲十四個條目②。高明將古文字的考釋方法歸納爲"因襲比較法、辭例推勘法、偏旁分析法、據禮俗制度釋字"等③。本書將前人的研究方法總結爲偏旁分析法、字形比較法、辭例推勘法和綜合論證法四種。

　　偏旁分析法:對不認識的字,通過分析確定其構成的偏旁,再將這些偏旁與已認識的偏旁相比,然後組合起來,以認識所要考釋的字,亦即通過已識字和未識字形體上的局部比較和對照來考釋未識字。宋代的學者研究金文,即已偶然用到這一方法,但真正運用這一方法來研究古文字的是清代學者孫詒讓,又經近代黃紹箕、容庚尤其是唐蘭等的相歷推闡,這一方法纔得到廣泛運用。偏旁的分析可分爲兩個方面:一是對已識的合體字作偏旁分析,再將偏旁與未識的獨體字和合體字的偏旁比照,來考釋未識字;二是用已識的獨體字與未識的合體字的偏旁比照,來辨釋未識字。唐蘭認爲偏旁分析法是研究古文字字形最有效和最科學的分析方法,祇要認識一個偏旁,就可以認識很多的字,因此偏旁的分析應當是古文字考釋方法中的核心④。

　　字形比較法:即利用漢字系統性和古今發展的互相關係,拿已經確認的字與未識字作形體上的整體比較和對照,來考釋未識字。字形的比較可分爲兩個方面:一是縱向比較,即將處於不同歷史層次的已識字與未識字相比,尋求字形在不同時代的發生、發展和變化的線索以及因襲關係;一是橫向比較,即將同一

---

①　參見唐蘭《古文字學導論》(增訂本)第 163—216 頁。

②　楊樹達考釋古文字十四法爲:"一曰據《説》釋字,二曰據甲文釋字,三曰據甲文定偏旁釋字,四曰據銘文釋字,五曰據形體釋字,六曰據文義釋字,七曰據古禮俗釋字,八曰義近形旁通作,九曰音近聲旁任作,十曰古文形繁,十一曰古文形簡,十二曰古文象形會意字加聲旁,十三曰古文位置與篆文不同,十四曰二字形近混用云。"參見楊樹達《新釋字之由來》,《積微居金文説》第 1—16 頁。

③　參見高明《中國古文字學通論》第 167—172 頁。

④　參見唐蘭《古文字學導論》(增訂本)第 175—193 頁。

時代層次的已識字與未識字相比較。唐蘭指出"中國的古文字學幾乎完全是由 '對照法'出發的"①,認爲字形比較法是釋讀古文字的基礎。清代古文字學家 吳大澂、孫詒讓、羅振玉等由《説文解字》的小篆字形下推隸書等今文字,上溯甲 骨金文,或用上古不同的古文字材料互相證明,就是使用了對照法。對運用偏 旁分析法仍不能認識或仍有疑問的字,就得去追尋它的歷史,搜集材料、尋找證 據,歸納出許多公例,從而考定文字。偏旁分析法是對文字進行橫向分析,歷史 比較則是對文字進行縱向研究。這是古文字研究中兩種最重要的方法,而歷史 的比較尤其重要②。由於《説文》等後代傳世文字的主體源於戰國秦系文字,因 此楚國特形"心"符文字與《説文》小篆文字的比較,某種意義上就是楚系文字 與秦系文字的比較。

　　辭例推勘法:也稱"辭例歸納法",簡稱"推勘法"或"歸納法"。辭例又稱 "文例",是指所要討論的字所處的語句或古代固定格式的成語,它表明這個字 和其他字之間的外部聯繫和它所存在的具體語言環境。辭例推勘法是依據某 字出現的語言環境,通過對辭例的分析、比較、歸納,辨識字形,推求字義。辭例 歸納可分爲兩個方面:一是通過跟時代相同或相近的其他古文字材料以及傳世 的文獻典籍中同類辭例的比較,來推斷這個字在其中的含義和用法,與我們已 經認識的哪一個字相當;一是通過對上下文辭義的考察和分析,來推斷這個字 在其中的含義和用法,以達到辨釋文字的目的。考釋古文字的根據無非是字形 和辭例兩方面。尤其是當字形特異、缺乏可供研究的線索時,辭例就是唯一的 根據。唐蘭認爲辭例的比較(即推勘)是不可或缺的驗證或旁證方法③。大多 數古文字必須結合具體的語言環境纔能準確釋讀,依據辭例就是從語言的角度 釋讀古文字。

　　綜合論證法:是綜合各個相關學科的知識,把考古、文獻、社會文化、禮俗制 度等歷史背景與古文字結合起來,據以考釋文字。它是王國維"二重證據法"的 引申和發揮。漢字的形體結構和發展演變,與中國古代的社會生活、歷史文化、 風俗禮制等有著密切的關係,某些字形往往形象地反映著古代各方面的實際情 況。從社會的角度研究古文字產生、構形的背景,或從古文字的產生、構形論證 社會的發展和變化,是人類學、社會學、歷史學、文字學、社會語言學經常運用的 一種方法。

---

① 　參見唐蘭《古文字學導論》(增訂本)第 164 頁。
② 　同上第 193—202 頁。
③ 　同上第 170—175 頁。

本書運用以上四種方法釋讀、分析、研究楚簡系列特形"心"符字。從古文字學角度分析研究楚簡系列特形"心"符字的形義以及相關字詞的源流演變。以事實爲依據,窮盡郭店簡、上博簡和清華簡中所有的"心"符字,選擇其中 92 例(組)特形"心"符字進行逐字的分析研究,力求材料全面、真實、客觀,分析科學、合理,結論可信。

本書運用"偏旁分析法",將具有相同偏旁的字進行比較,或將某字與以某字作爲偏旁的字進行比較,以準確隸定和釋讀楚簡文字。對每一納入研究範圍的特形"心"符字,首先儘可能地羅列該字在郭店簡、上博簡和清華簡中所出現的各種字樣,必要時列出郭店簡、上博簡和清華簡其他相關文字的字樣,以及其他楚簡中可供比較的字樣,根據字樣原形對特形"心"符字作嚴格的審核或作重新的隸定。

本書運用"字形比較法",在歸納辭例的基礎上,立足楚簡文本,以《説文》爲參照,廣引殷商甲骨、兩周金文,以及戰國陶器、璽印、泉貨、盟書、石刻、符節等器物上的文字,作詳盡的比較。比較法是本書最重要的研究方法,其應用體現在五個方面:

一是採用"二重證據法",將出土楚簡文獻中的特形"心"符字與傳世文獻中的"心"符字和非"心"符字結合起來進行比較,對不同之處作出合理的解釋。

二是將楚簡文獻中的特形"心"符字置於漢字發展演變的歷史中進行縱向時間上的比較,對字詞的源流前溯殷商甲骨、兩周金文,後引秦篆漢隸,或至中古時期的文獻材料。必須強調的是,楚簡屬於上古材料,須與上古前後文字作比較,中古的文獻材料,除《汗簡》和《古文四聲韻》記錄的是上古文字、可資比較外,其他的材料與戰國時代的楚簡時間跨度較大,若無中間材料的銜接,就祇能作爲楚簡文字的佐證、參考,而不能作爲立論的依據。至於某些簡帛研究者引用遠至明代的字書如《字彙》《字彙補》和《正字通》裏面的文字來解釋、比較和印證楚簡文字,則嫌輕率不慎,爲本書所不取①。

三是將楚簡文獻中的特形"心"符字與戰國時期的秦系、齊系、晉系、燕系文字等作橫向空間上的比較,尤其是與秦系文字比較,分析戰國文字共時層面的異同,研究楚系文字構形的特點,探索這些構形特點所體現的語義差異及其哲

① 梁春勝指出:有的學者"在釋讀戰國文字時,多處引用到近代漢字資料。無庸諱言,這些近代漢字資料有相當一部分與所釋字的隸定體祇是偶然同形,實際上並没有什麽關係。雖然何先生引用這些資料的本意,多數祇是作爲一種參考,不作爲立論的根據,但是如果讀者對近代漢字的研究情況瞭解不夠,就有可能會誤把兩者當作一個字"。見梁春勝《〈戰國古文字典〉引近代漢字資料辨析》。

學、思想史上的涵義。

　　四是將郭店簡、上博簡、清華簡中的特形"心"符字與楚系其他簡帛文字作比較,在更小的共時範圍內觀察分析不同地點、不同内容、不同書手用字的特點,尋繹造字和用字的規律。

　　五是將郭店簡、上博簡、清華簡中的某一特形"心"符字與楚系所有簡帛文獻中的非"心"符異體字作比較,分析"心"符字與非"心"符字之間的對應關係,研究這些意符不同的異體字所體現的語義差異,及其所表達的不同的造字心理。

　　通過以上縱橫相交、點面結合的多方比較,力求客觀公正、科學合理地分析、解讀楚簡中系列"心"符文字在漢字演變的歷史中,其獨特的構形所具有的特殊意義。

　　本書運用"辭例歸納法",對每一涉及的特形"心"符字,儘可能地給出郭店簡、上博簡和清華簡所見特形"心"符字所在的辭例。必要時列舉傳世文獻中的相關辭例予以佐證,通過辭例的列舉歸納、釋讀特形"心"符字的形義。

　　本書運用"綜合論證法",即社會語言學的研究方法。主要是結合春秋戰國時期的思想史,研究楚簡"心"符文字大量産生的社會背景;結合秦漢歷史,探索秦皇統一天下後書同文字、"罷其不與秦文合者"的歷史痕跡,揭示"心"符字與非"心"符字、秦系文字與六國文字興替的歷史原因。

　　本書的體例説明如下:

　　1.在對楚簡"心"符文字的分析研究時,以《説文》作爲比較、參照和分類的依據。在每章下面,依所分之類每類作爲一節,節下以每一個特形"心"符字爲一小節,進行比較、分析、研究。在分析時儘可能列舉"心"符字的辭例以之爲考釋特形"心"符字形義的依據,辭例之前先列出所討論的字的簡文原形,以供讀者檢校查證。必要時在辭例後面引用楚簡整理者對簡文的注釋。或以"今按"的形式,對原整理者整理的簡文及其注釋,根據筆者的理解和認識作出補充、説明、校勘、辨正、考釋。最後進行比較、分析、研究。

　　2.本書對楚簡文字的隸定一般從嚴。特別是特形"心"符字,由於戰國時期還沒有形成普遍的豎心偏旁"忄",至秦時纔出現普遍的豎心旁,故楚簡特形"心"符字一般都寫作上下組合,"心"符的位置都在字的下部,偶有在兩側者,也是寫作"心"而不寫作"忄"。楚簡整理者或從寬式隸定爲左右結構,或從嚴式隸定爲上下結構。鑒於楚簡部分上下組合的字,與上古、中古字書中左右組合的字音義無關,爲了跟後世字書中的字相區別,故一律從嚴,寫作上下組合。例如楚簡“愵、忞、愳、慐”字,分別與《説文》“惕、忼、惻、惲”是不同的字,所以本書楚簡字從嚴隸作“愵、忞、愳、慐”,以與《説文》“惕、忼、惻、惲”相區别。

3. 本書在引用楚簡辭例時,爲便於比較和分析,一律根據楚簡整理者編定的簡文順序和對竹簡的釋文。爲節省篇幅、減少造字的困難,在引用辭例時,除了該小節討論涉及的字保持原釋文外,其他字皆打開原釋文中的“( )”號,用“( )”號裏面的異體字的通用形體、古今字的今字、通假字的本字取代“( )”號前的異體字、古字和通假字。例如郭店簡《成之聞之》第 21 簡原釋文爲:

　　戜(勇)而行之不果,其㥑(疑)也弗枉(往)㤴(矣)。

在討論“戜”字時,就將該辭例處理爲:

　　戜(勇)而行之不果,其疑也弗往矣。

在討論“㤴”字時,則將該辭例處理爲:

　　勇而行之不果,其㥑(疑)也弗往㤴(矣)。

4. 本書在引用楚簡辭例時,在每一辭例之前列出該辭例中所要討論文字的圖版字樣或摹寫字樣,供研究者審查、核對該字的隸定、釋讀。

5. 本書在正文中引用郭店簡、上博簡和清華簡中的辭例時,採用“圖版字樣+簡書簡稱和册數+簡書篇名和竹簡編號+辭例”的標注方式。例如:

　　𢙓上博(六)《天子建州甲》9 簡:“懷民則以德,剗刑則以㤅(哀)。”

表示辭例中“㤅”字的圖版字樣,該辭例出自於《上海博物館藏戰國楚竹書》第六册《天子建州甲》篇第 9 簡,以及含有“㤅”字的辭例。

在引用楚簡整理者的注釋時,採用“整理者姓名+簡書出版年+注釋所在頁碼+注釋”的標注方式。例如上述“㤅”字辭例後引整理者的注釋:“整理者曹錦炎(2006:326)注:‘“㤅”,從心,衣聲,爲“哀”字異構。’”表示《天子建州甲》篇的整理者爲曹錦炎,該條注釋引自 2006 年出版的《上海博物館藏戰國楚竹書》第六册第 326 頁。

6. 本書引用辭例中的符號所表示的含義爲:

( ):表示簡文中異體字的通用形體、古今字的今字、通假字的本字。隨文標出。

〈 〉:表示簡文中的錯字經改正後的正字。

[ ]:表示簡文中根據文意或他本可確切補出的缺文,或據殘筆和文意可確認的字。

□:表示簡文中殘缺、殘泐而不能辨識的字,以及無法寫出的字(一個“□”

對應一個字）。

　　……：表示簡文中殘缺或殘泐不能辨識，又不能確認字數。

　　☑：表示竹簡殘斷。

第二章　不見於《説文》的楚簡"心"符字

　　自春秋以迄戰國，諸侯争霸，裂土分疆。社會的分裂導致語言文字的分化歧異，各諸侯國之間"言語異聲，文字異形"。秦始皇統一天下後，實行書同文字的政策，罷黜不跟秦國文字相合的六國文字，將不同形體的戰國文字統一整理、規範爲秦國小篆形體，東方六國文字由此而絶。東漢初年許慎所著《説文解字》，是最後一種古文字——小篆的集大成之作，是古文字研究的基礎和通向甲骨文、金文、戰國文字的津梁。許慎編撰《説文》，凡所見隸書以前的先秦文字，皆以秦皇統一天下後的規範文字小篆爲正體。或有與小篆字形不同者，則分別以"籀文、古文、或體"等置於字頭小篆之下，兼收並蓄，靡不畢載。據今人的研究，《説文》正篆下所列的"古文"，多爲戰國時期不合於秦文的東土六國文字之孑遺，多出自躲過秦火之劫的漢初孔壁古文（戰國齊魯文字）經書，以及各地民間所獻戰國古文經書。雖然由此可以窺見戰國文字之一斑，但《説文》中所載"古文"僅 500 餘字，數量十分有限，難窺戰國文字全貌。《説文》中從"心"的"古文"，亦不過"仁"字古文"忈"，"狂"字古文"悸"，"姦"字古文"悬"，"勇"字古文"恿"，"勞"字古文"憥"等。而且《説文》中的"古文"，久經傳抄、翻刻，形體難免失真。現隨著戰國各種載體的文獻大量出土，戰國文字的真相和基本面貌纔得以逐漸顯現，並受到學界的高度重視。衆多不同於《説文》小篆的六國文字，尤其是數量衆多的楚國"心"符文字，體現了獨特的意義内涵和社會背景。

第一節　楚簡"心"符字與《説文》五官類意符字

一、楚簡"忞"與《説文》"哀"

　　楚簡中表示"悲哀"意義的字，按照整理者的隸定，有"哀、忞、衺、褽"等四種字形，可分爲意符從"口"和意符從"心"兩類。從"口"的"哀"是古今漢字通用字形，從"心"的"忞、衺、褽"是楚簡特形文字，均從"衣"或"哀"聲。

　　楚簡寫作通用字形"哀"的辭例如：

　　　　𠆸 郭店《五行》17 簡："然後能至哀。"

忩上博(二)《魯邦大旱》1 簡:"魯邦大旱,哀公謂孔子:'子不爲我圖之?'"

忩清華(叁)《良臣》8 簡:"魯哀公有季孫。"

楚簡更多的是寫作從"心""衣"聲的"忩"。辭例如:

忩郭店《老子丙》10 簡:"則以忩(哀)悲莅之。"

忩郭店《尊德義》9—10 簡:"由禮知樂,由樂知忩(哀)。"

忩郭店《性自命出》2 簡:"喜怒忩(哀)悲之氣,性也。"

忩郭店《性自命出》29—30 簡:"忩(哀)、樂,其性相近也。"

忩郭店《性自命出》42—43 簡:"用情之至者,忩(哀)樂爲甚。"

忩郭店《性自命出》67 簡:"居喪必有夫戀戀之忩(哀)。"

忩上博(二)《昔者君老》4 簡:"唯忩(哀)悲是思。"

以上辭例中,郭店簡《性自命出》的"忩",上博簡(一)《性情論》相應簡文大多寫作"哀",可以對讀。

又寫作"心"在"衣"中的"袞":

袞上博(六)《天子建州甲》9 簡:"懷民則以德,剸刑則以袞(哀)。"

整理者曹錦炎(2006:326)注:"'袞',從心,衣聲,爲'哀'字異構。"今按:此簡文意與上博(五)《三德》第 20 簡"至型(刑)以忩"相近。"剸刑"與"懷民"相對,似應讀爲"專刑",即專擅刑法,如《漢書·五行志》"下專刑兹謂分威"。

袞清華(壹)《祭公》1 簡:"袞(哀)余小子,昧其在位。"

整理者沈建華(2010:175)注[二]:"袞,即'哀'。"

袞清華(伍)《殷高宗問於三壽》18 簡:"孝慈而袞(哀)鰥。"

清華簡"袞"或借作"衣"和"依":

袞清華(叁)《説命中》6—7 簡:"惟干戈作疾,惟袞(衣)載病。"

袞清華(叁)《芮良夫毖》23 簡:"民乃噪囂,靡所屏袞(依)。"

"忩"偶爾寫作從"心""哀"聲的"惪":

惪郭店《語叢二》30—31 簡:"愠生於性,憂生於愠,惪(哀)生於憂。"

惪上博(二)《民之父母》4 簡:"樂之所至者,惪(哀)亦至焉,惪(哀)樂相生。"

整理者濮茅左(2002:160)注:"惪,從心、從哀。……《説文通訓定聲·履部》:'哀,閔也。從口,衣聲。字亦作悕。'……《説文·心部》:'依,痛聲也,從心,依聲。《孝經》曰:"哭不依。"'《集韻·平之》:'依,哀痛聲,或作悇。'……'惪'、

'忞'、'愮'、'俀'通。"今按：今本《孝經·喪親》作"哭不俀"。《禮記·孔子閒居》與這段話相應的文句作"樂之所至，哀亦至焉。哀樂相生"。

　　𢜳上博（五）《弟子問》4 簡："亂節而悡聲。"

　　這些從"心"的"忞、裒、悡"都是"哀"的異體字，或"忞（裒、悡）"單用，或"忞（裒、悡）悲"同用，或"忞（裒、悡）樂"同用，或"忞（裒、悡）憂"同用。

　　在古文字中，從"口"的哀字出現較早，見於西周金文。西周早、中期的《沈子它簋》作𢙣，西周晚期的《禹鼎》作𢙣，戰國早期的《哀成弔（叔）鼎》作𢙣，《般隱鼎》作𢙣等。從"心"的哀則相對晚出，始見於戰國文字，除見於郭店簡、上博簡、清華簡以上辭例外，其他楚簡中也時有所見。如包山楚簡第 111 簡"少攻尹忞"，新蔡葛陵楚簡甲三 23 簡、57 簡"嗚呼悡（哀）哉"。另外"忞"字還見於中山王墓兆域圖"忞后、忞后堂"。朱德熙、裘錫圭先生認爲："'忞'字從'心''衣'聲，當釋作'哀'。古文字'口'旁和'心'旁往往通用。"①"口"旁和"心"旁的通用在楚文字中十分常見。不過"哀"側重於"口"，"忞"側重於"心"，造字的意圖不完全一樣。

　　上述從"心"的"忞（裒、悡）"字各形均不見於《説文》。後世"愮、忞"雖見於《龍龕手鏡》《改並四聲篇海》《字彙》等字書，但書證過晚，未有辭例，跟楚簡中的"悡、忞"應該沒有淵源關係。古今漢字以從"口"的"哀"字通行於世。"哀"字從西周早期，經春秋戰國，收録於《説文》口部中，獲得了正統地位而通行於後世。《説文》口部："哀，閔也。從口，衣聲。"徐鍇曰："哀者閔也。閔，痛之形於聲也，故於文口衣爲哀。衣，哀聲也，狀其聲也。人有所痛，聲自然而出，無復思慮，此天性也，故取法焉。《莊子》曰：'强悲者，雖哭不哀。'"②從"口"的"哀"表現的是哀的外在表現形式——張口而發出的聲音。所謂"强悲者，雖哭不哀"之"哀"，是没有真情實感而强裝悲痛，僅見之於口、聞之於聲的哀。人類真正悲哀的情感，源自内心，有時發之於口、形之於聲；有時深藏於心，不見其形、不聞其聲。楚簡從"心"的"忞（裒、悡）"所揭示的正是這種藴含在内心深處、無形無聲的真實情感。楚簡"憙（喜）悆（怒）忞（哀）悲"四字皆從"心"，揭示了内心與外形的區别，體現造字者對於這種人類情感觸及本源、内心的深刻認識。

　　二、楚簡"罳"與《説文》"咨"

　　楚簡有"罳"字和"隱"字，字形罕見，學者釋讀的分歧也很大。

①　朱德熙、裘錫圭《平山中山王墓銅器銘文的初步研究》第 45 頁。
②　徐鍇《説文解字繫傳》第 315 頁。

先看"惡"字的辭例：

🔲郭店《性自命出》59 簡："凡兑人勿惡也，身必從之，言及則明舉之而毋偽。"

整理者（1998：184）注［四八］："裘按：疑此句當讀爲'凡悦人勿吝也'。"此句在上博簡（一）《性情論》29—30 簡作"凡悦人勿𡍩［也］"，整理者濮茅左（2001：263）注："𡍩，讀爲'吝'，勿吝，不吝惜。"今按：郭店簡的"惡"與上博簡的"𡍩"互爲異體。楚簡文字從"心"的字往往與從"土"的字互爲異體，其原因尚待探究。

🔲🔲上博（一）《性情論》39 簡："凡人偽爲可惡也。偽斯惡（吝）矣，惡（吝）斯慮矣，慮斯莫與之結。"

整理者濮茅左（2001：275）注："惡，讀爲'文'。文，美、善。"今按：本簡簡文圖版不甚清晰，下部"心"符隱約可見，參照郭店《性自命出》48 簡"凡人偽爲可惡也。偽斯惡（吝）矣，惡斯慮矣，慮斯莫與之結矣"，本簡隸作"惡"應無疑問。

🔲上博（四）《曹沫之陳》5—6 簡："惡（鄰）邦之君明，則不可以不修政而善於民。不然，任亡焉。惡（鄰）邦之君無道，則亦不可以不修政而善於民。不然，亡以取之。"

今按：本簡前寫作"惡邦"，後寫作"惡邦"。"惡"是"鄰"的古字。簡文中"惡"當爲借字，"惡"爲本字。

🔲上博（四）《内豊》6 簡："善則從之，不善則止之；止之而不可，惡（憐）而任。"

整理者李朝遠（2004：225）注："'惡'，從惡、從心。'惡'爲'鄰'……字從心可讀爲'憐'。'憐'，《爾雅·釋詁下》：'憐，愛也。''任'，聽憑。"

再看"隱"字的辭例：

🔲🔲🔲上博（一）《孔子詩論》1 簡："詩亡隱（離）志，樂亡隱（離）情，文（文）亡隱（離）言。"

整理者馬承源（2001：125—126）注："隱，從陻從心，以惡爲聲符。……《中山王𰀁鼎》'惡邦難窺'，讀爲'鄰邦難親'，由此知'惡'字音讀當若'鄰'字……可能'吝'是'惡'的異體。……但'隱'字從阜從心，或從惡從心，必定不是'惡'字的本義，否則没有必要加上阜或心等字的偏旁。此字……按辭義應可讀爲《離騒》之'離'。"今按：此簡簡文涉及孔子的詩學理論，十分重要。簡帛學界的釋讀十分歧異，主要涉及三個字。

其一是隸作"文"的字。原字見《孔子詩論》第 1 簡和第 8 簡，分別寫作🔲和🔲。此字將"文"字上面的"口"移到右上肩處，或與"文"的橫劃共筆，寫法

奇特。類似的寫法還見於楚簡的"旻"字,大多將"口"移到右肩上,寫作 ✦ 郭店
《唐虞之道》27 簡、✦ 上博(二)《容成氏》5 簡、✦ 清華(伍)《命訓》11 簡等。學界大多認爲
"旻"是"文"字的一種特殊寫法,右上的"口"應是專門用來表示言出於口的文
章之"文",以與文武之"文"相區別。也有人認爲"旻"字應隸作"忞","是從金
文'忞'發展而來",楚簡的寫法"乃是沿襲古風","馬承源隸作'旻',誤矣"①。
後一説法值得商榷。"文"字在甲骨、金文中表示"紋飾"的意義,多在字的正中
飾以類似於"心、口、凵、〇"等形狀的花紋,並無實際意義,不能隸定爲《説文》
心部訓爲"彊也"的"忞"字。"文"字在《孔子詩論》中共出現 12 次,文王之
"文"多寫作"文",而文章之"文"則皆作"旻",可見書寫者是有意識地將出自於
口的文章之"文"與文武之"文"在字形上予以區分的。

　　其二是"旻亡隱言"的"言"字。原字作 𝄐,下部殘損,裘錫圭先生從曹峰釋
"意"②。

　　其三就是我們須重點討論的"隱"字。對於該字字形的隸定,學界沒有疑
義,但對其意義的解讀則眾説紛紜,成"此番簡牘釋讀之一大公案"③,不同的釋
讀主要有俞志慧、裘錫圭、龐樸等讀"隱"④,饒宗頤、李零等讀"吝"⑤,周鳳五讀
"文"⑥,何琳儀讀"陵"⑦,邱德修釋"鄰"、讀爲"泯"⑧。其中整理者馬承源讀
"離"的觀點基本上不爲人接受,而最有影響的觀點是讀"隱"和讀"吝"兩種。

　　楚簡還有一個跟"隱"相關的"陕"字:

　　✦ 上博(一)《孔子詩論》20 簡:"民性固然,其陕(離)志必有以逾也。"
整理者馬承源(2001:149)注:"'陕志'已見第一簡,'陕'字未從心,從形體看,
顯然爲缺筆。"今按:馬承源認爲"陕"是"隱"字缺筆,"陕志"即《孔子詩論》20
簡"詩亡隱(離)志"之"隱志","陕"亦讀爲"離"。馬先生認爲"陕志"即
"隱志"是十分正確的。"隱"字應從"心""陕"聲,本簡應是借"隱"的聲符"陕"
爲"隱"字,是常見的聲符通假爲本字。

　　以上是"愚、隱"兩字在楚簡中的辭例,和各家對兩字的不同釋讀。我們對

---

①　參見廖名春《上海博物館藏詩論簡校釋劄記》。

②　參見裘錫圭《關於〈孔子詩論〉》。

③　參見龐樸《上博藏簡零箋》。

④　參見俞志慧《〈孔子詩論〉五題》、裘錫圭《關於〈孔子詩論〉》、龐樸《上博藏簡零箋》。

⑤　參見饒宗頤《竹書〈詩序〉小箋》、李零《上博楚簡校讀記(之一)——〈子羔〉篇"孔子詩論"部分》。

⑥　參見周鳳五《〈孔子詩論〉新釋文及注解》。

⑦　參見何琳儀《滬簡〈詩論〉選釋》。

⑧　參見邱德修《〈上博簡〉(一)"詩無隱志"考》。

這兩字作進一步的闡述。

　　"隱"字僅見於《孔子詩論》第1簡。如果僅就它出現在這一簡文的文義來看,讀"隱"似比讀"吝"或其他讀法稍勝一籌。在字形結構上,"隱"無疑是一個形聲字,它既可以分析爲從"阜""悬"聲,又可以分析爲從"心""陵"聲。

　　如果"隱"分析爲從"阜""悬"聲,那麼它的意符"阜"所表現的本義應該就是"隱",與"隱"一樣表示"隔阜不相見"的意思。它的聲符"悬"當從"心""叟"聲;而"叟"又從"叩""文"聲,是"鄰"字的異體。古音"隱"在影母文部,"鄰"在來母文部,"文"在明母文部,三字韻部相同,聲母雖相隔較遠,但古音也有明母、來母、影母相通之例,見裘錫圭先生《關於〈孔子詩論〉》一文,不煩引證。

　　如果"隱"分析爲從"心""陵"聲,那麼它的意符"心"所表現的本義就應該跟人的心理活動相關。結合它在簡文中的用法來看,我們認爲"隱"應該讀作表示心理活動的吝惜之"吝"。

　　如果再把分析的範圍放開一步,把《孔子詩論》第1簡"詩亡隱志"的"隱志",與同篇第20簡"民性固然,其陵志必又以逾也"中的"陵志"相較,那麼"隱"字的形體結構就祇能分析爲從"心""陵"聲了,因爲"陵"是"阜"跟"叟"組成的一個整體,被省掉了的意符"心"是另外一個部分。而且《孔子詩論》第20簡的"民性故然"也顯示"陵(隱)"字意義與跟人的心性相關。

　　因此,我們認爲"隱"應分析爲從"心""陵"聲,是"吝"的異體字,表示"吝惜"的意思。它在《孔子詩論》第1簡中用的就是"吝惜"的本義。"詩亡隱(吝)志,樂亡隱(吝)情,叟(文)亡隱(吝)言",是説詩在明人之志,樂在盡人之情,文在達人之意,均應無所吝惜,不應有所保留。"吝嗇、捨不得"是一種意識和心態,屬於人的心理和思想活動,所以楚國的造字者造出這樣一個從"心"的"隱"來。饒宗頤認爲"隱"是"吝"字的繁寫,"吝"字原作"叟",後增心旁及阜旁,作"悬"與"隱"都是纍增形旁之字[1],斯可商榷。所謂"繁寫"是相對於"簡寫"而言,造成的結果在形體上是繁體字和簡體字,在意義上是絕對相同。"隱"與"吝"不是繁與簡的關係,它們雖然是異體字,但是是由不同的字素構成的異體,兩者在形體上應没有什麼關係,在意義上也各有側重,不是絕對相同。筆者認爲"吝"與"叟"不是一個字,是兩個意義不同的字。"叟"是"鄰"的異體字,如清華簡(陸)《子産》15—16簡"端使於四叟(鄰)"。而"悬"是在"叟"字上增加"心"符而構成的"吝"字的又一異體,但如前所述,"隱"字不是在"悬"字上增加

---

① 　參見饒宗頤《竹書〈詩序〉小箋》。

意符"阜"構成的,而是在"陘"符上增加意符"心"構成的。

從"嬰"字字形的源頭上來看,字形上部的"吅"本是古文字中的一個同體會意字,兩個"口"或者兩個"厶"或者兩個"〇"並列,表示"相鄰"的意思,是"鄰居"之"鄰"的初文。楚簡中所見之"嬰"字,應是"吅"的後起字,從"吅""文"聲,由會意變爲形聲。在楚簡中,"嬰"既用作本字意義"鄰",如郭店《六德》3 簡"親父子,和大臣,歸四嬰(鄰)"、上博(二)《從政甲》4 簡"四嬰(鄰)"、上博(六)《莊王既成》2 簡"時四嬰(鄰)之賞"、清華(壹)《皇門》6 簡"王用能奄有四嬰(鄰)"等。又通假爲"吝",如郭店《尊德義》14—15 簡"教以□,則民少以嬰(吝)"、郭店《尊德義》34 簡"□則民輕,正則民不嬰(吝)"。在"嬰"字上增加意符"心",構成形聲字"嬰",表示"吝嗇"的意思,與在"陘"字上增加意符"心",構成形聲字"隱",是同一道理、同一心理。

綜上所述,楚簡中的"嬰、隱"二字實爲一字,是戰國楚人基於"吝嗇"的心理特徵而造出來的形聲字,是"吝"字的異體,它們與從"口"的"吝"形成"可言説"與"不可言説"的對應,形成存之於"心"與形之於"口"的對應——這種"心"與"口"、"意"與"言"的對應在漢字中多有所見,在戰國楚簡中更是規則性的對應。

三、楚簡"憙"與《説文》"喜"

歷史上楚系文字有從"口"的"喜"和從"心"的"憙",都表示"喜愛、歡喜"的意思,但因時代、地域和文獻載體的不同而用字有所區別。從"口"的"喜"字大多出現在春秋晚期至戰國早期的楚國金文中,如《王子嬰次鐘》《王孫遺鬜鐘》《王孫誥鐘》《曾侯乙鐘》等銘文,另外僅見於包山簡和新蔡簡。而從"心"的"憙"字祇出現在戰國中期以後的楚簡,不見於楚國銅器銘文①。由此可見,在楚國早期文字中寫作"喜",而"憙"字的產生晚於"喜"字,至戰國中期纔出現並且大量應用。

楚簡"憙"均從"心"從"壴"。整理者或隸作從"心"從"喜"的"憙",現統一據實隸作"憙"。下面是"憙"字在郭店簡、上博簡和清華簡中的若干辭例:

　　　憙 郭店《性自命出》2 簡:"憙(喜)怒哀悲之氣,性也。"
整理者(2001:220)注:"憙,即'喜'字。"今按:上博(一)《性情論》第 1 簡與本簡

---

① 李守奎《楚文字編》第 300—301 頁收戰國楚文字"喜"字 13 例,見於金文 8 例,見於包山簡 5 例;收"憙"字 23 例,見於楚簡 22 例,見於楚璽 1 例,不見於金文。張新俊、張勝波《新蔡葛陵楚簡文字編》第 99 頁收新蔡簡"喜"3 例,"憙"6 例。滕壬生《楚系簡帛文字編》(增訂本)第 480—481 頁收"喜"9 例、"憙"36 例。

全同。

　　　　🔣郭店《性自命出》34 簡:“惪(喜)斯悩,悩斯奮。”

　　　　🔣郭店《語叢一》45—46 簡:“凡有血氣者,皆有惪(喜)有怒,有慎有懣。”

　　　　🔣郭店《語叢二》28 簡:“惪(喜)生於性,樂生於惪(喜)。”

　　　　🔣上博(一)《孔子詩論》18 簡:“折杕則情惪(喜)其至也。”

今按:“折杕”爲《詩經》篇名,即今本“杕杜”。

　　　　🔣上博(一)《孔子詩論》21 簡:“孔子曰:甸丘吾善之,於差吾惪(喜)之,
鳲鳩吾信之,文王吾美之。”

今按:本簡“惪”字字形較爲特殊,上部“壴”中的兩點一横跟下部“心”共筆畫。
《甸丘》《於差》《鳲鳩》《文王》等都是《詩經》篇名,分別是今本《詩經·國風》中
的《陳風·宛丘》《齊風·猗嗟》《曹風·鳲鳩》和《大雅》中的《文王》。

　　　　🔣上博(二)《昔者君老》3 簡:“蓋惪(喜)於内,不顯於外;惪(喜)於外,
不顯於内。”

　　　　🔣上博(四)《曹沬之陳》55 簡:“勇者思惪(喜),蔥者思悔。”

　　　　🔣上博(五)《三德》7 簡:“惪(喜)樂無限度,是謂大荒,皇天弗諒。”

　　　　🔣上博(九)《陳公治兵》14 簡:“君王惪(喜)之焉。”

　　　　🔣清華(壹)《耆夜》10 簡:“今夫君子,不惪(喜)不樂。”

　　　　🔣清華(叁)《周公之琴舞》12 簡:“思惪(喜)在上,丕顯其有位。”

　　　　🔣清華(伍)《殷高宗問於三壽》18 簡:“惪(喜)神而憂人。”

　　　從簡文字樣可見楚簡“惪”字上部都是“壴”而非“喜”。“壴”即鐘鼓之
“鼓”的古字、初文,甲骨文寫作🔣、🔣等,象建鼓於地之形,上有飾物,下有腳,中
間圓形爲鼓。《説文》喜部:“喜,樂也。從壴,從口。”在造字理據上,“喜”是聞
鼓樂即多口而喜。“惪”則易“口”爲“心”,表現的是聞鼓樂即開心之喜。

　　　“喜”字是個古老、常見、通用的漢字,出現很早,屢見於殷商甲骨文、兩周金
文,以及戰國陶、幣、簡、璽各種載體的文字。而“惪”字不見於商周,僅見於戰國
文字。“惪”字除集中見於楚簡外,還偶見於陶文(5.58 🔣)、古璽(3223 🔣)和雲
夢睡虎地秦簡(🔣、🔣、🔣)等。值得注意的是,除陶文🔣和睡虎地秦簡《日書》乙
種 211 🔣寫作上部爲“喜”的“惪”外,其他的都與楚簡一樣,寫作上部爲“壴”的
“惪”。《説文》没有收入變易形符的“惪”字,而收錄了纍增形符的“憙”字。
《説文》心部:“憙,説也。從心,從喜,喜亦聲。”《説文》“憙”是“喜”的異體字,
但又略有不同:“喜”及“喜”的古文“歡”從“口”或從“欠”,是形之於外、聞之於

聲的"喜";而"憙"字從"心",是指情動於中、不言而悦的"憙"。"憙"跟楚簡的"憙"造字理據是完全一樣的。

將郭店簡、上博簡、清華簡三種楚簡與雲夢睡虎地秦簡的用字進行比較,楚簡的"憙"共出現了 30 多次,沒有寫作"喜"的;而雲夢睡虎地秦簡"喜"出現了 26 次,"憙"字祇出現了 9 次①,表現出楚簡祇用"憙"而秦簡多用"喜"的差異。這種差異除了可能是時代先後的原因外②,更大的可能是地域的差異,即楚國文字從"心"的字,秦國文字多不從"心"。楚簡對於"憙"字的唯一性選擇,應是一種思潮、觀念在文字上的體現。自漢代以後文獻廢棄"憙、意"而通用"喜"字,表示内心之喜的意義便在字形上消失了。

四、楚簡"慶"與《説文》"唐"

楚簡有《唐虞之道》一篇,也經常提到"唐虞"一詞,但卻沒有"唐"和"虞"字,凡"唐虞"都寫作"湯吳",借用"湯吳"爲"唐虞"。不過有一個整理者隷作上"庚"下"心"的"慶"字,整理者釋讀爲"唐"。辭例爲:

〔图〕清華(壹)《祭公》18 簡:"汝毋□堅慶＝(唐唐)厚顏忍恥。"

整理者沈建華(2010:178)注[四七]、[四八]:"堅,從叚聲,疑讀爲同在匣母真部之'眩'。《廣雅·釋言》:'惑也。'慶,讀爲'唐',《説文》:'大言也。'從庚聲字多有空虛之意。"今按:今本《逸周書·祭公》作"汝無泯泯芬芬,厚顏忍醜"。

《説文》口部:"唐,大言也。從口,庚聲。喝,古文唐從口、易。"段玉裁注:"引伸爲大也……又爲空也……凡陂塘字古皆作唐,取虛而多受之意。"③楚簡未見"唐"字,但有"唐"所從的聲符"庚"字,寫作〔图〕、〔图〕、〔图〕上博(五)《季庚子問於孔子》2 簡、11 簡、14 簡,〔图〕上博(六)《慎子曰恭儉》2 簡,〔图〕清華(壹)《皇門》1 簡,〔图〕清華(壹)《楚居》1 簡,等等;以及從"庚"聲的"康"字,寫作〔图〕郭店《緇衣》28 簡,〔图〕郭店《成之聞之》38 簡,〔图〕上博(一)《緇衣》15 簡,〔图〕上博(二)《民之父母》8 簡,等等。比照上面"庚"以及"康"字,清華簡(壹)《祭公》的〔图〕隷作上"庚"、下"心"的"慶"沒有問題。

于省吾先生《甲骨文字釋林》中的《釋心》一篇,新釋出了 10 個舊釋從"貝"、實應從"心"的字,是甲骨文研究的一大創獲。同時于先生還隷定了幾個從"心"而音義不明的字,其中就有"〔图〕字應隷定爲慶,舊誤釋爲續"。于先生尚

---

① 　參見張守中《睡虎地秦簡文字編》第 71 頁。

② 　楚簡與雲夢秦簡下葬的年代前後相差一百餘年。

③ 　段玉裁《説文解字注》第 58 頁。

未能對"愿"字做出音義的釋讀,衹是提示"這類從心的字雖然還不認識,但辨明了其偏旁之從心,爲將來作進一步研究提供了有利條件"[1]。比較從"口"的"唐"字甲骨文寫作🔣、🔣、🔣等,于先生將🔣字隸作"愿",實爲卓識。

甲骨文🔣隸定爲"愿",與戰國楚簡🔣隸定爲"愿",竟然如此不期而至、不謀而合,不能不説是一件快事!于先生因爲甲骨文的"愿"缺乏辭例,從而無法釋讀該字音義。而戰國楚簡有了可以限定音義的辭例和用作參證的傳世文獻,再加上楚簡有把從"口"之字改爲從"心"的常例,如"哀"寫作"恣"、"喜"寫作"憙"、"谷(欲)"寫作"㥁"等,所以把甲骨文🔣和戰國楚簡的🔣釋讀爲"唐",應無疑義。

"唐"字從"口",所以《説文》訓爲"大言也"。引申指其他事物、狀態的大、空、虛。"愿"字從"心",是指内心、精神的空虛,揭示了一種與外在形態不同的空虛情態。清華簡(壹)《祭公》簡文"愿愿(唐唐)"疊音,是指人渾渾噩噩、心神不定、精神恍惚的一種狀態,與後文"厚顔忍恥"構成意義上的承接關係。

五、楚簡"愿"與《説文》"謀"

楚簡目前尚未見從"言""某"聲的"謀"字。表示"謀"義的字,最常見的是寫作"愿",整理者或隸作"愿",或隸作"愗",現統一隸作"愿"。有時也寫作"惎"。另外有時還寫作從"口"的"唔"和從"言"的"譬"。從"心"的"愿、惎"用法比較複雜,主要用作"計謀、圖謀"的"謀",應該都是"謀"字的異構。

"愿、惎"用作"謀"的辭例有很多,主要有:

🔣郭店《老子甲》25簡:"其未兆也,易愿(謀)也。"

🔣郭店《緇衣》21—22簡:"故君不與小愿(謀)大。"

今按:上博(一)《緇衣》12簡與此簡文全同,"愿"字作🔣。今本《禮記·緇衣》作"君毋以小謀大"。

🔣郭店《緇衣》21—22簡:"毋以小愿(謀)敗大作。"

今按:清華(壹)《祭公》16簡有"汝毋以小愿(謀)敗大圖","愿"字簡文🔣。今本《禮記·緇衣》作"毋以小謀敗大作",今本《逸周書·祭公》有"汝毋以小謀敗大作","愿、謀"異文。

🔣郭店《尊德義》16簡:"教以權愿(謀)。"

🔣郭店《語叢四》13—14簡:"不與智愿(謀),是謂自誋。早與智愿(謀),是謂重惎。"

[字]郭店《語叢四》22—24 簡："君有愳(謀)臣,則壞地不鈔。"

整理者(1998:219)注[二二]:"裘按:疑末一字當釋爲'勺',讀爲'弱'。"

[字]郭店《語叢四》24—25 簡:"雖勇力聞於邦不如材,金玉盈室不如愳
(謀)。"

[字]上博(一)《孔子詩論》26 簡:"隰有萇楚得而愳之也。"

整理者馬承源(2001:157)注:"《集韻》'侮'古作'悔'。"今按:《集韻》侯韻"謀,
或作愳",跟《集韻》麌韻中"侮"的異體"悔"是不同的字。馬先生誤以楚簡和
《集韻》侯韻的"愳(謀)"字,是《集韻》麌韻中的"侮(悔)"字。其他學者或讀
"悔"①,或讀"無"②,似均不如讀"謀"更爲合理。今本《詩經·檜風·隰有萇
楚》云:"隰有萇楚,猗儺其枝,夭之沃沃,樂子之無知。隰有萇楚,猗儺其華,夭
之沃沃,樂子之無家。隰有萇楚,猗儺其實,夭之沃沃,樂子之無室。"詩人見"隰
有萇楚,猗儺其枝,夭之沃沃"起興,聯想到所愛之人盛年之美,心喜其尚未有家
室,故求良媒以謀之。

[字]上博(三)《中弓》5 簡:"爲之宗愳(謀)汝。"

[字]上博(三)《彭祖》6 簡:"□□之愳(謀)不可行。"

[字]上博(四)《曹沫之陳》13 簡:"有固愳(謀)而亡固城。"

[字]上博(四)《逸詩》3—4 簡:"閟卝愳司,諧上諧下。……閟卝愳司,諧少
諧大。"

整理者馬承源(2004:176)注:"'愳司',待考。"今按:"愳司"學者釋讀不一,讀
爲"謀治、謀始、謀思"等。"愳"讀同"謀"。

[字]上博(五)《三德》13 簡:"邦且亡,惡聖人之愳(謀)。"

[字]上博(五)《三德》20 簡:"□去以愳(謀)。"

[字]上博(六)《用曰》17 簡:"聞惡愳(謀)事。"

[字]清華(壹)《程寤》9 簡:"人愳(謀)强,不可以藏。"

整理者劉國忠(2010:139)注[四二]:"愳,即'謀'字。"

[字]清華(壹)《祭公》3 簡:"愳(謀)父朕疾惟不瘳。"

今按:今本《逸周書·祭公》作"謀父疾惟不瘳"。

[字]清華(叄)《芮良夫毖》3 簡:"迪求聖人,以申爾愳(謀)猷。"

---

① 參見何琳儀《滬簡〈詩論〉選釋》。

② 參見龐樸《上博藏簡零箋》。

清華（伍）《湯處於湯丘》3 簡：“乃與小臣惎愳（謀）夏邦。”

清華（陸）《子産》28 簡：“大國故肯作其愳（謀）。”

清華（柒）《子犯子餘》6 簡：“天豊愳（謀）禍於公子？”

整理者陳穎飛（2016：96）注［二八］：“豊，疑爲‘豈’之誤。愳，讀爲‘謀’，《書·大禹謨》‘疑謀勿成’，蔡沈《集傳》：‘謀，圖爲也。’”

清華（柒）《趙簡子》8 簡：“亦知諸侯之愳（謀）。”

上博（二）《容成氏》37 簡：“湯乃惎（謀）戒求賢。”

整理者李零（2002：279）：“即‘謀戒’，下文作‘慎戒’，應是含義相近的詞。”今按：《汗簡》心部“謀”字作（惎），《古文四聲韻》尤韻引古《尚書》“謀”字亦作（惎），可知古文字“謀”字或從“心”作“惎”。

　　在楚系簡帛文字中，“愳”也用作“悔”。在馬王堆出土楚帛書中“愳”字屢見，都用作“悔”。在戰國楚簡中，“愳”字用作“悔”的辭例如：

上博（三）《周易》14 簡：“阿豫愳（悔），遲有愳（悔）。”

上博（三）《周易》19 簡：“敦復，無愳（悔）。”

今按：馬王堆漢墓帛書《周易》亦作“敦復，無愳”；今本《周易》作“敦復，無悔”。

上博（三）《周易》27 簡：“感其拇，無愳（悔）。”

今按：馬王堆漢墓帛書《周易》作“欽丌股，無愳”；今本《周易·咸卦》作“咸其脢，無悔”。

上博（四）《曹沫之陳》61 簡：“勇者喜之，亢者愳（悔）之。”

今按：此簡可與上博《曹沫之陳》55 簡“勇者思喜，蒽者思唇（悔）”對讀。

上博（九）《擧王治天下》6 簡：“世世毋有後愳（悔）。”

整理者濮茅左（2012：202）注：“愳，從心，母聲。《韻會》‘與謀同’，讀爲‘悔’。”

清華（叄）《周公之琴舞》1 簡：“無愳（悔）享君。”

清華（伍）《命訓》3 簡：“如懲而愳（悔）過。”

　　“愳、惎”亦偶而用作“教誨”的“誨”，如：

郭店《六德》20—21 簡：“既生畜之，或從而教愳（誨）之，謂之聖。”

上博（二）《容成氏》3 簡：“教而惎（誨）之，飲而食之。”

整理者李零（2002：236）認爲：“‘愳’，或讀爲‘謀’。《郭店楚墓竹簡·性自命出》第四十九簡：‘速，愳（謀）之方也。’本簡宜讀爲‘誨’，與下文‘教’字對言。”

　　“愳”還偶爾用作“敏捷”的“敏”：

　　🖼上博（三）《中弓》9 簡："雍也不愳（敏）。"

整理者李朝遠（2003:270）注："《論語·顏淵》有'仲弓曰"雍雖不敏"'句,簡文與之同。"

　　🖼上博（五）《君子爲禮》1 簡："回不愳（敏）,弗能少居也。"

　　《説文》言部："謀,慮難曰謀,從言,某聲。𢟓,古文謀。譬,亦古文。"《集韻》侯韻在"謀"字下列出了"𢟓嗙愳𥄳譬"五個異體字,其中"𥄳譬"見於《説文》,"愳𢟓"見於戰國楚簡。結合"愳𢟓"在楚簡中的用法,證明《集韻》收録的異體是可信的,"愳𢟓"確是"謀"的古文、異構字。楚簡辭例"愳𢟓"用作"悔、誨"和"敏",都應是通假的用法。有學者認爲"愳"和"誨"兩字有義近同源的關係。劉翔認爲金文中的"愳"就是"謀"字的古文,"愳"的異體字"𥄳"和"譬"字"實即西周金文'從言從每'之誨字的異構（按口與言、母與每皆屬同義,在古文中常可互用）……誨字即是謀字初文……從言的誨字表示言語施教,從心的愳字,則似乎表明心思施教。所以,誨、愳兩字皆有謀劃之意……心思聰穎可以爲謀,謀字古文從心,這也是對心有認知之能力的描述"①。認爲"愳、誨"兩字都有"謀劃、施教"之意,根據不足,較爲牽強,不若視作通假關係。

　　《説文》"謀"的兩個古文"𥄳"和"譬",在楚簡中也都有出現。辭例如:

　　🖼上博（三）《周易》47 簡："利貞,𥄳无。"

今按:本簡"𥄳"通假作"悔"。馬王堆漢墓帛書《周易》作"愳亡",今本《周易》作"悔亡"。

　　🖼上博（四）《曹沫之陳》55 簡："勇者思喜,葸者思𥄳（悔）。"

今按:此簡可與上博（四）《曹沫之陳》61 簡"勇者喜之,亢者愳（悔）之"對讀。本簡"𥄳"亦通假作"悔"。

　　🖼清華（貳）《繫年》50 簡："大夫聚𥄳（謀）曰。"

　　🖼清華（肆）《筮法·䉽》19 簡："女在𥄳（𣣀）上。"

　　🖼清華（陸）《鄭武子規孺子》5 簡："自衛與鄭若卑耳而𥄳（謀）。"

　　🖼清華（陸）《鄭武子規孺子》13 簡："大夫聚𥄳（謀）。"

　　🖼上博（六）《天子建州甲》13 簡："强行、忠譬（謀）、信言。"

今按:古文字形符"心、口、言"義近互通。《古文四聲韻》尤韻"謀"字引《貝丘長碑》作🖼,從"口""母"聲。古音"某、母"都是明母之部,聲符音近互通。

①　參見劉翔《中國傳統價值觀詮釋學》第216—218 頁。

　　"惎"亦見於河北平山縣出土之戰國中山王墓銅器大鼎銘文"是以寡人許之,惎(謀)慮皆從",讀作"謀"①。

　　"惎"字除見於《集韻》侯韻外,亦見於《汗簡》心部:"惎,謀。"黄錫全注:"古寫本《尚書》謀字所作惎,薛本同,假惎爲謀與雲夢秦簡假某爲謀、馬王堆漢墓帛書《經法》假謀爲媒類同。《説文·心部》:'惵,惵撫也,從心,某聲,讀若侮。'"②今按:黄氏注釋《汗簡》之時尚未見戰國楚簡,其説有誤。戰國楚簡和後世《汗簡》中的"惎"與《説文》心部訓爲"撫也"、《爾雅·釋詁》訓爲"愛也"、《方言》卷六訓爲"憐也"的"惵"並非同一個字,而是完全不同的兩個字。"惎"與"惎"纔是一字,都是"謀"字的異體。

　　楚簡"惎、惎"與"晵"和"誉"兩類"謀"字,形符義近互通,聲符音近音同互通。混言之則"惎、惎"與"晵、誉"不分,析言之則内心圖謀爲"惎、惎",言語相謀爲"晵、誉"。從造字的角度來看,形符表現出從"心"和從"口(言)"的意義相對,凸顯了戰國楚人對"心"和"口(言)"兩種範疇的區分。

六、楚簡"蕙"與《説文》"謹"

　　楚簡没有出現從"言"的"謹"字。郭店簡有"蕙"字,用作"謹",張守中將其附列於"心"部"説文所無之字"中③。郭店簡整理者將其隸定爲"懂"。"懂"亦爲《説文》所無之字,在《古文四聲韻》隱韻中附列作"謹"字異體。楚簡的"蕙"即《古文四聲韻》的"懂"字,是"謹慎"之"謹"的異體字。辭例如下:

　　　華郭店《緇衣》6 簡:"蕙(謹)惡以溁民淫,則民不惑。"

今按:今本《禮記·緇衣》作"慎惡以禦民之淫,則民不惑矣"。

　　　華郭店《緇衣》33 簡:"則民慎於言,而蕙(謹)於行。"

今按:今本《禮記·緇衣》作"謹於言而慎於行"。

　　　華郭店《窮達以時》3—4 簡:"邵縣衣胎蓋帽経冢蕙(巾),釋板築而佐天子。"

今按:本簡"蕙"通假作"巾"。

　　　華郭店《窮達以時》2 簡:"苟有其世,何蕙〈蕙〉(難)之有哉。"

今按:本簡"蕙"字上部聲符"堇",是"蕙"字上部聲符"莫"的訛寫。"蕙"是楚

---

① 　陳邦懷《中山國文字研究》認爲:"惎,古文謀。大鼎'惎慮皆從'。按,此字從心,非古文謀。《説文》古文謀作晵,從口,又作誉,從言,不從心也。《集韻》:'侮、悔。古作悔。'知此爲古文侮。鼎銘借爲謀。"陳氏之説與前述馬承源一樣,均誤以本字爲通假。

② 　黄錫全《汗簡注釋》第 375 頁。

③ 　參見張守中等《郭店楚簡文字編》第 151 頁。

簡"戁（難）"字的異體，説見本書"楚簡'戁（難）'與《説文》'戁'"一節（176頁）。

"蕙"字爲郭店簡僅見，其字從"心""堇"聲，當爲"謹慎"之"謹"的異體字。戰國楚文字從"心"的"蕙"字不見於《説文》，但有一個"懂"字見於中古字書。《古文四聲韻》隱韻"謹"字下引古《孝經》作𢝄，即"懂"，字從"心"，應與郭店簡的"蕙"是同一個字。《廣韻》隱韻"懂，愨也"，居隱切，與楚簡所見之"蕙"以及後世常見之"謹"音、義都相同。又《廣韻》欣韻讀巨斤切的"懂"字，訓爲"憂哀"，《集韻》㝹韻讀巨靳切的"懂"字，訓爲"僅也"，以及《玉篇》心部訓爲"憂也，煩也"的"懂"，音義均與"謹"相異，當爲不同的字。

在古文字中，從"言"的"謹"字最早見於古陶文，作𧥜齊陶文3·953、𧥜[1]；亦多見於戰國古璽。《古璽文編》收"謹"字7例，作𧥜0983、𧥜1280、𧥜2482諸形[2]。何琳儀《戰國古文字典》"謹"字收齊國陶文1例，璽文6例，其中C0983、C1266、C2006、C2667號4例屬於三晉印璽，E1280、E4112號2例屬於燕國印璽[3]。再就是見於雲夢睡虎地秦簡，作𧥜、謹等，共6例[4]。由目前所見出土文獻，我們大致可以得出兩點推斷：一是古文字中"謹"字產生於戰國時期；二是從"言"的"謹"字不見於戰國楚系文字，而見於秦系、晉系、齊系、燕系文字；而從"心"的"蕙"字不見於秦、晉、齊、燕諸系文字，祇見於楚系文字，形成楚文字從"心"、其他四國文字從"言"的明顯分野。

"謹"與"慎"同義，"慎"既從"心"，"謹"亦可從"心"。"蕙、謹"是不同地域、不同時代從不同造字角度創造出來的異體字。從"言"之"謹"强調的是言語的謹慎，即古人常言之"謹言、慎言"，以及《論語·里仁》孔子所説"君子欲訥於言而敏於行"之"訥於言"；從心的"蕙"强調的是内心的小心謹慎。

在上博簡中沒有出現從"心"的"蕙"字，祇有一個可與上述郭店《緇衣》6簡和33簡"蕙"字對讀而寫作"斳"的字：

𣂑上博（一）《緇衣》4簡："斳惡以虖民淫，則民不惑。"

整理者陳佩芬（2001：178）注："斳，從攵、堇聲。《説文》所無。《詩·大雅·抑》'謹爾侯度'，《左傳·襄公二十二年》、《晉書·傅亮傳》引'謹'作'慎'。郭店簡作'蕙'，今本作'慎'。"今按：此處簡文與郭店簡《緇衣》第6簡"章好以視民

---

① 參見高明等《古陶文字徵》第219頁。

② 參見羅福頤《古璽文編》第50頁。

③ 參見何琳儀《戰國古文字典》第1321—1322頁。

④ 參見張守中《睡虎地秦簡文字編》第32頁。

欲,蕙(謹)惡以渫民淫,則民不惑"相對。整理者其意蓋讀"歎"爲"謹",與"慎"相通,應是可信的。

　　🦟上博(一)《緇衣》17簡:"則民慎於言而歎(謹)於行。"整理者陳佩芬(2001:193)注:"歎,從攵、菫聲。《説文》所無,郭店簡作'蕙',今本作'謹'。"今按:此與郭店《緇衣》33簡"則民慎於言,而蕙(謹)於行"相對。

　　關於郭店楚簡中"蕙"和上博簡的"歎",因其與簡文或與經本的"慎"字互爲對文或異文,因而學界目前對"蕙、歎"都釋爲"謹"基本上没有疑問。不過也有不同釋讀。郭静雲認爲簡本"蕙、歎"二字不宜讀爲"謹慎"的意思而祇能讀爲"嚴防、嚴禁"的意思,如《詩經·大雅·民勞》"無縱詭隨,以謹無良";或《荀子·王制》所言"易道路,謹盜賊"。並且"由於'攵'偏旁通常與'又'和'手'混用,因此'歎'與'攉'應是同一字,在包山楚簡第2·133簡上,'攉'就是寫成'歎'。對於'攉'字,《説文》曰:'攉,拭也。''歎'是指揩擦、擦净、掃除。⋯⋯因此在郭店簡本上'蕙亞以渫民淫'可譯爲'勇敢地反對而嚴防所值得憎惡的現象,以掃除民眾之淫蕩'"①。

　　郭説值得商榷。首先,將"蕙、歎"讀爲"謹慎"的"謹",簡文文義通順,毫無滯礙。《説文》言部:"謹,慎也。從言,菫聲。"此其本義。從本義引申出"恭敬"義,如《玉篇》言部"謹,敬也",又引申出"嚴禁、防守"義。其間意義上的關係都是引申關係而非假借關係。上博簡"則民慎於言而歎(謹)於行"、郭店簡"則民慎於言,而蕙(謹)於行",都是用其"慎也"的本義,而上博簡"歎惡以虜民淫"、郭店簡"蕙(謹)惡以渫民淫"則用其"嚴禁、防守"的引申義。其次,將"歎"讀同"擦、掃"意義的"攉",根據不足;包山楚簡第133簡"歎客"之"歎",原考釋爲"疑讀作'勤'",勤客即負責勤務之人。陳偉等説:"從上博竹書《緇衣》看,此字似應讀爲謹。《荀子·王制》:'易道路,謹盜賊。'楊倞注:'謹,嚴禁也。'謹客或是維護治安的臨時職務。"②讀"歎客"爲"勤客、謹客"都比讀爲"攉客"通順合理。

　　根據以上所述,筆者認爲,戰國楚簡獨有的從"心"的"蕙"和從"攵"的"歎",都是習見常用的"謹"字的異體,讀音和意義都相同,但造字角度不一樣。"蕙"側重"謹心";"謹"側重"謹言";而"歎"則側重"謹行",即《周易·乾卦》

①　郭静雲《"虜"與"禦"——論二字在商周語文中的涵義以及其在戰國漢代時期的關係》。

②　陳偉等《楚地出土戰國簡册(十四種)》第65頁注[49]。

所謂"庸言之信,庸行之謹"、《史記·平津侯主父列傳》"君若謹行,常在朕躬"
之"謹"。楚簡"蕙、謹、歚"三字,呈現出"心、言、行"的對立。戰國楚簡創造性
的"蕙"和"歚",用文字體現出對於語義的細微分析,其用意都在於突出"心"與
"言、行"的區别,强調"心"的作用和重要性。

七、楚簡"慮"與《説文》"詐"

楚簡中有一個從"心""虘"聲或"叔"聲的"慮"字,共出現了3次:

　　郭店《老子甲》1簡:"絶愚棄慮,民復孝慈。"

整理者(1998:113)注[三]:"裘按:簡文此句似當釋爲'絶僞棄慮(詐)','慮'
從'且'聲,與'詐'音近。"今按:裘錫圭先生後來在2000年專門寫了一篇長文
《糾正我在郭店〈老子〉簡中的一個錯誤——關於"絶僞棄詐"》,改變當初"絶僞
棄慮(詐)"的隸定和解釋,改讀"絶僞棄慮"。

　　上博(五)《三德》2簡:"毋爲愚慮(詐),上帝將憎之。"

整理者李零(2005:289)注:"郭店楚簡《老子甲》第一簡有'絶僞棄慮',裘案讀
爲'絶僞棄詐',甚確,後來裘先生改讀爲'絶僞棄慮',反而不對。因爲這裏的
'愚'、'慮'是連讀,顯然不能讀爲'毋爲僞慮'。"今按:本簡"慮"字,中間多出
了一個字符"又"。

　　清華(壹)《祭公》16簡:"汝毋以小謀敗大慮(作)。"

今按:今本《逸周書》作"汝毋以小謀敗大作",本簡當爲"慮(詐)"字通假爲
"作",中間亦多出了一個字符"又"。

上博簡"愚慮"並用,釋爲"僞詐",學界普遍認可,應無疑義。而對於郭店
《老子》"絶僞棄慮"四字的釋讀,學界有較大的分歧。主要有讀"詐"和讀"慮"
兩種歧讀。

(日)池田知久、龐樸、高明、崔仁義、許抗生以及後來的裘錫圭先生都將此
字釋爲"慮",理由主要是根據郭店《老子》簡辭例的意義來推斷字當爲慮,郭店
《老子》簡的意思是斷絶人爲,拋棄思慮,而不是反對詐僞的意思。其次是慮、慮
形似,有訛誤的可能。當裘錫圭先生在《糾正我在郭店〈老子〉簡中的一個錯
誤——關於"絶僞棄詐"》,將"絶僞棄慮(詐)"改讀"絶僞棄慮"後,簡帛學界大
多信從裘説。

臺灣學者季旭昇認爲:在《三德》第2簡"毋爲愚(僞)慮(詐)"中,"原考釋
讀爲'譌詐',可從。……此二字於本簡連讀,依上下文義,讀爲'譌詐',沒有問
題",但郭店《老子甲》本1簡的"絶愚棄慮","據《郭店·老子》上下文義,釋爲
'譌詐',又顯然不是很理想,與《老子》全文思想體系不搭。裘説改釋爲'絶僞

棄慮',文義較舊説好。拙見釋爲'絶僞棄作',也未嘗不可以"①。這是一種削足適履、模棱兩可的解釋,恐怕難盡人意。

李零堅持依據辭例釋"慮"爲"詐"。他除了在整理上博簡(五)《三德》第2簡"毋爲僞慮(詐),上帝將憎之"一句時讀"慮"爲"詐"外,後來又在《郭店楚簡校讀記》(增訂本)一書中校讀"絶僞棄慮"時重申了自己的觀點:"簡文中的'僞',原從心從爲,'詐',原從心從虘,注[三]引裘按讀爲'絶僞棄詐'。……但我們從上博楚簡看到的'僞詐'一詞看,其寫法正與這裏的寫法相同,而絶不可能讀爲'僞慮'。我們認爲,裘先生原來的讀法是正確的,他的改讀反不可取。"②陳偉也依據字形釋"慮"爲"詐":"其實,此字'虍'之下、'心'之上類似'目'形的構件下從一橫,而《緇衣》第33號簡的'慮'字從'肉',彼此有明顯差異。依此,竹書《老子》此字釋爲'慮'要比釋爲'慮'更爲可靠。"③

筆者贊成李零等釋"慮"爲"詐",其理由除上述證據外,再作幾點補充。

首先,郭店《老子甲》本1簡中的"慮"字,從圖片字樣來看,在"虍"頭和"心"底之間,是一個下端有一長横的"且"字,它與"虍"頭組成一個楚簡常用作"且"的"虘"字。"虘"從"虍""且"聲,上古音清母魚部。"慮"從"心""虘"聲。而上博(五)《三德》2簡和清華(壹)《祭公》16簡中的"慮"字,下部爲"心",上部"虘"下多出了一個"又"的,應隸作"慮"。此字楚簡中亦多用爲"且"字,與《老子》第1簡中的"慮"字雖形稍異,但其實是同一個字。

楚簡可釋爲"慮"的字,字形寫作𢖲郭店《緇衣》33簡、𢖲郭店《語叢二》10簡、𢖲郭店《語叢二》11簡、𢖲上博(一)《緇衣》17簡。

"慮"和"慮"兩個字有一明顯的區别:"慮"字在"虍"頭和"心"底之間是一個類似於"目"的構件,張守中隸定作"冊"④;李守奎等將之釋爲"慮",按曰:"楚之'慮'字不從思。上部所從或'虘'或'膚',皆魚部字。"⑤李守奎認爲"楚之'慮'字不從思",是看清了"慮"字中間的構件不同於"思"字上部的"囟",但認爲"上部所從或'虘'或'膚'",則又混淆了兩字中似"目"的構件與"且"的區别。筆者認爲"慮"字中似"目"的構件既不是"冊",也不是"且",而應是"囟"的變形,應釋爲"慮"。

①　季旭昇《上博五芻議》。

②　李零《郭店楚簡校讀記》(增訂本)第18—19頁。

③　陳偉《讀郭店竹書〈老子〉劄記(四則)》。

④　張守中等《郭店楚簡文字編》第12頁。

⑤　李守奎等《上海博物館藏戰國楚竹書(一—五)文字編》第478頁。

其次,釋"絶僞棄慮"爲"絶僞棄慮"者,多引《荀子·正名》"情然而心爲之擇謂之慮,心慮而能爲之動謂之僞,慮積焉能習焉而後成謂之僞"句,作爲"僞、慮"關聯的辭例。然而除此例外,傳世文獻再無相關聯的辭例,更無"僞慮"並列連用的辭例。反之,在傳世文獻中,"僞詐"和"詐僞"並列連用是常見辭例。如《周禮·地官·胥師》"察其詐僞、飾行、儥慝者而誅罰之",又"胥執鞭度守門",鄭康成注:"守門察僞詐也。"又《禮記·月令》"毋敢詐僞"、《管子·形勢解》"多詐僞,無情實"、《韓非子·難一》"繁禮君子,不厭忠信;戰陣之間,不厭詐僞"、《吕氏春秋·義賞》"詐僞之道,雖今偷可,後將無復"、《史記·淮陰侯列傳》"齊僞詐多變,反復之國也"、《淮南子·原道訓》"曲巧僞詐"等等。在出土文獻中,湖北雲夢龍崗六號秦墓簡牘屢見"詐僞"一詞,整理者釋爲"詐僞"。如第4簡"詐(詐)僞、假人符傳及讓人符傳者,皆與闌入門同罪",第12簡"有不當入而闌入,及以它詐(詐)僞入□□□□",第151簡"田及爲詐(詐)僞寫田籍皆坐贓,與盜"。可見在上古出土文獻和傳世文獻中,"詐僞、僞詐"是一對遠比"僞慮"更爲常見的近義並列組合詞。

龍崗秦簡時代晚於睡虎地秦簡,兩處秦簡同爲秦國或秦朝的法律文書。龍崗秦簡"詐"字字形從"言""作"聲,是後世"詐"字的直接源頭,表現了秦系文字一貫的特點。就像秦國文字"仁、僞"一樣,在造字上注重所指意義的外在形、物特徵。而楚系文字的"慮",亦如楚字"悬、愚"一樣,在造字上注重所指的心理特徵。楚系簡帛文字没有從"言"的"詐"和"詐"。《古文字類編》(增訂本)收有楚地曾侯乙墓鼎、勺銘文兩個"詐"字形[1]。但細審其字形,其"言"旁應不是"言",而是"音"。在曾侯乙墓楚簡文字中也没有"詐"字。很顯然,《古文字類編》(增訂本)所收的"詐",應是"詐"字之誤[2]。"詐"蓋爲表示上古楚國音樂的一個術語。

第三,楚簡"慮"的聲符"虘",在楚簡中亦通假作"詐"。如:

　　𧨛𧨛清華(伍)《命訓》9—10簡:"極罰則民多虘(詐),多虘(詐)則不忠。"今按:今本《逸周書·命訓》作"極罰則民多詐,多詐則不忠"。

　　𧨛清華(伍)《命訓》11簡:"罰莫大於多虘(詐)。"今按:今本《逸周書·命訓》作"罰莫大於貪詐"。

---

[1]　參見高明等《古文字類編》(增訂本)第1088頁。

[2]　《古文字類編》(增訂本)所收曾侯乙墓鼎、勺銘文的兩個"詐"字,湯餘惠《戰國文字編》第159頁均隸作"詐"。

另有河南信陽長臺關一號楚墓簡"可虞(詐)乎"。通假字加上形符即爲本字,或者本字省去形符而爲通假,在出土文獻和傳世文獻中都是極爲常見的慣例。所以"虞"通假爲"詐",是"慮"即"詐"字的間接證據。

由此可見,楚簡從"心"的"慮",是楚人特地創造出來、跟秦系文字從"言"的"詐"相區别的一個特字、專造字。楚文字的創造者認爲,"慮"跟"愚"一樣,都是基於人的内心而産生的活動,因而要造出一個從"心"的"慮"來表現這一行爲跟人的心性之間的關聯。而從"言"的"詐",祇是反映這一行爲的表象而已。在這裏,楚系文字的"慮"跟秦系文字的"詐",又一次表現出"心"與"言"的分立。

八、楚簡"忈"與《説文》"謗"

楚簡有一個"忈"字,這是一個不見於任何其他文獻、僅見於楚簡的"心"符字,在楚簡中亦屬罕見。早期的辭例爲:

　　　　李上博(一)《孔子詩論》9 簡:"黄鴯則困而欲反其古也,多恥者其忈之乎?"

今按:"黄鴯"爲《詩經》篇名,疑即今本《毛詩》之《黄鳥》。

整理者對"忈"字未作解釋。簡帛學界對本簡"忈"字有不同釋讀。主要的有李學勤、劉信芳讀爲"病",范毓周讀爲"防",龐樸認爲是"忿"字筆誤[1]。顔世鉉則讀爲"謗",認爲"忈"字就是《論語・憲問》"子貢方人"中"方"的本字,《孔子詩論》9 簡末句當讀爲"多恥諸其謗之乎?"[2]周鳳五與顔世鉉觀點基本相同,認爲"忈"字"從心、方聲",當讀爲"方",並引《論語・憲問》"子貢方人",《釋文》引鄭本作"謗",訓"言人之過惡"爲證[3]。

在這些釋讀中,讀"病"爲更多的人所接受。楚簡的"病"寫作"疧、疠、肪",都從"方"聲,"忈"與之在形音義上也可能存在關聯性。但是在後來出版的《上海博物館藏戰國楚竹書》(八)中出現了"忈"字的又一個辭例,使我們對"忈"字有了更準確的釋讀:

　　　　丰上博(八)《志書乃言》4 簡:"然以流言相忈(謗)。"

整理者陳佩芬(2011:221)注:"'忈',從心,方聲。《集韻》:'肪'與妨同,害也。讀爲'謗'。"認爲"忈"即《集韻》"妨"的異體字"肪"。

---

[1]　分别參見李學勤《〈詩論〉的體裁和作者》、劉信芳《楚簡〈詩論〉述學九則》、范毓周《關於上海博物館所藏楚簡〈詩論〉文獻學的幾個問題》、龐樸《上博藏簡零箋》。

[2]　參見顔世鉉《上博楚竹書散論》。

[3]　參見周鳳五《〈孔子詩論〉新釋文及注解》。

在這個辭例中，"以流言相忞"就是散佈流言相誹謗，"忞"的意義很明確，那就是讀作"謗"。讀作"病"於義不順，讀作"怲、忟（防）、忿"等更是不通。

筆者認爲，楚簡的"忞"大可不必釋爲《集韻》的"忟（妨）"，再通假爲"謗"。楚簡的"忞"應如顏世鉉所言讀爲"謗"，而且就是"謗"的異體字。《説文》言部："謗，毀也。從言，旁聲。"《論語・憲問》"子貢方人"，陸德明《釋文》："方，鄭本作謗，謂言人之過惡。"①《玉篇》言部："謗，毀也，誹也，對他人道其惡也。""謗"字從"旁"聲，"對他人道其惡"，不是當面批評、指責，而是在背後、在旁邊批評、非議、指責他人，即所謂"謗於市""謗於道路"。再退一步，是對他人的批評、指責不公開説出來，而是隱藏在心中，即常言的"心謗"，如《史記・魏其武安侯列傳》所謂"腹誹而心謗"，《魏書・太祖紀》所謂"群下疑惑，心謗腹非"。楚文字"忞"字從"心"，就是在通假爲"謗"的"方"字上，增加一個"心"符，專門表示這種"心謗"，以與用言語表達出來的"謗"相區别。"忞"與"謗"的相對，是楚國思想家"心、言"分説在文字構形中的具體體現。

九、楚簡"忩"與《説文》"欲"

在戰國楚簡中，表示"欲望、欲求"意義的"欲"字是個高頻字，最常見的是寫作"谷"，其次是寫作"欲"，再就是寫作"心"符的"忩、忩、慾"。寫作"心"符的三個字，"忩"是在"谷"字上纍增"心"符，"忩"是在"谷"字上更換形符，"慾"是在"欲"字上纍增"心"符。這三個"心"符字音義完全相同，是同一個字的不同寫法。具體而言，郭店簡寫作"忩、忩"的最多，没有寫作"慾"的，寫作"欲"的也很少②。上博簡寫作"欲（欲）"的最多，寫作"慾"極少，没有寫作"忩、忩"的③。可見兩類楚簡在用字習慣上是有所不同的。

從"心"的"慾"以及"忩、忩"均不見於《説文》。傳世文獻中雖有"慾"字，但始見於中古時期的字書。《廣韻》燭韻："慾，嗜慾。"《集韻》燭韻："慾，情所好也。"學者認爲，上古本無"慾"字，傳世上古文獻中的"慾"，是後人據後起之字所改。如段玉裁注"欲"字云："古有欲字，無慾字，後人分别之，製慾字。殊乖古義。《論語》'申棖之欲''克伐怨欲'之欲，一從心，一不從心，可徵改古者之未能劃一矣。"④朱駿聲亦注"欲"字云："俗字作慾。"⑤後世所造從

①　陸德明《經典釋文》第 352 頁。

②　參見張守中等《郭店楚簡文字編》第 129、149 頁。

③　據李守奎等《上海博物館藏戰國楚竹書（一——五）文字編》、蔣文《上海博物館藏戰國楚竹書（六）文字編》、雷金方《〈上海博物館藏戰國楚竹書（七）〉文字編》、王凱博《上博八文字編》統計。

④　段玉裁《説文解字注》第 411 頁。

⑤　朱駿聲《説文通訓定聲》第 372 頁。

"心"的"慾"字，與戰國楚簡中的"慾、忩"應無淵源關係，但在造字理據上卻有殊途同歸之妙。

楚簡"忩、忿、慾"的辭例有：

　　　郭店《緇衣》6 簡："章好以視民忿（欲），謹惡以渫民淫，則民不惑。"
整理者（1998：132）注[一八]："視，今本作'示'。忿，今本作'俗'，似誤。"

　　　郭店《緇衣》8—9 簡："君好則民忿（欲）之。"
今按：今本《禮記·緇衣》作"君好之，民必欲之"。

　　　郭店《語叢二》10 簡："忿（欲）生於性，慮生於忿（欲）。"

　　　郭店《語叢二》14 簡："念生於忿（欲），怀生於念。"
今按："念"當讀爲"貪"，"怀"當讀爲"倍（背）"。

　　　郭店《語叢二》16 簡："煖生於忿（欲），吁生於煖。"

　　　郭店《語叢二》18 簡："浸生於忿（欲），惡生於浸。"

　　　郭店《語叢二》19 簡："返生於忿（欲），牪生於返。"

　　　上博（三）《恒先》3 簡（正）："求慾（欲）自復。"

　　　上博（三）《恒先》5 簡："復其所慾（欲）。"

楚簡中還有一個没有源流、僅見於戰國楚簡的"逧"字：

　　　郭店《語叢一》75 簡："者（？）逧慢不逮從一道。"

"逧"字整理者未釋。劉釗認爲"'逧'字從'谷'，疑讀爲'禦'"[1]；李零認爲"逧"字"疑是'达'字的異體"[2]。龐樸認爲"逧"是"欲"的異體字，"欲，或無欠無口而有心有辶，以別内外"，"忿、逧"二字"皆釋'欲'；唯左字從辶，右字從心，似有行爲之欲與心態之欲之别。今但以'欲'統之，遂身心莫辨矣！"[3]我們認爲"逧"當從"辵""谷"聲，意義同"欲"，應是"欲"的異體字。

楚簡有個很有意思的用字現象：表示山谷的"谷"字全都寫作"浴"，而寫作"谷"的字，則全都用作"欲"。

"谷"字寫作"浴"的辭例如：

　　　郭店《老子甲》2 簡："江海所以爲百浴（谷）王。"

　　　郭店《老子乙》11 簡："上德如浴（谷）。"

　　　上博（一）《孔子詩論》26 簡："浴（谷）風。"

①　劉釗《郭店楚簡校釋》第 197 頁。
②　李零《郭店楚簡校讀記》（增訂本）第 212 頁。
③　説見舊版"簡帛研究"網"簡帛圖庫"。

〔圖〕上博(三)《周易》44 簡:"井浴(谷)射鮒。"①

這個"浴"當是"谷"的增形字,而不是"沐浴"意義的"浴"字,增加形符"水"是表示山谷必有水。

"谷"用作"欲"的辭例如:

〔圖〕郭店《老子甲》6—7 簡:"不谷(欲)以兵强於天下。"

〔圖〕郭店《尊德義》26 簡:"不以嗜谷(欲)害其義。"

〔圖〕上博(一)《性情論》27 簡:"用心谷(欲)德而毋僞。"

〔圖〕上博(七)《武王踐阼》9 簡:"惡失道於嗜谷(欲)。"

"谷"或省作"亼",如:

〔圖〕上博(一)《緇衣》5 簡:"君好則民亼之。"

今按:本簡"亼"郭店簡《緇衣》作"忩",今本《禮記·緇衣》作"欲"。本簡省形的"亼"與楚簡"公"字的字形相混,故或誤以爲"公"字②。

根據楚簡的辭例和字形,我們認爲,楚簡中的"谷"並非"山谷"之"谷",而是"欲望、口欲"的初文、古字、本字。段玉裁"欲"字注:"《易》曰'君子以懲忿窒欲',陸德明曰:'欲,孟作谷。'晁説之曰:'谷,古文欲字。'晁氏所據《釋文》不誤。今本改爲'孟作浴',非也。"③晁説之認爲"谷"是"欲"字古文的説法值得特別注意。楚簡"谷"字從"口"從"夊","夊"乃張口後鼻翼腠理之形。將"谷"中之"口"換爲"心"則爲"忩",所以"谷"是"忩"的換形異體字,楚簡中"谷"用作欲望之"欲"是本字而非通假字。

楚簡欲求、欲望字也有寫作"欲"的,例多不舉。"欲"字在出土文獻中不見於戰國以前的文字。在戰國文字中首見於秦國文獻《詛楚文》。其後除見於楚簡外,更多見於雲夢睡虎地秦簡,有 30 餘例。《説文》欠部:"欲,貪欲也。從欠,谷聲。"段玉裁注:"欲從欠者,取慕液之意;從谷者,取虛受之意。"④徐鍇注云:"欲者貪欲也。……於文欠、谷爲欲,欠者開口也。谷,谷聲。"⑤其實"欲、逡、忩"三種異體字,在造字意義上所表現的含義是不一樣的。從"欠"的"欲"字表現的是對於食、色所顯露的張口垂涎的欲望,從"辵"的"逡"表現的是動作、行爲所顯現的"其欲逐逐"的欲望,從"心"的"忩"表現的是人內心的慾望。"忩"

---

① 目前所見楚國出土文獻,"浴"均用作"谷"。除以上引例外,還有信陽簡一·〇五"必若五浴(谷)之溥"、長沙楚帛書乙一一·二八"山川漰(萬)浴(谷)"等。

② 滕壬生《楚系簡帛文字編》(增訂本)第 89 頁即把本簡"亼"字歸於"公"字下。

③④　段玉裁《説文解字注》第 411 頁。

⑤　徐鍇《説文解字繫傳》第 315 頁。

與"欲、迠",體現了心態與行爲、内心與外表的二元對立。正如金岷彬所説："帶走之旁'辵'的'欲'字,與帶心字底的'欲'字,向後人顯示了,楚人曾經有細膩的、表示'欲望'的不同程度的單字(迠)和'欲'。就是説,在楚人創造來表示内心情感'欲望'的楚字裏,細緻地分爲'可以付諸行動去實現的欲望'和'僅存在於心底裏,並不公開表示要不要付諸實施的願望'。"①"迠"字僅見於戰國楚簡,前不見古人,後不見來者。中古時期造出的"慾"字,在 20 世紀 50 年代異體字的整理中歸併於"欲",泯滅了動作行爲之"欲、迠"與心理意念之"忩、忩、慾"的界限,遂致身心莫辨、内外無別,後代也就無從知悉古人對不同欲望在文字中的細微區别了。

十、楚簡"慭"與《説文》"親"

　　楚簡中的"親"字最常見的形體,是寫作從"目""辛"聲的𢾭(𦣻)郭店《語叢一》78 簡,是具有楚文字特色的一種寫法。"目"與"見"義近,"辛"與"親"音近,所以"𦣻"實際上就是後世常見通用的"親"字的異體、簡體。在郭店簡中,"𦣻"字上部的"目",多變異作🌀(囟),寫作如𢾭(𡧗)郭店《忠信之道》8 簡,與《古璽彙編》3523 號𧴪字相同,上部的🌀與戰國中山王墓大鼎銘文"𧴪(親)率三軍之眾"之𧴪字的左上部相近。高智認爲,《古璽彙編》𧴪"此字從'囟',亦當爲古文字中的'目'字,下從當是'親'字。此字當是'𦣻'(睊),即'親'字"②。中山王墓的𧴪字,于豪亮先生隸作"𧵎",謂"從目從新聲,即親字,新與親通"③。郭店簡寫作"目"頭的"𦣻"均衹見於《語叢》一至三,其他處都寫作"囟"頭的"𡧗",可能跟書寫者的書寫習慣有關。另外,或偶然寫作從"見""辛"聲的𧠨上博(二)《容成氏》24 簡、𧠨包山楚簡 51 簡,這與西周金文𧠨《克鐘》、𧠨《王臣簋》完全相同,是直承西周金文而來的"親"字古文。

　　除了上述兩種寫法的"親"字外,楚簡的"親"還寫作從"心""新(敆)"聲的"慭、慭":

　　　　𢟽上博(二)《昔者君老》3 簡:"能事其慭(親)。"
整理者陳佩芬(2002:244)注:"能恭事其父母。'慭',讀爲'親'。"滕壬生云:"疑'親'字異體。"④李守奎等認爲"慭"是"'親'字異體"⑤。今按:《説文》斤

---

① 　金岷彬《試談楚簡的用字》。
② 　高智《古璽文微十則》,轉引自李圃《古文字詁林》第七册第 783 頁。
③ 　于豪亮《中山三器銘文考釋》第 174 頁。
④ 　滕壬生《楚系簡帛文字編》(增訂本)第 927 頁。
⑤ 　李守奎等《上海博物館藏戰國楚竹書(一—五)文字編》第 503 頁。

部:"新,取木也。從斤,亲聲。"段玉裁注:"當作從斤、木,辛聲。"①段玉裁對字形的分析是對的。楚簡"慭"當爲"懃"字異體。上部"新"從"斤",表示砍割草木的工具;從"攵",表示砍割的動作。

　　上博(七)《吴命》4 簡:"壽來,孤吏一介使慭(親)於桃逆勞其大夫,且請其行。"

整理者曹錦炎(2008:312)注:"'慭',讀爲'親'。'慭'字從心,'新'聲。'新''親'皆從'親'聲,可以相通。'親',親自。"

　　楚簡"慭"字還見於包山楚簡第 191 簡"新大廄殷慭(親)",字作　,用作人名。陳偉等釋"慭"爲"親"②,滕壬生則懷疑"慭"是"'新'字異體"③。我們認爲,意符"斤"與"攵"義近,可通用,楚簡的"慭、懃"是一個字,都是"親"字的異體。聲符從"新"與從"親",都來源於最初的聲符"辛"。楚簡"新"字經常通"親"。古音"新、親"同屬真部,聲母分别爲心母和清母,是以音近相通。聲符從"新"的"親",亦見於中山王墓大鼎銘文"鄰邦難嵚(親)"。

　　《説文》見部:"親,至也。從見,亲聲。"徐灝曰:"親從見,則其義起於相見,蓋見而相親愛也。"④"見而相親愛"著重體現一種動作行爲。但"親"與"愛"義近,更主要的是一種心理情感。《孝經・聖治》"故親生之膝下",唐玄宗注:"親猶愛也。"《左傳》僖公二十四年"庸勳親親",孔穎達疏:"親是愛敬之辭也。"唐玄宗《孝經・序》"仁義既有,親譽益著",邢昺疏:"慈愛之心曰親。"《廣韻》真韻:"親,愛也,近也。""親"與"愛、敬、慈"等,都是人類發自内心的情感。楚簡從"心"的"慭、懃",字形表現的正是這種心理情感,是源自内心,是内涵的、静態的"親"。而從"目"的"暊"和從"見"的"親",字形體現的是親情外露可見,是外在的、動態的"親"。楚簡中從"心"的"慭、懃"與從"目"或從"見"的"暊、親"共時並存,説明楚文字的創造者對心性的"親"與行爲的"親"是有意識地作爲相對的兩方而區分的。

　　在楚簡中,類似於"慭"與"暊"的從"心"之字與從"目"之字,往往互爲異體。如從"心"的"性"字,在郭店簡、上博簡中,包括在專門討論"性"的郭店簡《性自命出》和上博簡(一)《性情論》兩篇,全都寫作從"目"的"眚",而不見從"心"的"性"字,這是很值得玩味的。也許楚簡中的"眚"字,未必就是《説文》目

① 段玉裁《説文解字注》第 717 頁。
② 參見陳偉等《楚地出土戰國簡册(十四種)》第 81 頁。
③ 參見滕壬生《楚系簡帛文字編》(增訂本)第 935 頁。
④ 徐灝《説文解字注箋》,轉引自丁福保《説文解字詁林》第 2173 頁。

部"目病生翳也"意義的"眚",而在楚簡中通假作"性",有可能就是戰國楚文字性情之"性"的本字①。本簡從"心"的"慜、慼"與從"目"或從"見"的"睪、親"並見,説明楚簡文字在記録語言中的同一詞時,具有從"心"和從"目"兩種不同的認識方式,在文字上體現出"心之官"與其他感覺器官的區分。

十一、楚簡"慼"與《説文》"聰"

楚簡表示"聰明"意義的"聰"字出現不太多,大多寫作"聎",如:

   郭店《五行》15 簡:"不忘則聎(聰),聎(聰)則聞君子道。"

   郭店《五行》20 簡:"不聎(聰)不明。"

   上博(二)《容成氏》17 簡:"舜乃老,視不明,聽不聎(聰)。"

但是有 1 例寫作從"心"的"慼":

   上博(二)《容成氏》12 簡:"聽不慼(聰)。"

整理者李零(2002:259)注:"簡文上部殘缺,從第十七簡講舜的部分看,簡文上文應有'舜乃老,視不明'等字。"今按:與本簡相對的《容成氏》第 17 簡作"聽不聎(聰)"。亦可與《禮記·雜記》"視不明,聽不聰"比對。

楚簡"聎、慼"二字都不見於出土文獻和傳世文獻。"聎"字從"耳""兇"聲,在簡文中意義爲"聰",應是"聰"字的異體,是楚文字特有的"聰"字寫法。所從之聲符"兇",即"凶"字。古音"兇、聰"都屬東部,聲母分屬曉母、清母,音近,古文字中從"悤"從"兇(凶)"之字常相通,故從"悤"的"聰"字可以寫作從"兇"的"聎"。"慼"字從"心""聎"聲,是"聎"的增形異體字。

楚簡還有一個從"心"、隸作"忢"、釋爲"聰"的字:

   清華(叁)《周公之琴舞》13—14 簡:"佐事王忢(聰)明。"

   清華(伍)《殷高宗問於三壽》21 簡:"觀覺恖(聰)明。"

今按:本簡"忢"整理者李均明直接隸作"恖"。

以上兩例整理者均未出注。楚簡的"忢"字甚爲奇古,在甲骨文、金文中就已出現,以前多釋爲"蕙"或"鏓",于省吾從《金文編》釋爲"恖"字初文,云:"甲骨文有♥字,衹一見,舊不識。按即恖字之初文。周器《克鼎》作♥,《番生簋》作♥,《宗周鐘》作♥,《蔡侯盤》作♥。《金文編》謂'從丨在心上,示心之多遷恖恖也,《説文》云,從心囱,囱當是♦之變形'。這是對的。"②裘錫圭先生認爲,"忢"

<hr>

① 參見歐陽禎人《先秦儒家文獻中的"性"》。李守奎、曲冰、孫偉龍謂"眚"是"省"的"一字之變",見《上海博物館藏戰國楚竹書(一—五)文字編》第 183、185 頁。

② 于省吾《甲骨文字釋林》第 366 頁。

的本義當與心之孔竅有關，"囟、恖、聰"爲同一語源的分化，"恖、聰"大概指"心"和"耳"的空竅，指"心"和"耳"的通徹。在字形上，"志"由心上加◗指事心中之孔竅，◗一變爲"十"，再變爲在"十"增飾"○"或"◇"的⊕或◈，最後變成"囟"，就成了"從心囟聲"的"恖"了①。荆門左塚漆桐漆書有"恖"字作🌱，即是從"志"字演變而來。

《説文》耳部："聰，察也。從耳，恖聲。"本義指耳朵能够敏鋭感知、覺察聲音。"聰"在傳世文獻中是一個常見字、通用字，它主要有三層含義。一是生理意義上的"聰"，指耳朵善察聲音、聽力靈敏，這是"聰"的本義。如《孟子·離婁上》"師曠之聰，不以六律不能正五音"、《莊子·大宗師》"墮肢體，黜聰明"之"聰"。二是生理兼心理意義上的"聰"，指聽見並能内心辨識言語聲音的真假是非，即《管子·宙合》所言"耳司聽，聽必順聞，聞審謂之聰"、《史記·屈原賈生列傳》"屈平疾王聽之不聰也，讒諂之蔽明也"之"聰"。三是心理、意識感知意義上的"聰"，指具有深刻的思想和高超的思辨能力，屬於智力、才能和天資方面的"聰"，如《韓非子·有度》"聰智不得用其詐"，以及常言的"聰明、聰儁、聰慧、聰悟、聰哲、聰睿、聰穎"之"聰"。從造字的角度來看，楚簡從"耳"的"聎（聰）"應著重表現生理意義上的聽覺感知，而從"心"的"聽"和"志（恖）"則著重於表現人的心理意識方面的含義。

古人認爲人的感覺器官有"耳、目、口、鼻、心"五官，用以認識世界萬事萬物。"心"爲五官之尊，是五官中的思維器官。《春秋繁露·五行五事》"聽曰聰，聰者能聞事而審其意也"，"聞事"需要耳之"聰、聎"，"審其意"則需心之"聽、志（恖）"。在楚簡文字中，從"心"的字常常與從"口、言、欠"的字相對出現，而與從"耳"的字相對的則很少，"聎"寫作"聽、志"，是其中之一。《孟子·告子上》云："耳目之官不思，而蔽於物，物交物，則引之而已矣。心之官則思，思則得之，不思則不得也。此天之所與我者，先立乎其大者，則其小者弗能奪也，此爲大人而已矣。"孟子認爲"耳、目、口、鼻"諸官都是"不能思"而"蔽於物"的"小官"，易被外物吸引掌控。唯"心"官能思，是能統率小官而不被外物蒙蔽迷惑的"大官"。能"立心"而不爲外物所動，就能成爲大人君子。楚簡文字總是刻意創造從"心"的字，與從"口"、從"耳"等意符的字構成相對的異體，似乎體現了孟子這種區分"不思"之官與"能思"之官、以"立心"爲修身之本的意圖。

---

① 　參見裘錫圭《説字小記·説"恖"、"聰"》。

十二、楚簡"恖"與《説文》"順"

戰國楚簡有一個上"川"下"心"的"恖"字,讀作"順"和"訓"。讀作"順"的辭例如:

〔圖〕郭店《緇衣》12 簡:"有〔圖〕德行,四方恖(順)之。"

今按:今本《禮記・緇衣》作"詩云:有梏德行,四國順之",今本《詩經・大雅・抑》作"有覺德行,四國順之"。

〔圖〕上博(七)《吳命》3 簡正面:"君之恖(順)之,則君之志也。兩君之弗恖(順),敢不喪?"

整理者曹錦炎(2008:309)注:"'恖','順'字異構。"

〔圖〕清華(伍)《殷高宗問於三壽》14 簡:"上昭恖(順)穆而警民之行。"

〔圖〕清華(伍)《殷高宗問於三壽》21 簡:"經緯恖(順)齊,妒怨毋作。"

讀作"訓"的辭例如:

〔圖〕清華(叁)《芮良夫毖》18 簡:"胥恖(訓)胥教,胥箴胥謀。"

〔圖〕清華(伍)《殷高宗問於三壽》12 簡:"敢問先王之遺恖(訓)?"

〔圖〕清華(伍)《殷高宗問於三壽》27 簡:"聞教恖(訓)。"

"恖"字在戰國文字中並不罕見。在中山王墓礜器銘文中共出現了8例:大鼎"克恖克卑""敬恖天悳""亡不恖道",方壺"則上逆於天,下不恖於人""以誅不恖""不顧逆恖""唯恖生福""是又純悳遺恖"。這8例中前7例均讀爲"順",最後1例讀爲"訓"[1]。

楚簡以及戰國其他文字中的"恖"字,有用作"順"的,有用作"訓"的。或認爲是"順"字通假作"訓",或認爲是"訓"字通假作"順"。

認爲是"訓"字的,如高明等將"恖"歸於"訓"字下,字形取自中山王礜器、郭店簡以及古璽[2]。何琳儀認爲"恖,從心,川聲,疑訓之異文"[3]。董蓮池謂中山王墓方壺銘文"敬恖天德""是又純德遺恖"中的"恖"字"乃'訓'字異體,銘文中讀爲順是借'訓'爲'順'"[4]。

認爲是"順"字的,如湯餘惠"恖,同順"[5];李守奎"恖當即順字"[6]。

---

① 參見張守中《中山王礜器文字編》第29頁。

② 參見高明等《古文字類編》(增訂本)第1072頁。

③ 何琳儀《戰國古文字典》第1331頁。

④ 參見董蓮池《金文編補校》第261、306—307頁。

⑤ 湯餘惠《戰國文字編》第718頁。

⑥ 李守奎《楚文字編》第620頁。

筆者認爲"恖"字從"心""川"聲。從"心"當與心性語義相關。而"訓"爲言語教訓語義,不當從"心",所以"恖"應是"順"的異體字,表示内心的順從,也就是常言的"心服"。《集韻》稕韻:"順,古作愼。"字亦從"心",或可作爲"恖"即"順"字的輔證。

與從"心"的"恖"字相類似的是,其他楚簡以及楚國金文還有一個從"心""訓"聲的"懇"字。辭例爲:

懇《包山楚簡》217 簡:"且外有不懇。"

整理者(1991:56)《考釋》注(421):"懇,讀如順。"

懇《九店楚簡》26 簡:"是謂陽日,百事懇(順)成(城)。"

整理者(2000:80)注[75]:"'訓城',秦簡《日書》甲種楚除陽日占詞作'順成'。'順成',順利。"今按:上博(七)《武王踐阼》15 簡有"使民不逆而訓(順)成"句;《左傳》宣公十二年"執事順成爲臧,逆爲否";《禮記·郊特牲》"四方年不順成,八蜡不通";《禮記·樂記》"順成和動之音作,而民慈愛"。可見"順成"爲上古常言。

懇《包山楚簡》217 簡:"少有憂於躬身,且外有不懇。"

整理者(1991:56)注[421]:"懇,讀如'順'。"第 211 簡"少有憂於躬身與宫室,且外又不訓",整理者(1991:56)注[402]:"訓,借作'順'。"

另外楚國出土銅器《餘懇壺》銘文,人名"餘懇"中的"懇"字形作懇。

對於"懇"字的釋讀,亦多釋爲"訓"字。高明等將包山簡字形"懇"歸於"訓"字下[1];何琳儀認爲"懇,從心,訓聲,疑訓之繁文"[2];滕壬生認爲"懇,訓字異體"[3]。筆者認爲,在上述辭例中,除《餘懇壺》"懇"用作人名、不知其義外,其他的"懇"都用作"順",無一用作"訓"。滕壬生釋"懇"爲"訓"值得商榷,應該釋作"順"。"懇"應是"恖"字的繁文,"懇、恖"都是"順"字異體。

楚簡除"恖、懇"用作"順"外,更多的是"訓"用作"順"。如:

訓郭店《尊德義》39 簡:"凡動民必訓(順)民心。"

訓郭店《性自命出》26—27 簡:"其反善復始也愼,其出入也訓(順)。"

訓上博(二)《從政甲》16 簡:"不訓(順)行以出之。"

訓上博(四)《曹沫之陳》51 簡:"吾戰敵不訓(順)於天命。"

---

① 參見高明等《古文字類編》(增訂本)第 1072 頁。

② 何琳儀《戰國古文字典》第 1331 頁。

③ 滕壬生《楚系簡帛文字編》(增訂本)第 934 頁。

滕壬生《楚系簡帛文字編》（增訂本）“訓”字下收 30 例，除用作人名等意義的 3 例外，用作“順從、順利”意義的 27 例，没有用作“教訓”義者①。這種用法值得我們特别注意。它似乎表明：戰國秦漢楚語中的“訓”，可能並非《説文》言部“説教也”之“訓”，而是表示“理也”意義，即順利的“順”；或者説“訓”的本義並非“説教”的意義，而是“順利”的意義。

在出土文獻中，“順”字始見出土於陝西的西周青銅酒器《何尊》銘文，戰國時期僅見於雲夢秦簡，秦後始通行天下。從“頁”的“順”字從西周陝西金文，到戰國秦簡，再到秦朝小篆定於一尊，隱現了西土文字承續的線索。《説文》頁部：“順，理也。從頁，從巛。”徐灝注箋曰：“人之恭謹愻順曰順，故從頁。頁者稽首字也，恭順之意也。”②林義光謂：“從頁者，順從見於顔面。”③“順”字從“頁”，象人稽首恭順之形狀，指外在容貌形狀的謙恭依順；“忎、愻”字從“心”，則强調内心的恭順，是心悦誠服的順。虞萬里認爲：“夫人之順從，有表面順從者，故從頁；有心悦誠服者，故從心。……故順從之字有從頁、從心之形，乃當時歷史之印記。”④劉翔也指出：“順字從頁，像人稽首恭順之狀，注重於外。忎字從心，則强調從内心裏通過修養以達恭順，側重於内。忎字當是順字的異構。”“忎字的創造，揭示了心的道德修養的自覺。”⑤以上對“順”“忎”字理的分析都是十分合理的。

有意思的是，楚國文字還有一個從“辵”的“順”，隸作“迵”，凡兩見。其一見於包山楚墓第 86 簡“訟兼陵君之陳淵邑人迵塙”⑥，用作人名；其二見於長沙馬王堆出土戰國《行氣銘》銘文：“迵（順）則生，逆則死。”⑦在傳世文獻中，《集韻》稕韻收了四個“順”字：“順愼迵俋，《説文》：‘理也。’古作愼迵俋。”《集韻》中的“迵”與戰國時的“迵”是否有聯繫，還很難説，但雖然古今異代，造字的心理卻是相通的。

龐樸説：“爲了表示或强調這個順是心誠而悦服之，是心態的順，則常在川

---

① 參見滕壬生《楚系簡帛文字編》（增訂本）第 215—216 頁。

② 徐灝《説文解字注箋》，轉引自丁福保《説文解字詁林》第 2211 頁。

③ 林義光《文源》，轉引自李圃《古文字詁林》第八册第 21 頁。

④ 虞萬里《上博館藏楚竹書〈緇衣〉綜合研究》第 267—268 頁。

⑤ 劉翔《中國傳統價值觀詮釋學》第 206 頁。

⑥ 迵塙，《包山楚簡》第 22 頁隸作“逍塙”，今從滕壬生《楚系簡帛文字編》（增訂本）第 150 頁隸定。

⑦ 《行氣銘》，長沙馬王堆 1975 年發掘，刻於青玉杖首，共 45 字，記述了“行氣”的要領，屬戰國後期作品，郭沫若考證銘文可能爲周安王二十二年（前 380）所作。原拓片見羅振玉《三代古金文存》卷 20 第 49 頁，全文爲：“行氣：实則蓄，蓄則伸，伸則下，下則定，定則固，固則萌，萌則長，長則退，退則天。天其本在上；地其本在下；迵（順）則生，逆則死。”

下加上一個心。……如果指的是行爲上的順,則於川下加個辵作巡。"①從"辵"
"川"聲的"巡",是專指動作行爲的順從;從"心"的"忞",是表示内心的順從;
而僅存於《集韻》而不見經傳的從"心"、從"頁"會意的"愩",則是兼指外貌和内
心的順從。概言之,貌順爲"順",心順爲"忞",行順爲"巡",心貌皆順爲"愩"。
語言是思維的直接現實,文字是語言的直接現實。戰國時期思維認識的深入和
詞義的細緻區別,反映在文字中,就出現了豐富的異體字,爲我們瞭解當時思想
認知方式提供了寶貴的材料。

十三、楚簡"矤"與《説文》"顧"

《説文》頁部:"顧,還視也。從頁,雇聲。"顧的本義是回過頭看,引申指一
般意義的回顧以及顧惜、照顧等意義。楚簡目前未見"顧"字。表示"顧"義的
字,寫作"矤"和"矤"。寫作"矤"的辭例如:

　　郭店《緇衣》34—35 簡:"故君子矤(顧)言而行,以成其信。"
今按:上博(一)《緇衣》17 簡作"故君子矤(顧)言而行"。今本《禮記·緇衣》作
"故君子寡言而行",據簡本"寡"或當爲"矤(顧)"字之訛。"矤(顧)言而行"意
爲"記住、回顧自己説過的話來做事",即"言必行",以成就其信用。

　　上博(五)《鮑叔牙與隰朋之諫》4 簡:"日盛於蹤,弗矤(顧)前後。"

　　上博(五)《弟子問》8 簡:"死不矤(顧)生,可言乎其信也。"

　　清華(壹)《祭公》21 簡:"祭公之矤(顧)命。"
整理者沈建華(2010:178)注[五七]:"矤,從見,寡省聲,當爲'顧'之本字。"今
按:"矤(顧)命"指人臨終之前的顧託、遺命。

　　寫作"矤"的辭例如:

　　郭店《緇衣》22 簡:"祭公之矤(顧)命云。"
今按:上博(一)《緇衣》12 簡與本簡簡文全同。

　　上博(一)《緇衣》17 簡:"故君子矤(顧)言而行。"

　　清華(叄)《芮良夫毖》5 簡:"恒恒敬哉,矤(顧)彼後復。"

　　"矤"是"矤"的聲符。先以聲符字爲假借,然後增加形符爲形聲本字,是漢
字孳生的通例。在通假字"矤"上增加形符"見"而成本字"矤",符合這一通例。
從"矤"和"矤"的用法來看,"矤"字當從"見""矤"聲,應是"顧"字的異構。
"矤"字形符"見"與"顧"字形符"頁",一動一靜,義近互通。"矤"聲符從"矤"

---

① 龐樸《郢燕書説——郭店楚簡中山三器心旁文字試説》第 38 頁。

省,與“顧”上古都是見母魚部字,音近聲符互通。

現在要討論的是,楚簡有一從“心”“寡”聲的“憲”字。該字目前在楚簡中僅有一見,辭例爲:

　　[字]清華(肆)《筮法·爻象》55 簡:“爲憂、憲(懼),爲饑。”

整理者李學勤(2013:120)注[三]:“‘憲’字疑從寡省聲,‘寡’爲見母魚部,此讀爲群母魚部的‘懼’。”

　　“憲”字目前不見於其他文獻,其字當從“寡”聲。楚簡没有“寡”字,凡“寡”字均寫作聲符“寡”。例如:

　　[字]郭店《老子甲》2 簡:“少私寡(寡)欲。”

　　[字]上博(二)《容成氏》36 簡:“衆寡(寡)不聽訟。”

　　[字]上博(五)《競建内之》6 簡:“不諦恕寡(寡)人。”

　　[字]清華(壹)《皇門》1 簡:“嗚呼! 朕寡(寡)邑小邦。”

　　[字]清華(叁)《芮良夫毖》15 簡:“懷慈幼弱,贏寡(寡)矜獨。”

　　“憲”字形符從“心”,字義必與心理意識活動相關。清華簡簡文中“憲”與“憂”連文,整理者讀爲“懼”,在音、義上都是成立的。但“憲”是否就是“懼”字的異構呢? 我們認爲不是。“懼”字在楚簡中别具字形,寫作從“瞿”從“心”的[字]九店楚簡 13 簡,或寫作上“眲”下“心”的[字]上博(二)《從政乙》3 簡、[字]上博(五)《姑成家父》8 簡、[字]上博(六)《平王問鄭壽》1 簡,没有寫作從“寡”的。從簡文“瞷、寡”用作“顧”來看,“憲”應跟“瞷”一樣,都是“顧”字的異構。楚簡的“憲”與“瞷”,一從“心”,一從“見”,從造字的角度區分“心”與“行”兩種不同角度的“顧”。“憲”表現的是心有所懷、意有所念的眷顧、顧念,而“瞷”表現的是形之於外的看顧、瞻顧。

第二節　楚簡“心”符字與《説文》四肢類意符字

一、楚簡“悆”與《説文》“逸”

《説文》兔部:“逸,失也。從辵、兔。”段玉裁注:“亡逸者,本義也。引申之爲逸遊,爲暇逸。”[1]楚簡没有出現從“辵”從“兔”的“逸”字。表示“逸”義的字,多寫作“㦟”,也偶爾寫作從“心”的“悆”和“悤”。

寫作“悆”的辭例如:

---

① 段玉裁《説文解字注》第 472 頁。

[字形]上博(六)《天子建州甲》10 簡:"聚眾不語逸(逸),男女不語獨。"

[字形]上博(六)《天子建州乙》9—10 簡:"聚眾不語逸(逸),男女不語獨。"

整理者曹錦炎(2007:328)注:"'逸',從兔、從心,即'逸'字古文。……'逸',過失。《説文》:'逸,失也。'"今按:該字《天子建州甲》第 10 簡漫漶不清,《天子建州乙》第 9 簡較爲清晰,其字爲上"兔"下"心"組合。上部之"兔",與隸定爲"𢍜"、釋讀爲"逸"的字右部相同。

楚簡中"𢍜"僅用作"逸",其例如:

[字形]上博(一)《性情論》28 簡:"居處欲𢍜(壯)蕩(?)而毋慢。"

今按:"𢍜(壯)蕩"不辭。本簡陳劍釋爲"居處欲𢍜(逸)易而毋慢",云:"春秋金文《者汈鐘》銘云'惠𢍜(逸)康樂';……者汈鐘銘、《性情論》簡 28 的'𢍜'字,研究者亦多引三體石經古文'逸'字爲説。"①"逸"字三體石經作"𩁮",《者汈鐘》作"𢍜",揆之楚簡"𢍜"字,釋"逸"義亦通,當從陳劍所釋。

[字形]上博(五)《三德》4 簡:"毋享𢍜(逸)安求利。"

[字形]上博(五)《三德》11 簡:"毋𢍜(逸)其身,而多其言。"

[字形]清華(壹)《耆夜》2 簡:"作策𢍜(逸)爲東堂之客。"

今按:本簡"作策𢍜"即《尚書·洛誥》"王命作册逸祝册,惟告周公其後"中的"作册逸",是西周初年的文職史官。

[字形]清華(叁)《周公之琴舞》6—7 簡:"裕其文人,不𢍜(逸)監余。"

整理者李守奎(2012:138)注[四二]:"𢍜,即'逸',訓'失'。"

[字形]清華(叁)《芮良夫毖》7 簡:"毋自縱於𢍜(逸)以遨。"

[字形]清華(陸)《子產》15 簡:"不以𢍜(逸)求得。"

以上楚簡的"𢍜"字,與《者汈鐘》銘文的"𢍜"、三體石經的"𩁮"形義皆通,實爲同字。據此比照上博簡(六)《天子建州》甲、乙本"聚眾不語逸"的"逸"字,釋爲"逸"似無疑義。陳劍認爲:"《天子建州》的'逸'字當分析爲從'心'從'𢍜'省聲,是在假借字'𢍜'上加注意符'心'、又省去'廾'形而成的安逸、逸樂、逸豫之'逸'的本字。"②其説極是。"逸"本指逃逸,引申指放縱、逸樂、安逸的意義。楚文字的"逸"字從"心",是專指心態的安樂、閒適或心性的放縱過度,與强調動作行爲的"逸",形成"心"與"形"的又一次對應。

楚簡另有一個從"心""㑒"聲的特形字"憸":

---

①② 陳劍《甲骨金文舊釋"𩁮"之字及相關諸字新釋》(上、中、下)。

　　🐾清華(叁)《芮良夫毖》25 簡:"我之不言,則畏天之發機;我其言矣,則㥋(逸)者不美。"

整理者趙平安(2012:155)注[九五]:"㥋,字從心,佾聲,讀爲'逸'。《爾雅·釋言》:'逸,過也。'"今按:"惫(逸)"和"㥋"的聲符"佾",都屬於上古質部、喻四聲母,所以"惫(逸)"和"㥋"應是一對音義皆同的異體字,"㥋"從"心"字的造字理據,跟"惫(逸)"完全相同。

二、楚簡"忨"與《説文》"過"

　　"過"字在楚簡中有三種寫法:

　　一是寫作從"辵""咼"聲的"過"。如:

　　🐾🐾郭店《語叢三》52 簡:"善日過我,我日過善。"

"過"是後世通行的寫法,但在楚國簡帛文字中較爲少見,僅見於本例,其他楚簡均未出現。

　　二是寫作從"辵"或從"止""化"聲的"迤、㳥",這是楚簡"過"的常見形體,與第一種寫法形符相同,聲符不同。如:

　　🐾郭店《老子丙》13 簡:"復衆之所迤(過)。"

　　🐾上博(三)《周易》56 簡:"弗遇㳥(過)之。"

　　三是寫作從"心""化"聲的"忨"。這也是楚簡"過"的常見寫法,更是僅見於楚國文字的獨特寫法。"忨"與第一、二種寫法形符不同,應引起我們的特別關注。下面是"忨"在楚簡中的若干辭例:

　　🐾郭店《老子丙》4 簡:"樂與餌,忨(過)客止。"

今按:字當隸作"忨","彳"旁爲"亻"旁訛誤。今本《老子》作"樂與餌,過客止",意思是音樂和美食能使過客停下腳步。

　　🐾郭店《太一生水》12 簡:"天地名字並立,故忨(過)其方,不思相當。"

整理者(1998:126)注[十六]:"忨,從'心''化'聲,借作'過'。"今按:"忨"是"過"的異體字而不是通假字。"過其方"是指天與地失去平衡對等、不相當。

　　🐾郭店《成之聞之》36 簡:"從允釋忨(過)。"

　　🐾🐾🐾郭店《性自命出》49 簡:"慎,仁之方也,然而其忨(過)不惡。速,謀之方也,有忨(過)則咎。人不慎斯有忨(過),信矣。"

　　🐾郭店《性自命出》50 簡:"苟以其情,雖忨(過)不惡。"

今按:上博(一)《性情論》21 簡全同,"過"字作🐾,亦從"心"符。簡文意爲如果對人真情實意,就是有過錯也不會被人厭惡。

　　🐾郭店《性自命出》55 簡:"行之不忨(過),知道者也。"

今按：上博（一）《性情論》24 簡作"行之而不愆（過），知道者［也］"。此句文義與《荀子·勸學》"知明而行無過"略同。"不過"即不犯錯。

　　上博（一）《性情論》32 簡："不愆（過）直舉。"

　　上博（一）《性情論》39 簡："然而其愆（過）不惡。"

　　上博（一）《性情論》39 簡："有愆（過）則咎。"

　　上博（一）《性情論》40 簡："斯有愆（過）。"

　　上博（三）《中弓》7 簡："舉賢才，赦愆（過）與罪。"

整理者李朝遠（2003:268）注："'愆'，從心從化，化亦聲。……簡文'過'往往作此形，即過失、錯誤。"

　　上博（五）《三德》5—6 簡："唯福之基，愆（過）而改新。"

今按："愆（過）而改新"即改過而自新。

　　清華（伍）《命訓》2 簡："夫或司不義，而降之禍；禍愆（過）在人。"

　　清華（伍）《命訓》3 簡："乘其欲而恒其愆（過）。"

　　清華（陸）《子產》17 簡："民有愆（過）失。"

　　以上從"心"的"愆"都是"過錯、過失"的意思。

　　"愆"除用作表示"過錯"意義的本字外，還偶爾通假作"禍"。如：

　　上博（七）《吴命》3 簡（正）："昔上天不衷，降愆（禍）於我。"

整理者曹錦炎（2008:310）注："'愆'，讀爲'禍'。……《尊德義》'禍'字作'祻'，爲'禍'字異體。"今按：古音"咼"，溪母歌部；"化"，曉母歌部，"咼"聲字與"化"聲字音近可通①。

　　在楚簡中，從"辵"或從"止"的"迤、吪"大多表示動作"經過、超過"之意，如：

　　郭店《緇衣》20 簡："大臣之不親也，則忠敬不足，而富貴已迤（過）也。"

　　上博（三）《周易》56 簡："弗遇吪（過）之，飛鳥離之。"

　　上博（四）《采風曲目》2 簡："《毋迤（過）吾門》。"

　　上博（五）《三德》8 簡："衣服迤（過）制，失於美，是謂違章，上帝弗諒。"

　　上博（六）《平王與王子木》1 簡："競平王命王子木至城父，迤（過）申。"

---

① 楚簡"過錯"或"禍亂"意義的通假字也多從"化"聲，不從"咼"聲。如清華（伍）《湯處於湯丘》12 簡"使貨（過）以惑"，清華（伍）《湯處於湯丘》16 簡古之聖人"不服佴（過）文"，清華（伍）《湯在啻門》16 簡"佊（禍）亂以無常"。

惢清華(貳)《繫年》23 簡:"息媯將歸於息,迊(過)蔡,蔡哀侯命止之。"

由以上辭例來看,從"心"的"惢"與從"辵"的"迊"、從"止"的"祉"在意義和用法上雖然没有大的不同,但也有所區分,即名詞詞性、表示"過錯、過失"意義大致都寫作從"心"的"惢",而動詞詞性、表示"經過、超過"意義大致都寫作從"辵"或從"止"的"迊、祉"。這是楚簡從"心"與非從"心"的異體字在具體的用法上加以區分的較爲少見、極爲明顯的一例。

在古今漢字中,"過"主要有兩種意義:一是"經過",表示動作行爲,是動詞,引申出"渡過、超過、探訪、轉移"等意義;二是"過錯、過失",是名詞,引申出"責備、失去"等意義。這兩種意義之間應無邏輯聯繫,是兩個不同的詞①,自古以來兩詞共棲一形,人們習以爲然。但是在戰國楚簡中,這兩個不同意義的詞通過不同的字形進行了刻意的區分。造字者造出一個從"辵"的"迊",專門表示行走動作"經過"的意義;再造一個從"心"的"惢",專門表示"過錯、過失"的意義。尤其值得注意的是,與楚簡其他"心"符字不同,"迊"與"惢"不僅在造字時進行了區分,而且在用字的過程中也體現出明顯的區别——從上述辭例可以看出,楚簡中凡表示"經過"一類的意義大都寫作"迊",而表示"過錯"一類的意義大都寫作"惢"。滕壬生《楚系簡帛文字編》(增訂本)收"惢"字 12 例,除 1 例用作人名外,其餘有 8 例用爲"過錯"之"過",3 例用爲"經過"之"過"②;又收"迊"字 8 例,有 6 例用爲"經過"之"過",兩例用爲"過錯"之"過"③,可見楚簡的抄手在用字上具有明顯的選擇性傾向。李守奎等認爲"惢,此字當是'過錯'之'過'""惢,楚文字'過錯'之'過'"④。大概衹有戰國時期楚國的文字和語言纔有兩個表示"過"的不同意義的字、詞。楚簡的"惢"强調了過錯、過失的形成源於思維判斷的失誤,揭示了過錯、過失在主觀和心理方面的因素,體現了對過錯、過失深層意識方面的内省。

三、楚簡"懇"與《説文》"迩"

楚簡有一個從"心"的"懇"字,十分罕見,目前僅見 1 例:

懇上博(四)《曹沫之陳》2 簡(背):"今邦懇(彌)小而鐘愈大,君其圖之。"

整理者李零(2004:244)注:"懇,讀'彌'。《小爾雅·廣詁》:'彌,益也。'"

---

① 《説文》辵部:"過,度也。從辵,咼聲。"段玉裁注:"引申爲有過之過。""引申"説似牽强。
② 參見滕壬生《楚系簡帛文字編》(增訂本)第 925 頁。
③ 同上第 152 頁。
④ 李守奎等《上海博物館藏戰國楚竹書(一—五)文字編》第 81、496 頁。

　　本簡記魯莊公將鑄大鐘,曹沫進諫阻止之言。簡文所言亦見於徐堅《初學記》卷十六、李昉等《太平御覽》卷五百七十五引《慎子》佚文,作"今國褊小而鐘大,君何不圖之"。比較簡文和《慎子》佚文的用字、用詞和語氣,簡文顯然要早於《慎子》佚文。楚簡隸作"愿"的字,用作"彌",與"愈"同義對舉,表示程度,是"益發、更加"的意思。用於"邦小"和"鐘大"之間,組成遞進的反比關係。

　　《説文》無"彌"字。《集韻》支韻引《説文》"彌,馳弓也",意爲放鬆弓弦。在文獻中"彌"多假借爲程度副詞,如《論語・子罕》"仰之彌高,鑽之彌堅"、《大戴禮記・主言》"行施彌博,得親彌衆"、張衡《東京賦》"銘勳彝器,歷世彌光"等,這應是從"弓"之"彌"的假借義。楚簡從"心"的"愿"用作程度副詞,也應是假借。"愿"的本義是什麽,没有任何的辭例爲證,我們祇能通過字形結構的分析來推測。

　　"愿"字從"心",當與人的心理意識相關。筆者懷疑"愿"可能是"邇"的異體字。《説文》辵部:"邇,近也。從辵,爾聲。迩,古文邇。"表示"近也"意義之"邇"在楚簡中凡四見,均寫作"邇"字的古文"迩"。如上博簡(一)《緇衣》第22簡"此以迩者不惑而遠者不疑",上博簡(二)《容成氏》第19簡"乃因迩以知遠",上博簡(七)《凡物流形甲》第9簡"至遠從迩",以及《凡物流形乙》第7簡"至遠從迩"。《凡物流形》簡文與《禮記・中庸》"君子之道,譬如行遠必自邇"意義相同,簡文作"迩"而《中庸》作"邇"。"愿、邇"與"迩"所從聲符"爾"與"尔"在楚簡中同時出現①,用法無別,而且"爾"的聲符就是"尔",所以"愿"作爲"迩"的異體字,在聲符上没有問題。在形符上,根據楚簡文字的通例,從"心"的字與從"辵"的字常常形成異體,表示心性與動作行爲的區别,如前述之"急"與"逸"、"佁"與"過"、"怂"與"迎"等,那麽"愿"作爲"邇"字的異體,在意符上的對應也符合楚簡文字一貫的通則。

　　楚簡中的"迩"字,在上面所舉辭例中都與"遠"相對而言,都是本義"近也"的意思,與傳世文獻的用法一致②。在楚簡中,"近"還寫作從"心"的"忎"或"愆",如郭店《性自命出》40—41簡"愛類七,唯性愛爲近仁。智類五,唯義道爲忎忠。惡類三,唯惡不仁爲忎義",上博簡(五)《弟子問》第12簡"言行相愆,狀

---

① 　"爾、尔"是兩個完全不同的字。《説文》※部:"爾,麗爾,猶靡麗也。從冂從※,其孔※,尔聲。此與爽同意。"段玉裁注:"後人以其與汝雙聲,假爲爾汝字。又凡訓如此、訓此者皆當作尔。乃皆用爾,爾行而尔廢矣。"《説文》八部:"尔,詞之必然也。"後世"爾、尔"混同。

② 　《尚書・舜典》"柔遠能迩"、《仲虺之誥》"唯王不迩聲色",孔安國傳:"迩,近也。"《詩經・周南・汝墳》"父母孔迩",毛傳:"迩,近也。"《孟子・離婁上》"道在迩而求諸遠",趙岐注:"迩,近也。"《禮記・緇衣》"大臣不治而迩臣比矣""是故迩者不惑",鄭玄注:"迩,近也。"

(然)句(後)君子"。"迩"字異體作"懇",與"近"字異體寫作"忞"和"惢"是同一意義類型的造字現象。"遠近"是一對相對相反的概念,既有空間距離和時間距離的遠近,也有心理情感、思想意識的遠近,所謂"海内存知己"是指空間距離上的遠,"天涯若比鄰"則是指心理感情上的近。傳世文獻"遐迩"和"遠近"都從"辵",注重的都是有形的、可以感知的遠近,而在楚國的造字者看來,更須要注重的應是無形的心理感情上的遠近、親近,"懇"和"忞、惢"就是這種觀點、認識在文字上的體現。

四、楚簡"罳"與《説文》"迷"

表示"迷惑"意義的"迷"字在楚簡中多寫作通常所見的"迷"。辭例如:

郭店《語叢四》12—13 簡:"賢人不在側,是謂迷惑。"

上博(二)《容成氏》37—38 簡:"遂迷,而不量其力之不足。"

清華(壹)《皇門》11 簡:"政用迷亂,獄用無成。"

在古文字中,從"辵""米"聲的"迷"字始見於戰國時期,除楚簡外,還見於侯馬盟書、戰國古璽1435 號、1945 號等,秦漢以後成爲通行字流行至今。

不過我們在楚簡中發現一個特殊形體的"罳"字,與"迷"字有形義的關聯。"罳"在楚簡中僅一見,辭例爲:

郭店《尊德義》32—33 簡:"不愛則不親,不□則弗罳。"

整理者(1998:175)注[一九]:"罳,裘按:疑當釋爲'懷'。"今按:劉信芳認爲,本簡整理者未作隸定的"□"字,"細審其原簡殘劃,應是'慢'字,讀爲"緩";而"罳"字與"懷"字不類,應讀爲"妝",是"安"的意思[1]。陳偉亦認爲"罳"字"似可釋爲'眯',讀爲'妝',安定的意思"[2]。

筆者認爲劉、陳二氏之説近是。郭店簡《尊德義》的字,與上博(三)《周易》53 簡"懷其資"的、上博(五)《季庚子問於孔子》22 簡"邦相懷毀"的,上博(六)《用曰》6 簡"陛心懷惟"的等等,在字形上都有較大區別。(罳)字上面的"目"與楚簡常見"目"字的寫法略有變異,跟郭店《唐虞之道》26 簡"耳目聰明衰"的(目)、郭店《忠信之道》8 簡"晷(親)"上部的"目"類似,變異作(囟),又跟郭店《語叢一》50 簡"目司也"的、上博(五)《鬼神之明‧融師有成氏》5 簡"有目不見"的等相近。"罳"字疑從"心""臬(眯)"

---

① 參見劉信芳《郭店竹簡文字考釋拾遺》。

② 陳偉《郭店竹書別釋》第 165 頁。

聲,是"臭(眯)"的後起增形今字。楚簡"罴、臭(眯)"均當爲"迷"的異體字。"臭(眯)"著重於眼目的迷惑,而"罴"則立意於心智的迷惑。在郭店簡《尊德義》中"罴"通假作"敉",表示安寧、安定的意思。簡文"不慢(緩)則弗罴(敉)",意爲"對百姓不寬緩則百姓就不會安定",與下文第34—35簡"慢(緩)不足以安民"文意相對。

"迷"在楚文字中除寫作從"心"的"罴"外,還寫作從"心"的"悉"。

羅福頤《古璽彙編》收了一枚編號爲第2290的姓名璽{图},羅福頤隸定璽文爲"芋咎□",第三字{图}不識、未作隸定①。該璽爲戰國楚璽,後來的學者大多將{图}字隸定爲"悉"②。"悉"字從"心"從"采",在先秦出土文獻中目前僅見於戰國時期的秦系文字。睡虎地秦簡《爲吏之道》"審悉無私","悉"寫作上部從"米"的{图},張守中注云"説文所無"③。睡虎地秦簡"審"作{图},"播"作{图},"蕃"作{图},字中的"采"都寫作"米"字形,應是睡虎地秦簡特有的"采"字的異寫。楚璽{图}字學者隸定爲"悉",疑似受秦系文字影響。

邱傳亮認爲:"楚璽2290'芋咎悉',今細審此字,上部從'采'可疑。楚文字'番'作{图}包山·46、{图}天策等形,中間一筆作彎曲形,所從的四點作兩個八字形。而'米'字多作{图}信陽·2·29、{图}包山·95形,中間一筆或爲直筆,自上而下貫通;或爲兩筆,所從四點作短豎形,與中豎多作平行狀。或當爲'米'。"④邱傳亮之説基本可信。楚簡"采"以及從"采"的字,中間的豎筆多爲下部向右捺的筆勢,如{图}信陽簡二29簡(采)、{图}上博(六)《競公瘧》9簡、{图}包山簡175簡、{图}天卜、{图}天策(番),{图}(釆)。而楚簡"米"以及從"米"的字,中間的豎筆多爲直筆,或爲下部略向左撇的筆勢,如{图}上博(二)《容成氏》21簡、{图}包山簡95簡、{图}信陽簡二29簡、{图}新蔡葛陵簡甲三112簡(米),{图}郭店《老子甲》34簡(精),{图}包山259簡(粉),{图}九店簡44簡(糧)。由此觀之,楚璽的{图}字,上部當爲楚文字的"米"而不是"采"。換言之,楚璽的{图}字,即是楚簡的{图}字去掉上面的"目"所剩下的部分,當隸作"悉"。楚璽{图}和楚簡{图}實爲一字,都是"迷"字的異體。

---

① 參見羅福頤《古璽彙編》第225頁。
② 參見湯餘惠《戰國文字編》第58頁、李守奎《楚文字編》第57頁、高明等《古文字類編》(增訂本)第498頁等。上述編著均將該字歸於"悉"字下。
③ 張守中《睡虎地秦簡文字編》第167頁。
④ 邱傳亮《楚璽文字集釋》第56頁。

　　楚簡"䁲"的古字"𥝩(眯)"目前雖不見於戰國楚簡,但已出現於戰國時期。睡虎地秦簡《日書甲》24 背簡文"一室中臥者眯也,不可以居,是□鬼居之","眯"字圖版作**眯**。因《日書》此簡内容爲用方術禳除疾病,故簡中之"眯"當爲"迷",表示"昏迷"之義。漢初長沙馬王堆帛書《老子甲》有"雖智乎大眯(迷)","眯"亦用作"迷",表示"迷惑"的意思。這個意義的"眯"在楚文字中又寫作"䊠",楚簡有一見,辭例爲:

　　　　䊠上博(六)《用曰》17 簡:"用曰:莫眔而䊠(迷)。"

整理者張光裕(2006:303)注:"'䊠',從見從米,疑此乃'迷'字最早之形構,《韓非子·内儲説上》:'哀公之稱莫眔而迷。'又:'魯哀公問於晏子曰:鄙諺曰,莫眔而迷,今寡人舉事,與群臣慮之,而國愈亂,其故何也?'"今按:"莫眔而迷"是先秦俗語,意爲"舉事不與眾人商量就會迷惑"。

　　"䊠"字在出土文獻中還見於戰國時期中山王墓大鼎銘文"猶䊠惑於子之而迱其邦",字作**䊠**。徐中舒、伍仕謙云:"䊠,與迷同,字又作眯。《莊子·天運篇》'播糠眯目'。"[1]陳邦懷説:"䊠,張政琅謂:讀爲迷,惑也。""䊠"字從"見",與楚簡"惑"字或從"見"作"𧠙"同類[2]。從造字理據角度來看,"眯、䊠"均是著眼於"眼目之迷"。《老子》云:"五色令人目盲,五音令人耳聾,五味令人口爽,馳騁畋獵令人心發狂。""眯、䊠"字形所要表現的正是這種五色盲目、五音亂耳的"迷"[3],而"䁲、㣽"字所表現的卻是"令人心狂"之"迷"。

　　"迷、惑"意義相近,古今漢語常常連用並舉。古代字書"迷、惑"常常互訓,如《説文》辵部:"迷,惑也。"《玉篇》心部:"惑,迷也。"兩字都有跟"心"相關的語義。"惑"字從"心","迷"字自然亦可從"心"。不過《説文》的"迷"字從"辵"而不從"心",造字的本意應指"迷路"。《韓非子·解老》云"凡失其所欲之路而妄行者之謂迷",如《易經·坤卦》象辭"君子攸行,先迷失道,後順得常"、《韓非子·説林》"桓公伐孤竹,春往冬反,迷惑失道"、《列子·湯問》"禹之治水土也,迷而失塗"中的"迷",都是這種"失其所欲之路"的"迷"。但不管是目迷五色還

---

① 　徐中舒、伍仕謙《中山三器釋文及宫室圖説明》。
② 　陳邦懷《中山國文字研究》。今按:楚簡"惑"有從"心"和從"見"兩種字形。多寫作從"心"的"惑"。寫作從"見"的"𧠙",見郭店《緇衣》5 簡"上人疑眂百姓𧠙",《緇衣》6 簡"則民不𧠙",《緇衣》43 簡"此以逿者不𧠙",上博(五)《弟子問》16 簡"多聞則𧠙"。從"見"的"𧠙"目前僅見於楚簡,是爲區别於從"心"之"惑"而造的一個特形字、專造字。
③ 　《説文》目部:"眯,艸入目中也。從目,米聲。"莫禮切。《集韻》禡韻:"䊠,米屑。"侯憪切。與楚文字的"眯、䊠"音義均不同。

是迷而失塗,根本的原因都在於精神意識的迷茫、判斷認知的錯亂。《説文》《玉篇》等字書以及古代衆多的經傳注疏都用從"心"的"惑"來解釋從"辵"的"迷",都是因爲一切的"迷"都與"心"有著必然的内在聯繫。楚人在已有"迷、眯(眯)、粯"字的基礎上,又新創出特有的、專指的"罢、恋"字來,也是爲了突出最爲根源的"心"之"罢、恋",與"行動"之"迷"、"目見"之"眯、粯"予以語義上的區分。《集韻》齊韻"怵,心惑也",縣批切。"怵"的音義與楚簡"罢"相同,説明古今造字心同此理。

五、楚簡"恁"與《説文》"托"

楚簡"寄託(托)"的"託(托)"字或寫作ᠺ(乇),如郭店《老子乙》8 簡"若何以乇天下矣"。另外還有一個從"心"的"恁"字,祇見於郭店簡,共 3 例:

恁恁郭店《太一生水》10—12 簡:"以道從事者必恁(託)其名,故事成而身長;聖人之從事也,亦恁(託)其名,故功成而身不傷。"

恁郭店《緇衣》20—21 簡:"邦家之不寧也,則大臣不治,而褻臣恁(託)也。"

簡文中的"恁",釋作《説文》中的"託"或"侘"字、後世通用的"托"字,應該没有問題。《説文》言部:"託,寄也。從言,乇聲。"《説文》人部:"侘,寄也。從人,庇聲。庇,古文宅。"王筠《説文釋例》卷七"異部同文"類謂:"言部託、人部侘,説皆曰'寄也'。案託蓋謂以物託之於人,侘蓋謂以身侘之於人,意正相對。"[1]李富孫《説文辨字正俗》謂:"託,以言託寄也;侘,謂居處之寄也。"[2]"託、侘"本義爲"寄託",引申出"委託、託付"的意思;"託、侘"是音義相同的異體字,混言之不分,悉言之則有别。"託"字從"言",是指以言辭相托,即《禮記·檀弓》"久矣,予之不託於音也"、劉向《説苑·善説》"中士可以託辭"之"託"。"侘"字從"人",是指以人身相托,即《論語·泰伯》"可以託六尺之孤,可以寄百里之命"[3]、《孟子·梁惠王下》"王之臣有託其妻子於其友"、《史記·太史公自序》"凡人所生者神也,所託者形也"之"侘"。楚簡所見的從"心"之"恁",則是指以心意情懷相寄託,即後世常言的"托心、托情"和"托意",如袁康《越絶書》卷一"引類以託意"、嵇康《琴賦》"思假物以託心"、陳壽《三國志》卷五十七"老夫託意"、張華《歸田賦》"援翰託心"之"恁"。"託、侘、恁"三字分别從言語、行爲和

---

[1] 王筠《説文釋例》卷七第 304 頁。

[2] 轉引自丁福保《説文解字詁林》第 751 頁。

[3] 《玉篇》人部引作"侘"。

心意三個角度表現"托"的不同含義。從歷史發展來看,"託"字出現最早,見於春秋《蔡侯申盤》銘文,多應用於後世。"忘"字僅見於戰國楚簡,未傳於後世。"侂"雖見於《説文》但應用不廣。"托"字是中古時期造出的後起俗字,最早的文獻記載見於唐代,現代成爲通用的規範漢字。

六、楚簡"蕙"與《説文》"勮"

楚簡有從"心""萬"聲的"蕙"字,也是一個"前無古人後無來者"的特形字。其辭例爲:

　　蕙上博(一)《性情論》4 簡:"凡性,或動之,或逆之,或忞(交)之,或蕙(厲)之。"

　　蕙上博(一)《性情論》5 簡:"凡動性者,物也;逆性者,悦也;忞(交)性者,故也;蕙(厲)性者,義也。"

整理者濮茅左(2001:227)注:"蕙,讀爲'厲',《集韻》:'厲,嚴也。'或依《廣雅·釋詁四》作'厲,高也'解。"今按:此段簡文亦見於郭店《性自命出》9—10 簡。"蕙(厲)性者,義也",郭店簡"蕙"作"萬"。本簡"忞"當讀"效",是效法、效仿之意;"蕙"當讀"勮",勉勵、激勵,意指用道義激勵人的心志,猶如上博(四)《逸詩·交交鳴烏》4 簡"愷豫是好,唯心是萬"之"萬"讀爲"勮"。"厲"與"勮"是古今字。《説文》厂部:"厲,旱石也。從厂,蠆省聲。或不省。"段玉裁注:"俗以義異異其形。凡砥厲字作礪,凡勮勉字作勵,惟嚴厲字作厲,而古引申假借之法隱矣。"[1]"蕙"當爲"砥礪、勉勵"之義,楚簡的"蕙性者義"和"惟心是厲",都是强調對心志、心性的砥礪修養,就如《説苑·建本》"詩書辟立,非我也,而可以厲心"之"厲"。

　　蕙上博(四)《柬大王泊旱》16 簡:"三日,大雨,邦蕙(瀝)之。"

整理者濮茅左(2004:209)注:"'蕙',讀爲'瀝'。"今按:"蕙"讀"瀝"音義皆不順暢,當讀爲"漫"。"漫"音義同"漫"。楚簡"漫"字見於上博簡(四)《昭王毀室》5 簡"王徙居於平漫",整理者陳佩芬(2004:186)注:"'漫'從水、萬聲,見於石鼓文,諸家皆讀爲'漫'。""蕙"跟"漫"聲符相同,本簡"蕙"通假作"漫"。

　　蕙上博(六)《競公瘧》6 簡:"而湯清者,與得蕙(萬)福焉。"

今按:"萬福"爲上古常語,"蕙"從"萬"得聲,本簡"蕙"通假作"萬"。

　　"蕙"僅見於上博簡,共 3 例,分別讀"勮"、讀"漫"、讀"萬"。"蕙"字從

---

① 段玉裁《説文解字注》第 446 頁。

“心”，必當與心理、意識之類意義相關。所以“蕙”與“勘”應該是同字異構的關係，而與“滿、萬”則是用字通假的關係。“蕙”與“勘”一從“心”，一從“力”，立足點不同，反映了偏重心志砥礪與偏重行爲砥礪的差異。從“力”的“勘”字不見於出土文獻。《説文》力部：“勘，勉力也。《周書》曰：‘用勘相我邦家。’讀若萬。從力，萬聲。”“勘”字後又寫作“勵”。“勵”不見於《説文》。《小爾雅·廣詁》謂“勵，勸也”，“勵”字蓋造自魏晉，後遂取代“勘”而通行於世。楚簡從“心”的“蕙”字，在歷史的長河中僅作曇花之現，在後世尚力而不尚心的社會中迅速而徹底地被淹没覆蓋掉了。

七、楚簡“彊”與《説文》“弸”

楚簡中表示强大、强壯、堅强之類意義的字，有四種字形。一是寫作“强”的省形“弜”。“强（弜）”是文獻一貫的通假用法，在楚簡中也較多見。如：

　　𢏢郭店《老子甲》6—7簡：“不欲以兵弜於天下。”

　　𢏢上博（五）《季庚子問於孔子》8簡：“君子不可以不弜。”

今按：以上“弜”左爲“弓”，右下“虫”省寫爲“二”，是楚簡“强”字的慣常寫法。

二是寫作從“力”“强”聲的“勥（弱）”，這種寫法在楚簡中也較常見。例如：

　　勥郭店《老子甲》21—22簡：“吾勥（强）爲之名曰大。”

　　勥郭店《尊德義》22簡：“民可道也，而不可勥（强）也。”

　　勥上博（二）《從政乙》5簡：“君子勥（强）行，以待名之至也。”

整理者張光裕（2002：237）注：“‘强行’當指‘力行’而言。”

　　勥上博（六）《競公瘧》12簡：“公勥起，退席曰。”

三是寫作從“力”“彊”聲的“勥”，這種寫法不太常見。如：

　　勥郭店《五行》34簡：“不畏勥（强）御，果也。”

　　勥郭店《五行》41簡：“勥（剛），義之方。柔，仁之方也。”

整理者（1998：154）注［五五］：“勥，讀作‘剛’。”今按：“勥”與“剛”同義換讀。“勥”簡文圖版下部從“力”，上部左爲“弓”，右邊的“田”爲“畺”的省形。

四是寫作從“心”的“慞、慞”，這種寫法也不常見。如：

　　慞慞郭店《語叢二》第34—35簡：“慞生於性，立生於慞，斷生於立。”

整理者（1998：206）注［九］：“從‘心’‘彊’聲之字，當讀爲‘强’。”

　　慞清華（柒）《子犯子餘》5簡：“吾主弱時而慞（强）志。”

從“力”的“勥”和“勥”見於《説文》力部：“勥，迫也。從力，强聲。勥，古文從彊。"朱駿聲認爲"强者古假借字,勥則後起之專字也"①。"强"自古即假借爲强力之"勥"和"勥",後起專字"勥"和"勥"卻未能流行而被廢用。

從"心""彊"聲的"愬"不見於《説文》以及任何傳世文獻材料。在先秦出土文獻中,"愬"字還屢見於戰國古璽,如《古璽彙編》齊璽 0657 號"王愬生璽"、3598 號"販愬"、3667 號"皋愬",均爲人名。此外還有從"心""强"聲的"惡"字,見於《包山楚簡》278 簡(背)"鹽惡",簡文作🉐。劉國勝認爲"鹽惡"讀爲"苦强",是人名②。何琳儀疑"惡"爲"强"之繁文③。該字亦見《侯馬盟書》323"惡梁",圖版字形爲🉐。可見戰國東方楚、齊、晉系文字都有過從"心"的"强"。

戰國文字"愬、惡"與"勥、勥"同字異構。"愬、惡"在"彊、强"下部添加"心"符,應不是毫無意義的繁文,而是造字者有意突出人心性的强,以區別於體力的强,亦即是心强而非力强,是强心而非强力。楚簡中"愬、惡"與"勥、勥"並用,而意義有別。例如"愬生於性"是説堅强的意志來自於性格,"公勥起"則是説强行起身,一爲内心之强,一爲外力之强,在文字上形成鮮明的對比。

八、楚簡"惢"與《説文》"疑"

楚簡中懷疑的"疑"是個常見字,但都不寫作"疑",而寫作"惢、惢、頴、矣、矣"等。"矣"跟"矣"和"惢"跟"惢"應分別都是同一字的異寫。這些不同寫法的"疑",可以根據是否從"心"分爲兩類:從"心"的"惢(惢)"是一類,不從"心"的"頴、矣(矣)"是另一類。"惢(惢)"字的辭例如:

🉐郭店《緇衣》4 簡:"則君不惢(疑)其臣,臣不惑於君。"

整理者(1998:132)注[十二]:"惢,讀作'疑','矣''疑'音近,'心'旁爲意符。"

今按:上博(一)《緇衣》2 簡作"君不惢(疑)其臣,臣不惑於君"。

🉐郭店《緇衣》5 簡:"上人惢(疑)則百姓惑。"

今按:上博(一)《緇衣》3 簡與郭店本簡簡文全同。

🉐郭店《緇衣》43 簡:"此以邇者不惑,而遠者不惢(疑)。"

今按:上博(一)《緇衣》22 簡與郭店本簡簡文全同。

🉐郭店《語叢二》36—37 簡:"惢(疑)生於休,北生於惢(疑)。"

🉐上博(一)《孔子詩論》8 簡:"少文多惢(疑)矣。"

---

① 　朱駿聲《説文通訓定聲》第 904 頁。

② 　參見劉國勝《包山二七八號簡釋文及其歸屬問題》。

③ 　參見何琳儀《戰國古文字典》第 647 頁。

　　[字]上博（二）《從政乙》3 簡："小人樂則忢，憂則昏。"

　　[字]上博（六）《慎子曰恭儉》6 簡："知道不可以忢（疑）。"

　　楚簡中懷疑字寫作"忢（忢）"的最多，例多不舉。

　　"忢"除用作懷疑的"疑"外，還用作動詞"擬"、感歎詞"噫"和語氣詞"矣"：

　　[字]上博（一）《孔子詩論》14 簡："以琴瑟之悦，忢（擬）好色之願。"

　　[字]上博（八）《蘭賦》5 簡："□位垔下，而比忢（擬）高矣。"

　　[字]郭店《魯穆公問子思》4 簡："成孫弋曰：忢（噫），善哉，言乎！"

　　[字]郭店《成之聞之》21 簡："勇而行之不果，其忢（疑）也弗往忢（矣）。"

今按：本簡"忢"前一例用作"疑"而後一例用作"矣"。郭店簡《成之聞之》"忢"字共 13 見，有 12 處用作語氣詞"矣"，這當是書寫者的個人原因使然。

　　以上"忢（忢）"或單用，或與"惑"連用，字從"心""矣（㠯）"聲，其爲"疑惑、懷疑"之"疑"字，應是没有問題的。用作動詞"擬"、句末語氣詞"矣"和感歎詞"噫"，都是"忢"字的通假。

　　值得注意的是，楚簡"矣"亦可用作"疑"：

　　[字]郭店《唐虞之道》18 簡："君民而不驕，卒王天下而不矣（疑）。"

　　[字]郭店《尊德義》19 簡："可學也而不可矣（疑）也。"

　　[字][字]上博（四）《曹沫之陳》44 簡："是故矣（疑）陣敗，矣（疑）戰死。"

　　[字]清華（伍）《湯處於湯丘》15 簡："古先之聖人所以自愛，不事聞，不處矣（疑）。"

整理者沈建華（2015：139）注［三八］："矣，假借讀爲'疑'。"

　　文獻中罕見"矣（㠯）"用作"疑"。楚簡的用法看似"矣（㠯）"通假作"疑"，但是"疑"在甲骨文中寫作[字]、[字]、[字]，在兩周金文中寫作[字]、[字]、[字]，均象人東張西望、疑惑不定之形，都應隸作"㠯"字，是"疑"字的初文、古字①。後或增意符"彳"，寫作[字]（㣆）②；或增意符"辵"，寫作[字]、[字]（遬），或增形符"辵"、聲符

---

①　關於"㠯"字形義，學者眾説紛紜。羅振玉認爲"許書無此字，殆即疑字，像人仰首旁顧形，疑之象也"，見羅振玉《殷虚書契考釋三種》第 494 頁；商承祚《甲骨文字研究下編》認爲"㠯，説文無此字。此象人側首凝思形。殆即許説之疑字也"，轉引自李圃《古文字詁林》第十册第 1096 頁；李守奎認爲"㠯當是疑字省形"，"㠯、矣"是一字之分化，見李守奎《楚文字編》第 326、625、847 頁，又見李守奎《〈説文〉古文與楚文字互證三則》；張富海認爲"矣"是"㠯（疑所從）"的訛體，見張富海《説"矣"》。

②　清華（壹）《皇門》11 簡："乃惟有奉㣆（疑）夫。"整理者李均明（2010：170）注［五八］："疑，疑嫉。㣆或通假作疑，或爲㣆字省寫。

“牛”，寫作🦥、🦥、🦥、🦥①。秦國的篆文普遍訛“牛”爲“子”，寫作🦥秦國金文《商鞅方升》銘、🦥《十鐘山房印舉》、🦥《古陶文彙編》5.395、🦥《古陶文彙編》5.398，此即《説文》子部“疑”字所本②。由此看來，“矣（㠯）”當是“疑”的初文。楚簡“矣”用作“疑”，十分罕見、古樸，有可能是沿襲西周金文的寫法。而“㤞（㤞）”則是當“矣（㠯）”本義不顯時，爲申明本義再增“心”符而成。

楚簡還有一處“頱”字用作“疑”：

🦥上博（三）《周易》14 簡：“毋頱。”

整理者濮茅左（2003：157）注：“‘頱’，從頁、從矣聲，《説文》所無，讀爲‘疑’。”今按：在郭店簡《語叢一》第 110 簡中也有一個字形爲🦥、隸作“頱”的字：“食與頱與疾。”整理者（1998：200）注［二二］：“裘按：‘食與’下一字疑是‘頗’之訛字，讀爲‘色’。”楚簡中的“色”字，有🦥隸作“頗”，見《語叢一》47 簡“有容有色”、🦥隸作“䫞”，見《語叢一》第 50 簡“容色，目司也”等異體。兩相比較🦥（䫞）與郭店簡的🦥（頱）字形更爲相近，極易寫錯③。筆者認爲，楚簡“頱”字從“頁”“矣”聲，是“疑”的異體字④。郭店簡“飤（食）與頱與疾”中的“頱”字，應從“裘按”，釋作🦥（頗）的訛字，讀作“色”。

“㤞（㤞）”字不見於商周甲骨金文。在目前所見戰國文字中，“㤞（㤞）”字較集中地出現在楚國的郭店簡、上博簡和清華簡中。此外僅見於《九店楚簡》第 45 簡“君子居之，幽㤞不出”⑤，和地址不明的戰國古璽姓名璽“夏㤞”《古璽彙編》第 3643 號。因此我們大致可以推斷“㤞”是一個楚文字。楚簡完全抛開傳統常用、從“辵”或“彳”的“疑”，而創造出一個前所未有的從“心”的“㤞（㤞）”來取而代之，具有明顯的選擇性和目的性。龐樸指出：“㤞乃心態的疑惑疑忌之㤞，非行動上的遲疑猶疑之疑。”⑥楚簡的“㤞（㤞）”，是專表心態的疑；“頱”，是專表臉色的疑；而“矣（㠯）”和通用的“疑”則是專表動作行爲的遲疑，正如郭沫若

---

① 參見董蓮池《金文編補校》第二 0254 號第 48 頁。郭沫若謂：“形聲之字，例當後起，古文疑字自應作後若逡矣。”見郭沫若《卜辭通纂》第 308 片。

② 《説文》子部：“疑，惑也。從子、止、匕，矢聲。”此據秦篆之誤而誤釋。應釋爲“從逡，牛聲”。

③ 陳劍《據戰國竹簡文字校讀古書兩則》曾據戰國古文字形和異文材料，指出《論語·鄉黨》之“色斯舉矣”當讀作“疑斯舉矣”，發千載之覆，極具識見。

④ 或謂“頗、䫞、頱”都是“色”的異體字。“頗”是“色”的纍增義符字，“䫞”是“色”增益聲符“矣”的異體字，“頱”是“䫞”變換義符的結果。

⑤ 《九店楚簡》第 112—113 頁注［一八四］：“‘恓’字……應當分析爲從‘心’從‘矣’聲。……疑簡文‘幽恓’當讀爲‘幽思’。”

⑥ 龐樸《郪燕書説——郭店楚簡中山三器心旁文字試説》第 38 頁。

所謂"象人持杖出行而仰望天色"者①。後來從"心"的"惢(惢)"和從"頁"的"頖"都被表示行爲動作的"疑"所取代,戰國楚人爲表現心理和思想活動而刻意創造出來的"惢(惢)",和形之於色的"頖",就不再見於來者,一種通過文字而體現的具體而微的觀念,也就隨之消失了。

第三節　楚簡"心"符字與《説文》人物類意符字

一、楚簡"愿"與《説文》"僞"

《説文》人部:"僞,詐也,從人,爲聲。"段玉裁注:"詐者,欺也。《釋詁》曰:詐,僞也。按經傳多假'爲'爲'僞'。……蓋字涉於作爲則曰僞。徐鍇曰:僞者,人爲之。非天真也。故人爲爲僞是也。荀卿曰:桀紂,性也。堯舜,僞也。人之性惡。其善者僞也。不可學、不可事而在人者謂之性。可學而能、可事而成之在人者謂之僞。又曰:生之所以然者謂之性,心慮而能爲之動謂之僞。慮積焉,能習焉而後成謂之僞。"②凡非人的真情本性所表現出來的無意識的行爲,而是人爲的有意識和有目的而表現的情態和行爲,包括通過學習而獲得的改變,都叫做"僞"。最初的"僞",祇是與表現人的真情本性的"性"或"情"相對,是一個中性詞,並無貶義,即如荀子所舉的堯舜之"僞"。後來"僞"發生了感情色彩貶義的轉變,演變成"虛假"和"欺詐"的意思。

戰國楚簡"僞"多寫作"爲",這跟上引段注所説"經傳多假'爲'爲'僞'"一樣。但"僞"又寫作"愿",這又是一個不見經傳、僅見於楚簡的特形字,是一個非"人爲"而"心爲"的"愿(僞)"。辭例如:

　郭店《老子甲》1 簡:"絕愿(僞)棄慮(詐),民復孝慈。"

整理者(1998:113)注[三]:"帛書本作'絕仁棄義'。裘按:'簡文此句似當釋爲"絕愿(僞)棄詐"。'"今本作"絕仁棄義,民復孝慈"。

　郭店《性自命出》48—49 簡:"凡人愿爲可惡也。愿斯哭矣,哭斯慮矣。"

今按:上博簡(一)《性情論》第 39 簡作"凡人愿爲可惡也。愿(僞)斯吝矣,吝斯慮矣",可以對讀。裘錫圭先生指出:"'凡人愿爲可惡也','愿'與'爲'連用,顯

①　郭沫若《卜辭通纂》第 308 片。
②　段玉裁《説文解字注》第 379 頁。

然不能讀作‘爲’。……這個‘愿’似乎可以讀爲‘僞’。”①《性自命出》中“凡人愿(僞)爲可惡也”跟“凡人情爲可悦也”相對，“人愿”與“人情”反義對舉。“情僞”在先秦文獻中經常連用，如《周易·繫辭》“聖人立象以盡意，設卦以盡情僞”，《左傳》僖公二十八年“民之情僞，盡知之矣”，《管子·七法》“國之情僞不竭於上”。這裏的“情”即人性的本真狀態，而“僞”則是人性的心僞狀態。

　　🖼郭店《性自命出》59—60 簡：“言及則明舉之而毋愿。”

　　🖼郭店《性自命出》62—63 簡：“慮欲淵而毋愿，行欲勇而必至。”

　　🖼郭店《性自命出》65 簡：“欲皆詐而毋愿。”

　　🖼上博(一)《性情論》30 簡：“言及則明，舉之而毋愿(僞)。”

　　🖼上博(二)《從政乙》1—2 簡：“顯嘉勸信，則愿(僞)不彰。”

　　🖼上博(四)《曹沫之陳》34 簡：“君毋憚自勞，以觀上下之情愿(僞)。”

　　🖼上博(五)《三德》2 簡：“毋爲愿(僞)慮(詐)，上帝將憎之。”

　　在以上辭例中，或“情愿、信愿”反義相對，或以“愿慮(詐)、愿惡、愿吝”同義對舉，或以“毋愿”爲否定制止之詞，“愿”爲“僞”字蓋無疑義。龐樸指出：“爲字本是一個表示行爲(從爪)的字。若問有没有心態上的爲呢？當然有。現在我們說‘爲了……’，便是一種心態的爲。按照我們已知的上述慣例，這個心態上的爲，若用文字表示出來，應該是：從爲從心，作愿。”②“愿”就是戰國楚人爲強調“心之爲”而造出來的一個專造字，它比“僞”字的出現更早。據出土文字資料，“僞”字最早見於戰國末期至秦朝初年的雲夢睡虎地秦簡③。楚文字“愿”跟秦系文字“僞”的對應，就像楚文字“息”跟秦系文字“仁”的對應一樣，似乎存在某種内在的對應規律，隱含著楚人與秦人思想體系或認知方式的某種對立性差異。楚人所創的“愿”字，強調的不是秦系文字所示外在的“人爲”之“僞”，而是内在的“心爲”之“愿”，是爲的心態或心態的爲，即不是行爲而是心爲。在後來秦字“僞”與楚字“愿”的競争中，隨著秦國統一天下、書同文字，罷其不與秦文合者，秦字“僞”通過行政力量成爲了正統、規範的文字得以推行，一直使用至今。而楚字“愿”，則隨著楚亡於秦而銷聲匿跡。所幸二千多年之後的地下發掘，楚人當年的“心跡”纔得以重見天日，終無負楚人的用心良苦。

　　另外，楚簡“譌”也大多用作“僞”：

---

① 裘錫圭《糾正我在郭店〈老子〉簡中的一個錯誤——關於“絶僞棄詐”》第 26 頁。

② 龐樸《郢燕書說——郭店楚簡中山三器心旁文字試說》第 38 頁。

③ 參見高明等《古文字類編》(增訂本)第 47 頁。

郭店《忠信之道》1 簡："不譌不孛,忠之至也。"

郭店《忠信之道》2—3 簡："忠人無譌,信人不背。"

郭店《忠信之道》4 簡："至忠亡譌,至信不背。"

以上簡文"譌"字整理者均無釋,蓋以爲讀"譌"爲如字。劉釗釋爲"詭"[①],李零釋爲"訛"[②]。

上博(五)《姑成家父》6 簡："以正上下之譌。"

清華(伍)《湯在啻門》14 簡："德變亟執譌以亡成,此謂惡德。"
整理者李守奎(2015:146)注[四十]："執譌,與'執信'相對,秉持虛假。"

清華(陸)《管仲》25 簡："夫佞者之事君,必前敬與巧,而後僭與譌。"

《説文》言部："譌,譌言也。從言,爲聲。《詩》曰:'民之譌言。'"段玉裁注:"疑當作偽言也。《唐風》'人之爲言'定本作偽言,箋云:'爲,人爲善言以稱薦之,欲使見進用也。'《小雅》'民之訛言',箋云:'訛,偽也。人以偽言相陷入。'按爲、偽、譌古同通用。《尚書》南譌,《周禮》注、《漢書》皆作南偽。"[③]《玉篇》言部:"譌,偽也。"傳世文獻中"譌"是"訛"的異體字,是"謡言"的意思。楚簡"譌"疑是"偽"的異體字,當釋爲"偽",是"虛假"的意思。"不(無、亡)譌"則"忠信",文意順暢。"譌"字從"言",是指言語的虛假不實,與"惥"字從"心"又成爲一組文字上"心"與"言"的二元對應。

楚簡"惥、譌"有時通假爲"化":

郭店《老子甲》13 簡："侯王能守之,而萬物將自惥(化)。惥(化)而欲作,將鎮之以亡名之樸。"

郭店《語叢一》68 簡："察天道以惥(化)民氣。"

清華(伍)《殷高宗問於三壽》15 簡："邁則文之惥(化)。"

上博(八)《志書乃言》1 簡："反側其口舌,以變譌(化)王大夫之言。"

"惥、譌"用作"化",屬音近通假。"爲、偽、化"上古都是舌根音聲母,韻部都是歌部,故可通用。

二、楚簡"惥"與《説文》"倦"

楚簡有一個在意義上與"倦"相當的"心"符字"惥",原字上下組合,整理者或隸作"惓、惓",或隸作"惓",釋讀爲"惓"。"惓"當爲"惓"的省聲,猶"忿"爲"忿"的省聲。《集韻》綫韻:"倦,《説文》:'罷也。'或作惓。"楚簡"惓"音義同於《集韻》"惓"。"惓"字目前僅見於上博簡,辭例有:

　　　📖上博(一)《孔子詩論》4 簡:"民之又罷惓也,上下之不和者,其用心也將何如?"

今按:整理者讀作"罷"的字圖版作📖,當隸定作"戚",李零釋作"感":"'感惓',原書讀爲'罷倦',但上字見郭店楚簡《性自命出》簡34,實爲'感'字,'感'是憂愁的意思;'惓',有倦怠之義。"①"戚"又見郭店《性自命出》34—35 簡"愠斯憂,憂斯戚,戚斯戁",與《禮記·檀弓下》"舞斯愠,愠斯戚,戚斯歎"相當,可知簡文"戚"當釋爲"感"。

　　　📖上博(一)《孔子詩論》29 簡:"惓而不知人。"

整理者馬承源(2001:159)注:"今本《檜風·周南》有《卷耳》,字音相通。"

　　　📖上博(一)《性情論》31 簡:"凡憂惓之事欲任,樂事欲後。"

今按:郭店簡《性自命出》作"凡憂患之事欲任",白於藍云:"'憂惓'一詞典籍未見。'惓'仍應從郭店簡讀爲'患'。"②"惓"當從"卷"聲,古音見母元部,"患"爲群母元部,音近,本簡"惓"通假作"患"。

　　　📖上博(一)《性情論》35 簡:"凡用心之躁者,思爲甚;用智之疾者,惓爲甚。"

今按:本簡"惓"亦或釋爲"患",如李零云:"'凡用心之忕者,思爲甚。用智之疾者,患爲甚。''患',原作'惓',原書亦不破讀。"③

　　　📖上博(三)《中弓》13 簡:"服之緩,弛而惓力之。"

　　　📖上博(三)《中弓》17 簡:"刑政不緩,德教不惓。"

　　　📖上博(四)《相邦之道》1 簡:"先其欲,備其强,牧其惓。"

整理者張光裕(2004:234)注:"《玉篇》:'惓,悶也。'《説文》:'悶,懣也。'又'懣'下云:'煩也。'段玉裁注:'煩者,熱頭痛也,引申之凡心悶皆爲煩。'由是得知'惓'當有煩悶義,與'患'義亦相當。"今按:本簡裘錫圭先生改釋爲"先其欲,服其强,牧其惓(惓)",云:以上楚簡"戚惓、憂惓"字似可讀爲"患",但"2000年荆門左塚 3 號楚墓所出漆桐上屬於 B 圖'□'形的第二欄文字,則以'民惓'

①　李零《上博楚簡校讀記(之一)——〈子羔〉篇"孔子詩論"部分》。
②　白於藍《〈上海博物館藏戰國楚竹書(一)〉釋注商榷》第 103 頁。
③　李零《上博楚簡校讀記(之三):〈性情〉》。

與'民患'並列,整理者讀'悉'爲'倦',當可信。此簡'悉'字似亦當讀爲'倦'"①。

《説文》没有從"心"的"悉(惓)"。表示"疲倦"意義的字,《説文》有從"人"的"倦"和從"力"的"券":"倦,罷也。從人,卷聲。""券,勞也。從力,卷省聲。"徐鉉注"券"字曰:"今俗作倦,同。""倦"與"券"應是異體字,但造字的理據,前者泛指人身的疲倦,後者側重指精力的疲倦。漢代以後"倦"行而"券"廢。到中古,出現了從力、卷聲的"勌"字,《廣韻》綫韻:"倦,疲也,厭也,懈也。《説文》又作券,勞也。或作勌。""勌"顯然是指精力疲倦、勞累之倦,跟《説文》的"券"同字。後來出現了從"心"的"惓"字。《淮南子・人間訓》:"患至而多後憂之,是猶病者已惓而索良醫也。"《玉篇》心部:"惓,悶也。"《集韻》綫韻:"倦,或作惓。"這個"惓"不一定跟楚簡的"惓"字有繼承關係,但造字的理據是一樣的,都是指内心、精神的疲倦。

誠如裘錫圭先生所言,楚簡的"悉"不是"患"而是"疲倦"的"倦",凡可釋讀爲"患"的都是通假而非本讀。楚簡的"患"有專用字,其形作𢝊郭店《老子乙》5簡、𢝊郭店《老子乙》7簡、𢝊郭店《性自命出》62簡等,均寫作上"串"下"心",與𢜔(悉)字形迥異。雖然"悉"與"憂"並用,並有"患"作異文比對,但若將其釋爲"患",則又與上舉辭例中單用"悉"的句子在語意上不適。當然也有可能如上引張光裕所言,"倦"亦有與"患"相當的意義,可與"患"互爲異文,並與"憂"義近並用。另外的證據是,與"悉(惓)"同聲符的字,楚簡還有"倦、𦟥",都用作"疲倦"意義,辭例如:

𠈃上博(二)《從政甲》12簡:"敦行不倦,持善不厭。"

𦟥郭店《唐虞之道》26簡:"四枳𦟥陸,耳目聰明衰。"

整理者(1998:159)注[三○]:"裘按:'四枳𦟥(倦)陸'應讀爲'四肢倦惰'。"

楚簡同時使用了三個不同的"倦":從"心"的"悉(惓)"、從"肉"的"𦟥"和從"人"的"倦"。其中"悉(惓)"用得最多,是表示"疲倦"意義的通常字形。"𦟥、倦"僅偶爾用之。由此可見楚人對於從"心"之"悉(惓)"的偏重。這三個異體的"倦",從造字者的角度來説,應分别表現出"倦"字意義的細微區别:"悉(惓)"指心力的疲倦,"𦟥"指肉體的疲倦,"倦"指外在人體的疲倦。雖然楚簡的書寫者在行文書寫時未必會根據文意選擇使用這些不同意符的"倦",但

---

① 參見裘錫圭《上博簡〈相邦之道〉1號簡考釋》。

造字者的意圖是十分明顯的。後來的傳世文獻，從“力”的“券”和從“人”的“倦”字收録到《説文》中，而從“心”的“惓（惓）”字卻相對晚出，没有進入《説文》。我們不敢肯定傳世文獻晚出的“惓”字與楚簡的“惓”有淵源關係，因爲前後間隔的時間太長，没有充足的證據建立兩者之間的聯繫。但歷史往往有驚人的相似，古今倉頡們造字的心理亦有相同和相通的地方。祇是後來《説文》所收録的“倦”成爲正體通行於世，其他的“倦”都祇保存於地下，或貯存在各種字書中而不被應用，前人通過“惓（惓）”字所表現出來的對於主觀世界的認知，也就不爲後人所理解了。

三、楚簡“恀”與《説文》“恀”

楚簡表示“侮辱”意義的“侮”，大多寫作從“人”“矛”聲的“炙”，或從“心”“矛”聲的“恀”。寫作“炙”的辭例如：

　　⿰郭店《老子丙》1 簡：“其次畏之，其次炙之。”

　　⿰上博（五）《鬼神之明》5 簡：“名則可畏，實則炙（侮）。”

寫作“恀”的辭例如：

　　⿰上博（一）《性情論》38 簡：“不有奮猛之情則恀（侮）”。

　　⿰上博（二）《容成氏》53 簡正：“至約諸侯，絶種恀（侮）姓。”

“恀”字見於《説文》心部：“懋，勉也。從心，楙聲。恀，或省。”楚簡“恀”或是《説文》“懋”的省聲字。上述簡文中的“恀”和“炙”應是通假作“侮”。

楚簡中還有一個從“心”“毋”聲的罕見字“惃”，亦讀爲“侮”。辭例如：

　　⿰上博（六）《孔子見季桓子》25 簡：“民，喪不可惃（悔）。”

整理者濮茅左（2007：227）注：“‘惃’，同‘悔’。”今按：本簡陳劍釋讀爲“民怋不可惃（侮）”，云：“‘惃’整理者原釋讀爲‘悔’，梁静（2008）讀爲‘誨’，文意均不合適。‘惃’字有用爲‘侮’之例，如馬王堆漢墓帛書《春秋事語·十五·魯莊公有疾章》‘惃德詐怨’之‘惃’，裘錫圭先生（2004）已指出當讀爲‘侮’。周波（2007）指出，‘秦、西漢前期的“侮”字本寫作從“毋”。’簡文此字上所從正作‘毋’形而非‘母’形，當非偶然。”①帛書的“惃”，圖版字形爲⿰。

戰國文字“毋”與“母”形、音相近，經常相混，楚簡中多有“母”與“毋”誤用的現象，如郭店簡《語叢四》第 6 簡“母〈毋〉令知我”、包山簡第 214 簡“賽禱新母〈母〉”等。“惃”與“惃”亦多相誤，楚簡“惃”字多有誤作“惃”處，如郭店《緇

---

① 參見陳劍《〈上博（六）·孔子見季桓子〉重編新釋》。

衣》21—22 簡"故君不與小慭〈慭〉(謀)大""毋以小慭〈慭〉(謀)敗大圖",郭店
《六德》21 簡"或從而教慭〈慭〉(誨)之",上博(一)《性情論》39 簡"慭〈慭〉
(謀)之方也"等。漢簡也是如此,如河北定縣西漢竹簡《論語》485 簡"㑄(侮)
聖人之言也"、甘肅居延漢簡 EPT51·230"人常爲衆所欺㑄(侮)","㑄"是
"侮"字的古體,"㑄"爲"侮"字的異體。

　　古文字中從"每"聲的"侮"字不見於戰國之前,楚簡之"慭"和漢簡之"㑄"
均應是"侮"字的異體,亦是"侮"字的古體,"侮"應是秦漢時期後起之字。戰國
楚系文字中從"母"聲的字,往往對應於秦系文字中從"每"聲的字,例如:"洖"
郭店《老子甲》2 簡與"海"、"晦"上博(二)《子羔》8 簡與"晦"、"昚"上博(五)《鬼神之明》8 簡
與"晦","勄"上博(三)《彭祖》8 簡與"敏"等等。後起從"每"的"侮",有可能來自
秦系文字,秦朝"書同文字"後以小篆字體收進《説文》、流傳後世。《説文》人
部:"侮,傷也。從人,每聲。㑄,古文從母。"楚簡的"慭"與後起的"侮、㑄、侮"
都是一個字,但惟有楚簡從"心",其他的字都從"人",尤其凸顯了楚人對"心"
的重視,"慭"字强調了侮辱對人心理的刺激和感受,與泛指的、概括性的"侮、
㑄、侮"相比所指範圍更小、更集中,意義也更加明確。

　　四、楚簡"怎"與《説文》"佞"

　　楚簡有一個形體殊異的$\mathbf{\mathcal{K}}$字,僅見於上博簡 1 例,整理者隸作"怎",辭
例爲:

　　　　$\mathbf{\mathcal{K}}$上博(一)《孔子詩論》8 簡:"少㒸其言不惡,少有怎焉。"
整理者馬承源(2001:136)注:"'少㒸'或當爲《小宛》。……'怎'從心從年,
待考。"

　　簡帛學界對$\mathbf{\mathcal{K}}$字的隸定和釋讀十分分歧。李零隸作"怎"、讀爲"佞":
"'佞',原從心從年,疑以音近讀爲'佞'。('佞'是泥母耕部字,'年'是泥母真
部字,讀音相近。)'佞'是巧於言辭的意思。'其言不惡,少有佞焉'是説批評比
較委婉。"[1]范毓周説同李零[2]。李學勤先生隸作"怎"、讀作"仁",認爲楚文字
"仁"作"㣺","年、身、仁"均在古音真部,聲母也相近[3]。周鳳五、劉信芳隸作

---

①　李零《上博楚簡校讀記(之一)——〈子羔〉篇"孔子詩論"部分》。
②　參見范毓周《關於上海博物館所藏楚簡〈詩論〉文獻學的幾個問題》。
③　參見李學勤《上海博物館藏楚竹書〈詩論〉分章釋文》;廖名春《上博〈詩論〉簡的形制和編連》和《上博〈詩論〉簡的作者和作年》;季旭昇主編《上海博物館藏戰國楚竹書(一)讀本》第 33 頁。

"悉"、讀作"危"①。楊澤生隸作"悉"、讀作"過"②。何琳儀隸作"悸"、讀作"危",後又改隸作"惄"、讀作"志(仁)"③。朱淵清隸作"悸"、讀作"悸"④。俞志慧以爲��從"禿"得聲,釋作"秀"⑤。

筆者認爲,如果該字讀爲"仁",但楚簡中"仁"不外寫作"息、志、仝"三種字形,僅此例寫作"惄",是爲可疑孤例。如讀爲"過",楚簡的"過"亦屬高頻詞,也祇有"怂、迅、過"三種寫法,亦未見有寫作"悉"形者。如釋爲"悸","悸"字在上博簡和包山簡中共有三見,寫作��、��、��,其字下從"心",上從"季"聲,"季"下之"子"符甚明,目前尚未見有"季"省作��者。如讀爲"危",楚簡"危"字有從"心""陒"聲,隸作"憗"的��、��,��與"陒"中的"禾"符以及楚簡單獨的"禾"字��、��大不相同。楚簡"秀"作��、��、��,下部均作"乃"形,如釋��作"秀",從字形及所在簡文中的字義兩方面都講不通。從楚簡用字成例來看,將該字讀作"仁、過、悸、危、秀"皆可疑,當從李零,隸作"惄",從"心""年"聲,讀爲"佞",是楚簡"佞"的異體字。此字上部��即"年",其形體與郭店《緇衣》12簡"禹立三年"中的��(年)、上博(一)《緇衣》7簡"禹立三年"中的��(年)完全同形,不宜隸作"禾、季、委、禿"等。

"年"字小篆作��,從"禾""千"聲。楚簡"年"中"千"的豎筆多寫作往右下延引,也有的居中或往左下延引。上揭楚簡字樣中的"年",有的上"禾"下"千"分別十分明顯,如��上博(三)《周易》24簡、��上博(五)《競建内之》3簡;有的將"千"的撇筆、豎筆分別與"禾"左下的撇筆和中間的豎筆相合,如��上博(七)《君人者何必安哉乙》8簡;有的在合筆之後又將"千"中間的横筆變爲一圓點⑥,如��上博(一)《孔子詩論》8簡"惄"上部、��郭店《緇衣》12簡、��上博(一)《緇衣》7簡、��上博(七)《君人者何必安哉乙》7簡、和��郭店《唐虞之道》18簡。其形體變化的軌跡十分清晰。

"惄"字從"心""年"聲,"佞"字從"女""仁"聲。而楚簡"志(仁)"從"千"聲,"年"亦從"千"聲,故"惄、佞"兩字聲符間接相關。意符從"女"之字楚簡常從"心",如"妄"寫作"惡","妖"寫作"悉",都説明"惄"與"佞"在形、音、義上

---

① 　參見周鳳五《〈孔子詩論〉新釋文及注解》;劉信芳《楚簡〈詩論〉述學九則》。

② 　參見楊澤生《上海博物館所藏楚簡文字説叢》。

③ 　參見何琳儀《滬簡〈詩論〉選釋》。

④ 　參見朱淵清《讀簡偶識》。

⑤ 　參見俞志慧《竹書〈孔子詩論〉的論詩特點及其詩學史的地位》。

⑥ 　將横豎交叉中的横筆寫作一圓點,在楚文字中是常見的寫法。

的對應關係。而且楚簡"㥁"從"年"聲,而"年"亦通假爲"佞":

　　㫺清華(壹)《金縢》4 簡:"是年(仁)若巧能。"

整理者劉國忠(2010:160)注[十]:"今本作'予仁若考能'。年讀爲同泥母真部之'佞',佞從仁聲,訓爲高才。"今按:本簡"年"當直接讀作"佞","佞"與"巧"義近連文,讀"佞"簡文意義更爲通暢,不必爲遷就今本而讀"仁"。

　　㫺清華(陸)《管仲》23 簡:"好使年(佞)人而不信慎良。"

　　㫺清華(陸)《管仲》24—25 簡:"既年(佞)又仁,此謂成器。"

　　楚簡多有以聲符通本字之例,"年"通假作"佞",也證明"㥁"當爲"佞"字。

　　從"女""仁"聲的"佞"字目前不見於包括楚簡在内的先秦出土文獻,漢代出土文獻亦僅見於漢印及石刻碑文數例,但在傳世的先秦兩漢文獻中卻十分常見,如《尚書·吕刑》"非佞折獄,惟良折獄";《論語·公冶長》"或曰:'雍也仁而不佞。'子曰:'焉用佞?禦人以口給,屢憎於人。不知其仁,焉用佞?'"《論語·先進》"是故惡夫佞者";《論語·雍也》"不有祝鮀之佞,而有宋朝之美"。在《左傳》中常以"不佞"爲辭,如《左傳》昭公二十年"臣不佞,不能苟貳",《左傳》成公十三年"寡人不佞"。楚簡"少有㥁焉"與"不佞"大意相同。蓋先秦"佞"當另有他形,漢代"佞"字産生後,即以"佞"字改易先秦之字。果如此,則"㥁"或爲其字乎?

　　《説文》女部:"佞,巧諂高材也。從女,信省。"段玉裁注:"小徐作仁聲,大徐作從信省。按今音佞乃定切,故徐鉉、張次立疑仁非聲。考《晉語》'佞之見佞,果喪其田;詐之見詐,果喪其賂',古音佞與田韻,則仁聲是也。"[1]古音"年、田、仁"同屬真部,在語音上"㥁、佞"就更加接近,"㥁"更有可能是"佞"的古體。

　　"佞"有褒、貶之義,貶義爲諂諛、僞詐,褒義爲能言辭便捷、有才智。從"心"之"佞",表現的是心性方面的僞詐或才智,與後世從"女"而表示人之行爲的"佞"有所區别[2]。

五、楚簡"忘"與《説文》"妄"

　　在上博簡中,有一個從"心""亢"聲的"忘"字。這也是一個不見於任何文獻的罕見字,在楚簡中也僅出現 1 次:

　　㫺上博(三)《恒先》9—10 簡:"恒氣之生,因言名先者有疑,忘言之後者

---

① 段玉裁《説文解字注》第 263 頁。

② 漢字"女"符與"人"符字互通者甚多,如"侄"或作"姪"、"偷"或作"媮"、"娼"或作"倡"、"媥"或作"偏"、"悸"或作"婞"等等。鈕樹玉《段氏説文注訂》"悸"字下曰:"孫宣公《孟子音義》引丁云:悸字當作婞,是也。心、女二部多通。"

校比焉。”

整理者李零(2003:296)注:“‘名先’是相對於‘物先’,疑指名中之先者。……‘惡言’,待考。……‘校比’,《周禮·地官·黨正》:‘正歲,屬民讀法而書其德行道藝,以歲時蒞校比。’”

　　本簡文意晦澀難通,“惡”在簡文中的意義也難以確定。學者對“惡”字的隸定没有異議,但對其意義和對簡文的斷句、編聯的認識有所不同。本簡廖名春讀爲“恒氣之生因言名。先者有疑,妄言之,後者效比焉”①;王志平讀爲“恒、氣之生,因……言名先者,有疑妄;言之後者,考比焉”②;董珊讀爲“恒氣之生因言名。先者,‘有’待‘無’言之,後者校比焉”③。更多的是將第 7 簡末字“凡”與第 10 簡編聯,如龐樸讀爲“凡言名先者有疑,荒言之後者校比焉”④;黄人二、林志鵬讀爲“凡言名先者,有疑罔,言之後者校比焉”⑤;劉信芳讀爲“凡言名先,諸有疑,妄言之後者校比焉”⑥;趙建功讀爲“凡言名,先者有疑,妄言之,後者效比焉”⑦;秦樺林、凌瑜讀爲“言名先者有疑,訛言之後者校比焉”⑧;曹峰讀爲“凡言、名,先者有疑,惡言之,後者校比焉”⑨,等等。

　　筆者認爲,對《恒先》9—10 簡的釋讀,關鍵要抓住“先者”和“後者”這兩個明顯相對的時間性名詞,然後再考慮兩者中間的“惡”字的作用和意義。“先者有疑”與“後者校比”是兩個語意相對、相反的主謂結構短語,“惡言之”在其中起承接的作用,因此應當斷句爲“先者有疑,惡言之,後者校比”。“校比”針對“有疑”而言,整理者注釋所引《周禮·地官·黨正》“校比”的辭例值得我們特别注意。“校比”不必改讀,就是考校核對的意思,是古代常語,又寫作“比校”。《國語·齊語》“合群叟,比校民之有道者,設象以爲民紀”,韋昭注:“比,比方也;校,考合也。謂考其德行道藝而興賢者。”根據簡文的邏輯脈絡和文義,“惡”應讀爲“妄”,“惡言之”即“姑妄言之”。本簡講的是作爲語言符號的“名”約定俗成的過程,應與第 7 簡連讀爲“凡言‘名’,先者有疑,惡(妄)言之,後者

---

①　參見廖名春《上博藏楚竹書〈恒先〉簡釋》(修訂稿)。

②　參見王志平《〈恒先〉管窺》。

③　參見董珊《楚簡〈恒先〉初探》。

④　參見龐樸《〈恒先〉試讀》。

⑤　參見黄人二、林志鵬《上博藏簡第三册恒先試探》。

⑥　參見劉信芳《上博藏竹書〈恒先〉試解》。

⑦　參見趙建功《〈恒先〉新解六則》。

⑧　參見秦樺林、凌瑜《“習以不可改也”——楚簡〈恒先〉中有關“語言符號的强制性”的思想》。

⑨　參見曹峰《〈恒先〉研究綜述——兼論〈恒先〉今後研究的方法》。

校比焉",意爲"大凡要造出一個新的'名'來,開始的人總是猶疑不定,姑妄言之,再經後來的人反復考校審定",這與《荀子・正名》所説的"名無固宜,約之以命。約定俗成謂之宜"講的是同樣的道理,即從開始"名"的提出到最後"名"的確定,都要經過一個"正"或"校比"的過程。

簡文中"㤠"字讀爲"妄",有可能就是"妄"字的異寫,也有可能是他字借作"妄"字。其字從"心""巟"聲,或者是基於"巟"字意義而造的增形字,或者是完全與"巟"的原義無關而新造的一個形聲字。"巟"見於周代早期金文《巟伯簋》和中期金文《叔巟甗》銘文,用作人名。戰國時期的出土文獻中僅見於楚簡。如:郭店《唐虞之道》8 簡"愛親巟(忘)賢,仁而未義也";上博(三)《恒先》5 簡"知既而巟(荒)思不殄";上博(四)《曹沫之陳》61 簡"勇者喜之,巟(亡)者悔之";上博(五)《三德》7 簡"喜樂無限度,是謂大巟(荒)";上博(五)《三德》22 簡"四巟(荒)之内,是帝之□",等等。"巟"用作"忘、荒、亡"等,意義也不很確定。李守奎等認爲"㤠"即"慌"字異體:"按:《集韻・蕩韻》:'慌,昏也。或作㤠。'"[①]但是將"忘、荒、亡、慌"這些意義,以及《説文》川部"巟,水廣也"的本義及其"大"的引申義,放進"㤠言之"這一語境,都不很通順或根本不通。"巟"的本義、引申義以及它在簡文中的假借義都不能或不適合解釋"㤠言之"中的"㤠",所以筆者認爲"㤠"没有"巟"的語義基礎,是一個新造的形聲字,應該是"妄"字的異體,在"㤠言之"中用的是本字、本義。"㤠"從"巟"得聲,"巟"從"亡"得聲,與"妄"同聲符,所以"妄"寫作"㤠"在語音上是没有問題的。

"妄"字始見於西周晚期《毛公鼎》銘文。《説文》女部:"妄,亂也。從女,亡聲。""妄"有虚妄、狂妄等貶義。其字從"女",表現出造字者或者那個時代對女性的侮辱和歧視。楚簡"㤠"從"心",應表現心態、性情的虚妄、狂妄,與動作行爲或者語言的虚妄、狂妄有"隱藏於心"與"見於言行"的區别。

六、楚簡"悉"與《説文》"婬"

楚簡表示"婬逸、放縱"意義的字,有"淫、悉、逕"三種字形。聲符均從"㸒",形符則有從"水"、從"心"、從"辵"之異。

寫作"淫"的辭例如:

郭店《尊德義》16 簡:"則民淫昏遠禮無親仁。"

今按:"淫昏",淫亂昏憒。《尚書・多方》:"有夏誕厥逸,不肯戚言於民,乃大淫昏。"

---

① 李守奎等《上海博物館藏戰國楚竹書(一—五)文字編》第 498 頁。

　　【圖】上博（一）《緇衣》4 簡：“謹惡以禦民淫，則民不惑。”

今按：此句郭店簡《緇衣》6 簡作“謹惡以禦民淫〈淫〉，則民不惑”，今本《禮記·緇衣》作“慎惡以禦民之淫，則民不惑矣”。“淫”意爲放縱、過度逸樂。

　　【圖】清華（壹）《保訓》4 簡：“欽哉！勿淫！”

整理者李守奎（2010：145）注〔一二〕：“淫字所從聲旁常與‘壬’混訛同形。”

　　【圖】清華（壹）《保訓》11 簡：“敬哉！毋淫！”

　　《説文》水部：“淫，侵淫隨理也。從水，𡈼聲。一曰久雨爲淫。”又女部：“婬，私逸也。從女，𡈼聲。”段玉裁“婬”字注：“姦衺也。逸者，失也。失者，縱逸也。婬之字今多以淫代之。淫行而婬廢矣。”[①]“淫”的本義是雨水侵淫或雨水過多的意思，引申爲放縱、過度逸樂的意思，與“婬”同義。以上三簡“淫”均爲放縱、淫逸的意思。

　　寫作“悆”的目前祇見於清華簡。辭例如：

　　【圖】清華（叁）《説命中》4 簡：“若天旱，汝作悆（淫）雨。”

整理者李學勤（2012：126）注〔一五〕：“‘悆’字所從與‘壬’形混，楚文字習見。《禮記·月令》‘淫雨蚤降’，注：‘淫，霖也。雨三日以上爲霖。’《楚語·上》作‘若天旱，用女作霖雨’。”今按：“悆”簡文用作“淫雨”的“淫”，雨水過多的意思。

　　【圖】清華（伍）《殷高宗問於三壽》17 簡：“惠民由任，徇句遏悆（淫）。宣儀和樂，非壞於惛（湛）。”

整理者李均明（2015：156）注〔五六〕：“惛，讀爲‘湛’。《國語·周語下》‘虞於湛樂’，韋昭注：‘湛，淫也。’”今按：本簡“悆”即“淫逸、放縱”義，“遏悆”即遏制淫逸、放縱，與郭店簡《緇衣》和上博簡（一）《緇衣》“謹惡以禦民淫”意義相近。“湛”本是“沈（沉）”的古字，引申出“沉溺、迷戀”的意思，跟“淫”意義相近。“惛”當是“湛”表示“沉溺、迷戀”意義的專造字。

　　【圖】清華（伍）《殷高宗問於三壽》25 簡：“戲（虐）悆（淫）自嘉而不數。”

今按：“戲（虐）悆（淫）”當釋“戲悆（淫）”，嬉戲淫樂的意思，又作“淫戲”。《尚書·西伯勘黎》“惟王淫戲用自絶”，西漢嚴遵《座右銘》：“淫戲者，彌家之壍；嗜酒者，窮餧之藪。”

　　以上“悆”字用法同“淫”或“婬”。“悆”字前所未見，它應是“婬”字的異

---

①　段玉裁《説文解字注》第 625 頁。

構,就像"忎"與"佞"、"㤪"與"妄"構成異體一樣,以"心"符與"女"符區分同一字有心性與非心性的不同。從造字理據來看,"㥈"從"心",側重指内在心理意識方面的"婬";"婬"從"女",猶從"人"符,側重於人的外在性別。

寫作"遉"的目前祇見於清華簡(伍)《命訓》一篇。辭例如:

　　　　清華(伍)《命訓》10 簡:"禍莫大於遉(淫)祭。"

　　　　清華(伍)《命訓》13 簡:"藝不遉(淫),禮有時。"

　　　　清華(伍)《命訓》14 簡:"藝遉(淫)則害於才。"

　　"遉"從"辵""㔾"聲,構型特異,在簡文中都用作"淫、婬",表示"放縱、過度"的意思。"遉"有可能也是"淫"或"婬"的異體字。字從"辵",乃是表示動作行爲的"㥈",與"逸"之於"㥈"和"逑"之於"㥈"屬於同一類型,都是用"辵"符和"心"符區分同一字而動作行爲與心理意識的不同。

七、楚簡"愻"與《説文》"娛"

楚簡有一個從"心""吳"聲的"愻",整理者讀作"虞"字。辭例有:

　　　　清華(壹)《尹至》2 簡:(夏后)"寵二玉,弗愻(虞)其有衆"。

整理者李學勤(2010:129)注[八][九]:"寵二玉,指寵愛琬、琰二女。愻讀爲'虞',《太玄·玄瑩》范旺注:'憂也。'"

　　　　清華(叁)《説命下》4 簡:"不惟鷹唯隼,乃弗愻(虞)民。"

整理者李學勤(2012:129)注[一四]:"虞民,意爲防人。"

　　"愻"字在先秦文獻中見於楚簡,但不見於《説文》。"虞"字不見楚簡,但見於《説文》。《説文》虍部:"虞,騶虞也。白虎黑文,尾長於身。仁獸,食自死之肉。從虍,吳聲。"段玉裁注:"按此字假借多而本義隱矣。凡云樂也安也者,娛之假借也。凡云規度也者,以爲度之假借也。"[1]

　　楚簡中"虞"除了寫作"愻",更多的是寫作"吳"。所有唐虞、虞舜的"虞"全都寫作"吳",如:

　　　　郭店《唐虞之道》1 簡:"唐吳(虞)之道。"

　　　　郭店《唐虞之道》9 簡:"古者吳(虞)舜篤事瞽叟。"

　　　　郭店《唐虞之道》27 簡:"吳(虞)詩曰。"

　　　　上博(二)《子羔》1 簡:"有吳(虞)氏之樂正○○之子也。"

　　而"吳"除用作"虞"外,還用作"娛"。如:

———————————

[1]　段玉裁《説文解字注》第 209 頁。

清華(伍)《命訓》11 簡:"斂之以哀,吳(娛)之以樂。"

楚簡"愄"字,跟"娛、虞"都從"吳"得聲。從"愄"的字形和它的用法判斷,我們認爲"愄"可能是"娛"字的異體。它在清華簡中的用法是通假作"虞"。

《說文》女部:"娛,樂也。從女,吳聲。"從字源上來說,"吳"與"娛"是一對古今字,"吳"是"娛"的古字、初文,"娛"是"吳"的今字、分化字。

《說文》矢部:"吳,姓也。亦郡也。一曰吳,大言也。從矢口。𡗾,古文如此。"徐鍇注曰:"大言,故矢口以出聲也。《詩‧頌》曰:不吳不揚。"段玉裁注刪"姓也,亦郡也。一曰吳"八字,校改爲"吳,大言也"①,甚確。"吳"的本義是大聲歡笑喧嘩。林義光云:"矢像人傾頭形,哆口矯首,歡呼之像。"又曰:"讙嘩之嘩,歡娛之娛,並與吳同音,實皆以吳爲古文。"②在"吳"假借用作地名、國名和姓氏後,它"大言"的本義就分化出"歡笑快樂"和"荒唐不羈"兩種意義,前者另造今字爲"娛",後者另造今字爲"譌"。段玉裁注"吳"字曰"大言非正理也"③,高田忠周謂"譌亦吳字異文。荒唐不羈之言,固譌謬耳"④,大言即荒唐謬誤之言,由此看來,"吳"也是"譌"的古字、初文,"譌"是"吳"的今字、分化字。

"娛"字從"女",反映了造字者的一種認知,即認爲女性是喧嘩歡笑的主體,或是調笑取樂的對象,是對女性的歧視和侮辱。"娛"表現的是一種外在的行爲,而楚簡新見的"愄"字,把"娛"中的"女"換成"心",是強調、突出存在於内心的快樂,跟外在行爲的"娛"是不同的表現形式。"女"符字與"人"符字,在表示概括性的"人"這一概念時是相通的,所不同的是性別。在楚簡中,"心"符與"女"符或"人"符構成的異體字不在少數,"愄"之於"娛",就屬於此類異體字中的一個。

清華簡"弗愄(虞)其有眾"和"乃弗愄(虞)民",應是"愄"字通假作"虞"。文獻中"吳、娛、虞"常常互相通假。例如《孟子‧盡心上》"霸者之民,讙虞如也","虞"通"娛"。《詩經‧周頌‧絲衣》"不吳不敖,胡考之休",孔穎達疏:"定本娛作吳。"《史記‧孝武帝紀》作"不虞不驁"。《詩經‧魯頌‧泮水》"不吳不揚",漢《衡方碑》作"不虞不揚"。《易經‧中孚》"虞吉"、《國語‧周語》"虞於湛樂"、《吕氏春秋‧慎人》"許由虞乎潁陽"、《漢書‧王褒傳》"辟如女工有綺縠,音樂有鄭衛,今世俗猶皆以此虞說耳目","虞"皆通"娛"。或以爲"虞"

---

①③　參見段玉裁《說文解字注》第 494 頁。

②　林義光《文源》卷五,轉引自李圃《古文字詁林》第八册第 815 頁。

④　高田忠周《古籀篇》四十九,轉引自李圃《古文字詁林》第八册第 815 頁。

即"娛"的古字,如《玄應音義》卷三"娛樂"注引《字詁》:"古文虞,今作娛。"王引之《經義述聞》之《春秋名字解詁》"周王子虞字子於"條:"虞,古娛字。"果如此,則益證楚簡"昦"即"娛"字異構矣。

中古文獻有"悮"字,與楚簡"昦"構字字素相同。《廣韻》暮韻"悮"同"誤",五故切。《集韻》莫韻:"悮,欺也,疑也。""悮"的這些意義與楚簡"昦"不同,也與"吴"在楚簡中的用法不同,應是兩個不同的字,没有淵源關係。

八、楚簡"㦝"與《説文》"靈"

楚文字中表示"神靈"意義的字,通常寫作"霝"。如上博(三)《周易》24 簡"捨爾霝(靈)龜,觀我微頤"[①],九店五六號楚墓第 94 簡"丁亥有霝(靈)",新蔡葛陵楚墓乙一 28 簡"就禱霝(靈)君子",天星觀一號楚墓卜筮簡卜具名"白霝(靈)""長霝(靈)",包山簡第 224 簡卜具名"駁霝(靈)"等等。《説文》雨部:"霝,雨零也。從雨,吅象零形。《詩》曰:'霝雨其濛。'""霝"的本義是指雨點零落。楚簡多用作"神靈"之"靈",顯係借用。

楚簡除借"霝"作"靈"外,還出現了兩例從"心"的"㦝"字,用作"靈":

郭店《語叢一》34—35 簡:"禮齊樂㦝(靈)則戚,樂繁禮㦝(靈)則諂。"

劉釗釋本簡爲"禮齊樂㦝(靈)則戚,樂繁禮㦝(靈)則慢",認爲:"'㦝'字讀作'靈'、'霝'或'令'。'㦝'、'霝'、'令'三字音義皆近,都是'美好'的意思。簡文中'㦝'字本訓爲'美善',在此則指'禮'、'樂'之過度。"[②]陳偉則讀爲"零":"㦝,疑讀爲'零'。……在此似爲零落、稀少之意,與'繁'(繁多)的意思正好相反。"[③]今按:本簡兩句中"禮"與"樂"相對,根據簡文文意,跟"禮、樂"相對應的形容詞應意義相反;"齊"是齊全、齊備,"繁"是"繁多",亦可以理解爲"完備","齊、繁"意義相近,則"㦝"與"齊、繁"意義必不相同、相近,而應相對、相反,所以陳偉讀"㦝"爲"零",表示"零落、稀少"之意,與"齊、繁"相對,較爲符合簡文的文意。但"㦝"字從"心",表示"零落"應是通假而非本義。

在出土文獻中,春秋時期"靈"字本從"玉"寫作"霊",或從"示"寫作"䨩",也從"心"寫作(㦝)。"心"符的"㦝"字最早見於春秋前期秦武公時的《秦公鎛》銘文。戰國時期,"㦝"字除見於楚簡外,還見於《古璽彙編》2330 號齊國姓

---

① 帛書和今本《周易》作"捨爾靈龜"。

② 劉釗《郭店楚簡校釋》第 189、190 頁。

③ 陳偉《〈語叢〉一、三中有關"禮"的幾條簡文》第 144—145 頁。

名璽"陵靈"①。"靈、靈、靈、靈"都是異體字。《説文》玉部:"靈,巫。以玉事
神。從玉,霝聲。靈,靈或從巫。"而"靈"和"靈"都没有收入《説文》。現有的傳
世文獻都寫作"靈","靈、靈、靈"均退出了應用領域。

　　古文字中的"靈、靈、靈、靈"一字四形,表現了造字者和造字的時代對於
"靈"的不同理解角度或不同的側重點。從"示"的"靈",揭示了該字的意義類
别與神、鬼相關;從"玉"的"靈",表現了"玉"在通神中的重要功用;從"巫"的
"靈",體現了巫是溝通人、神的不二媒介。而從"心"的"靈",表現的是心理範
圍、精神層面、主觀意識狀態的"靈",這一認識比類别意義和形式意義上的
"靈"要更深入一步。古人認爲"靈"是"心"所産生的一種精神活動,因而把
"心"或者人的精神、意識和靈魂所寄託的地方謂之"靈臺"或者"靈府"。《説
文》"臺"字段玉裁注:"心曰靈臺,謂能持物。"②《莊子·庚桑楚》"不可内於靈
臺",郭象注:"靈臺者,心也。"《文選·劉孝標〈廣絶交論〉》"寄通靈臺之下",
李善注:"寄通神於心府之下。"揚雄《太玄經》"巔靈",司馬光注:"靈者,心之
主,所以營爲萬物,物之所賴以生者也。"《莊子·德充符》"不可入於靈府",郭
象注:"靈府者,精神之宅也。"成玄英疏:"靈府者,精神之宅,所謂心也。"《淮南
子·俶真訓》:"是故聖人托其神於靈府,而歸於萬物之初。"沈約《宋書·顧愷
之傳》:"澡雪靈府,洗練神宅。"這些都説明在中國的思想文化中"心"與"靈"的
密切關係,"靈"字從"心",正揭示了該字的這一意義内涵。

第四節　楚簡"心"符字與《説文》形物類意符字

一、楚簡"�266"與《説文》"危"

　　楚簡有一個整理者隸定爲"�266"的罕見字,僅出現於郭店簡《緇衣》,共兩
見。辭例爲:

　　🔣🔣郭店《緇衣》30—32 簡:"子曰:可言不可行,君子弗言;可行不可言,
　　君子弗行。則民言不�266行,[行]不�266言。"

整理者(1998:135)注[七八]:"�266,今本作'危'。簡文此字從'秝'省。裘按:字
當從'禾'聲,讀爲'危','禾'、'危'古音相近。"劉釗釋爲"危":"'�266'字從

---

① 　參見湯餘惠《戰國文字編》第 730 頁。
② 　段玉裁《説文解字注》第 585 頁。

'心''阫'聲,'阫'從'阜''禾'聲。"①今按:今本《禮記·緇衣》作"則民言不危行,而行不危言矣",鄭玄注:"危猶高也,言不高於行,行不高於言,言行相應也。"王引之《經義述聞》卷十六則讀"危"爲"詭":"詭者,危也,反也。言君子言行相顧,則民言不違行,行不違言矣。《吕氏春秋·淫辭》:'所言非所行也,所行非所言也。言行相詭,不祥莫大焉。'謂言行相違也。"

　王引之訓爲"反"和"違"的本字,其實不應是"詭"而當是"恑"。《説文》言部"詭,責也。從言,危聲",心部"恑,變也。從心,危聲",兩字讀音相同,意義不同。朱駿聲注"恑"字曰:"譎詐怪異之意。《一切經音義》三引《説文》:'變詐也。'史書皆以詭爲之。"②劉信芳認爲郭店《緇衣》31號簡的"陒"即"恑"字③,與王引之之説略同。楊澤生則認爲"陒"應讀作"過"或"禍"④。

　郭店簡整理者認爲"陒"即今本《禮記·緇衣》的異文"危"字。但整理者謂"陒"字聲符"禾"是"從'秝'省",則又與"危"的讀音相悖,不知所據。《説文》禾部:"秝,稀疏適也。從二禾。……讀若歷。"《廣韻·錫韻》郎擊切,上古音在錫部,與歌部的"危"相去甚遠。筆者認爲,在以上諸家的解釋中,劉釗對"陒"字的隸定和釋讀較爲可信。嚴格地説,此字應隸定爲上下組合的"陒";整理者隸作左右組合的"陒",容易使人對字形產生不當的分析理解。"陒"字當從"心""阫"聲。"阫"則從"阜""禾"聲。"阫"字不見於傳世文獻,但上博(二)《容成氏》7簡有"四嚮阫",其義不明;包山楚簡86簡有"宵阫爲李","阫"用作人名。劉信芳釋"阫"字云:"字從'阜','委'省聲,讀音如'危'。"⑤劉信芳解釋"字從'阜'"是對的,但"'委'省聲"又不對了,應從"禾"聲。古音"禾"屬匣母歌部,"危"屬疑母歌部,音近。

　"陒"當是"危"字的異體,簡文中用本字、本義。其字從"心",乃突出強調心理感覺上的"危",與《説文》危部所訓"在高而懼也"的"危"字立意不同。

　上博簡中有與郭店簡相應的簡文,但"陒"字寫作"舍":

　　上博(一)《緇衣》16簡:"子曰:可言不可行,君子弗言;可行不可言,君子弗行。則民言不舍行,行不舍言。"

整理者陳佩芬(2001:192)注:"舍,從石從今。《説文》所無。郭店簡作'陒',今

---

①　劉釗《郭店楚簡校釋》第62頁。
②　朱駿聲《説文通訓定聲》第523頁。
③　參見劉信芳《包山楚簡解詁》第84頁。
④　參見楊澤生《關於郭店楚簡〈緇衣〉篇的兩處異文》。
⑤　劉信芳《包山楚簡解詁》第84—85頁。

本作危。""舍"字形義頗讓人費解,有多種不同的解釋。李零懷疑該字是"'危'字寫錯"①,筆者認爲"舍"字上面的"今"可能是"人"的訛寫,李守奎等則直接將該字隸定爲"𠂤"②。《説文》危部"危"從"厃"、從"卪",會意人跪於懸崖上,因恐懼而自我節制、抑止。"𠂤"則從"厃"從"石",以人跪於石崖上會意危險。傳世文獻的"危"、上博簡的"𠂤"、郭店簡的"㥠"互爲異文,可見三字實爲同一字的異體。所不同的是"危"和"𠂤"側重指可見的危險行爲,而"㥠"則是專指内心所感的恐懼、危殆和危悚。

二、楚簡"煮"與《説文》"圖"

楚簡從下"心"上"者"的"煮"字,其形罕見,出現的次數較多,整理者或隸作"惉",或隸作"煮",釋讀也各不相同。筆者統一隸作"煮"。又有寫作從下"心"上"圖"的"𢝵"字,祇見於清華簡。"煮"從"心""者"聲。"𢝵"從"心""圖"聲,而"圖"又從"囗""者"聲。"煮、𢝵"實爲音義相同的異體字。

"煮"的辭例如:

　　𦿒郭店《緇衣》22—23 簡:"毋以小謀敗大煮(作)。"

今按:今本《禮記·緇衣》作"毋以小謀敗大作",整理者據今本異文釋"煮"爲"作"。上博(一)《緇衣》12 簡與本簡全同,"煮"字寫作𧰼。劉釗認爲本簡"'煮'疑讀爲'圖'"③。劉釗之釋是。本簡"煮、謀"同義並列,"煮"當釋作圖謀之"圖"。

　　𦿒郭店《成之聞之》31 簡:"制爲君臣之義,煮(著)爲父子之親。"

今按:本簡"煮"整理者讀"著"。疑當讀"圖",義同"謀"。

　　𦿒上博(四)《曹沫之陳》2 簡(正):"今邦彌小而鐘愈大,君其煮(圖)之。"

　　𦿒上博(五)《鮑叔牙與隰朋之諫》6 簡:"其爲不仁厚矣,公弗煮(堵)④,必害公身。"

整理者陳佩芬(2005:188)注:"'煮',借爲'堵'。堵截、攔擊。"今按:"弗堵"不辭,當讀"弗圖",即"不作圖謀"。"弗圖"爲上古常語,如《詩經·小雅·雨無正》"旻天疾威,弗慮弗圖"、《左傳》文公十七年"大國若弗圖,無所逃命"、《左

---

① 李零《上博楚簡校讀記(之二):〈緇衣〉》。
② 參見李守奎等《上海博物館藏戰國楚竹書(一——五)文字編》第 444 頁。
③ 劉釗《郭店楚簡校釋》第 59 頁。
④ "煮"字原誤隸作"惉",今正。

傳》昭公十四年"子若弗圖,費人不忍其君,將不能畏子矣"、《左傳》昭公十五年"弗圖,必及於難"、《左傳》昭公二十七年"今吾子殺人以興謗,而弗圖,不亦異乎"。簡文意爲"他的不仁已很重了,您如果不早作圖謀,一定會危及您自己"。

　　圖上博(五)《姑成家父》7 簡:"吾子意(圖)之。"

　　圖上博(六)《用曰》18 簡:"播意(緒)綌衆,以字(置)民生。"

今按:"意"即意圖的"圖"字。"綌"當讀爲"俗"。"俗衆"指平民百姓。"字"整理者釋"置",不確。"字"爲"養育、教化"之義。"民生"指民衆的生計,或即"民性",指人的本性。

　　圖上博(七)《凡物流形甲》16—17 簡:"是故聖人居於其所,邦家之意(圖)之。"

整理者曹錦炎(2008:255)注:"'意',讀爲'圖'。……'圖',謀取。"

　　圖上博(八)《子道餓》1 簡:"願吾子止意(圖)之也。"

整理者濮茅左(2011:123)注:"'意',從心,從者,同'惰'。《字彙補》:'惰,東果切,音埰,懶惰也。'……讀爲'圖'。"今按:用明代《字彙補》之"惰"字釋同楚簡之"意"字,時間跨越過長,不足徵信,易引起誤讀。"止意(圖)之"語意不通,"止"當讀"之",本簡讀"願吾子之圖之也"。

　　圖清華(壹)《祭公》3 簡:"亡意(圖)不知命。"

整理者沈建華(2010:176)注[八]:"意,即'圖'字。"

　　圖清華(叁)《芮良夫毖》7 簡:"毋自縱於逸以遨,不意(圖)難,變改常術。"

　　圖清華(叁)《芮良夫毖》18 簡:"各意(圖)厥永,以交罔謀。"

　　圖清華(伍)《湯處於湯丘》11 簡:"朕惟逆順是意(圖)。"

整理者沈建華(2015:138)注[二六]:"圖,《廣雅·釋詁一》:'度也。'"今按:"度"和"圖"都有"謀"義。

　　圖清華(伍)《湯處於湯丘》13 簡:"夏王不得其意(圖)。"

　　圖圖清華(陸)《管仲》4—5 簡:"心無意(圖)則目耳野,心意(圖)無守則言不道。"

整理者劉國忠(2016:114)注[一一]:"圖,謀劃。"

　　圖清華(柒)《越公其事》11 簡:"吳王曰:'大夫其良意(圖)此。'"

　　寫作"圖"的辭例有:

　　圖圖圖清華(陸)《鄭武子規孺子》1—2 簡:"昔吾先君,如邦將有大事,必再三進大夫而與之偕圛(圖)。既得圛(圖)乃爲之毀,圛(圖)所賢者焉申之以龜筮。"

整理者李均明(2016:105)注[四]:"圖,謀劃。《爾雅·釋詁》:'圖,謀也。'"

　　🦝清華(陸)《鄭武子規孺子》9簡:"使禦寇也,布圛(圖)於君。"

今按:"圖"在《鄭武子規孺子》凡4見,皆寫作"圛"。其他各篇均寫作"惪"。

　　楚簡"惪、圛"字當從"心""者"聲。從以上辭例來看,"惪、圛"就是圖謀之"圖"的專造字。其字從"心",跟楚簡"謀"從"心"寫作"惎、悬"一樣,都是特指内心的圖謀、謀慮。

　　《説文》口部:"圖,畫計難也。從口,從啚。啚,難意也。""畫計難"即苦心圖謀的意思,但這一意義跟從"口"從"啚"的字形不合。"圖"的主要意義有二:一是外在可見的"圖",如"地圖、圖案、圖形";一是内在無形的"圖",如"圖謀、意圖、貪圖"。"圖"字所從之"口"即四周邊界,"啚"當是"鄙"的初文,是邊鄙、邊境的意思。徐灝云:"許以啚爲難意,未詳其怕。竊謂圖即畫圖之義。……啚即都鄙之鄙,版圖故畫都啚也,從口、啚者,環其都啚而圖之也,引申爲凡圖像之稱,又爲凡圖謀之義。"①"圖"的本義當是指地圖或版圖,"圖謀"之義是後起的引申義而非本義。

　　從"口"從"啚"的"圖"出現於商周金文,一直通行至今。但楚簡表示地圖、版圖意義的"圖"不從"口"從"啚"會意,而是寫作從"口""者"聲的"圉",將其與"圖謀"的"惪、圛"在形義上區分開來:

　　🦝上博(二)《魯邦大旱》第1簡:"魯邦大旱,哀公謂孔子:子不爲我圉(圖)之?"

今按:本簡的"圉(圖)",從造字的角度來看是表示版圖、地圖的意思。增加"心"符就是"圛",從造字的角度來看是表示圖謀、謀劃的意思。本簡表示圖謀、謀劃的意思卻不用"惪、圛"而用"圉",是因爲文字的創造與文字的使用並不完全一致,造字者的意圖在書手筆下不一定能體現出來。

　　《汗簡》口部引古《尚書》"圖"作🦝,《玉篇》口部"圖"字古文作"圉",《集韻》模韻"圖"字古文作"圍","口"形裏面的構件都不是"啚",而是"者"字的古文。這種寫法的"圖"以前是祇見於字書中的死文字,没有用例。現在楚簡的"圉",説明《汗簡》《玉篇》《集韻》中的古文,都不是自我作古、空穴來風。同時

---

① 徐灝《説文解字注箋》,轉引自丁福保《説文解字詁林》第1605頁。

證明漢字中除通用的"圖"外,曾經還存在一個從"囗""者"聲的"圖"①。

《汗簡》除口部收録🔳(圖)外,在心部還收録了一個從"心"的🔳(圖)字,但未注明出處。通過與《汗簡》🔳(圖)、🔳(睹)、🔳(奢)、🔳(者)等"者"聲字的比較②,不難發現🔳字上面的部件也是一個"者"。《汗簡》心部的🔳,應隸定爲"悆",與戰國楚簡從"心"的"悆"構形完全相同。一個深藏於《汗簡》中的古文奇字,在戰國楚簡中找到了它的來歷。鄭珍注🔳字説:"僞古文《書》圖作🔳,口部收之。此從心,乃俗造圖謀字。"③其實"悆"也是一個歷史十分悠久的正字,是戰國楚文字中常見的、表示"圖謀"意義的本字。

從"心"的圖字除見於戰國楚簡和《汗簡》,還見於戰國中山王墓《兆域圖》"有使諸官圖(圖)之",朱德熙、裘錫圭先生釋文讀爲"圖"④。其字從"心""圖"聲,造字理據與楚簡的"悆、圙"是一樣的,都是表示"圖謀"意義的專字。

在楚簡中,没有出現從"囗"從"啚"的"圖"字,"圖"字也不多見,而從"心"的"悆"則屢見不鮮。在具體使用時,楚簡"圙、悆"的區分並不嚴格。但從造字的角度和使用的頻率來看,楚人造出從"心"的"悆"並作爲常用字,應非偶然,而是有意爲之。其意在於强調"圖謀"作爲人的内在心理行爲、思想活動的一面,以與表示外在形象的版圖、圖畫的"圙(圖)"相區别。

三、楚簡"憵"與《説文》"寵"

楚簡"寵"字,或從"心",寫作"憵",又寫作"憑":

　　🔳郭店《老子乙》5 簡:"人憵(寵)辱若驚,貴大患若身。"

　　🔳郭店《老子乙》5—6 簡:"何謂憵(寵)辱?"

　　🔳郭店《老子乙》6 簡:"憵(寵)爲下也。"

　　🔳郭店《老子乙》6 簡:"得之若驚,失之若驚,是謂憵(寵)辱驚。"

今按:以上簡文今本《老子》作"寵辱若驚,貴大患若身。何謂寵辱若驚? 寵爲下,得之若驚,失之若驚,是謂寵辱若驚"。本簡"憵辱"連用,意義相對,"憵"從"心""龍"聲,讀寵辱的"寵",當無疑義。

　　🔳上博(七)《鄭子家喪甲》2 簡:"今鄭子家殺其君,將保其憑(懭)炎(惔)。以及入地。"

---

① 裘錫圭《〈上博(二)·魯邦大旱〉釋文》認爲"圖"寫作"圙"屬古文經系統,來自戰國齊魯系文字。轉引自復旦讀書會《攻研雜誌(一)——復旦讀書會劄記》。

② 《汗簡》作"🔳諸",以🔳爲"諸"字,其實🔳是"者"字,借爲"諸"。

③ 鄭珍《汗簡箋正》,轉引自黄錫全《汗簡注釋》第 382 頁。

④ 參見張守中《中山王響器文字編》第 60 頁。

今按:本簡"懇"字,據簡文字樣,當隸作"懣"。

　　[字]上博(七)《鄭子家喪乙》2簡:"莫子家殺其君,將保其懇(懼)炎(恢),以及内入地。"

整理者陳佩芬(2008:174)注:"'懇炎',讀爲'懼恢'。《廣韻》:'懼,懼恢,不調。'《玉篇》:'恢,懼恢,多惡。'"今按:"懼恢"復旦讀書會讀爲"恭嚴"或"恬淡"[1]。侯乃峰讀爲"寵炎(或作'寵焰')"[2];陳偉認爲"炎"當爲"光"字,釋"懣(懇)炎"爲"寵光"[3]。今按:"炎"字在楚簡中僅出現於《鄭子家喪》甲、乙本兩處,原字形作[字]鄭甲、[字]鄭乙。比較上博(三)《周易》第2簡、郭店《老子甲》第27簡2例"光",和包山簡9例"光",字形確極似鄭甲[字]字[4],鄭甲的"炎"字應是"光"字的誤釋。鄭乙的"炎"在郭店和上博簡中無從比較,但據與鄭甲之異文比對,鄭乙的"炎"亦應釋"光"。陳偉讀"寵光"與簡文文義十分相洽,且有文獻辭例爲證。文獻中"寵光"或同義,如《廣雅・釋言》"龍、光,寵也";或對言,如《詩經・小雅・蓼蕭》"既見君子,爲龍爲光",毛傳"龍,寵也",鄭箋"爲寵爲光,言天子恩澤光耀被及己也";或連用,如西周晚期《遅父鐘》銘文"昭乃穆穆,丕顯龍(寵)光",《左傳》昭公十二年"寵光之不宣,令德之不知";或倒用,如司馬遷《報任少卿書》"下之不能積日纍勞,取尊官厚禄,以爲宗族交遊光寵",《後漢書・賈復傳》"時鄧太后臨朝,光寵最盛"。楚簡所謂"懣炎"實即傳世文獻之"寵光"一詞。

　　楚簡同時還有傳統所見的"寵"字:

　　[字]上博(六)《競公瘧》9簡:"今内寵有割倦,外有梁丘據縈狂。"

　　[字]《包山楚簡》135簡:"陳寵。"

　　《説文》宀部:"寵,尊居也。從宀,龍聲。"慧琳《一切經音義》卷三十六"寵遇"注引《説文》曰:"寵,位也。""寵"既從"宀",其本義當爲高居尊位、處優養尊,然後意義虚化,引申指榮寵、恩寵、寵愛等意義,都跟人的意識和心態相關。從"宀"之"寵"不足以盡"心"意,所以楚文字在已有"寵"字的同時,又造出一個從"心"的"懣",來表示意識和心態的寵,與高居尊位、具體可見的"寵"相對應。

---

① 參見復旦讀書會《〈上博七・鄭子家喪〉校讀》。
② 參見侯乃峰《上博(七)字詞雜記六則》。
③ 參見陳偉《〈鄭子家喪〉初讀》。
④ 可比較包山簡102簡[字](炎),207簡[字]、268簡[字]、277簡[字](光)。

"憇"字祇出現在楚簡中,不見於《説文》。後世字書中《集韻》東韻有一同形字"憇,忽遽貌",盧東切,與楚簡的"憇"音義無關,是完全不同的字。

四、楚簡"愬"與《説文》"察"

楚簡"察"字,都不寫作從"宀"從"祭"之形,而寫作𧮫、𧮫、𦀈、𧮫、𧮫諸形,形體分歧較大。基本字形爲形符從"言"或從"口",聲符從"𢿥"或從"𢼔"。辭例如:

　　𧮫郭店《窮達以時》1 簡:"謲天人之分。"

整理者(1998:145)注[一]:"裘按:此字似當讀爲'察'。"

　　𧮫上博(四)《曹沫之陳》45 簡:"其誅厚且不謲(察)。"

　　𧮫郭店《五行》8 簡:"思不清不詧。"

整理者(1998:151)注[七]:"裘按:帛書本與此字相當之字爲'察',簡文此字似亦當讀爲'察'。此字在包山簡中屢見,讀爲'察',義皆可通。"

　　𧮫郭店《尊德義》17 簡:"𢿥隱則無避。"

　　𦀈郭店《語叢一》68 簡:"講天道以化民氣。"

整理者(1998:200)注[一五]:"裘按:此簡第一字,與《五行》當讀爲'察'之從'言'之字基本相同。不過右旁下部有從'又'從'廾'之別,疑亦當讀爲'察'。"

以上楚簡中的"察"字,字形歧異罕見。郭店簡整理者未作隸定和釋讀,而以"裘按"的形式給出了裘錫圭先生的釋讀。從所在辭例意義來看,讀"察"是沒有問題的。

此外楚簡中還有一個從"心""祭"聲的"愬"字,僅出現於郭店簡《語叢一》中,共 4 見:

　　𢝡郭店《語叢一》84 簡:"有愬善,亡爲善。"

　　𢝡𢝡郭店《語叢一》85 簡:"愬所知,愬所不知。"

　　𢝡郭店《語叢一》85 簡:"執與聖爲可愬也。"

整理者(1998:200)注[一七]:"裘按:以上三簡中從'心'從'祭'之字,疑當讀爲'察'。"

這四個從"心"的"察",整理者隸定爲"憡",從所在辭例意義來看,讀"察"也是沒有問題的。

楚簡"愬"字不見於《説文》,《説文》的"察"字也不見於楚簡。

《説文》宀部:"察,覆也。從宀祭。"《説文》的解釋,字形與"察看"的字義不相匹配,難以理解。徐鉉注曰“祭祀必天質明。明,察也。故從祭”①,徐鍇曰“覆審也。從宀祭聲”②,都是爲調解字形與字義的不合而曲作解釋。清代學者也多泥於《説文》而强爲之説,唯鄭知同之説獨異,最爲精當:“察之本義非審察,乃屋宇下覆之名,故字從宀,訓覆。……《爾雅·釋詁》‘覆察’並訓審。其實《説文》目部‘瞟’訓‘察也’,乃審察正字。經典通用察,遂奪察之本義。”③“察”的本義應是“屋宇下覆”的意思,而“察看”意義的本字應爲《説文》中的“瞟”和“䚋”。

《説文》目部:“瞟,察也。從目,祭聲。”《廣雅·釋詁一》:“瞟,視也。”《集韻》祭韻:“瞟,察視。”《廣韻》霽韻“瞟”七計切,又初八切,“初八切”與“察”的讀音相同。

《説文》言部:“䚋,言微親䚋也。從言,察省聲。”王筠云:“‘言微’,當依《繫傳》作‘微言’。……知微知彰,是謂能察。而云微言者,以字從言也。”④邵瑛認爲:察、䚋“今經典衹用察字,而䚋字唯見史書。《顔氏家訓·書證》云:‘䚋,古察字也’”⑤。《玉篇》言部:“䚋,與察同。”《廣韻》黠韻“䚋”同“察”。楚簡從“言”或從“口”的“察”字諸形,跟《説文》的“䚋”應是異體字。

“瞟、䚋、愻”都是表示“察看”意義的本字,是一組異體字,但形符表現出來的理據不一樣。從“目”的“瞟”偏重於“目察”,即用視覺觀察、細看、感受事物的形象、外相。從言的“䚋”以及楚簡從“言”或從“口”的**𧪢**、**𧮫**等字偏重於“察言”,指訴諸聽覺,考察分析聽到的言語,辨析真假,瞭解情僞,如《吕氏春秋·有始覽·聽言》“聽言不可不察”、《吕氏春秋·慎行論·察傳》“傳言不可以不察。……聞而審,則爲福矣;聞而不審,不若不聞矣”中的“察”和“審”;楚簡所造從“心”的“愻”則偏重於“察心”,就是通過意覺、心覺認識人的心性,瞭解人的心理活動,即《説文》“意”字之訓解“從心察言而知意也”。從“目”、從“口”、從“言”、從“心”的“察”,這一組互相關聯、互相補充的異體字,分別表現人類觀察事物的不同的角度和不同的方式方法。

後世字書中,《集韻》黠韻收了一個“**憯**”字:“憯,審也。”初戛切,與觀察之“察”音義相同。它跟楚簡的“愻”應是不同時代各造的字,記録的是漢語中的

① 　許慎《説文解字》第 147 頁。
② 　徐鍇《説文解字繫傳》第 149 頁。
③ 　鄭知同《説文商義》,轉引自丁福保《説文解字詁林》第 1860 頁。
④ 　王筠《説文解字句讀》第 81 頁。
⑤ 　邵瑛《説文解字群經正字》,轉引自丁福保《説文解字詁林》第 1860 頁。

同一個詞,造字理據與楚簡"悆"相同。《集韻》祭韻還收有一個"憏"字:"憏,侘憏,未定也。"丑例切。與"察"音義都不相同。它跟楚簡的"悆"記録的是漢語中不同的詞,是兩個完全不同的字。

五、楚簡"念"與《説文》"貪"

楚簡有一從"心""含"聲的"念"字,在郭店簡中隸作"恰",上博簡中隸作"念"。現統一隸作"念"。辭例如下:

　　郭店《語叢二》13 簡:"念(念)生於欲,怀生於念。"

裴錫圭先生認爲:"'念生於欲'其實也是講不通的。疑此'念'字應讀爲'貪'。"①今按:本簡"念、念"爲對文,整理者釋"念"爲"念"蓋因爲此。"念、念"均當釋爲"貪"。

　　郭店《成之聞之》2—3 簡:"民不從上之命,不信其言,而能念(含)德者,未之有也。"

整理者(1998:168)注[一]:"裴按:'能'下一字也有可能當讀爲'念'。"今按:此簡的"念"也應讀爲"貪"。"貪"除了有"貪婪、貪得無厭"的貶義外,還有"愛慕、追求"的中性義甚至褒義。如《後漢書·獨行傳·李業》"朝廷貪慕名德",韓愈《論孔戣致仕狀》"無傷於義,而有貪賢之美","貪"爲"慕、求"之義。簡文"念悳"當讀"貪德",即"貪慕名德"。讀"念"爲"念、含",均不通。

　　上博(二)《從政甲》15 簡:"毋弄、毋號、毋賊、毋念(貪)。不修不武,謂之必成則弄,不教而殺則號,命無時,事必有基則賊;爲利枉。"

陳劍將本簡與第 5 簡"事則賠(貪)"連讀,讀爲:"毋暴、毋虐、毋賊、毋念(貪)。不修不戒,謂之必成,則暴;不教而殺,則虐;命無時,事必有期,則賊;爲利枉事,則貪。"又曰:"'爲利枉事,則貪','貪'對應上文'毋念(貪)'之貪。甲 15 用'念'爲'貪',甲 5 則逕用'貪'字。"②今按:陳劍的編聯甚爲合理。本段簡文"念、貪"前後相對,"念"確應讀"貪"。

楚簡所見"念"字亦見於中山王墓大鼎銘文:"於虖,念之哉!"凡兩見。張守中注:"'念'同'念'。"③

從以上辭例及其解釋來看,對於出土文獻中的"念"字有兩種不同的釋讀。一種認爲"念"是"貪"字的異體,出土文獻中或借作"念";一種認爲"念"是

---

① 　裴錫圭《糾正我在郭店〈老子〉簡中的一個錯誤——關於"絶僞棄詐"》第 26 頁。

② 　陳劍《上博簡〈子羔〉、〈從政〉篇的拼合與編連問題小議》第 59 頁。

③ 　張守中《中山王嚳器文字編》第 55 頁。

"念"字的異體或者繁體,出土文獻中或借作"貪"。在相關工具書的編纂中也反映了不同的釋讀。如李守奎等將上博(二)《從政甲》15 簡"念"收於"貪"字下①;滕壬生將郭店簡《語叢二》第 13 簡、《成之聞之》第 2 簡"念"收於"念"字下②;湯餘惠將《語叢二》第 13 簡、《成之聞之》第 2 簡"念"以及中山王墓大鼎"念"均收於"念"字下③;張守中則"貪、念"下均不收"念"。

筆者認爲,以上簡文中的"念"應爲"貪"字的異體字。《説文》貝部:"貪,欲物也。從貝,今聲。"徐鍇注云:"貪惏也。"④段玉裁注:"心部惏、女部婪皆訓貪。"⑤《方言》卷一:"晉魏河内之北謂惏曰殘,楚謂之貪。"《廣雅·釋詁一》:"貪,欲也。"《玉篇》貝部:"貪,欲也,惏也。"《廣韻》覃韻他含切,"貪,貪婪也"。"貪"與"惏"(即"婪"字)同義互訓。《説文》心部:"惏,河内之北謂貪曰惏。從心,林聲。"段玉裁注:"惏與女部婪音義同。"⑥王筠:"婪,字與惏同。"⑦《玄應音義》卷二十二"貪婪"注:"婪,又作惏。"傳世文獻"貪惏"常常同義連用。《左傳》昭公二十八年:"貪惏無厭。"《左傳》僖公二十四年:"狄固貪惏。"《左傳》成公七年:"爾以讒慝貪惏事君。"據《方言》,"貪"是楚地方言詞,本義指"欲求、欲望"。因其從"貝",所以許慎解釋爲"欲物"。"貪"其實是一種欲望,它與從"心"的"惏"一樣,本是存於内心的思想意識活動,所以楚人又造出一個從"心"的"念"專指"心欲",與指"物欲"的"貪"相對。這完全符合戰國楚簡文字"心"與"物","形"與"神","内"與"外"的二元對應規則。楚簡"念"字自創新體,從"心",表明貪婪的本性根源於心,是心理上的"欲念"而非行爲上的"欲物",正如常言所説的"貪心"。《説文》貝部所謂"貪,欲物也",衹是貪的外在表像而已。

不獨"念"是"貪"字,郭店《語叢二》13 簡"念生於欲,怀生於念"中的"念"也是楚字"念"的省體、"貪"的異體。根據楚簡常見的"A 生於 B,C 生於 A"的言説格式,簡文中後句中的"念"即前句中的"念"。"念"從"含"聲。"貪、含"均從"今"聲,故"含"聲的"念"可從"今"聲,寫作"念","今"聲的"貪"也可從"含"聲,寫作"念"。楚簡"今、含"多相通,如上博(二)《從政甲》4—5 簡"君子

---

① 　參見李守奎等《上海博物館藏戰國楚竹書(一—五)文字編》第 334 頁。

② 　參見滕壬生《楚系簡帛文字編》(增訂本)第 911 頁。

③ 　參見湯餘惠《戰國文字編》第 702 頁。

④ 　徐鍇《説文解字繫傳》第 127 頁。

⑤ 　段玉裁《説文解字注》第 282 頁。

⑥ 　同上第 510 頁。

⑦ 　王筠《説文解字句讀》第 501 頁。

慎言而不慎事則貪"和上博(六)《競公虐》6 簡"今君之貪昏苛慝","貪"字簡文
🖼,上部的"今"都寫作"含"。郭店《性自命出》52 簡"未賞而民勸,含福者也",
李零讀"含"爲"貪"①。郭店《語叢三》19 簡"地能貪之生者",劉釗讀"貪"爲
"含"②。郭店《語叢一》38—39 簡"《詩》所以會古含(今)之志也者"和上博
(六)《莊王既成》7 簡"含(今)日","含"均讀爲"今"。可證"含"聲之"㥁
(貪)"與"今"聲之"念"在語音上相通無礙,可以互换,而"㥁(貪)"與"念"形符
相同,在郭店《語叢二》13 簡中"念"的意義爲"貪",又與"㥁(貪)"前後承接,更
符合楚簡"A 生於 B,C 生於 A"的常見句式,因此"念"似乎並非想念的"念"通
假爲"㥁(貪)",而是貪圖的"㥁(貪)"簡寫爲"念"。

　　楚簡還有一個從"心""酓"聲(酓從"今"聲)的"㥁(貪)"字:

　　　🖼清華(参)《芮良夫毖》4 簡:"毋怵(婪)㥁(貪)。"

整理者趙平安(2012:149)注[一六]:"㥁,從心酓聲,而酓從酉今聲;'㥁'可以
讀作'貪',很可能就是'貪'的異體字。"

　　"㥁"也是"貪"字,可從下一辭例得到佐證:

　　　🖼上博(九)《邦人不稱》10 簡:"伯貞故爲葉連敖與蔡樂尹,而邦人不
　稱酓。"

整理者濮茅左(2012:256)注:"'酓',同'酪'。《集韻》:'酪,酓,苦也。或作
酓。'"釋"酓"同"酪"依據不足。陳茜讀"酓"爲"貪"③,可從。"稱"是認爲、以
爲的意思。本簡意爲伯貞以前擔任過葉邑的連敖和蔡邑的樂尹,而國人不認爲
他貪。根據"形聲字的聲符往往同或通該形聲字"的普遍規則,這裏的"酓
(貪)"應是"㥁(貪)"的通假或省寫。

　　從"心"的"念、㥁"都不見於《説文》。在後世字書中,《集韻》覃韻:"恰,疎
縱也。"呼含切,是鬆懈、放逸的意思,與戰國時期的"念"字音義都不相同,是兩
個不同的字,没有淵源關係。

　　六、楚簡"𢗏"與《説文》"賢"

　　楚簡目前未見從"貝"的"賢"字。"聖賢"的"賢"大都寫作"臤",或寫作
"堅",也寫作"𢗏"。寫作"臤"的辭例如:

　　　🖼郭店《五行》14 簡:"見臤(賢)人則玉色。"

---

① 　參見李零《郭店楚簡校讀記》(增訂本)第 148 頁。
② 　參見劉釗《郭店楚簡校釋》第 214 頁。
③ 　參見陳茜《〈上海博物館藏戰國楚竹書(九)〉文字編》第 162 頁。

　　📷上博（一）《緇衣》10 簡：“大人不親其所臤（賢）。”

　　📷清華（陸）《子産》13 簡：“有以得臤（賢）。”

　　《説文》又部：“臤，堅也。從又，臣聲。……古文以爲賢字。”在出土文獻和傳世文獻中，“臤”都可以用作“賢”。如春秋後期《徐王子旃鐘》銘文“以樂嘉賓朋友諸臤”，東漢《潘乾校官碑》“親臤寶智”“師臤作朋”。根據“臤”的字形、字音來看，當爲“掔”字的古文。《説文》手部：“掔，固也。從手，臤聲。”即固持、握緊的意思。文獻又通假爲“牽”。“臤”在楚簡中均假借爲“賢”。

　　寫作“孯”的辭例有：

　　📷郭店《五行》48 簡：“上帝賢汝，毋貳尔心。”

整理者（1998∶154）注［六四］：“賢，簡文作📷，中山王䁳方壺作📷，與簡文形似。帛書本作‘臨’。……裘按：‘上帝’下一字，恐即‘臨’字之誤寫。”今按：本簡“賢”上從“臤”省，下從兩“子”，似非“臨”字誤寫，當爲“孯”字異體。簡文爲《詩經・大雅・大明》中詩句，傳世本作“上帝臨女，無貳爾心”。

　　📷郭店《成之聞之》16 簡：“（民）可禦也，而不可孯（賢）也。”

整理者（1998∶169）注［一七］：“裘按：‘孯’與‘禦’爲對文，疑當讀爲‘牽’。”今按：簡文文意與“民可使由之，不可使知之”相似，讀“孯”爲“賢”亦通。

　　📷上博（二）《從政甲》3 簡：“是以得孯（賢）士一人。”

　　📷上博（二）《從政甲》4 簡：“失孯（賢）士一人。”

“孯”字亦見於《包山楚簡》193 簡“㝬孯（賢）”（人名），字作📷；《信陽楚墓》1—2 簡“戔人剛恃，天这於刑者，有定孯（賢）”，字作📷。此外中山王墓䁳壺銘文“賢”均作“孯”：“舉孯使能”“進孯散能”“務在得孯”“孯才良佐”“辭禮敬則孯人至，德愛深則孯人親”①可見“孯”字雖然不見於《説文》，但先秦出土文獻並不少見。其字從“子”，猶從“女”、從“人”，是突出“人”之賢，指有才之人，賢德之人，與從“貝”的“賢”雖然同爲異體，卻有“人”和“物”之異。

　　漢語“聖賢”常爲連文。猶如“聖”之有“惡”，楚文字“賢”字也出現了一個意料之中的從“心”的“慇”。不過“慇”字極爲罕見，目前祇見於清華簡一例，辭例爲：

　　📷清華（陸）《管仲》13 簡：“上慇（賢）以正，百官之典。”

今按：“慇”與“正”對舉，整理者釋爲“賢”極是。“慇”字當從“心”“臤”聲，是

---

① 　參見張守中《中山王䁳器文字編》第 54 頁。

在假借字"臤"的基礎上增加形符"心"造出的本字，是"賢"字的異構。本簡意爲：君王的賢明和正派，是百官效法的典範。

"賢"是古人所追求、崇尚的重要德性和品行。《尚書·説命中》"德惟其賢"，孔穎達疏："賢，謂德行。"《尚書·仲虺之誥》"佑賢輔德"，孔穎達疏："賢是盛德之名。"《周禮·秋官·小司寇》"三曰議賢之辟"，鄭玄注："賢，有德行者。"《鬻子·大道·文王問》"民者賢不肖之杖也"，唐代逢行珪注："賢者德行之名。"《玉篇》貝部："賢，持心也。"賢既然關乎德性和品行，自然與人的心理性情、思想意識密不可分。楚文字"惥"不從"貝"而從"心"，正是爲了摒棄"賢"字字形中體現物質形態意義的"貝"，而突出其作爲德性和品行的内在、抽象意義，力圖從字形上通過形符"心"來體現其"唯心"的特指意義。

在郭店簡、上博簡和清華簡之外，我們還看到楚文字有一個從"力"、整理者釋作"賢"的"勥"字。這一字形祇見於包山楚簡。如《包山楚簡》73 簡 𩏩、82 簡 𩏩、85 簡 𩏩、172 簡 𩏩、182 簡 𩏩，均用作人名。這一從"力"的"勥"字，體現的或是"賢"的"勞"義。"賢"有勞累、辛勞的意思。《廣雅·釋詁一》"賢，勞也"，王念孫《廣雅疏證》："賢勞，猶言敂勞。"《詩經·小雅·北山》"大夫不均，我從事獨賢"，毛傳："賢，勞也。"賢能之人往往多所委任，即賢者多勞，能者多勞，因之引申出"勞"的意義，也是符合邏輯的。從造字理據來看，"賢"在楚文字中分化出"堅、惥、勥"三種字形，既體現了戰國楚人通過新創文字體現對詞義的細緻區分，也反映了他們區分"心"與"子(人)、力"的思想意識。

七、楚簡"惥"與《説文》"緩"

楚簡有一個下部從"心"，上部或從"寏"、或從"爰"、或從"緩"的字，簡文中可讀爲"緩"或"寬"。應是從"心"、從"爰"或"緩"聲的形聲字。辭例有：

　　𢙻郭店《尊德義》34—35 簡："愄(?)不足以安民。"

今按：本簡首字整理者未釋。李零認爲該字下部是"土"，因而隸作"垾"，云："'垾'原從心從宀從孚，整理者以爲從心從家，這裏讀爲'垾'，是同等的意思。"①陳偉等釋爲"愄(緩)"②，白於藍認爲當讀爲"緩"，與"寬"義近③。李守奎釋爲"悡"，注："疑與愄爲一字。"④今按：簡文該字下部爲"心"而非"土"，上

---

① 李零《郭店楚簡校讀記》(增訂本)第 184 頁。

② 參見陳偉等《楚地出土戰國簡册(十四種)》第 213 頁。

③ 參見白於藍《〈郭店楚墓竹簡〉讀後記》。

④ 李守奎《楚文字編》第 630 頁。

部從"宴"而不從"家"或"豪",似不可隸作"愫"①。從後出楚簡字形和辭例來看,本簡字應隸作"寰",同"惡",讀爲"緩"。上部"宀"是無義羨文,例同楚簡"中"作"宙"、"主"作"宝"、"新"作"薪"。

　　　　上博(二)《從政甲》5−7 簡:"五德:一曰惡(寬),二曰恭,三曰惠,四曰仁,五曰敬。君子不惡(寬)則無以容百姓;不恭則無以除辱;不惠則無以聚民;不仁則無以行政;不敬則事無成。"

整理者張光裕(2002:220)認爲,"惡"當讀爲"寬",即寬和、寬厚,與"頌(容)"相對。今按:《論語・陽貨》云:"子張問仁於孔子。孔子曰:'能行五者於天下爲仁矣。''請問之。'曰:'恭、寬、信、敏、惠。恭則不侮,寬則得衆,信則人任焉,敏則有功,惠則足以使人。'"簡文所論"五德"與《論語》孔子所推行的"五德"十分接近,"君子不惡(寬)則無以容百姓"亦與"寬則得衆"意義正反相對。

　　　　上博(三)《中弓》13 簡:"服之緛(緩),弛而惓力之。"

整理者李朝遠(2003:273)注:"'緛'即'緩',寬綽舒和。'服之緩',指爲政寬和。"

　　　　上博(三)《中弓》17 簡:"刑政不緛(緩),德教不倦。"

整理者李朝遠(2003:276)注:"緛,從緩、從心,即'緩',延緩。"

　　從以上辭例來看,"惡(寰緛)"用法相同,是一個字,其意義同"緩"和"寬"。從字形和讀音來看,"惡(寰緛)"應是"緩"的異體字,在楚簡中或同義換讀爲"寬"。《説文》素部:"緛,緷也。從素,爰聲。緩,緛或省。"又:"緷,緛也。從素,卓聲。綽,緷或省。"《廣韻》緩韻:"緩,舒也。""緩"字從"糸",本義當指衣服或衣帶的寬鬆、舒緩,即《穀梁傳》文公十八年"一人有子,三人緩帶"、《古詩十九首・行行重行行》"相去日已遠,衣帶日已緩"、《晉書・羊祜傳》"輕裘緩帶"之"緩"。引申指一切有形或無形事物的鬆弛、寬緩。楚簡從"心"的"惡(寰緛)"則是特指心情的輕鬆、寬舒、柔和,即"心緩、緩心",跟有形可見的"緩"有"心"與"物"和"意"與"形"的不同。

　　在戰國楚簡中,"惡"字亦見於《包山楚簡》110 簡、182 簡,均用作人名。在秦漢以後的傳世文獻中,從"心"的"惡(寰緛)"完全被從"糸"的"緩"取代,在《説文》中已不見其蹤。《方言》卷十二"慢,知也"、《廣雅・釋詁三》"慢,智也"、《廣韻》元韻"慢,恨也"、《玉篇》心部"慢,忘也",其構形字素跟楚簡"惡"

----

① "愫"字不見於《説文》。《集韻》禡韻居迓切,"愫,心不安也"。《玉篇》心部:"愫,不安也。"

相同,但構形方式不一樣,其義也不相干,是完全不同的字。

八、楚簡"㤜"與《説文》"弛"

楚系簡帛文字没有出現鬆弛的"弛"字。僅在上博簡中出現一個從"心"的"㤜"字,整理者讀作"弛":

🈁上博(三)《中弓》12—13 簡:"孔子服之緩,㤜(弛)而惓力之。"整理者李朝遠(2003:273)注:"'㤜',讀作'弛'。'㤜',從佗、從心,佗亦聲。'佗'、'弛'均在歌部,同爲舌音,可通。"今按:"㤜"從"心""佗"聲。《説文》人部:"佗,負何也。從人,它聲。""佗"是"背負"的意思,與"弛"意義不類。整理者認爲"㤜"字爲會意兼形聲,恐誤。

陳劍曾將《中弓》第11 簡直接與第13 簡編聯在一起,將第11 簡最後兩字原釋文"舉之"改釋爲"迪(申)",連讀爲"孔子曰:'申服之,緩㤜(施?)而遜放之'"①。今按:第11 簡最後第2字甚爲漫漶,右上部隱約可見"申"字獨有的反"S"形筆劃,陳劍釋爲"迪"字更爲形似;原釋"慫"字陳劍改釋"悆(遜)",也更符合簡文文意。

本簡"㤜"字是從"心""佗"聲的形聲字。從字形結構上分析,意符"心"表示其本義與人的心態、性情、精神、思想有關。筆者認爲"㤜"字應從李朝遠"讀作'弛'",而且就是鬆弛的"弛"的異體。

在戰國時期的出土文獻中,"弛"字見於陶器文字,可辨明地籍的陶文"弛"都屬於齊系文字,如山東紀王城陶文等②。《説文》弓部:"弛,弓解也。從弓,從也。""弛"的本意是指弓弦的鬆弛,與"張"意義相反。傳世文獻中"弛"常與"施"互相通假,如《禮記·孔子閒居》"詩云:'弛其文德'",鄭玄注:"弛,施也。"《論語·微子》"君子不施其親","施"借作"弛"。簡文"㤜(弛)"或如陳劍所釋通假作"施",亦或釋爲鬆弛的"馳"字。楚簡所見的"㤜"與通常所見的"弛"形成一對"心"與"力"相對的異體字。從"心"的"㤜"特指心情、精神的放鬆、鬆弛,與弓弦鬆弛的"弛"相對。

九、楚簡"悐"與《説文》"盜"

楚簡中"盜賊"或者"賊盜"大多在一起連用,但字形都不寫作"盜"和"賊"。賊字一律寫作"恝",整理者都隸作"惻";盜字都從"兆"聲,或寫作"覜",或寫作"逃",或寫作"悐"。寫作"覜"的如:

---

① 參見陳劍《上博竹書〈仲弓〉篇新編釋文(稿)》。
② 參見高明等《古文字類編》(增訂本)第 278 頁。

🐾郭店《老子甲》1 簡："絶巧棄利,覜(盗)賊亡有。"

整理者(1998:113)注[二]:"帛書本'絶巧棄利,盗賊無有'在'絶仁棄義,民復孝慈'後。裘按:覜借爲'盗'。"

🐾郭店《老子甲》31 簡："法物滋彰,覜(盗)賊多有。"

🐾上博(二)《容成氏》6 簡："不刑殺而無頫(盗)賊。"

今按:本簡隸作"頫"字的簡文當從"見"而不從"頁",應從郭店簡隸作"覜"[1]。

此外,楚簡"盗"寫作"覜"的,還見於湖北江陵磚瓦廠 370 號墓第 2、第 3 簡"覜殺僕之兄",凡兩見[2]。

"覜"字見於《説文》見部:"覜,諸侯三年大相聘曰覜。覜,視也。從見,兆聲。"《廣韻》嘯韻他弔切,後世又爲"眺"字異文。"覜"從"兆"聲,古音與"盗"同屬定母宵部,在以上楚簡辭例中通假作"盗"。

"盗"寫作"逃"的,如:

🐾上博(二)《容成氏》42 簡:"……賊逃(盗)夫。"

今按:"逃"在本簡中同"覜"一樣,通假作"盗"。

除以上兩種用作"盗"的通假字外,值得我們重點關注的是"盗"楚簡寫作從"心"的"態":

🐾上博(七)《凡物流形甲》26 簡:"賊態(盗)之作。"

整理者曹錦炎(2008:267)注:"'惻',讀爲'賊'。'惻態'讀爲'賊盗',亦即'盗賊'。……'態'從'佻'聲。"

🐾上博(七)《凡物流形乙》19 簡:"賊態(盗)之作。"

"態"字所從之"佻"不見於秦漢出土文獻。《説文》人部:"佻,愉也。從人,兆聲。《詩》曰:'視民不佻。'"段玉裁注:"按:《釋言》:'佻,偷也。'偷者愉之俗字。今人曰偷薄、曰偷盗,皆從人作偷,他侯切。而愉字訓爲愉悦,羊朱切。此今義、今音、今形,非古義、古音、古形也。古無從人之偷。愉訓薄,音他侯切。……盗者澆薄之至也。偷盗字古衹作愉也。"[3]段玉裁認爲"愉"是"偷"的古字、正字,"偷"是"愉"的後起俗字。"佻、愉、偷"都是"苟且"之意,引申出"澆薄"的意思,而"澆薄之至"則爲"盗"。如此説來,"佻"也是後世"偷"字的

---

① "頫"字簡文,與郭店簡《老子甲》第 31 簡"覜(盗)惻(賊)多有"中的的🐾(覜)字相同。🐾字左邊字符跟上博簡(一)《緇衣》第 10、11、20 簡的見、見、見(見)字相同。楚簡見(見)與見(頁)往往相混。

② 參見滕壬生《楚系簡帛文字編》(增訂本)第 794 頁。

③ 段玉裁《説文解字注》第 379 頁。

古體、正字。《爾雅·釋言》："佻,偷也。"《左傳》昭公十年"視民不佻","佻"是"苟且"的意思;而《國語·周語中》"佻天之功以爲己力","佻"則是"盗取、竊取"的意思。在"竊取"意義上"偷"與"盗"是同義詞,馬敍倫認爲"佻爲今言偷竊之偷本字。……亦爲盗竊之盗本字"①。楚簡的"愻"所從的"佻",不應是一個簡單的聲符,而應是"愻"字的初文,"愻"是"佻"的增形異體字。祇是"佻"字尚未見於先秦古文字,無法證明它與"愻"的意義關聯。

《説文》次部:"盗,私利物也。從次,次欲皿者。"又曰:"次,慕欲口液也。從欠,從水。""盗"的本義是見利垂涎、私下竊取。楚簡的"愻"字與通用的"盗"字當是異體字,但造字的意旨是不一樣的。"盗"字從"次"從"皿",是立足於表現竊取的行爲、態勢。而"愻"字從"心"從"佻",表現的是見人財利而想暗中竊取的心思、欲望,是"盗"的"意圖",即所謂"盗心、盗意",與付諸行動、其欲逐逐的"盗",造字的理據是不一樣的。

在出土文獻中,"盗"字見於商代甲骨文,也見於西周晚期《逨盤》、春秋《秦公鎛》等秦系銅器銘文;戰國時期不見於其他出土文獻,僅見於雲夢秦簡,《睡虎地秦簡文字編》收"盗"字133例②,是一個相當高頻的字。"盗"字後來收入《説文》,成爲正統文字而通行至今。筆者認爲,"盗"字有可能是一個源自商周而爲西土秦國繼承延續的秦系文字,與東土楚系文字的"愻"分屬不同的文字系統。秦國統一天下後"書同文字",楚人刻意爲表示心理、意識的"盗"而造出的"愻"字就跟經常連用"恩(賊)"字一樣,因"不與秦文合"而遭罷黜,楚人通過新創文字而表達的"心跡",從此就被埋没在歷史的塵埃中了。

十、楚簡"忎"與《説文》"在"

楚簡從"心""才"聲的"忎"字,在簡文中用法較複雜。辭例爲:

郭店《尊德義》24—25簡:"非禮而民悦忎此小人矣。"

整理者未釋。李零讀爲"非禮而民悦哉,此小人矣"③,劉釗讀爲"非禮而民悦,忎(在)此小人矣"④,陳偉讀爲"非禮而民悦戴,此小人矣"⑤,劉信芳讀爲"非禮而民悦忎(慈?),此小人矣"⑥。

---

① 　馬敍倫《説文解字六書疏證》卷十五,轉引自李圃《古文字詁林》第七册第386頁。

② 　參見張守中《睡虎地秦簡文字編》第140頁。

③ 　參見李零《郭店楚簡校讀記》(增訂本)第183頁。

④ 　參見劉釗《郭店楚簡校釋》第132頁。

⑤ 　參見陳偉《郭店簡書〈尊德義〉校釋》。

⑥ 　參見劉信芳《郭店竹簡文字考釋拾遺》。

　　🔣郭店《太一生水》10 簡:"上,氣也,而謂之天。道亦其㞢(字)也。"

整理者(1998:126)注［十六］:"裘按:'㞢'讀爲'字'。《老子》甲第二一號簡'绌之曰道',以'绌'爲'字',可參照。"李零、劉釗"㞢"讀爲"字"①。郭静雲隸作"恮",釋爲"字"②。

　　🔣郭店《太一生水》12 簡:"天地名㞢(字)並立,故過其方。"

　　🔣上博(五)《鮑叔牙與隰朋之諫》6 簡:"其爲㞢(災)也深矣。"

整理者陳佩芬(2005:188)注:"'㞢',從心,才聲。"

　　🔣上博(五)《鮑叔牙與隰朋之諫》8 簡:"作入不爲㞢(災),公昆亦不爲害。"

整理者陳佩芬(2005:190)注:"'㞢',讀爲'災'。"李守奎等認爲:"皆讀爲'災'。疑爲'災'字異體。"③

　　🔣清華(壹)《金縢》4 簡:"多㞢(才)多藝,能事鬼神。"

　　🔣清華(叁)《芮良夫毖》11 簡:"恂求有㞢(才),聖智用力。"

　　🔣清華(叁)《芮良夫毖》15 簡:"懷㞢(慈)幼弱。"

　　🔣清華(伍)《殷高宗問於三壽》18 簡:"孝㞢(慈)而哀鰥。"

　　對於"㞢"字意義的種種解讀,應首先分析哪是"㞢"字的本讀,哪是借讀。而確定本讀,須首先依據字形結構,再結合具體的辭例來確定。"㞢"字當從"心""才"聲,其本義應與人的心性和情感相關,本字應是"才"聲字或與"才"讀音相近的字。

　　上文引郭静雲將"㞢"隸作"恮"、釋爲"字",值得注意。郭的隸定顯然是不對的,從"㞢"的各個簡文來看,上面都是"才"而不是"在"。但郭的隸定卻可將我們的思路引向"在",即"㞢"可能是表示"存問"意義的"在"字。

　　《説文》土部:"在,存也。從土,才聲。"段玉裁注:"即存問之義也。在之義古訓爲存問。"④《説文》子部:"存,恤問也。從子,才聲。""在"字從"土"而表"存問、恤問"的意義,殊不可解,學界眾説紛紜。在甲骨文和早期金文中,"在"都寫作"才",一般認爲這是假借,高田忠周認爲"才是古文在字",後來寫作從

---

① 參見李零《郭店楚簡校讀記》(增訂本)第 42 頁;劉釗《郭店楚簡校釋》第 46 頁。

② 參見郭静雲《先秦自然哲學中"天恒"觀念》。

③ 李守奎等《上海博物館藏戰國楚竹書(一—五)文字編》第 496 頁。

④ 段玉裁《説文解字注》第 687 頁。

"土"①。馬敘倫認爲"在"字中的"土"是<span>的訛變，是"子"的倒形，是生育的"育"字初文。所以"婦人産子，親友皆往恤問。……母子無恙，則爲存在"②。如此則"在"即是"存"字之變。

"在"的本義爲"同情、恤問、關愛"，與"存"的意義相同。在上古傳世文獻中，"在"表示"存問、恤問"的意義屢見不鮮。《左傳》襄公二十六年"吾子獨不在寡人"，杜注："在，存問之。"《大戴禮記·曾子立事》"存往者，在來者"，"存、在"對文同義，都是存問的意思。《儀禮·聘禮》"子以君命在寡君"，鄭玄注："在，存也。"王引之《經義述聞·左傳上》"辱在寡人"按："在，存問之。"以上的"在"也都是"存"的意思。

楚簡没有"在"字。就像甲骨文和早期金文一樣，均借"才"用作"在"。在楚簡中借用"才"爲"在"，表示"存問、恤問"等意義，辭例有：

　　才 郭店《語叢三》3—5 簡："君臣不相才（在）也，則可已；不悦，可去也；不義而加諸己，弗受也。"

　　才 郭店《語叢三》15 簡："嵩志，益。才（在）心，益。"

　　才 上博（六）《用曰》13 簡："有賓在心，嘉德吉猷。"

今按：據"在"字簡文，當隸作"才"，整理者張光裕（2007:299）徑釋爲"在"，未作解釋。釋文應爲"有賓才（在）心"。

以上"相才、才心"的"才"，都是"存問、恤問、關愛"的意思。"相才（在）"就是互相關愛、體恤，"才（在）心"就是存心，即存自然善良天性、葆赤子純潔之心。《孟子·離婁下》"君子所以異於人者，以其存心也。君子以仁存心，以禮存心"，趙岐注："存，在也。君子之在心者，仁與禮也。"可見既可言"存心"，亦可言"在心"。

從以上的字形和辭例兩方面推求，我們認爲楚簡中的"忎"字本讀疑爲"在"，是"在"的異體字。如此，則《尊德義》第 24—25 簡就可以釋讀爲"非禮而民悦忎（在），此小人矣"。"非禮"承前"爲邦而不以禮"而言，簡文意思是"君王不依禮治國而百姓卻同情顧惜，他（指君王）就是好施小惠收買人心的小人"，與後文"非倫而民服，世此亂矣"並列，最後歸結爲"治民非還生而已也"，即治理百姓不僅僅是讓他們能够活下去，還得讓他們懂得禮節和人倫。至於"忎"在其他楚簡讀爲"字、災、才、慈"，都是音近通假。

① 參見高田忠周《古籀篇》十，轉引自李圃《古文字詁林》第十册第 230 頁。
② 馬敘倫《説文解字六書疏證》卷二十六，轉引自李圃《古文字詁林》第十册第 231 頁。

　　從"土""才"聲的"在",在出土文獻中,最早見於周初《大盂鼎》等銅器銘文,戰國時期主要見於古璽①。在雲夢睡虎地秦簡中就出現了72例②,尤爲多見,而不見於楚系簡帛文字。這似乎又一次顯示了楚系文字與眾不同的特點,即後來通行的"在"字繼承了西周金文從"土""才"聲的寫法,而楚系文字則獨闢蹊徑,或是在早期甲骨金文假借爲"在"的"才"字上增加"心"符,或是將西土文字的意符"土"改換爲"心",寫作"忎"。"忎"字是戰國楚人對文字的又一改造和創新,它揭示了同情、撫恤、關愛乃源自人心,是人類的心理情感活動。

十一、楚簡"憲"與《説文》"浸"

　　楚簡表示"浸潤"意義的"浸",或寫作"浧",或寫作"憲"。寫作"憲"的辭例爲:

　　郭店《成之聞之》4簡:"君子之於教也,其道民也不憲,則其淳也弗深矣。"

整理者(1998:168)注[三]:"裘按:'憲'疑當讀爲'浸'。《易·遯》象傳'浸而長也',《正義》:'浸者,漸進之名。'"今按:裘説是。"浸"本義爲水慢慢滲透,引申指潛移默化。"淳"有沃灌之義,此指教化對民眾的潛移默化、澤潤浸透。

　　簡文中"憲"當從"心""帚"聲。"帚"本是"寢"的古字,見於商周甲骨文、金文。《集韻》寑韻:"寢,《説文》:'臥也。'古作帚、寢。"楚簡"憲",可能是楚簡"浧"字的異體。"浧"即浸潤之"浸"的異體字,它在楚簡中的辭例爲:

　　郭店《性自命出》30簡:"哭之動心也,浧濄,其剡戀戀如也。"

　　郭店《語叢二》17簡:"浧生於欲,惡生於浧。"

今按:上兩簡"浧"字在簡文中都是浸潤或沉浸的意思。"浧"亦見於馬王堆漢墓帛書《老子乙》卷前古佚書80下和93下,以及《五星占》,圖版字形分別爲

浧、浧、浧。

　　"浸"的古字是"濅(寢)"或"浧"。《説文》水部:"濅,水名。……從水,寢聲。寢,籀文寢。"段玉裁注:"沉浸、浸淫之字多用此。隸作浸。"③《漢書·禮樂志》"恩愛寢薄",顏師古注:"寢,古浸字。"《論語·顏淵》"浸潤之譖",劉寶楠《正義》:"浸即濅之省。"

---

① 　羅福頤《古璽文編》第319頁收13例;湯餘惠《戰國文字編》第882頁收"在"字5例,其中僅1例見於中山王墓方壺銘文,其他皆爲璽文。

② 　參見張守中《睡虎地秦簡文字編》第201頁。

③ 　段玉裁《説文解字注》第540頁。

楚簡"憲、潯（浸）"聲符相同，不同的是形符。"潯（浸）"從"水"，是指雨水對土地等物質的浸泡、滋潤；"憲"從"心"，是指道德教化對人心的浸染、浸潤。傳世文獻中的"浸"字，除指雨水的"浸泡、滋潤"義外，還指思想教化對人心"浸染、浸潤"的含義，用雨水對土地的滋潤，比喻思想教化的深入人心。如《淮南子·兵略訓》"道之浸洽，潯淖纖微，無所不在"，用"浸"形容道德對人心的滲透無微不至；司馬相如《封禪文》"舒盛德，發號榮，受厚福，以浸黎元"，用"浸"形容皇恩對天下百姓的滋潤和感召。"浸"的這兩種意義，在楚文字中用不同的字形進行了分化："潯"指雨水對土地的浸潤，"憲"指教化對人心的浸染。郭店《成之聞之》4 簡的"憲"，與"淳、深"相連而言，都是指潤物無聲般的道德教化，對人心具有既"淳"且"深"的影響。"君子之於教也，其道民也不憲，則其淳也弗深矣"，是從反面立説，指君子施行教化的時候，如果他引導民眾的方式不是潛移默化，慢慢地滲透、浸潤，那麼對民眾的影響就不會深厚長久。從造字理據來看，從"水"的"潯"和從"心"的"憲"兩字雖爲異體，但前者相對於"物"而言，後者相對於"心"而言，意義的指向是不一樣的。

十二、楚簡"慧"與《説文》"湛"

楚簡表示"沉溺、迷戀"意義的"湛"字十分罕見，目前僅於包山簡和清華簡各一次。清華簡辭例爲：

　　🈂️清華（伍）《厚父》12—13 簡："民式克敬德，毋湛於酒。"

今按："毋湛於酒"意義近於《尚書·酒誥》"罔敢湎於酒"和"勿辯乃司民湎於酒"。"湎於酒"即"湛於酒"。《詩經·大雅·抑》"顛覆厥德，荒湛於酒"，鄭玄箋："荒廢其政事，又湛樂於酒。"

《説文》水部："湛，没也。從水，甚聲。"段玉裁注："古書浮沈字多作湛。湛沈古今字。沉又沈之俗也。"又："按：直林切，七部。大徐宅減切，未知古義古音也。"[1]"湛"是一個多音、多義字，音隨義轉。讀"直林切"時與"沉"同音，表示"沉没"的意義，這是它的古音、古義，《廣韻》侵韻作直深切："湛，《漢書》曰：'且從俗浮湛。'"讀"丁含切"時與"耽"同音，表示"沉湎、沉醉、迷戀"的引申義，《廣韻》覃韻："湛，湛樂。"而讀"宅減切"時是表示"霧濃露重"等意義。徐鉉用"宅減切"的今音標注"湛"字"没也"的古義，無怪乎段玉裁斥其"未知古義、古音也"。在簡文中"湛"讀丁含切，表示"沉溺、迷戀"的意思。

與"湛"字在簡文中的用法相同，楚簡還有一個從"心"的"慧"字，目前僅清

---

①　段玉裁《説文解字注》第 556 頁。

華簡中一見,辭例爲:

　　　　清華(伍)《殷高宗問於三壽》17 簡:“徇句遏淫,宣儀和樂,非壞於惎(湛)。”

今按:“惎”字整理者李均明(2015:156)隸作“愖”、釋作“湛”。“遏恧(淫)”即遏制淫樂。“愖(湛)”相對於“恧(淫)”而言,是“沉湎、沉醉、迷戀”的意思,音、義同於《廣韻》“丁含切”的“湛”。

　　《説文》無“心”符的“惎”和“愖”字。《玉篇》心部“愖,市任切,信也”,《廣韻》侵韻“愖”同“諶忱説”,氏任切,意思是“誠也”。《集韻》侵韻“愖”同“忱”,時任切,“忱,《説文》‘誠也’。引《詩》‘天命匪忱’。或從甚”。這一音、義與楚簡“惎”的意義不相匹配。又《集韻》覃韻“愖”同“媅尤湛”,都含切,“媅,《説文》‘樂也’,或從尤,亦作湛、愖”。《説文》女部:“媅,樂也。從女,甚聲。”丁含切。段玉裁注:“《衛風》‘無與士耽’,傳曰:‘耽,樂也。’《小雅》‘和樂且湛’,傳曰:‘湛,樂之久也。’耽、湛皆叚借字。媅其真字也。叚借行而真字廢矣。”[1]段玉裁“假借”説可議,“湛”的“沉溺、迷戀”意義應是其“没也”本義的引申而非假借。

　　“湛”字見於西周銅器銘文。《毛公鼎》銘文“懼作小子涽湛於艱”,字作,也是“沉溺”的意思。“媅”字見於銅器《周棘生簋》銘文,用作人名。“媅”《爾雅·釋詁》作“妠”,上古經傳多寫作“湛”和“耽”,中古文獻寫作“愖”。如此看來,楚簡表示“沉溺、迷戀”意義的“惎”,應對應來自於西周金文、讀音“丁含切”的“湛”字,或者對應於同樣來自金文、收入《説文》中的“媅”字,“湛、惎、媅”在“丁含切”這一讀音上意義完全相同,是一組異體字。

　　楚簡的“惎”目前不見上古時期的傳世文獻和其他出土文獻,它是僅見於戰國楚文字中的一個特形字和專造字,是爲心性的沉溺和迷戀專造的一個字。在已有通常的“湛”字表達相同音義的情況下,楚文字又造出了一個“惎”字,並非毫無意義的重複,而是爲了區別於自“水没”引申而來的“沉溺、迷戀”,從字形上凸顯人心性的沉溺。或者楚文字系統中還有源自金文的“媅”字,而將之異構爲“惎”,這同樣符合楚文字易“女”符爲“心”符以突出心性的通例。

---

①　段玉裁《説文解字注》第 620 頁。

第五節　楚簡"心"符字與《説文》其他類意符字

一、楚簡"豐"與《説文》"禮"

在古代儒家思想體系中，"禮"是一個十分重要的概念，是列入儒家"五行"和"六德"中的德性範疇。郭店楚簡有《五行》和《六德》兩篇，所論之"五行"即"仁、義、禮、智、聖"五種品行，"六德"即"仁、義、禮、智、聖、忠"六種德行。"禮"還是周代貴族教育"六藝"中的第一藝，和先秦維繫國家平安穩固的"四維"中之第一維。"禮"既是儒家學説的核心内容，因此也與"仁、義"等儒學核心詞一樣，是楚簡中經常出現的一個高頻詞。然而它又跟郭店簡、上博簡和清華簡中"仁"全都寫作從"心"的"忑、悬"，"義"也大多寫作從"心"的"憨"不一樣。從"示"的"禮"字在目前所見楚簡中根本就没有出現，表示"禮"這一意義的詞，大都寫作"豐"，辭例如：

　　豐郭店《老子丙》10 簡："戰勝則以喪豐（禮）居之。"

　　豐郭店《五行》28 簡："聖，知豐（禮）樂之所由生也。"

　　豐上博（一）《孔子詩論》25 簡："知言而有豐（禮）。"

　　豐清華（伍）《命訓》13 簡："藝不淫，豐（禮）有時。"

　　豐豐清華（陸）《子儀》4—5 簡："豐（禮）子儀，無豐（禮）隋貨。"

此外，在郭店簡中還出現了一個從"心"的"憙"字。這個從未見過的"憙"字僅出現在郭店簡《性自命出》篇中，共兩見，辭例爲：

　　憙憙郭店《性自命出》22—23 簡："笑，憙（禮）之淺澤也。樂，憙（禮）之深澤也。"

郭店簡的整理者（1998：180）將之隸作"憘"，釋作"禮"。本簡簡文在上博簡（一）《性情論》中同樣有出現，辭例爲：

　　憙憙上博（一）《性情論》13—14 簡："笑，憙（喜）之薄澤也。樂，憙（喜）之［深澤也］。"

整理者濮茅左（2001：239）注："憙，《郭店楚墓竹簡·性自命出》作'憘'。"

後來的學者大多依從郭店簡和上博簡整理者對同一異文的不同隸定和釋讀。如張守中、李守奎、滕壬生、黄德寬均將郭店簡的憙、憙字隸作"憘"或

"豊",釋作"禮"①。上博簡的▨、▨,滕壬生的《楚系簡帛文字編》失收,李守奎、黃德寬將之歸於"憙"字下②。楚簡"豊"字僅此兩見,而"憙"字十分常見,"豊"和"憙"字形又十分相近,由此我們必然産生的疑問是,郭店簡的"豊"字是否是"憙"字的誤隸呢? 或者,清華簡的"憙"字是否是"豊"字的誤隸呢? 我們有必要比對、核實郭店簡"豊"和上博簡"憙"與字中所從"壴"和"豊"的字形予以判斷。

　　郭店簡《性自命出》中的"壴"和"豊"字:

　　　"壴":▨36 簡、▨37 簡、▨48 簡、▨48 簡、▨49 簡

　　　"豊":▨15 簡、▨16 簡、▨18 簡、▨66 簡、▨66 簡

以上"壴"和"豊"字形有明顯區別。"壴"的字形源於"壴"的甲骨文▨、▨和金文▨。《性自命出》中"豊"字形在古文字中極爲罕見,字的上部似於"艹"或"廿",跟三體石經《君奭》中"豊"的古文▨和《汗簡》豆部中"豊"的字形▨類似③。從字形的比對來看,▨、▨字的上部跟同篇中"豊"的字形是一致的,顯然是"豊"而不是"壴",當隸作"豊"。

　　上博(一)中的"壴"和"豊"字④:

　　　"壴":▨中 5 簡、▨中 8 簡、▨中 11 簡、▨弟 6 簡、▨弟 9 簡

　　　"豊":▨性 8 簡、▨孔 5 簡、▨孔 25 簡、▨緇 13 簡、▨民 2 簡

以上"壴"和"豊"的字形同樣區別明顯。▨、▨字的上部跟"壴"的字形是一致的,顯然是"壴"而不是"豊",隸作"憙"無誤。

　　"豊"和"憙"在兩處楚簡中的隸定都沒有錯誤,"豊(禮)"和"憙(喜)"在簡文中都能讀通。從邏輯上來推斷,凡與儒家德行和心性相關的字眼兒,楚簡都有可能給安上一個"心"符。儒家"仁、義、禮、智、聖"五行,加上"忠"組成的六德,其中"仁、義、聖、忠"都有"心"符,寫作"㤅(㥁)、愄、悳、忠"。"禮"作爲儒家思想的核心概念之一,自然也有與"心"相關的語義基礎,在文字上完全有寫作"豊"的可能。在沒有更多反證之前,我們得承認楚簡有從"心"的"豊"

---

① 參見張守中等《郭店楚簡文字編》第 152 頁;李守奎《楚文字編》第 631 頁;滕壬生《楚系簡帛文字編》(增訂本)第 932 頁;黃德寬《古文字譜系疏證》第 3093 頁。

② 參見李守奎《楚文字編》第 260 頁;黃德寬《古文字譜系疏證》第 4—5 頁。

③ 郭店簡除《性自命出》以及《緇衣》《六德》三篇外,其他各篇的"豊"字都寫作上▨下"豆"形,均來自"豊"的甲骨文和金文。

④ 上博簡(一)《性情論》中"壴"和"豊"或不見,或不清晰,故取《中弓》《弟子問》《孔子詩論》《緇衣》《民之父母》諸篇之字以補充。

字,表示“禮義、禮樂”等意義。

《説文》示部:“禮,履也。所以事神致福也。從示,從豊,豊亦聲。”段玉裁注:“‘履也’見《禮記·祭義》《周易·序卦傳》。……禮有五經,莫重於祭,故禮字從示。豊者行禮之器。”①徐灝云:“禮之言履,謂履而行之也。禮之名起於事神,引申爲凡禮儀之稱。”②“禮”的本義是祭祀神靈時所要履行的各種複雜的禮節、儀式,引申指人類社會其他各種須遵循的行爲準則、道德規範和等級制度。不管是其本義還是引申義,儒家都認爲“禮”不僅僅是行爲上所須履行的規範,還跟人“心”相關。《禮記·禮運》“禮也者,義之實也”,孔穎達疏:“統之於心,行之合道,謂之禮也。”《左傳》昭公二十五年“是儀也,非禮也”,孔穎達疏:“本其心謂之禮。”《荀子·大略》:“禮也者,貴者敬焉,老者孝焉,長者悌焉,幼者慈焉,賤者惠焉。”這些表述都顯現了“禮”與“心”的關係。“禮”還與“義”密切相關。《韓非子·解老》云:“禮者,義之文也。”意爲“禮”是“義”的修飾。楚簡的“義”既從“心”寫作“悉”,“禮”自當可從“心”寫作“豊”。

在出土文獻中,“禮”最初是寫作“豊”的。“豊”是“禮”的古文、初文。甲骨文寫作𧯇後下八·二,金文寫作𧯇《何尊》,小篆寫作豊。《説文》豊部:“豊,行禮之器也。從豆,象形。……讀與禮同。”李孝定説:“以言事神之事則爲禮,以言事神之器則爲豊,以言犧牲玉帛之腆美則爲豊,其始實爲一字也。”③增加“示”旁的“禮”字出現在戰國時期。根據目前出土文獻資料,“禮”不見於楚文字,他國文字亦不多見。何琳儀《戰國古文字典》收“禮”字僅《詛楚文》1 例,寫作禮,是秦系文字④。湯餘惠《戰國文字編》收“禮”字 2 例:《十鐘山房印舉》1 例,作禮,《中國璽印集萃》1 例,作禮,也是秦系文字⑤。據此推斷,從“示”的“禮”或許本是秦系文字,秦統一天下後即據以改造成小篆禮,其後從“示”的“禮”就一統天下了。楚簡的“豊”,應非“禮”字的換形,當是在古文、初文“豊”上增加形符“心”而成,體現出戰國楚人對於“禮”與“心”之關係的獨特理解。

二、楚簡“忝”與《説文》“祆”

楚簡有一從“心”“夭”聲的“忝”字,僅見於上博簡 1 例:

　　忝上博(六)《競公瘧》3 簡:“高子、國子答曰:‘身爲薪,或可忝(祮)焉,

---

① 段玉裁《説文解字注》第 2 頁。

② 徐灝《説文解字注箋》,轉引自丁福保《説文解字詁林》第 259 頁。

③ 李孝定《甲骨文字集釋》,轉引自李圃《古文字詁林》第一册第 88 頁。

④ 參見何琳儀《戰國古文字典》第 1262 頁。

⑤ 參見湯餘惠《戰國文字編》第 4 頁。

是信吾無良祝、史,公盍誅之?’晏子惜二大夫,退。”

整理者濮茅左(2007:170)注:“‘惢’同‘懊’。《集韻》:‘懊,恨也,或從夭。’讀爲‘祮’、‘禱’。《説文》:‘祮,告祭也。’”

《競公瘧》記齊景公患疥病和瘧疾,逾歲不愈,高子、國子建議誅殺祝固、史嚚以禱鬼神,晏子諫止一事。此簡即高子、國子答景公言。整理者以“惢”爲《集韻》“懊”字異體“忯”而通“祮”,取證過晚,缺乏中間環節,難以爲據①。陳偉改釋“惢”爲“惢(愛)”②,但楚簡“惢”字作 𢙷 郭店《老子甲》36 簡、𢛳 郭店《緇衣》25 簡、𢙷 郭店《五行》21 簡等,與 𢛳 字形不合。劉信芳認爲:“簡文‘惢’應讀爲‘妖’,大意是説:身體爲親! 有什麼妖祥爲害於身體,這種情況確實是因爲我們没有稱職的祝史。此所以高子、國子提出要誅殺祝史。古人遇疾病則祈禱於鬼神,高子、國子將齊景公受疾病折磨的原因歸結於没有好的祝史,合於古人的邏輯推理聯繫。可知讀‘惢’爲‘妖’可以讀通。”③

從字形上看, 𢛳 字下面是“心”。上面的部分,跟郭店《唐虞之道》11 簡 𢙷(宎)、上博(二)《子羔》12 簡 𦱊(芺)、上博(四)《柬大王泊旱》2 簡 𨒌(送)中的“夭”,字形一樣。所以 𢛳 字隸作“惢”應無問題。根據簡文文意,也可釋作“妖”。“惢”從“心”“夭”聲,應是妖孽、妖祥意義的“祮”字異體。

通常表示妖孽、妖祥意義的“妖”字,本寫作“祮”。《説文》示部:“祮,地反物爲祮也。從示,芺聲。”段玉裁注:“《左氏傳》:‘伯宗曰:天反時爲災,地反物爲妖,民反德爲亂,亂則妖災生。’……祮省作祆,經傳通作妖。”④《説文》女部:“娛,巧也。一曰女子笑貌。《詩》曰:‘桃之娛娛。’從女,芺聲。”段玉裁注:“此與祮各字。今用娛爲祮,非也。”⑤“娛”後來省作“妖”,本義爲女子巧笑貌,與妖怪、妖祥的“祮”意義迥異。“妖”用作“祮”是通假。

“妖、祮(祆)”似不見於商、周和春秋出土文獻。戰國時期的出土文獻中有“祆”字:

　　　𥛤 上博(二)《容成氏》16 簡:“癘疫不至,祆(妖)祥不行,禍災去亡。”整理者李零(2002:262)注:“‘妖祥’,指各種怪異反常現象。”這是目前能够見

---

① 《廣韻》皓韻也收有“忯”字,訓爲“忯正之貌”,無例可證。

② 參見陳偉《讀〈上博六〉條記》。

③ 劉信芳《〈上博藏六〉試解之三》。

④ 段玉裁《説文解字注》第 8 頁。

⑤ 同上第 622 頁。

到的戰國時期出土文獻中唯一的"袄"字辭例。

楚簡"袄"也可寫作"訞"。辭例如：

　　𧧱清華(叁)《芮良夫毖》19 簡："德刑怠惰,民所訞訛。"

整理者趙平安(2012:153—154)注[七六]："《荀子·非十二子》'則可謂訞怪狡猾之人矣',楊倞注:'訞與妖同。'訛,讀爲'僻'。"今按:《禮記·禮運》"民無凶饑妖孽之疾",陸德明《釋文》:"妖,又作訞。"①在戰國時期的出土文獻中,"訞"還見於晉系姓名璽 2973 號②。秦漢時期的出土文獻"訞"字見於西漢早期墓葬張家山漢墓竹簡《蓋盧》第 4 簡"訞孽不來"③。傳世文獻"訞"字除見於《荀子·非十二子》外,還見於《禮記·保傅》"深爲計者謂之訞誣"、《史記·秦始皇本紀》"或爲訞言以亂黔首"、《漢書·藝文志》引《左傳》莊公十四年"訞由人興也,人失常則訞興,人無釁焉,訞不自作"、《漢書·文帝紀》"今法有誹謗、訞言之罪"等。

楚簡還有一個從"实"從"虫"的字,用爲妖孽的"妖"。辭例如：

　　𧒎清華(伍)《殷高宗問於三壽》10 簡："殷邦之蚤(妖)菫(祥)並起。"

　　𧒎清華(伍)《殷高宗問於三壽》13—14 簡："餘享獻攻,刮還蚤(妖)蟲(祥),是名曰恙(祥)。"

簡文中的"蚤(妖)"字上部爲"实"而非"夭"。楚簡的整理者們多把"实"符字隸定爲"夭",其實"实"有可能是"妖"的又一異體字,指家室之妖。楚簡"实"用作"妖"亦見於長沙子彈庫楚帛書乙五"惟天作实(妖),神則惠之"。

清華簡"蚤(妖)"字下部的"虫",意義不明。楚簡有些字下也加"虫"符,如以上清華簡"殷邦之蚤(妖)菫(祥)並起"中的"菫"簡文作𦱳,"羊"下加"虫";"刮還蚤(妖)蟲(祥)"中的"蟲"簡文作𧒎,下加兩個"虫"。又如楚簡"慶"下部寫作"虫":𢜺郭店《緇衣》13 簡、𢜺上博(三)《周易》13 簡、𢜺包山楚墓 135 簡、𢜺曾侯乙墓 142 簡。"愛"字下部寫作"虫":𢛳上博(一)《孔子詩論》11 簡、𢛳上博(一)《孔子詩論》15 簡等。這些字中的"虫"跟該字的音和義都没有關係,應該是羨符。如此,則清華簡中的"蚤"字,應該就是"实"字的異體,表示家室之妖,是"妖"的異體字。

傳世文獻中秦漢時期"妖"字通假作"袄",如《左傳》莊公十四年"人棄常則

---

① 陸德明《經典釋文》第 183 頁。

② 參見高明等《古文字類編》(增訂本)第 1093 頁;湯餘惠《戰國文字編》第 150 頁。

③ 參見張家山二四七號漢墓竹簡整理小組編《張家山漢墓竹簡[二四七號墓]》。

妖興"、《左傳》昭公二十六年"秦人降妖"、《周禮·春官·眠祲》"以觀妖祥"等,呈現出本字"祅、訞"與借字"妖"並行競争的格局。結果本字出局而借字勝出,"祅"還保留在《説文》示部中,"訞"卻未能進入《説文》①,而借字"妖"則成爲常見通用字。

饒宗頤、曾憲通謂:"古代'德'與'祅'常對言,《史記·殷本紀》引伊陟云:'祅不勝德。'"又謂"《尚書大傳·洪範五行》,妖有服妖、詩妖、草妖、脂夜之妖等"②。戰國時期出現的"祅、訞、宊、悉",從造字的角度來説應各有所指、各有側重。"祅"側重指鬼怪神靈之妖。"訞"則側重指言語的不祥、怪異,即所謂"妖言"之妖。"宊"指家室之妖,或上天及天降之妖③。而"悉"字,應是側重指人的精神、意識、心理感知方面的妖,即内心的孽障,和自己遭受或施加於人的妖惑、蠱惑。"悉"與"祅、訞、宊"一起,構成了戰國時期人們對於這一概念不同角度的理解和不同方式的認知,而當它們統一於"妖"之後,人們就再也不能從文字的層面去理解這一概念的不同含義和細微區别了。

三、楚簡"悆"與《説文》"祈"

戰國楚國語言祈禱神靈的用詞,用"禱"者多,用"祈"者少④。而"祈"又或寫作從"心"的"悆"字:

　　🖾上博(二)《子羔》12 簡:"乃見人武,履以悆(祈)禱曰。"整理者馬承源(2002:198)注:"踐人武而祈禱。"

另有 1 次用作人名:

　　🖾清華(貳)《繫年》131—132 簡:"鄭大宰悆(欣)亦起禍於鄭。"今按:"鄭大宰悆"即《韓非子·説難》中提到的戰國初年鄭國太宰欣。此簡"悆"通"欣","悆、欣"都從"斤"聲,上古"祈、旂"屬於微部、群母,"欣"屬於文部、曉母,音近可通。

在楚系文字中"悆"或寫作"惞"和"忔",見於新蔡葛陵楚墓竹簡。"祈福"寫作"惞福"的,見新蔡葛陵楚簡甲三 419 簡、乙四 113 簡;寫作"忔福"的,見新蔡葛陵楚簡甲一 7 簡、甲一 11 簡、甲一 21 簡、乙三 5 簡、乙三第 6 簡。

---

① "訞"字在漢代甚爲流行,應是《説文》失收。後見於中古字書《玉篇》言部、《集韻》宵韻,均爲災妖、妖祥之義。
② 參見饒宗頤、曾憲通《楚帛書》第 41 頁。
③ 戰國《行氣銘》"天"字寫作上"宀"下"天",可見"宀"有象天之義。
④ 據滕壬生《楚系簡帛文字編》(增訂本)第 25—28、911—912、928 頁,用"禱"共計 91 例,用"祈"1 例、"惞"1 例、"悆"2 例、"忔"5 例,共計 9 例。

　　這三個從"心"的"惢、愭、忻"都應是形聲字，可能有不同的來源。"惢"字從"心""旂"聲。"愭"則是"祈"的後起增形字。而"忻"在楚文字中除用作"祈"之外，還用作"忻、近、沂"等。"忻"用作"祈"衹出現在新蔡葛陵楚簡，可能是"祈"的異體字。

　　"祈"字在商、周、春秋時期的甲骨金文中没有出現。甲骨文多借用"蘄"作"祈"[1]。金文則多借用"旛、旜"或"旂"字用作祈禱的"祈"，但是已經出現了從"言""旂"聲的"譬"或從"言""旂"省聲的"旇"字，如《伯公父匜》銘文"用譬眉壽多福無疆"、《大師虘豆》銘文"用旇多福"等。郭沫若認爲："旇是祈字。……乃從言旂省聲；伯譬殷字則從旂聲不省。爾雅釋詁'祈，告也'。"[2]這應是"祈"字的初文、本字。至戰國時期，出現了從"示"的"祈"，始見於上博簡和包山簡。這個"祈"字後來進入《説文》。《説文》示部："祈，求福也。從示，斤聲。"秦漢以後"祈"成爲規範用字通行於後世。上博簡的"惢"字上承兩周金文，與兩周金文的"旇、譬"應有淵源關係。顧廷龍指出：楚城遷覃里"祈"從"心"作惢（惢），"惢潘從心亦譬字。按言與心偏旁相通假"[3]。金文的"譬"與楚簡的"惢"中"言"與"心"的關係不當是"偏旁相通假"。"譬"從"言"，是指用語言祈禱[4]，楚簡從"心"，是指在内心祈禱，用心來祈求。楚簡將金文的"言"换成"心"，又一次體現出楚人"心、言"相對、重"心"而輕"言"的觀念。楚簡從"心"的"惢、愭、忻"以及兩周金文從"言"的"旇、譬"在戰國以後都没有推行開、没有傳承下來，"祈"成爲表示"祈求"意義的唯一用字。"祈"字從"示"，字形表明其字與祭禱神靈相關，至於是用"言"祈還是用"心"祈，字面上就無法看出來了。

四、楚簡"愗"與《説文》"美"

　　楚簡中的表示"美好、美麗"意義的"美"，僅個别寫作"美"字形，絶大多數均以"岜"爲字根，分别寫作"岜、敳、娓（敳）、顅、愗"諸形，形符分别爲"岜、攴、女、頁、心"，聲符都是"岜"以及"岜"符字。其中"岜、敳"是通假作"美"，"娓、顅、愗"則是戰國楚系文字表示美好、美麗意義之"美"的本字。

　　寫作"美"的辭例僅見1例，爲：

──────────

[1]　"蘄"爲"蕲"字聲符，《説文》艸部"蕲，艸也。從艸，蘄聲，江夏有蕲春亭"，但《説文》無"蘄"字，失收。

[2]　郭沫若《兩周金文辭大序圖録考釋》，轉引自李圃《古文字詁林》第一册第173頁。

[3]　顧廷龍《古陶文香録》，轉引自李圃《古文字詁林》第一册第173頁。

[4]　《爾雅·釋言》"祈，叫也"，郭璞注："祈，祈祭者叫呼而請事。""祈"是通過大聲的呼告祈求神靈的保佑。

美 上博（九）《史蒥問於夫子》7 簡：“美宝室。”

今按：“宝”是古代宗廟藏神主的石函。“宝室”指有祖宗神位的宗廟。“美宝室”跟《周禮·地官·大司徒》“媺宫室”意義相類。簡文“美”字下部的“大”左撇筆短、右捺筆長，類似“人”，與《史蒥問於夫子》篇“大”字的寫法相同。

《説文》羊部：“美，甘也。從羊，從大。羊在六畜主給膳也。美與善同意。”徐鉉注：“羊大則美，故從大。”①“羊大爲美”的解釋很是誘惑人，傳統的文字學家基本上都接受了這一解釋。但是今人據甲骨文等古文字“美”的字形，基本上都否定了這一解釋。今人對古文字“美”的解釋，有的認爲是“人（大）”頭上裝飾羽毛以爲美②；有的認爲是“人（大）”頭戴羊、鹿之類獸角或角形帽子以爲美③；還有説是從“大”“芊”聲④。概言之，“美”的本義源自人的視覺之美而非味覺之美。

表示“美好、美麗”意義的詞在楚簡是一個高頻詞，但寫作“羊、大”字形的“美”字在楚簡中卻僅此一例，其他的都不寫作“美”，而寫作“岦”以及以“岦”爲字根的其他字，十分特殊。

寫作“岦”的辭例如：

美 郭店《老子乙》4 簡：“岦（美）與惡，相去何若？”

今按：“岦”馬王堆帛書《老子》甲、乙本作“美”。今本《老子》王弼本作“善”。

美 上博（一）《孔子詩論》21 簡：“文王吾岦（美）之。”

美 上博（四）《采風曲目》2 簡：“《將岦（媺）人》。”

美 上博（九）《舉治王天下》27 簡：“齊政固在岦（媺）。”

美 清華（壹）《祭公》11—12 簡：“亦岦（美）懋綏心，敬恭之。”

整理者沈建華（2010：177）注［二九］：“岦，讀爲‘媺’（美）。今本‘先王’之‘先’疑即‘岦’字之訛。”今本《逸周書》作“亦先王茂綏厥心，敬恭承之”。

美 清華（伍）《湯在啻門》12—13 簡：“岦（美）事奚若？惡事奚若？岦（美）役奚若？惡役奚若？岦（美）政奚若？惡政奚若？岦（美）刑奚若？惡刑奚若？”

美 清華（陸）《子産》25—26 簡：“此謂張岦（美）弃惡。”

---

① 許慎《説文解字》第 73 頁。
② 王獻唐《釋每、美》，轉引自李圃《古文字詁林》第四册第 184 頁。
③ 于省吾《釋羌、苟、敬、美》，轉引自李圃《古文字詁林》第四册第 185 頁。
④ 馬敍倫《説文解字六書疏證》卷七，轉引自李圃《古文字詁林》第四册第 184 頁。

楚簡有大量"𡵉"用作"美"的辭例。但其他出土文獻幾乎都没有"𡵉"字。傳世文獻更没見過"𡵉"字,《説文》也没有收録"𡵉"字,但"𡵉"卻用作構字字符見於"敚"字中,這是不合邏輯的。楚簡資料告訴我們,"𡵉"是先秦時期實實在在獨立的一個字,而不僅僅是衹出現在"敚"或"微"字中的一個字符。但這個"𡵉"的音義是什麼呢?陳斯鵬認爲:"顯然像人頭頂插羽飾之形,表示美觀、美麗之意,當爲 | 美 | 之本用之形。其造字原理與'美'字之取像於人戴羊角爲飾正同。"①其説甚有道理。不過筆者認爲"𡵉"字也有可能是"微"字的初文、古字,表示"微小"的意思。"𡵉"是一個合體象形字。上面是人的頭髮,或往前垂或往後垂,後來變成一個"山"字,頭髮就都豎起來了。下面是側面站立的人形,後來"人"譌變成"几"。中間的一横是一個隔開頭髮和人的指事性符號。整體上是用人的頭髮來表示"細微"的意思。目前還没發現"𡵉"直接用作"細微"的例子,但它表示"細微"的意義體現在"敚、微"字中。

如是,則"𡵉"本身並没有"美"的意思,楚簡中的這些"𡵉"都是通假爲"美"字。上古音"𡵉"屬於明母微部,"美"是明母脂部,音近相通。

寫作"敚"的辭例如:

郭店《唐虞之道》17 簡:"求乎大人之興,敚(美)也。"

郭店《語叢一》15 簡:"有敚(美)有善。"

上博(二)《昔者君老》3 簡:"舉敚(媺)廢惡。"

上博(二)《容成氏》13—14 簡:"堯聞之而敚(美)其行。"

《説文》人部:"敚,妙也。從人,從攴,豈省聲。"對於"豈省聲"之説徐鉉不以爲然,注云:"豈字從敚省,敚不應從豈省。蓋傳寫之誤,疑從尚省。尚,物初生之題尚敚也。"②段玉裁注《説文》改"妙"爲"眇",云:"凡古言敚眇者,即今之微妙字。眇者,小也。引申爲凡細之稱。微者,隱行也。微行而敚廢矣。"③今人高鴻縉《散盤集釋》認爲"敚"字從攴、會意。是"髮"字最早的初文,象人上頭髮形,即"長"字,變異爲"髮"字中的"镸"。後來再加"彡"(毛飾)以足意,就成爲"髟",再後來增加聲符"犮"就是"髮"④。高鴻縉所釋形義比釋爲"豈省"或者"尚省"要好,多爲今人接受。但一般認爲"長"的本義不是細微而是年長。

①　陳斯鵬《楚系簡帛中字形與音義關係研究》第 180 頁。

②　許慎《説文解字》第 162 頁。

③　段玉裁《説文解字注》第 374 頁。

④　參見高鴻縉《散盤集釋》,轉引自李圃《古文字詁林》第七册第 346 頁。

如果"岂"是"镸(長)","镸(長)"是細微的意思,那麼它後來是怎麼變成"年長"的意思,就不好解釋了。所以我們推斷"岂"可能是"散"的初文,而非"髮"的初文,非"镸(長)→髟 biāo→髮"的演變。"岂"以人的頭髮會意細微之意,後來增"攴"爲"散",再增"彳"爲"微"。楚簡中"散"也都通假作"美"。"散"通作"美",還見於九店 56 號墓 35 簡"男必散(美)於人",字作🐎。更早的見於西周《召卣》銘文"娄黄髮𢼸(散)","髮𢼸(散)"即"髮媺"。西周晚期的嗣工殘鼎銘文有"册𢼸(散)(鼎)"殘句。如果這裏"散"不是人名,則可讀爲"媺(美)鼎"。

　　寫作"媺(散)"的辭例如:

　　🐎郭店《老子甲》15 簡:"天下皆知散(美)之爲媺(美)也,惡已。"整理者(1998:115)注[三九]:"散、媺,皆讀爲'美'。《汗簡》引《尚書》'美'字從'女'從'散'。"今按:"散、媺"馬王堆帛書《老子》甲乙本及今本《老子》王弼本皆作"美"。

　　🐎郭店《緇衣》1 簡:"好媺(美)如好緇衣,惡惡如惡巷伯。"今按:"媺"今本《禮記·緇衣》作"美"。

　　🐎郭店《緇衣》35 簡:"則民不能大其媺(美)而小其惡。"

　　🐎郭店《性自命出》20 簡:"君子媺(美)其情。"

　　🐎上博(二)《容成氏》21 簡:"衣不鮮媺(美),食不重味。"

　　🐎清華(貳)《繫年》27 簡:"息侯之妻甚媺(美)。"

　　🐎清華(伍)《湯在啻門》12 簡:"媺(美)德奚若?惡德奚若?"

　　"媺"字從"女""岂"聲。它的出現標誌著不同於"羊大爲美"的另一種美的誕生,這是一個重要的審美對象轉變。形符從"女",就像"媄"一樣,是以女性作爲審美對象。《説文》女部:"媄,色好也。從女,從美,美亦聲。"段玉裁注:媄"《周禮》作媺,蓋其古文"①,王筠曰:"媄者,美之分別字。"②《廣韻》旨韻"媄"引《字樣》"顏色姝好也"。

　　"媺"是楚人爲女性之美專門創造的一個特字、專造字。這個字目前不見於傳世文獻,也不見於楚簡同時或之前的出土文獻,衹見於楚簡。後來寫作"媺"。"媺"不見於《説文》,先秦傳世文獻也衹見於《周禮》一書,如《地官·大司徒》"一曰媺宫室"、《地官·師氏》"師氏掌以媺詔王"、《地官·鄙師》"察其媺惡而

---

① 段玉裁《説文解字注》第 618 頁。
② 王筠《説文解字句讀》第 495 頁。

誅賞"、《春官·天府》"以貞來歲之媺惡"等。先秦之後的傳世文獻,"媺"見於宋代的《汗簡》女部,作█,云"美,並見《尚書》"。也見於《古文四聲韻》旨韻,作█,引自古《尚書》。《廣韻》旨韻"媺"同"美"。《集韻》旨韻"媺,善也。通作美"。在楚簡没有出現之前,我們會懷疑"媺"是《説文》之後纔産生的一個字,會懷疑《周禮》中"媺"字的真實性。現在有了楚簡,我們纔知道《周禮》和《汗簡》《古文四聲韻》的"媺"並非自我作古而是有來歷的。它來源於戰國古文的"媄"。是許慎那時見到的戰國古文並不全,所以《説文》中纔没有收進"媄、媺"。後來的其他傳世文獻很少用"媺"字,一般都用"美"字。

寫作"頯"的辭例如:

█郭店《六德》25—26 簡:"新此多也,會此多,頯(美)此多也。"

今按:"頯"整理者未出注,李零直接寫作"美",劉釗讀爲"美"①。

█郭店《語叢一》15—16 簡:"有頯(美)有善,有仁有智,有義有禮。"

█上博(一)《緇衣》1 簡:"好頯(美)如好緇衣,惡惡如惡巷伯。"

整理者陳佩芬(2001;174)注:"頯,從頁從岂。《説文》所無。郭店簡作'媄',蓋以岂爲聲符,今通作'美'。"今按:李守奎謂:"頯讀美。疑爲楚之美字。"②

█上博(一)《緇衣》17—18 簡:"則民不能大其頯(美)而小其惡。"

今按:"頯"郭店簡《緇衣》35 簡作"媄",今本《禮記·緇衣》作"美"。

"頯"從"頁""岂"聲。從"頁"是指容貌之美,即《墨子·尚賢》所謂"面目佼好""面目美好"者。人的外形之美,最重要的是體現在臉部,古今同理。"頯"字目前尚不見任何文獻,也是戰國楚字中的一個特字。

寫作"愳"的辭例是:

█清華(叁)《芮良夫毖》25 簡:"我之不言,則畏天之發機;我其言矣,則逸者不愳(美)。"

整理者趙平安(2012;155)注[九五]:"美,《文選·陶潛〈擬古詩〉》'佳人美清夜',吕向注:'美,猶愛也。'"

"愳"字十分罕見,僅此一例,迄今不見於其他出土文獻,也不見於傳世文獻。"愳"是在"媄"字上增加"心"符的形聲字,這是漢字古今諸多"美"字中最有學術價值和文化意義的字形。因爲其他不管是"羊大"或者人戴羊頭的"美",還是以"女"爲審美主體的"媄、媺、媄",或者是以"頁"爲形符表示"面目

---

① 參見李零《郭店楚簡校讀記》(增訂本)第 171 頁;劉釗《郭店楚簡校釋》第 115 頁。

② 李守奎《楚文字編》第 536 頁。

佼好”的“頢”,都是屬於視覺或者味覺器官而感知的美,是客觀的、外在的、自然屬性的美。衹有“愻”字纔從文字的角度揭示出隱藏在人類心靈深處的美。這種“愻”是主觀的、内在的、社會屬性的美,是屬於最深層次、最高境界的美,是人的精神世界、内在心靈的美,包括了思想意識、道德情操、精神意志、智慧才能的美。“愻”相當於古希臘哲學家柏拉圖提出的 spiritual beauty,是精神的、心靈的、崇高的、宗教的美。它涵蓋了中國古代哲學家、思想家所謂的“仁、義、德、善、誠、信、智”等等意義範疇。孔子認爲“里仁爲美”,墨子認爲“務善則美”,孟子認爲“善、信、充實之謂美”,這些“美”,按照楚國文字創造者的觀念,都應該寫作“愻”。它想表達的不是眼見的美色,也不是口嘗的美味,而是人性、人心内在的一切美德和善性。楚國文字的創造者和楚簡的書寫者們,放棄現成的“美”字基本不用,而創造出一個表示女色的“媣”字,又創造出一個表示容貌的“頢”字,這一切似乎都爲著一個更新的、特指的對比項——“愻”的出現,從而劃分出物態之美與精神之美的界限,從文字上體現出對精神之美的重視和追求。

五、楚簡“恥”與《說文》“毖”

《說文》比部:“毖,慎也,從比,必聲。《周書》曰:‘無毖於卹。’”《爾雅·釋詁》:“毖,慎也。”《廣韻》至韻:“毖,告也。”楚簡目前没有“毖”字,表示“謹慎、訓誡”意義的“毖”,寫作“恥”,或寫作“詖”。

寫作“恥”的辭例有:

恥清華(叄)《周公之琴舞》1 簡:“周公作多士敬恥(毖)。”

整理者李守奎(2012:134)注[一]:“多士敬恥,讀爲‘多士儆毖’,即對衆士的告誡之詩。‘恥’同清華簡(叄)《芮良夫毖》之‘詖’,讀爲‘毖’。”

恥清華(叄)《周公之琴舞》1—2 簡:“成王作敬恥(毖),琴舞九卒。”

“恥”字不見於《說文》,但見於《詩經·小雅·賓之初筵》“曰既醉止,威儀恥恥”,毛傳:“恥恥,媟嫚貌。”《詩經》“恥恥”字,《說文》人部引作“佖佖”:“佖,威儀也。從人,必聲。《詩》曰:‘威儀佖佖。’”漢代其他韓、魯、齊三家《詩》亦均作“佖”而不作“恥”。傳世文獻“恥”字僅見於《玉篇》心部、《廣韻》質韻、《集韻》質韻等,並云:“恥,慢也。”又《篆隸萬象名義》心部“恥,褻慢”,《龍龕手鑒》心部“恥,怒也”,所引辭例也僅見於《詩經》毛傳,未見於其他文獻。《說文》的編撰後於《毛詩》,“五經無雙”的許慎在編撰《說文》時,不可能無視《毛詩》所引“威儀恥恥”,而引作“威儀佖佖”,以致失收“恥”字。三家詩和《說文》的異文提示我們,《毛詩》中的“恥”可能是“佖”字的訛誤,後世字書未敢越雷池而因襲其誤。楚簡的“恥”字不應是毛傳訓爲“媟嫚貌”之字,而應是“毖”字的異構,表示

"謹慎、小心"等意思。"怭"字從"心",就是著眼於"謹慎、小心"意義的内在心理要素。

楚簡"毖"除寫作"怭"外,還寫作"詙"。辭例有:

⿰食⿱夫子上博(八)《王居》5—6 簡:"王就之曰:'夫彭徒能勞,爲吾詙(謐)之。'"

整理者陳佩芬(2011:212)注:"'詙',《正字通》:'同謐省,意密、秘,隱秘之處。'《説文繫傳》:'謐,静語也,從言,尐聲,一曰無聲。臣鉉曰:謐,猶密也。'《廣韻》:'謐,慎也。'"今按:整理者引明代字書《正字通》以釋楚簡文字形義,殊爲不經。本簡"詙"應是"毖"的"勤勞、勞苦"義,承接前文"能勞"而言。《尚書·大誥》"無毖於恤",孔穎達疏:"言無勞於征伐之憂也。"

⿰言⿱夫子清華(叁)《説命下》7 簡:"余既諟劼詙(毖)汝。"

整理者李學勤(2012:130)注[二六]:"'劼詙'即'劼毖',《書·酒誥》:'汝劼毖殷獻臣。'對比同篇'厥誥毖庶邦庶士',知爲告誡之意。"

⿰言⿱夫子清華(叁)《芮良夫毖》2 簡:"芮良夫乃作詙(毖)再終。"

整理者趙平安(2012:148)注[六]:"詙,相當於文獻中的'毖'。"

⿰言⿱夫子清華(伍)《封許之命》1 簡:"肇右文王,詙(毖)光厥烈。"

整理者李學勤(2015:119)注[九]:"詙,讀爲'毖',《説文》:'慎也。'"

"詙"還見於包山楚簡 184 簡、191 簡,江陵天星觀一號墓卜筮簡,可見是一個常用字。

《説文》無"詙"字,而有"謐"。《説文》言部:"謐,静語也。從言,尐聲。一曰無聲也。"明代字書始載"詙"爲"謐"的簡寫,如《篇海類編·人事類·言部》"詙,静也",《正字通》言部"詙,同謐"。在楚簡辭例中,"詙"没有"謐"的"静謐"意義,而都用作"毖",可見楚簡的"詙"與明代字書中的"詙"没有淵源關係。楚簡"詙"應是"毖"字的異構。字從"言",是表示言語上的謹慎、告誡,與從"心"的"怭"形成"言"與"心"的並立。

第六節　《説文》無"心"符字,楚簡增"心"符

一、楚簡"覫"與《説文》"聖"

在古代儒家思想體系中,"聖"也是一個十分重要的概念,是儒家子思學派"五行"和"六德"中的最高德行。郭店楚簡中的儒家著作《五行》和《六德》兩篇,就分别論述了"仁、義、禮、智、聖"五種德行和"仁、義、禮、智、聖、忠"六種德

行。"聖"在郭店簡、上博簡和清華簡中是一個高頻字，但它跟"禮"在楚簡中的表現相似，而跟"仁"全都寫作從"心"的"志、忎"和"義"也大多寫作從"心"的"悐"不一樣——"聖"絕大多數都寫作通常字形"聖"，如〔图〕郭店《老子甲》3 簡、〔图〕郭店《五行》16 簡、〔图〕上博（二）《民之父母》8 簡、〔图〕清華（伍）《湯處於湯丘》15 簡等等。偶爾省寫作從"耳、口"的"耴"，如〔图〕郭店《唐虞之道》6 簡；或繁寫作從"耳、口、呈"，如〔图〕郭店《唐虞之道》15 簡、〔图〕上博（一）《緇衣》11 簡等等。這些字形都不從"心"，與"仁"寫作"志、忎"和"義"寫作"悐"不相匹配。按照楚簡文字的通例，應該會有一個從"心"的聖字。果然，在後來的清華簡中就出現了一個"聖"字。辭例爲：

〔图〕清華（伍）《殷高宗問於三壽》12—14 簡：殷高宗問彭祖"敢問先王之遺訓，何謂祥？何謂義？何謂德？何謂音？何謂仁？何謂聖（聖）？何謂知？何謂利？何謂信？"

〔图〕清華（伍）《殷高宗問於三壽》18—19 簡：彭祖答曰"恭神以敬，和民用正，留邦偃兵，四方達寧，元哲並進，讒謠則屏，是名曰聖（聖）"。

今按：該字簡文上部爲"聖"、下部爲"心"，字形隸作"聖"、釋作"聖"没有問題。它應是"聖"的增形異體字，從"心""聖"聲。

《説文》耳部："聖，通也。從耳，呈聲。""聖"字最早見於甲骨文，從人頭上的單"耳"或雙"耳"會意，又從人頭上的"耳"與旁邊的"口"會意。金文始將"耳"下的"人"訛變爲"壬"，"聖"遂變爲從"口、耳""壬"聲的形聲字。郭沫若云："聖本古聲字，從口耳會意，壬聲，此言'聖人'猶言聞人，與後世所謂聖人之意有別。"①李孝定認爲：甲骨文"聖""象人上著大耳，從口，會意。聖之初誼爲聽覺官能之敏鋭，故引申訓'通'。聖賢之義，又其引申也……許君以形聲説之，非是。聽、聲、聖三字同源，其始當本一字"②。古"聽、聲、聖"實乃一字。其字初文作"耴"，從"口、耳"會意，取義口有所言、耳得之而爲"聲"，其得聲的動作則爲"聽"。"聖、聲、聽"均爲後起孳乳之今字、分別文。"聖"的本義當指耳朵對於聲音的接受、辨識能力，指聽力的聰明、敏鋭，所以與"聲、聽"音義同源。後來提升到哲學意義的層面，就成生了形而上的抽象意義，表示意識、精神上非凡的通達、聰明、睿智。《尚書大傳》"思心之不睿，是謂不聖"，鄭玄注："心明曰聖。聖者，包貌、言、視、聽而載之以思心者，通以待之。"《尚書大傳》："子曰：心之精神是謂聖。"此説亦見於《孔叢子·記問》："子思問於夫子曰：'物有形類，

───────────────

① 郭沫若《兩周金文辭大系圖録考釋》，轉引自李圃《古文字詁林》第九册第 573 頁。

② 李孝定《甲骨文字集釋》第十二卷，轉引自李圃《古文字詁林》第九册第 573 頁。

事有真僞，必審之，奚由？'子曰：'由乎心。心之精神是謂聖。'"這種關乎人的意識、思維活動和心理狀態的"聖"，其字形上已不足以表達這種抽象化了的深層含義，所以楚文字增加"心"符以足義，造出一個"㥁"字，以體現聖明、聖哲與"心"的關係，揭示這種與一般聽覺意義相區別的抽象意義。"㥁"是與子思學派"五行"學説中的"惪、悳、慧"和"六德"系列的"惪、悳、豊、忠"相匹配的一個專造字，它們成系統地都具有一個"心"符，充分揭示了子思學派"五行"和"六德"均源自人心的重要觀念。楚簡表示"五行"和"六德"的文字中，僅有"智"字不寫作"心"符而與其他表示同類德行的文字不類。在未來發現的楚簡中，會否出現一個"心"符的"智"字？這是我們所期待的。

二、楚簡"恖"與《説文》"固"

在古文字中，堅固的"固"字始見於戰國金文及陶、璽、簡文，字形從"囗""古"聲，相對穩定，幾無變化。在楚簡中字"固"亦多寫作"固"。但偶然也寫作從"心"的"恖"：

🖋上博（六）《平王問鄭壽》2 簡："鄭壽辭不敢答。王恖（固）縣。"整理者陳佩芬（2007：258）注："'恖'，從心，固聲，與'固'同。"今按："恖"字簡文，上部"固"缺右邊豎筆，似當隸作"臣"。"臣"字金文中同"簠"，"簠"《説文》古文作"医"。其實楚簡從"囗"之字常簡寫作"匚"甚至"匚"，如上博（二）《從政甲》5 簡"固三誓"，簡文作匫。上博（五）《季庚子問孔子》22 簡"苟能固戰，滅速毋恒"，簡文作匫。上博（七）《凡物流形乙》1—2 簡"陰陽之處，奚得而固"，簡文作匭。曾侯乙墓簡的"圓、國、圓"，包山簡的"國、甲"，外框"囗"或作"匚"，或作"匚"。因此"恖"字上部作"臣"，是楚簡"固"字的省形，而非"臣（簠）"①。

從"心"的"固"在出土文獻中僅此一見。在傳世文獻中，"固"字有一個從"心"、寫作"忦"的異體。玄應《一切經音義》卷四"嬈固"注："又作忦。"《集韻》莫韻："固，《説文》：'四塞地。'一曰再辭。一曰堅也。古作忦。"古慕切。《汗簡》心部"忦，固"，黃錫全注："鄭珍云：'怙字也，移古於上。《玉篇》別有忦，胡故切，皆非固字。《一切經音義》屢云固古文忦，蓋後漢字書有以忦爲固執、固陋字者。'古陶有𢘱、𢝵等字，或以爲怙之異文。"②《古文四聲韻》暮韻引古《尚書》、

---

① 《從政甲》"臣三誓"，整理者張光裕釋爲"臣（固）三誓"，並注："臣，從匚，古聲，可讀爲'固'。'臣'於金文中與'簠'相通，古音爲幫母，古韻屬魚部，'固'爲見母，古韻亦屬魚部，二者古韻同部，可以通假。"《季庚子問孔子》"苟能臣戰，滅速毋恒"，整理者濮茅左直接釋爲"苟能固戰"。

② 黃錫全《汗簡注釋》第 375 頁。

崔希裕《纂古》“固”作“忢”。黄錫全引鄭珍注爲説,認同《汗簡》之“忢”是通用的“怘”字異文。鄭珍和黄錫全之説值得商榷。《説文》心部:“怘,恃也。從心,古聲。”《集韻》姥韻:“怘,《説文》:‘恃也。’或作悃。”“忢”字不見於《説文》。《玉篇》心部:“忢,護也;漏也;堅也;長也;安也。”胡故切。此即《説文》之“怘”字,而非《玄應音義》《集韻》《汗簡》的“忢”字。“固”義的“忢”與“恃”義的“怘”形、音、義都不相同,應是兩個不同的字。“忢(固)”與“忢(護)”形同而音義不同,是同形字。楚簡之“恩”與《汗簡》之“忢”形稍有異而音義皆同,它們之間應存在内在聯繫。

　　《説文》口部:“固,四塞也。從口,古聲。”固字從“口”,指城郭山川四塞的險固,即《禮記・禮運》“城郭溝池以爲固”以及“固若金湯”之“固”,是指物質形態的堅固、牢固。楚簡從“心”的“恩”,則是專指心志的專一、堅決、固執,即《列子・湯問》“汝心之固,固不可徹”、《論語・子罕》“毋意、毋必、毋固、毋我”、《左傳》桓公十三年“莫敖必敗,舉趾高,心不固矣”的“固”。楚簡“固”寫作“恩”,體現了對事物認知從客觀到主觀的改變,和詞義從外物向内心的意義轉移。

三、楚簡“恝”與《説文》“反”

　　古文字中“反”字見於商周甲骨文和金文,在戰國楚簡中也是一個常見字。《説文》又部:“反,覆也。從又,厂反形。”“反”的本義爲“翻覆”,引申出“相反、反抗、反對、反省、返回”諸義。到戰國時期,“反”開始出現了一個增加了表示行走動作的“辵”符今字——“返”。在楚簡中,反大多寫作“返”,或寫作“彶、詉”,也寫作從“心”的“恝”。寫作“返”的辭例如:

　　　　郭店《老子甲》37 簡:“返也者,道動也。”

　　寫作“彶”的辭例如:

　　　　清華(肆)《筮法・乾坤運轉》40 簡:“乾坤乃各彶(反)其所。”

　　“彶”字見於戰國金文《胤嗣壺》,以及中山王墓方壺“爲人臣而彶臣其宗”、《圓壺》“彶臣其宗”。《説文》辵部:“返,還也。從辵,從反,反亦聲。彶,《春秋傳》返從彳。”段玉裁注:“《漢書》曰左氏多古字古言,許亦云左丘明述《春秋傳》以古文。今左氏無彶字者,轉寫改易盡矣。”[1]《説文》古文“彶”來源於戰國金文,是“返”的異體字,意符“辵、彳”同義,都表示“行走”的意思。

　　寫作“詉”的辭例如:

　　　　清華(柒)《越公其事》38—39 簡:“凡市賈争訟,詉(反)背欺詒,察之

---

① 段玉裁《説文解字注》第 72 頁。

而孚，則詰誅之。"

今按："訉"字不見於《説文》。《集韻》阮韻："訉，甫遠切，權言合命。"這個意思的"訉"文獻中未見用例，跟楚簡的"訉"意義相同。

寫作"忌"的辭例如：

郭店《窮達以時》15 簡："窮達以時，幽明不再，故君子惇於忌（反）己。"

今按：跟楚簡"屍"一樣，郭店簡"忌"字上部"反"也寫作《説文》"反"字的古文"反"。從文義來看，"忌"讀作"反"没有問題。"忌"字從"心""反"聲，是古字"反"的另一個增形今字。與表示行走意義的"返"字相對應，"忌"字分化的是古字"反"中表示思維意識活動的"反省、反思、反躬自問"或者内心的反對、違抗等意義。與傳世文獻通常的"反、返"兩者的形義相對不同，楚國文字形成"反、返、忌"三者的形義相對，體現一種獨特的語義結構。把"反省"的意義從"反"的多項意義中獨立出來，專造一個"忌"字來記録這一義項，意味著楚國的造字者重視對人自身意識、心理的反省。《窮達以時》的書寫者（或者就是"忌"字的創造者）似乎有意用"忌"來表示反省的意思，因爲簡文中的"忌己"就是"反省自己"。反諸身而求於己，反諸己而可以知人，"反己"是春秋戰國時期儒家嚴於律己、重視修身的道德主張。楚簡的"忌己"，就是孔子的"内省、自省"①，曾子的"省身"②，子思的"反求諸身"③，孟子的"自反、反身而誠"④。因此郭店《性自命出》56 簡"聞道反己，修身者也"、《禮記·學記》"知不足然後能自反"⑤、《禮記·樂記》"君子反情以和其志"、《周易·蹇卦》"君子以反身修德"諸文中的"反"，按理都應寫作從"心"的"忌"，以示這種"反"非行爲、動作之"彶、返"，也非言語之"訉"，而是心理意識之"忌"。後世"反"的概括意義，在楚簡文字中被劃分爲三個義項、造出"彶、訉、忌"三個異構的文字予以具體的區分，顯示動作、言語與心理意識的三足鼎立。

龐樸曾言："忌"字下加"心"符，是"强調反躬自問的意思。所謂'愛人不親，反其仁；治人不治，反其智；禮人不答，反其敬。行有不得者，皆反求諸己'的

---

① 《論語·顔淵》："子曰：'内省不疚，夫何憂何懼？'"《論語·里仁》："子曰：'見賢思齊焉，見不賢而内自省也。'"

② 《論語·學而》："曾子曰：'吾日三省吾身。'"

③ 《子思子·内篇·鳶魚》："子思曰：'射有似乎？君子失諸正鵠。反求諸其身。'"

④ 《孟子·公孫丑上》："自反而縮，雖千萬人，吾往矣。"趙岐注："己自内省。"《孟子·盡心上》："萬物皆備於我矣。反身而誠，樂莫大焉；强恕而行，求仁莫近焉。"

⑤ 鄭玄注："自反，求諸己也。"

各個'反'字,都應該是這種帶'心'旁的忎。而《老子甲》37 簡'返也者,道動也'、《六德》37 簡'其返'等從辶的返字,則是強調行爲之返,與從心的忎有別。這組字,後來也是從辶的返字專行,從心的忎字漸廢了"①。楚人所造表示心理之"忎"後來未能推行開來、繼承下去,很快就消失了,後世通行的是動作和行爲的"反"和"返"。《廣韻》願韻:"忟,芳萬切,急性。"《玉篇》心部:"忟,噁心也,急性也。"《集韻》願韻方願切:"忟,褊狹也。"又孚萬切:"急也,悔也。"這些"忟"與楚簡"忎"音義不同,是兩個不同的字。

四、楚簡"愄"與《説文》"畏"

《説文》甶部:"畏,惡也。從甶,虎省。鬼頭而虎爪,可畏也。"段玉裁注:"下像爪形。"②楚簡中的"畏"上部分都從"鬼頭",即"鬼"字省形"甶";而下部分則有兩種寫法:一種從"止"寫作🅰郭店《五行》34 簡,一種從"心"寫作🅱郭店《老子甲》9 簡。"畏"字下部從"止",與《説文》"畏"字下部從"爪"相近,從楚簡來看,《説文》所説的"虎爪",疑似表示"行走"意義的"止"的訛變。下部從"心"的"畏"不見於《説文》。

從"心"的"愄"在楚簡中十分常見,絕大多數用作"畏",偶爾用作"威"。其辭例如:

🅰郭店《老子甲》9 簡:"若愄(畏)四鄰。"

整理者(1998:114)注[二二]:"愄,從'心'從'畏'省,簡文多如此。讀作'畏'。"今按:"愄"是"畏"字異體,因爲"畏"是一種心態,故又加"心"符。

🅰郭店《老子丙》1 簡:"其次愄(畏)之,其次侮之。"

🅰郭店《緇衣》30 簡:"詩云:'慎爾出話,敬爾愄(威)儀。'"

🅰郭店《尊德義》32—33 簡:"不釐則亡愄(畏),不忠則不信,弗惠則亡復。"

🅰🅱郭店《性自命出》52—53 簡:"未刑而民愄(畏),有心愄(畏)者也。"

🅰上博(二)《從政甲》8 簡:"獄則興,愄(威)則民不道。"

🅰上博(八)《志書乃言》2—3 簡:"王作色曰:'無愄此是謂死罪。'"

🅰清華(貳)《繫年》59 簡:"宋人是故殺申伯無愄(畏)。"

🅰清華(伍)《厚父》9 簡:"民式克恭心敬愄(畏),畏不祥。"

---

① 龐樸《郘燕書説——郭店楚簡中山三器心旁文字試説》第 38 頁。
② 段玉裁《説文解字注》第 436 頁。

今按：本簡兩畏字，前一字是"愄"，後一字是"畏"。緊接著的第 10 簡"乃弗畏不祥"也寫作"畏"。

　　🖹清華（陸）《子儀》9 簡："余愄（畏）其式而不信。"

　　🖹清華（陸）《子儀》11—12 簡："豈愄（畏）不足，心則不察？"

今按：以上兩簡"愄"的上部或可隸作"鬼"。

　　楚簡還有一個用來表示畏懼意義的從"示"的"畏"，郭店簡隸作左右組合的"禩"字，清華簡均隸作上"鬼"下"示"的"禜"，今從嚴隸作"禜"。"禜"大多用作"鬼"，少量用作"畏"。用作"畏"的辭例如：

　　🖹🖹郭店《老子乙》5 簡："人之所禩（畏），亦可以不禩（畏）。"

　　🖹清華（伍）《命訓》6 簡："使信人禜（畏）天。"

　　🖹清華（伍）《命訓》12 簡："勸之以賞，禜（畏）之以罰。"

今按："禜"當是楚簡"鬼"的增形後起字，簡文中借用作"畏"。

　　從以上辭例來看，楚簡"愄"即"畏"字異體，偶爾用作"威"。"禜"是"鬼"字異體，偶爾用作"畏"。其實"畏、威、鬼"音義同源，是同一字源的後起分化字。"畏"字從"鬼"，而可"畏"則"威"。後來分化出"畏、威、鬼"三字，但三字之間仍然時常通用。《古璽彙編》0183 號官璽"愄大夫"即"威大夫"，包山楚簡第 166、172、173、183、192 諸簡"愄王"即楚威王。傳世文獻中，《莊子·天地》人名"門無畏"，郭象本作"門無鬼"；《莊子·雜篇》人名"徐無鬼"，司馬本作"徐無畏"。

　　從"心"的"愄"字，最早見於春秋晚期的楚國金文和齊國金文。楚國曾侯殘鐘銘文"愄（畏）忌恭寅盟"，字作🖹[1]；齊國《叔夷鎛》銘文"汝小心愄（畏）忌"，字作🖹。《陳肪簋》"畢恭愄（畏）忌"，字作🖹。到戰國中期"愄"字大量見於楚簡。楚簡"畏"字從"止"，是指動作行爲上的畏懼。"愄"字從"心"，是特指"心畏"的一個專造字，它與表示動作行爲的"畏"形成"心"和"行"的對立統一，分別表示"畏"的心態和"畏"的行爲。

　　後世《集韻》灰韻有一個讀烏迴切、訓爲"中善"的"愄"，與戰國楚簡的"愄"構形字素相同，但組合的方式以及讀音和意義都不一樣，沒有淵源關係，是不同歷史時期各自獨立造出來的，是同形字。

五、楚簡"憲"與《説文》"害"

　　楚簡表示"傷害"意義的字，有從"口"的"害"和從"心"的"憲、憲"兩類。

---

①　參見曹錦炎《曾侯殘鐘銘文考釋》第 70—73 頁。

《説文》宀部：“害，傷也。從宀，從口，言從家起也。丯聲。”這一形體的“害”字始見於西周金文，如■《師害簋》、■《害弔簋》、■《毛公鼎》、■《伯家父簋》，其形與今“害”字相同。至戰國時期，“害”字僅見於雲夢睡虎地秦簡，寫作■、■、■諸形①，收録於《説文》中，一直使用至今。《説文》對“害”的分析解釋失之穿鑿，從金文字形來看，象上蓋覆於下面器皿上的形狀，可能是“蓋”或者“合”字的異體，假借爲“傷害”之義。

楚簡從“口”的“害”寫法與秦簡不同。其字下部從“口”，上部甚爲歧異，有■郭店《成之聞之》29簡、■郭店《成之聞之》33簡、■上博(一)《孔子詩論》8簡、■郭店《老子丙》4簡、■上博(一)《孔子詩論》7簡、■郭店《老子甲》4簡諸形。或以爲楚簡“害”字應隸作“書”或“萬”。裴錫圭先生認爲：“書、萬”應來源於甲骨文寫作上“止”下“虫”的■、■字，字形象人的足趾被蟲蛇咬噬之形，當隸作“蚩”。“蚩”跟通常隸作“它”的字無關，“應該是傷害之‘害’的本字”和“‘萬’的初文”。“蚩”字在甲骨文中屢見不鮮，都表示“傷害”的意思，例如：

> 貞：不隹帝蚩我年；貞：隹帝蚩我年。　　　　　　　　　　　　（乙7456）
>
> 貞：王亡蚩。　　　　　　　　　　　　　　　　　　　　　　　（乙2378）
>
> 壬戌卜亘貞：出疒齒，王有蚩。　　　　　　　　　　　　　　（續五·五·四）

後來■、■下部的“虫”演變成“禹”，■、■就變成“萬”了。再後來習慣於假借“害”字表示“傷害”之義，“萬”字就被廢棄了②。

裴錫圭先生的釋讀在楚簡中得到印證，也爲我們釋讀“憲、憲”提供了依據。

在楚簡中，“書、萬”或用作“害”，就像“蚩”在甲骨文中的用法一樣。辭例如：

> ■清華(壹)《尹誥》2簡：“我捷滅夏，今後書(胡)不監？”

今按：本簡“書”亦讀爲“害”，通“胡”或“何”。

> ■郭店《尊德義》26簡：“不以嗜欲萬(害)其義。”

整理者(1998：175)注[十]：“裴按：‘萬’讀爲‘害’。”

> ■清華(壹)《保訓》8簡：“微無萬(害)，乃歸中於河。”

今按：微，人名，即商先公上甲微。

“萬”用作“害”，還見於長沙楚帛書：

---

① “害”字近20例，參見張守中《睡虎地秦簡文字編》第117頁。
② 參見裴錫圭《釋蚩》，轉引自李圃《古文字詁林》第六册第852頁。

長沙子彈庫戰國楚帛書:"東國有吝,□□乃兵,萬(害)於其王。"①

在這些辭例中,"書、萬"或用作本字本義的"害",或通假爲"胡"或"何"。後來在"書、萬"字形上增加"心"符,就變成了"憲、憲"。"憲、憲"前無所承,目前也祇見於戰國楚簡,整理者多隸作"憲"。其辭例爲:

郭店《尊德義》23 簡:"治民復禮,民余憲智。"

整理者(1998:175)注[九]:"裘按:憲,疑當讀爲'害',在文末(第三八簡)與'利'爲對文。"

郭店《尊德義》36—37 簡:"有是施小有利,轉而大有憲(害)者。"

郭店《尊德義》37—38 簡:"有是施小有憲(害),迢而大有利者。"

今按:本簡"利、憲"相對,可證"憲"讀"害"無疑。

上博(五)《鮑叔牙與隰朋之諫》6 簡:"其爲不仁厚矣,公弗圖,必罷(害)公身。"

今按:"罷"即"憲"字,字中的"羽"疑爲無義繁飾。

包山簡中有一個從"心"的"愚"字:

《包山楚簡》第 198 簡:"鬼攻解於人愚。占之吉,期中有喜。"

整理者(1991:53)注[354]:"愚,讀作禹。據《説文》,人禹可能指大禹。"今按:李零讀"人愚"爲"人害"②。據文意,前後文記述的都是在"楚之歲"某"之月"、某"之日"所發生之事而卜筮祭禱,中間不應牽涉到夏初大禹。本簡"愚"當從李零釋爲"害","愚"應是"憲"字的省形。

從"心"的"憲、憲"以及"愚"都不見於《説文》。後世的字書中有"愷"字,見於《玉篇》心部、《廣韻》泰韻和《集韻》泰韻。《玉篇》《廣韻》均訓"愷,快也",《集韻》則訓"愷,忮也","忮"當爲"快"的訛字。這些字書的"愷"雖與楚簡"憲"字素相同,讀音也相同,但意義無關。另外字書中還有與楚簡完全同形的"憲"字,見於《玉篇》心部:"憲,同憲。"是"憲"的異體字,與楚簡"憲"應是同形字。

楚簡所見的"害"與"憲(罷)、憲、愚"兩類"害"字,造字時應有明確的分工。"害"是古已有之的通用字形,泛指所有的傷害;"憲(罷)、憲、愚"專指對人內在心靈、意志、精神的傷害,是無形的傷害,是僅見於楚簡的特形字。後自西周金文以來至秦國小篆寫法的"害"字統一推行,楚系文字"憲(罷)、憲、愚"遂

---

① 參見曾憲通《長沙楚帛書文字編》第 78 頁。
② 參見李零《包山楚簡研究(占卜類)》第 425—448 頁。

被罷黜,不再見諸後世。

六、楚簡"悬"與《説文》"晏"

楚簡從"心"的"悬"字,在郭店和清華簡中各出現 1 例:

　　🖬郭店《語叢二》43 簡:"㠯,自悬也。悬,退人也。"

整理者(1998:206)注[一一]:"裘按:'自'上一字疑是'㝵'或'嘩'字,讀爲'華'。"今按:整理者對"悬"字未作解釋。李零將簡文釋爲"訐,自安也,賊,退人也",將"悬"直接釋爲"安"①;劉釗讀"悬"爲"宴"②。

　　🖬清華(壹)《耆夜》3—4 簡:"樂樂旨酒,悬(宴)以二公。"

整理者趙平安(2010:153)注[一一]:"悬通'宴'。"

在其他戰國出土文獻中,從"心"的"悬"以及異體"愆"字還見於新蔡楚簡祭禱簡甲三 206 簡"文悬受四"、甲三 388 簡"愆思⊠"、乙三 33 簡"⊠爲箸告我愆所取於□⊠",和楚系金文《相公子㦙戈》銘文③,以及地籍不明的戰國古璽姓名璽 0686 號"長悬"、2590 號"江悬"、3278 號"□悬"中。新蔡葛陵楚簡中的"愆"字應是"悬"字的變體,上部的"俀"應是"偃"的簡省。"悬"很有可能是一個楚國文字。

"悬"顯然是一個在原"晏"字上增加表意形符以使意義更加明確的纍增字。"悬"字是應讀"安"或者"宴",抑或應讀"晏"或其他的字?我們還是先分析它的原字"晏"。

"晏"字見於甲骨文,寫作🖬、🖬、🖬、🖬、🖬諸形。早期的"晏"字寫作"女"上面一個人頭。李孝定釋"晏"字曰:"(晏)訓安從日無義,契文象女子晏坐之形,上從ᗝ像頭,篆變從日者,古文於空廓中每加小點爲紋飾,遂似從日矣。"④林義光則認爲"晏"字從"日",甲骨文上作ᗝ形者是"日"形的簡省⑤。筆者認爲李孝定的解釋更爲合理可信。"晏"的字形像一個寧静安坐、閒適祥和的女子,本義是"安寧、安定"。甲骨文中"晏"除用作方國名、族名、人名外,主要用來表示"安"的意思。如:

　　乙巳卜,㱿貞:有疾,身不其晏?　　　　　　　　(《合集》376 正)

　　貞:叀告晏,令……。　　　　　　　　　　　　(《合集》23693)

①　參見李零《郭店楚簡校讀記》(增訂本)第 222 頁。

②　參見劉釗《郭店楚簡校釋》第 207 頁。

③　參見李守奎《楚文字編》第 623 頁。

④　李孝定《甲骨文字集釋》第十二卷,轉引自李圃《古文字詁林》第九册第 858 頁。

⑤　林義光《文源》卷十,轉引自李圃《古文字詁林》第九册第 858 頁。

疾齒,旻?　　　　　　　　　　　　　　　　（《合集》6484 正、6486 正）

貞:疾止(趾),旻?　　　　　　　　　　　　　（《合集》7537）

告旻於父丁,一牛。　　　　　　　　　　　　（《合集》32679）

智大示祇旻? 率小示祇旻?　　　　　　　　　（《屯》2414）

其祇旻?　　　　　　　　　　　　　　　　　（《屯》1033）

等等①。後來的甲骨金文在"旻"字上部ㅇ形頭顱空廓處加點,形似"日"字,並有時將"日"移到"女"的左側或右側。到了秦篆漢隸中,本爲獨體象形的𡚰字就訛變成從"女"從"日"的合體字了。在周秦時代,"旻"字逐漸被音近義通的"安、宴"所取代,直到完全不被應用,在春秋戰國秦漢的出土文獻中,已難見到"旻"字的影子。在傳世文獻中,就像段玉裁注《説文》"旻"字時所説的"今經傳無旻字"②。不過"旻"字作爲正篆被收入到《説文》中。《説文》女部:"旻,安也。從女、日。《詩》曰:'以旻父母。'"徐灝認爲:"旻從女、日,未詳其恉。……《繫傳》作'旻省聲'是也。"③王筠認爲:"旻"字《説文》從"女"從"日","文不成義。然小徐'從女、旻省聲'則尤不可通。蓋此字本不可解"④。又:"旻字從女、日不成意,小徐本'從女、旻省聲'則更亂道矣。引《詩》又無此語。大約此字固許君所收。既有宴、匽二字,苟無旻則無從得聲也。其説解則恐後人增之。"⑤這個弄得清代學者一頭霧水、不得其解的"旻"字,就是因爲它最初的字形𡚰,在後來頭部被增加了無義的一"點"紋飾,到篆文發生了本質性的訛變而引起的。

　"旻"字在戰國文字中已屬罕見。《古璽彙編》姓名璽 0789 號有"長旻",其中"旻"字寫作左"女"右"日"。"長旻"即"長久平安"之義。"旻"在戰國楚簡中也偶有所見。如:

　𢎿清華(壹)《金縢》9 簡:"天疾風以雷,禾斯旻(偃),大木斯拔。"

今按:本簡"旻"用作其同源分化字"偃",表示倒臥的意思。

　由此可見戰國時期"旻"字還存在於出土文獻中。從楚簡簡文來看,𢎿(旻)字與甲骨文"旻"作𡚰、𢎿、𡚰的形體相近,也跟"悤"字上部的𢼄(旻)形體相近,"女"上面仍是空廓的人頭而不是"日"字。筆者認爲,"旻"就是"悤"的古字,

<hr />

① 　以上卜辭例句均轉引自王寧《釋"蝮"》。

② 　段玉裁《説文解字注》第 621 頁。

③ 　徐灝《説文解字注箋》,轉引自丁福保《説文解字詁林》第 3046 頁。

④ 　王筠《説文解字句讀》第 498 頁。

⑤ 　王筠《説文釋例》,轉引自丁福保《説文解字詁林》第 3046 頁。

“悬”是“晏”的後起增形今字。朱駿聲“晏”字下認爲“此字疑即安之古文”①，李零將郭店《語叢二》43 簡“自悬”將釋爲“自安”②，在意義上都沒有問題，但在字形上卻難以建立聯繫。“安”字在楚簡中是一個極常見的字，通常字形一是在“安”字下再加“宀”符，寫作 ![字形]郭店《緇衣》8 簡；二是把“安”的“宀”符移到“女”的下面，寫作 ![字形]郭店《魯穆公問子思》4 簡；三是把“宀”符移到“女”的右邊，寫作 ![字形]郭店《緇衣》15 簡；四是在“女”的右邊添加一指事符號，寫作 ![字形]郭店《老子丙》3 簡。通觀楚簡，沒有在“女”上著一圓頭的寫法。所以清華（壹）《金縢》9 簡的 ![字形]是“晏”字而不是“安”字，因而郭店《語叢二》43 簡的 ![字形]和清華（壹）《耆夜》3—4 簡的 ![字形]，也自當是“悬”字而不是“宓”字③。

“悬”和“宴”都是“晏”的後起增形今字，兩者應是同義平行而又相區別的關係，楚簡的整理者和研究者釋“悬”爲“宴”，是以常見字釋罕見異體字。古音“晏悬宴晏偃安”均屬影母元部字，從語源角度看，他們音近義通，是一組同源派生詞。“悬”在楚簡中仍然表示“晏”字“安寧、安定”的本義，所不同的是它通過增加意符“心”，突出其所指的是内心世界的安寧、寧静，與表示外部動作、容態安寧、寧静的“晏”有所區別。在後世文獻中“悬”字完全消失，“晏”字僅保留在《説文》中，“安、宴、晏”則成爲常用字而通行於世。

七、楚簡“瘵”與《説文》“疾”

疾病的“疾”在楚簡是常見字，寫作“疾”。僅有 1 例寫作從“心”的“瘵”：

![字形]清華（叁）《赤鳩之集湯之屋》8 簡：“是使后瘵（疾）疾而不知人。”

整理者劉國忠（2012：169）注［一九］：“瘵，讀爲疾速之‘疾’，下一‘疾’字則指疾病。”今按：也可能“瘵”指疾病，下一“疾”指迅疾。簡文“疾”字作 ![字形]。“瘵”是在疾病之“疾”上增加“心”符的纍增字。

“疾”字在甲骨文中就出現了，寫作 ![字形]《殷墟書契後編》下 35.2、![字形]《殷墟文字乙編》383，從“大”從“矢”，象人中箭受傷，是“疾”的初文、古字。西周早期的金文開始出現了把“大”符換成“疒”符的 ![字形]《否叔卣》，但直到西周晚期，仍有寫作從“大”從“矢”的 ![字形]《毛公鼎》。王國維《毛公鼎銘考釋》：“疑‘疾’之本字，象人亦下箸矢形。

---

① 　朱駿聲《説文通訓定聲》第 703 頁。

② 　參見李零《郭店楚簡校讀記》（增訂本）第 222 頁。

③ 　“宓”見於雲夢睡虎地秦簡《日書乙》2 簡，寫作 ![字形]。亦見於燕國《襄宓君�》銘文。董蓮池《金文編補校》第 467 頁說：“此文從‘心’從‘安’，應隸作‘宓’，釋爲‘安’。‘安’有寧義，與心相關，‘寧’即從‘心’，故‘安’亦可從心作。釋‘宓’爲‘安’，其實與釋‘圖’爲‘圖’道理相同。”楚簡“晏”聲字或從“安”聲，如上博簡（八）《子道餓》“妟也修其惪行”，“妟”即“偃”字異體。

古多戰事,人箸矢則疾矣。"①春秋之後就都寫作從"疒"從"矢"的"疾"了。

《説文》疒部:"疾,病也。從疒,矢聲。"段玉裁注:"矢能傷人,矢之去甚速,故從矢會意,聲字疑衍。"②"疾"字以箭矢傷人會意疾病之義,由創傷、外傷泛指身體的各種疾病、傷痛。王符《潛夫論・思賢》説:"疾者,身之病。"具體而言,"疾"和"病"都是指人的肉體、器官受到的傷害和産生的病變。

迄今爲止的出土文獻和傳世文獻,除楚簡外,未見過從"心"的"㾖"字。但漢語"疾"自古以來除了指身體髮膚之病外,還用來指人的心理意識、思想情感對不喜歡、不愛好的事物産生的排斥性反應。"疾"有"擔心、憂慮"的意思,如《論語・衛靈公》"君子疾没世而名不稱焉";有"抱怨、埋怨"的意思,如《管子・君臣》"有過者不宿其罰,故民不疾其威";有"反感、排斥"的意思,如《尚書・康誥》"於父不能字厥子,乃疾厥子";有"嫉妒"的意思,如《戰國策・秦策五》"其爲人疾賢妒功臣";有"憎惡、仇恨"的意思,如《詩經・檜風・隰有萇楚序》"國人疾其君之淫恣"等等。"疾"還指不好的心理意識、不健康的思想情感,即人性的缺點、毛病,如《孟子・梁惠王下》所謂"寡人有疾,寡人好色"。楚簡的"㾖"字,似乎是爲非是"身"疾而是"心"疾專造的一個字。比較楚簡的"病"字也寫作從"心"的"㾖","疾病"和"㾖㾖"在字形上兩兩相對,體現了楚國的造字者對於"身"和"心"的區分。

八、楚簡"宓"與《説文》"定"

"安定"的"定"字,在戰國楚簡中大多寫作常見通用的"定",簡文寫作🔲郭店《老子甲》14 簡、🔲郭店《老子乙》15 簡、🔲上博(二)《容成氏》16 簡、🔲上博(三)《中弓》16 簡等。《説文》宀部:"定,安也。從宀,從正。"徐鍇《説文繫傳》、段玉裁《説文注》均改作"從宀,正聲"。《周易・家人・彖》"父父,子子,兄兄,弟弟,夫夫,婦婦,而家道正。正家而天下定矣","定"應是"從宀,從正,正亦聲"。"定"和"安"都從"宀",本義是安穩、安寧的意思,造字的本意是指家庭的平安、和諧穩定。從甲骨文、金文到小篆,"定"的字形均從"宀"和"正",字義也基本上没有變化。

但是在戰國楚簡中出現了從"心"的"宓"和"悳"字,用作"定"。"宓"的辭例爲:

> 🔲上博(六)《用曰》8 簡:"鼓惠蓄,宓(定)保之亟。"

整理者張光裕(2007:294)注:"《逸周書・周書序》:'武王平商,維定保天室,規

① 王國維《王國維全集》第十一卷第 292 頁。
② 段玉裁《説文解字注》第 348 頁。

擬伊洛,作《度邑》。’《左傳·襄公二十一年》:‘《書》曰:“聖有謨勳,明徵定保。”’《尚書·胤徵》:‘嗟予有眾,聖有謨訓,明徵定保。’”今按:本簡“鼓”原字作🀄,何有祖改釋“樹”①,極是,“樹”與“蓄”相對,都是動詞。但是“樹惠蓄”仍然不通,因此顧史考認爲“‘樹’字前似亦可補一個‘德’字”②。顧史考之説言之有理。由於“樹”是第8簡第一字,與第7簡尾字“心□”義不相連,因此“樹”前確有可能闕一與“惠”意義相近的如“德、恩、仁、信”之類的名詞③,“□樹”與“惠蓄”並列。

　　“宓”爲“安定”之“定”,整理者釋“宓保”爲“定保”可信。“定保”是上古成語,意爲“安定”。“保、安”義近,《詩經·小雅·天保》“天保定爾”,鄭箋:“保,安也。”簡文“亟”疑讀爲“極”,“宓(定)保之亟”意爲“安定國家的最高準則”,與《尚書·胤徵》“聖有謨訓,明徵定保”意義相關聯。《尚書·胤徵》孔安國傳:“徵,證。保,安也。聖人所謀之教訓,爲世明證,所以定國安家。”

　　“悪”字的辭例爲:

　　🀄清華(貳)《繫年》127—128 簡:“陽城洹(桓)悪(定)君率犢關之師與上國之師以交之。”

整理者李守奎(2011:198)注[六]:“‘洹悪’當是此封君的謚,讀爲‘桓定’。”

　　🀄清華(貳)《繫年》135 簡:“陽城洹(桓)悪(定)君。”

今按:整理者李守奎釋“洹悪”爲謚號“桓定”,極是。古代謚法謂闢土服遠曰桓、克敬勤民曰桓、闢土兼國曰桓,大慮靜民曰定、安民大慮曰定、安民法古曰定、純行不二曰定。桓、定都是褒謚,歷代以來謚以桓、定的君王和名臣不在少數。“悪”應爲“定”字的異體。

　　“定”與“安”同義,“定”應指“身家性命”的“安定”,如《國語·晉語二》“定身以行事謂之信”,和《吕氏春秋·必已》“以定其身”之“定”。“定”除指“家安、身定”之外,也指心性、精神的安定和寧靜,如《禮記·大學》“知止而後有定”,孔穎達疏:“既知‘止於至善’,而後心能有定,不有差貳也。”“定而後能靜”,孔穎達疏:“‘定而後能靜者’,心定無欲改,能靜不躁求也。”這裏的“定”是指心中道德向往的一種純淨安祥的境界。又如《論衡·論死》“人之未死也,智

① 何有祖云:“‘樹’,原釋爲‘鼓’。按:郭店《語叢三》46 號簡有‘樹’作,字形與之同,當釋爲‘樹’。”見《讀〈上博六〉劄記》。
② 顧史考《上博楚簡〈用曰〉章解》。
③ 《用曰》共 20 簡,研究者不同的編連有“3+8”“4+8”“11+8”“12+8”等。本簡上端契口清晰,所闕字應爲上簡之末字。

惠精神定矣；病則昏亂，精神擾也"，和《易經·屯卦》"利建侯"，王弼注"得主則定"，陸德明《經典釋文》"本亦作則寧"，這裏的"定"，是指内心、精神的鎮定、寧靜。在後來的佛教概念中，"定"引申指一種純净無欲的心靈境界。心定即心安、心固，心不定則神不安、心不固①。楚簡"悥、悥"正是爲内心和精神之定而專造的字。身定和心定，在傳世文獻中都寫作"定"。通過楚簡我們得知，在歷史上曾經有過身"定"與心"悥、悥"的區分②。

九、楚簡"悥"與《説文》"尤"

楚簡目前未見有"尤"字。但有一個可以隸作"蚤"的字，讀爲"尤"：

（符）郭店《尊德義》28—29 簡："德之流，速乎置蚤而傳命。"

整理者（1998：175）注［一五］"裘按"讀"置蚤"爲"置郵"，即《孟子·公孫丑上》"孔子曰：德之流行，速於置郵而傳命"。今按：裘按是。"蚤"在簡文中通假爲"郵"。傳世文獻"尤"常通假爲"郵"。《孟子·梁惠王下》"君無尤焉"，焦循《孟子正義》："尤、郵古字通。"《尚書·君奭》"越我民罔尤違"，孫星衍《尚書今古文注疏》："尤，同郵。"《文選·盧諶〈贈劉琨一首〉》"眷同尤良"，李善注："尤與郵同，古字通。"

（符）上博（六）《競公瘧》10 簡："自姑蚤（尤）以西，聊攝以東。"

整理者濮茅左（2006：185）注："蚤，今本作'尤'，同源字，古地名。姑、尤指姑水、尤水，即今山東半島中部的大沽河、小沽河。《春秋左傳·昭公二十年》：'姑尤以西。'杜預注：'姑、尤，齊東界也。'"

除了郭店簡、上博簡和清華簡外，其他楚簡隸作"蚤"、讀爲"尤"的還見於望山楚簡，辭例爲：

（符）《望山楚簡》9 簡："尚毋爲大蚤。"

整理者（1995：90）注［二一］認爲："蚤"疑爲"蚤"字的異寫，讀爲"慅"，訓"憂也"。今按：陳劍據郭店簡《尊德義》28 簡"蚤"讀"郵"，把"蚤"讀爲"過失"意義的"尤"，即《周易》"無尤"、《左傳》襄公二十二年"懼爲大尤"中的"尤"③。袁金平認爲：望山楚簡的"尚毋爲大蚤"與新蔡葛陵楚簡的"不爲憗""尚毋爲蚘""毋爲悥""不爲説""不爲忧"是一致的④。今按：陳氏和袁氏之説可從，"大蚤"即"大尤"，意爲"大患、大憂"。

---

① 《左傳》桓公十三年："莫敖必敗，舉止高，心不固也。"
② "悥"字還在璽文中出現過，寫作（符），見湯餘惠《戰國文字編》第 721 頁引《中國璽印集粹》1 例。
③ 參見陳劍《據楚簡文字説"離騷"》。
④ 參見袁金平《新蔡葛陵楚簡字詞研究》第 33 頁。

楚簡或在“蚤”字中“又”符的手腕處附加一個半圓形的⊂字符,研究者隸定爲“蚘(蚩)”。“蚘(蚩)”的用法跟“蚤”相同。例如:

  🐎《新蔡葛陵楚墓》甲三143簡:“尚毋爲蚩(忧)。”

  🐎《新蔡葛陵楚墓》甲三182簡:“司馬蚩逗於□□。”

根據新蔡簡“蚘(蚩)”的字形和辭例,望山楚墓9簡的“蚤”跟新蔡簡“蚘(蚩)”當是異體字。袁金平認爲:望山簡和郭店簡的“蚤”與新蔡簡的“忑、憋、蚘、詋、烋”諸字,“當爲一字異體,一從‘又’得聲,一從‘尤’得聲,其聲符發生了變換”①。袁氏之説可從,郭店簡和上博簡的“蚤”均當爲“蚘(蚩)”的異體字,“又、尤”音近聲符互通。

《説文》乙部:“尤,異也。從乙,又聲。”甲骨文、金文的“尤”是在“又”符手腕處附加一橫劃、斜劃個或半圓形的⊂符作爲指事符號,以區別於“又”,但仍從“又”聲。《説文》所釋並非“尤”的初形本義,前人多有論述,此不贅述。“蚘”是“尤”的後起今字。金文《魚顛匕》銘文🔲🔲蚩蚘,即“蚩尤”。上博(五)《融師有成氏》7簡“蚩尤作兵”,“尤”簡文🔲,亦從“虫”作“蚘”。《周禮·春官·肆師》“表貉”,鄭玄注:“其神蓋蚩蚘。”《集韻》尤韻:“蚩蚘,古諸侯號。通作尤。”均可證楚簡的“蚘”即“尤”字。

楚簡所見另一“詋”字,也跟“蚤”用法相同:

  🔲《新蔡葛陵楚墓》零204簡:“女子之感,又疴疾作,不爲詋(忧)。”

今按:《説文》言部:“詋,罪也。從言,尤聲。《周書》曰:‘報以庶詋。’”今本《尚書·吕刑》作“報以庶尤”,劉逢禄《尚書今古文集解》:“尤,《説文》引作詋。”《論語·爲政》“多聞闕疑,慎言其餘,則寡尤”,劉寶楠《論語正義》:“詋、尤義同。”《論語·憲問》“不尤人”,劉寶楠《論語正義》:“尤,即詋省。”《詩經·鄘風·載馳》“許人尤之”,陸德明《釋文》:“尤,本亦作詋,音同。過也。”②“詋”是“尤”的今字、分化字,有怨恨、怪罪或災禍的意思,在本簡中應爲災禍之義。“蚘(蚩)”從“虫”“尤”聲,“蚤”從“虫”“又”聲,“詋”從“言”“尤”聲,它們是一組聲符不同的異體字,都是“尤”的增形今字,表示“憂患、過失、罪愆、災異”等意義。

在“蚤、蚘(蚩)、詋”形義分析的基礎上,我們再分析楚簡從“心”符的“忑、忎、憋”的形義。其辭例爲:

---

① 參見袁金平《新蔡葛陵楚簡字詞研究》第33頁。

② 陸德明《經典釋文》第61頁。

⿰馬心上博（六）《用曰》4 簡：“德徑於康，悥好棄恷，五刑不行。”

整理者張光裕（2006：289）將⿰馬心隸作“恷”，無説。今按：何有祖改釋爲“憂”，讀爲“尤”，訓爲“過”①。當從何説，隸作“忎”，讀同“尤”。

上博（八）《志書乃言》6 簡：“得忎（宏）於邦多矣，吾欲致爾於罪。”

整理者陳佩芬（2011：223）注：“忎，《説文》所無，從心，厷聲，讀爲‘宏’。《爾雅·釋詁》：‘宏，大也。’”今按：此簡字同上例，亦應隸作“忎”，讀同“尤”②。

清華（叁）《良臣》2 簡：“文王有忎（閎）夭。”

今按：“忎夭”即傳世文獻中的“閎夭”，是西周開國功臣，西伯姬昌的“四友”之一。

以上三簡整理者都隸作“忎（忎）”的字，實際上是兩個不同的字。《用曰》的⿰馬心和《志書乃言》的⿰馬心是同一字，右上部所從字形的筆勢，是在“又”符手腕處附加一半圓形的⊂符作爲指事符號，與楚簡“蚘、詋、忧”所從之“尤”完全相同，當隸作“尤”。因爲“尤”的簡文，又與“厷”字的甲骨文⿰、⿰、⿰和金文⿰、⿰相似，整理者因此誤隸作“忎”。楚簡中“厷”以及從“厷”的字形是⿰（厷）上博（二）《民之父母》9 簡，⿰、⿰、⿰（雄）郭店《語叢四》14、16、26 簡，⿰（忎）上博（四）《曹沫之陣》56 簡，⿰（鈜）《包山楚墓》44 簡，⿰（扷）《包山楚簡》169 簡，⿰（迸）《信陽楚墓》2.4 等等。字中“厷”左下方是一個與“又”分離的圓形字符，清華簡（叁）《良臣》中的⿰也是如此。這是楚簡特有的區別，跟甲骨文、金文不同。所以《用曰》的⿰馬心和《志書乃言》的⿰馬心都是“忎”字，是“尤”的增形異體字，表示“過錯”的意義。而《良臣》中的⿰，右上纏是楚簡寫法的“厷”，纏應隸作“忎”。

除了郭店簡、上博簡和清華簡外，其他楚簡隸作“忎”、讀同“尤”的還有：

⿰《信陽楚墓》39 簡：“貳言忎也。”

今按：商承祚《戰國楚竹簡匯編》隸作“忎”。劉雨改隸作“忧”③。當隸作“忎”，釋爲“憂”。

⿰《新蔡葛陵楚墓》甲三 198 簡：“尚速出，無爲忎。”

今按：本簡字亦當同上，隸作“忎”，釋爲“憂”。

⿰《新蔡葛陵楚墓》甲三 10 簡：“先，小有外言感也，不爲憖（忧）。”

宋華強云：“‘憖’，又作‘蚘’、‘忧’、‘忧’、‘詋’，整理者皆讀爲‘忧’。邴尚白、

---

① 參見何有祖《讀〈上博六〉劄記》。

② “簡帛”網“中國古代簡帛字形辭例數據庫”釋爲“爾使我得忧（尤）於邦多已”。

③ 參見劉雨《信陽楚簡釋文與考釋》第 126 頁。

袁金平改讀爲'尤',可信。"①

      🔣《新蔡葛陵楚墓》甲三 61 簡:"成敢用解過釋愁(愁)。"

宋華强云:"'愁'……其字從'尤'爲聲,當讀爲表示罪過、過失之'尤',與'過'同義。"②

    楚簡"忥",整理者和研究者或隸作"忧"。但楚簡的"忧"不是《説文》訓爲"不動也,從心,尤聲"(段玉裁改爲"心動也")的"忧",而是在古字"尤"上增加"心"符而成的今字。"愁"也是在"蚘"上增加"心"符的今字。"心"符"忥、愁"的用法跟"虫"符的"蚤、蚘"和"言"符的"訧"完全一致。很顯然,"忥"跟"蚤"和"訧","愁"跟"蚘",都是形符不同、彼此對應的異體字。但從造字的理據來看,它們具體的意義指向又有所區别。"蚤、蚘"從"虫",體現虫、蛇之類動物對於人類造成的"憂患";"訧"從"言",表現用言語形式表達的"憂患";"忥、愁"從"心",突出人内心的"憂患",這是戰國楚人獨有的創造。"蚤、蚘、訧、忥、愁"既是"尤"的異體字、纍增字,也是"尤"的今字、分别文,字義各有側重。從"言"的"訧"字見於春秋金文《黿訧鼎》,寫作🔣,後收入《説文》中。從"虫"的"蚘"字則於戰國金文《魚顛匕》和楚簡之後失傳了,未被《説文》收録。《廣韻》灰韻:"蚘,人腹中長蟲。"户恢切。則爲"蛕(蛔)"字異體,與戰國古文"蚘"字音義無干。而從"心"符的"忥、愁"衹見於楚簡,不見於其他出土文獻,也不見《説文》以及上古傳世文獻。後來的字書,《汗簡》心部"尤"作🔣,《古文四聲韻》尤韻"尤"引王庶子碑作🔣,均從"心"作,可以呼應戰國金文和簡文的"忥"。

十、楚簡"忐"與《説文》"乚"

    楚簡中没有出現傳世文獻中常見的"隱"字。有一個可讀爲"隱"的字"忐",整理者隸作"忆",辭例僅一見:

      🔣郭店《唐虞之道》7 簡:"世亡忐德。"

整理者(1998:159)注[九]:"忆,從'乚'聲,亦通作'隱'。"

    《説文》乚部:"乚,匿也,象迟曲隱蔽形。凡乚之屬皆從乚。讀若隱。"小篆字形作🔣,於謹切。段玉裁注:"迟曲見辵部,隱蔽見阜部,象逃亡者自藏之狀也。"③《玉篇》乚部:"乚,今作隱。"傳世文獻中"乚"字十分罕見,隱匿之義都寫

---

①　宋華强《新蔡葛陵楚簡初探》第 368 頁。

②　同上第 293 頁。

③　段玉裁《説文解字注》第 634 頁。

作"隱"。《説文》𨸏部："隱，蔽也。從𨸏，㯯聲。"徐灝注箋云："隱之本義蓋謂隔𨸏不相見，引申爲凡隱蔽之稱。"①《玉篇》𨸏部："隱，不見也，匿也。"本簡從"心"的"忐"字，學者也都釋爲"隱"字。

楚簡中有一個跟"乚"相關的"𠃆"字，在《説文》中是"曲"字的古文，整理者直接釋作"曲"。辭例如：

　　乚郭店《六德》43—44 簡："能守一曲焉，可以緯其惡。"
　　乚上博（五）《弟子問》13 簡："不曲防以去人。"
　　𠃆上博（五）《季庚子問於孔子》23 簡："當其曲以成之。"

張静認爲楚簡的"乚"與"𠃆"是同一字，因而將"忐"隸定爲"恦"，從"心""曲"聲，讀爲"曲"，釋郭店簡"恦德"爲"邪曲不正的德行"②。我們認爲，在《説文》和楚簡中，"乚"和"𠃆"都是形音義都不相同的兩個字，没有證據證明"乚"和"𠃆"是同一字，文獻中也没有"曲德"的辭例。孔廣居《説文疑疑》"乚"字注云："乚即隱之古文。蔽也，匿也。有所掩蔽方可藏匿。其文上曲而下袤，曲阿袤徑，隱藏之地也。人心袤曲，則必隱其惡而蔽其明。篆文隱從𨸏，會陵𨸏可以掩蔽藏匿意。"③其説甚明。"乚"和"曲"都有"隱蔽"的意義，可以訓讀，但不能混爲同一字。

我們認爲楚簡的"忐"即《説文》乚部"乚"的增形字，"乚"是"忐"的古字、"忐"是"乚"的今字，也都是"隱"的古字、異體字。簡文"忐"當釋作"隱"。所謂"忐（隱）德"，是指施德於人而不爲人知，或藏德於心、自養其德。"隱德"一詞傳世文獻多見，如《後漢書・方術列傳・李郃》"太守奇其隱德，召署户曹史"、《晉書・王湛傳》"初有隱德，人莫能知"、南朝梁釋慧皎《高僧傳・義解・道淵》"潛光隱德，世莫之知"、韓愈《進順宗皇帝實録表狀》"陰功隱德，利及四海"等。同時"隱"字本身也有與"心"相關的引申語義。《詩經・邶風・柏舟》"耿耿不寐，如有隱憂"，毛傳"隱，痛也"，孔穎達疏："如人有痛疾之憂，言憂之甚也。""隱"指内心的痛苦、憂傷。《孟子・梁惠王上》"王若隱其無罪而就死地也，則牛羊何擇焉"，趙岐注："隱，痛也。"此即"惻隱"之"隱"，是哀痛、憐憫、同情之意。這些語義也是"忐"字從"心"的造字依據。

楚簡還有一個類似於"忐"的"汇"字：

　　怹郭店《尊德義》17—18 簡："因恒則固，察辷則亡避，不黨則亡怨。"

---

① 徐灝《説文解字注箋》，轉引自丁福保《説文解字詁林》第 3498 頁。
② 參見張静《郭店楚簡文字研究》第 175 頁。
③ 孔廣居《説文疑疑》，轉引自丁福保《説文解字詁林》第 3103 頁。

該字整理者未釋。李零釋爲"察曲則無僻",釋"乛"爲"曲"①；劉釗釋爲"察乛(匸)則亡(無)避(僻)",並謂："'乛'字從'匸','匸'有掩藏義,又讀同'衺',而典籍'衺'訓爲'惡'或'不正'。"認爲"乛"即《説文》匸部"衺徯有所俠藏也,讀與俠同"的"匸"②。我們認爲,"乛"中的匸符構形之意與"乚"字類似,象曲框中有物藏匿,可能是戰國時人爲藏匿之"匿"所造的專字。《尊德義》的"察乛"當讀爲"察慝"。聯繫楚簡的"忈"字,"乛"字中的"匸"可能是"乚"形的增筆,"乛"或可隸作"辶",其意類似於"曲行也"意義的"迟"字,會意"逃亡者自藏之狀",是"隱"的又一異體字③。"察乛則亡避"意爲"明察隱匿則無逃避之處"。

　從造字理據來看,"乚"以直角形成的一隅表示隱藏之意,從"阜"的"隱"是藏於山中的"隱",都是行爲的、静態的"隱"；從"辵"的"乛"是表示逃匿的、動態的"隱"；而從"心"的"忈"則是藏於心中的"隱"。傳世文獻中如"惻隱、哀隱、隱德、隱情、隱意、隱心、隱性、隱志、隱懷"等,都是楚簡"忈"字所要表達的語義。

第七節　楚簡"心"符本字與《説文》非"心"符假借字

一、楚簡"㦎"與《説文》"義"

　"仁"與"義"是中國傳統哲學和倫理學中的一對重要概念,是儒家"五行"和"六德"中最重要的兩個德目,自亞聖孟子以來直至現代,常常相提並論、聯袂出現。但從字形上來説,從"人"從"二"的"仁"字出現相當晚,不見於戰國之前的出土文獻④。而"義"字在出土文獻中卻出現很早,見於殷商甲骨文,寫作羊、羊、羊、羊諸形,不過其用例較少,衹用作地名,字義不明。兩周金文"義"字寫作羊、羊等形體,有三種用法：一是用作人名,如西周《仲義父鼎》《義伯簋》、春秋《徐王義楚盤》；二是偶爾用作"宜",如西周《師旋鼎》"義(宜)播諸厥不從"、春秋《者汈鐘》"勿有不義(宜)"；三是大量用作威儀之"儀",如西周《叔向簋》"秉威義(儀)"、《虢叔鐘》"皇考威義(儀)"、《沇兒鐘》"淑於威義(儀)",春秋《蔡侯盤》"威義(儀)遊遊"。"威義(儀)"是金文中常用之恒語。甲骨文、金文

---

① 　參見李零《郭店楚簡校讀記》(增訂本)第 182 頁。
② 　劉釗《郭店楚簡校釋》第 130 頁。
③ 　"簡帛"網"中國古代簡帛字形辭例數據庫"即把忈歸入"隱"字字形。
④ 　參見劉寶俊《論戰國古文"仁"字》。

"義"字字形與《説文》"義"字篆文一脈相承,形體相同,均從"我"從"羊"。兩周金文"義"的"威儀"之義,亦爲《説文》之所從。此時的"義"似乎尚未産生後世文獻"仁義、正義"之"義"的意義。

《説文》我部:"義,己之威儀也。從我、羊。羛,墨翟書義從弗。"以"己"釋"義",是因爲"義"字從"我"。根據許慎對"義"字的歸部和字形的解釋,"義"是一個從"我"從"羊"的會意字,是"威儀、儀態"之"儀"的本字。許慎之後,學者對"義"字字形和字義有不同的分析理解,甚爲淆雜歧異。徐鉉在校訂《説文》"義"字時説:"此與善同意,故從羊。宜寄切。"①徐鍇云:"'義'者事之宜也。……故於文'羊''我'爲'義'。羊者美物也,羊,祥也。……我者,己也。人言之,己斷之。"②二徐都認爲"義"字從"我"從"羊"會意,但認爲是"仁義"之"義"的本字,跟許慎對字義的解釋不同。段玉裁注"義"字曰:"古者威儀字作義,今仁義字用之。儀者,度也。今威儀字用之。誼者,人之所宜也。今情誼字用之。……義爲古文威儀字,誼爲古文仁義字。"③鈕樹玉云:"《玉篇》魚奇切,己之威儀也。又宜寄切,仁義也。分別甚善。《廣韻》止收去聲,平聲作儀。"④認爲"義"讀平聲是"己之威儀"之"儀",讀去聲則是"仁義"之"義"。惠棟也説:"古儀字皆作義,義字作誼,《漢書》猶然。"⑤清代學者大都認同《説文》對"義"字字義的解釋,認爲"義"是"威儀"之"儀"的本字。但在字形結構的分析上卻有不同的觀點。惠棟《惠氏讀説文記》從《韻會》引《説文》"義"字"從我,美省"會意;孔廣居《説文疑疑》認爲"從羊,我聲";朱駿聲《説文通訓定聲》認爲"從祥省,我聲";林義光《文源》則認爲"從美省,我聲"。

現代文字學家楊樹達在《釋義》一文中也認爲"義"是"威儀之儀本字",從"羊"從"我"會意,但認爲"羊"假借爲"像",字變爲後來模樣、樣子的"樣";字從"我、羊",意即"我像"或者"我樣"⑥。楊氏以今言釋古字,似不可信。馬敍倫認作"從我,羊聲",意爲"宜"或"儀"⑦。然而古音"羊"屬陽部云母,"義"歸歌部疑母,雖然聲母相近,但韻部相隔很遠。馬氏以"羊"爲聲符之説甚爲奇觚,亦不可信。徐中舒引《説文》"義"字段玉裁注"從羊與善美同意"以及《詩經·大

---

① 許慎《説文解字》第 267 頁。

② 徐鍇《説文解字繫傳》第 307 頁。

③ 段玉裁《説文解字注》第 633 頁。

④ 鈕樹玉《説文解字校録》,轉引自丁福保《説文解字詁林》第 3098 頁。

⑤ 參見惠棟《惠氏讀説文記》,轉引自丁福保《説文解字詁林》第 3098 頁。

⑥ 參見楊樹達《積微居小學金石論叢》第 26—27 頁。

⑦ 參見馬敍倫《説文解字六書疏證》卷二十四,轉引自李圃《古文字詁林》第九册第 995 頁。

雅・文王》“宣昭義問”傳“義，善也”，疑“義”字從“羊”、本義當爲“善”①。姚孝遂、何琳儀、黄德寬等大多數學者都認爲《説文》“義”字“從我、羊”不可解，當從“羊”“我”聲②。劉翔則據“美”字商承祚先生釋作“疑象人飾羊角之形”、李孝定釋作“似象人首插羽爲飾”，認爲甲骨文的“義”字構形是象形字，象兵器“我”上插飾羽毛以爲美飾之儀仗，引申爲儀容、威儀之義。後因羽飾形近“羊”，而訛變爲“從我從羊”會意③。

《説文》以及上引古今各家對“義”字形義的分析，互不相同，各有長短。筆者認爲，上述諸訓中，以姚孝遂、何琳儀、黄德寬和劉翔等人的分析較爲近理。“義”字當是從“羊”“我”聲的形聲字，但是所從之“羊”，應非指牲畜的“羊”，而是“象人飾羊角之形”。“義”是“戴羊冠手執戈形武器”之形，本指人的“威儀、容儀”，即“儀”的古字④。而“誼”則是“仁義”之“義”的本字。“義”與“儀”、“誼”與“義”都是古今字的關係。《漢書》中尚用古字而不用今字。《玉篇》中“義”讀平聲是表示古義“威儀”的意思，讀去聲則是今義“仁義”之意；而《廣韻》“義”唯讀去聲表示今義，表示古義的平聲一讀則被今字“儀”替代。

戰國出土文獻中的“義”字，繼承了殷商甲骨和兩周金文的形體，大都寫作上“羊”下“我”；在意義上，除一如以前用作人名和地名，並繼承兩周、春秋金文“威儀”之“儀”以及“適宜”之“宜”的意義外，還産生了“仁義、正義”的意義。

戰國出土文獻用作人名的“義”，多見於古璽中的姓名璽，如《古璽彙編》姓名璽中的晉璽 1115 號“高義”、2119 號“毛義”，以及“肖（趙）義”等，與前代“義”字的形體結構相同；燕璽 0601 號“王義”、1217“牛義”、2839 號“義翏”等，其字形作 𦫵、𦫵、𦫵，下部“我”左右分開或分開反寫，與“義”的常見寫法略有變異，但仍爲上“羊”下“我”的組合。這些人名中的“義”，其意義究竟是“義”，還是“宜”或者“儀”，均不甚明。但晉璽 5606 號人名“長義”，和《故宫博物院藏古璽印選》448 秦璽、《十鐘山房印舉》三・二九秦璽人名“張義”，以及秦王二年、四年、十三年的秦國銅器銘文《相邦義戈》中的“相邦義”，都應是傳世文獻中的

---

① 參見徐中舒《甲骨文字典》第 1381—1382 頁。
② 參見于省吾《甲骨文字釋林》第 2437 頁；何琳儀《戰國古文字典》第 857 頁；黄德寬等《新出楚簡文字考》第 2273 頁。
③ 參見劉翔《中國傳統價值觀詮釋學》第 111—113 頁。
④ 劉翔《中國傳統價值觀詮釋學》第 113 頁云：“迄今發現最早的‘從人義聲’的儀字，是甘肅武威所出的漢簡文字（參見《秦漢魏晉篆隸字形表》卷 8，第 562 頁。四川辭書出版社 1985 年 8 月版）。”何琳儀《戰國古文字典》第 857 頁隸定《侯馬盟書》的 𦫵字爲“儀”，爲漢以前文字僅見之例。

戰國著名的縱橫家、秦國國相張儀,是可以確定的。

由於戰國時期仍未産生表示"威儀"意義的"儀"字,所以戰國出土文獻表示"威儀"意義的"儀",如同之前一樣寫作"義",如戰國楚器《王子午鼎》"惠於政德,淑於威義(儀)"、齊器《叔夷鎛》"肅肅義(儀)政"。

在出土材料較多的楚系簡帛文獻中,"義"字形體有三種:"義、愗、�",此外又或寫作"宜"和"我",字形見下:

𢧢(義)、𢜽(愗)、𢞤(啓)、𡥀(宜)、𢧢(我)。

"義"寫作"宜"和"我",是通假,姑且不論。其他三種形體"義、愗、啓"中,寫作"義"的最多,寫作"愗"的次之,寫作"啓"的最少。

"義"字主要見於包山簡、新蔡葛陵簡、郭店簡、上博簡以及清華簡,字形寫作𢧢、𢧢、𢧢等,繼承了甲骨、金文上"羊"下"我"的寫法。在意義上,包山簡衹見於文書、卜筮簡,基本上用作人名,如"義牢、義癸、觀義"等;在新蔡葛陵楚簡中,"義"用作"宜"和"犧"。用作"宜"的較少,如葛陵楚簡甲 12 簡"義(宜)小瘥"、甲 23 簡"義(宜)速有間"。其他都借用作祭祀物品"犧牲"之"犧",如葛陵楚簡甲 84 簡"義(犧)馬"、乙 9 簡"兩義(犧)馬"、乙 15 簡"地主各一青義(犧)"、乙 32 簡"或以義(犧)牲、璧玉"、乙 143 簡"思爲之求四駍義(犧)",等等。而在郭店簡、上博簡和清華簡中,"義"主要用作"威儀"之"儀"和"仁義、正義"之"義"。由此可見,在不同出土地點、不同文體、不同内容和不同書手的楚簡中,"義"的用法、所表達的意義是不一樣的。

在郭店簡、上博簡和清華簡中,"義"字用作"威儀"之"儀"的如:郭店簡《五行》16 簡"其義(儀)一也",《緇衣》30 簡"敬爾威義(儀)"、45 簡"攝以威義(儀)";上博簡(一)《緇衣》16 簡"敬爾威義(儀)"、23 簡"攝以威義(儀)"。

楚簡"義"字用作"仁義、正義"之"義"的,首見於長沙子彈庫楚帛書丙篇一〇·三"除去不義"、一一·四"戮不義",在郭店簡、上博簡和清華簡中集中、大量出現。"義"除單用作"仁義、正義"之"義"外,還常常跟"仁、德、禮、理、聖、智、信、情"等表示儒家道德、德性的詞並舉或對舉,如郭店《老子丙》篇第 3 簡"焉有仁義"、《五行》第 31 簡"義禮所由生也"、《尊德義》第 1 簡"尊德義"、《唐虞之道》第 8 簡"仁而未義也",上博簡(二)《容成氏》第 9 簡"篤義與信",上博簡(五)《融師有成氏》第 1 簡"仁義聖智"等等。"義"字用作"仁義、正義"之"義",就目前所見先秦出土文獻來看,似乎衹見於戰國楚地出土的簡帛文獻,不見於其他時、地和其他載體的出土文獻①。郭店簡“義”字出現了 34 次,其中用作“義”27 次,用作“儀”6 次,用作“我”1 次。上博簡(1—9 册)“義”字出現了 33 次,其中用作“義”28 次,用作“儀”5 次。兩種楚簡“義”字共出現了 67 次,其中用作“義”55 次,用作“儀”11 次,用作“我”1 次,沒有用作其他字的。由此可見,在戰國楚簡中,“義”除繼承甲骨、金文以來的形體,用作人名地名以及“儀、宜”等前代意義,以及借作“我、犧”外,還新產生出“仁義、正義”的意義,並且這種新的意義,在戰國楚國記録學術思想内容的郭店簡、上博簡中,已經超過“義”的其他用法而成爲主要的意義。換言之,後世文獻和傳世文獻中常見的“仁義、正義”意義的“義”,其意義最早當產生於戰國時期楚國的語言文字中。這是一個很有意思的發現,對於漢語言文字學史和上古學術思想史的研究,當具有重要的參考意義。

戰國楚簡中的“義”,字形除寫作“義”外,寫作“宜”的較多見,主要出現在郭店簡《性自命出》《六德》和上博簡(一)《性情論》等篇目中。寫作“我”的不過數例,且祇見於郭店簡。“義、宜、我”三字上古音都屬於歌部、疑母,是同音通假,在意義上沒有關聯。而“義”寫作“愁”和“㥙”,則是異體字的關係。漢字中意符不同的異體字,往往體現了不同社會、文化背景下造字者對事物認知的不同角度和不同的思維方式。楚簡“愁、㥙”與“義”聲符都是“我”而形符不同,這些不依舊例、自創新體的“愁”和“㥙”,當體現了不同的造字理據和特定的思維認知,值得特別關注。

楚簡“愁、㥙”所見辭例如下:

🦌郭店《緇衣》1—2 簡:“《詩》云:‘愁(儀)刑文王,萬邦作孚。’”

今按:今本《詩經·大雅·文王》作“儀刑文王,萬邦作孚”。上博(一)《緇衣》1 簡作“詩云:‘埊(儀)型文王,墇邦作𢌿’”,整理者陳佩芬(2001:175)注:“埊,從土,我聲,《説文》所無。郭店簡作‘愁’,從心。今本作‘儀’。儀、埊皆以‘我’爲聲符,可通借。”

🦌郭店《語叢一》93 簡:“仁愁(義)爲之桌。”

🦌郭店《語叢三》9—10 簡:“與爲愁(義)者遊,益。與莊者處,益。”

---

① 戴家祥主編《金文大字典》第 3755 頁釋春秋齊器《叔夷鎛》“肅肅義政”之“義”“用作仁宜”。陳初生《金文常用字典》將春秋秦器《秦公鐘》“藹藹允義”之“義”釋作“情義”。但這些“義”學者大多釋作“儀”或“善”。睡虎地秦簡“義”共出現 3 例,其中《爲吏之道》“申之義,以擊畸”中的“義”爲“正義”之意。睡虎地秦簡書寫的年代在秦朝而非戰國。

今按:劉釗云:“‘悉’字從‘心’‘我’聲,疑爲‘仁義’之‘義’的本字。”①

　　🖹郭店《語叢三》24 簡:“悉(義),德之聿也。”

整理者(1998:213)注[三]:“裘按:‘聿’疑當讀爲‘盡’或‘進’。”

　　🖹郭店《語叢三》25 簡:“悉(義),善之方也。”

　　🖹郭店《語叢三》35 簡:“喪,仁也。悉(義),宜也。”

今按:“義,宜也”乃聲訓,與《禮記·中庸》“義者,宜也”和《釋名·釋言語》“義,宜也”文同。“義,宜也”即“義就是適宜”。

　　🖹郭店《語叢三》36—37 簡:“悉(義)處之也,禮行之也。”

　　🖹上博(四)《曹沫之陳》33 簡:“不和則不輯,不悉(義)則不服。”

　　楚簡“義”或寫作從“口”的“咅”:

　　🖹郭店《忠信之道》8 簡:“忠,仁之實也。信,咅(義)之期也。”

整理者(1998:164)注[二〇]:“咅,裘按:此字當讀爲‘義’。”今按:楚簡“咅”字在簡文中讀爲“義”。古文字中屢有“心、口”相混或相通之例,“咅”即“悉”字異體。

　　在以上各例中,“悉”個別用爲“儀”,大多用作“仁義”的“義”。從“心”的“悉”字,還出現在新蔡葛陵楚墓竹簡甲三 28 簡,但前後闕文,不知其義。葛陵楚墓墓葬時期也在戰國中期,與郭店簡、上博簡和清華簡出土墓葬時期相當,墓主是楚國的封君平夜君成。可以肯定,“悉”是“義”的異體字,是在戰國時期“義”的意義已基本完成由“威儀、儀態”轉移指“仁義”之後,楚人特地創造出來的一個專門表示内在德性、心性的“義”字。

　　在中國思想史上,對於“仁、義”的内外之爭曾形成三種典型的仁義觀,即告子的“仁内義外論”、孟子的“仁義俱内論”和董仲舒的“仁外義内論”。《孟子·盡心上》説:“君子所性,仁義禮智根於心。”《孟子·告子上》説:“仁義禮智,非由外鑠我也,我固有之也。”孟子認爲,仁義禮智四行都是内在於人心的善端,仁、義等道德都是植根於人心的本性,是人心固有的天性,因而是内在的。與“仁義”之“仁”寫作“息”字、僅見於戰國楚簡一樣,“悉”字也是一個僅見於戰國時期楚國的文字,同時也是一個著意突出“仁義在於内心”,以區别於源自外表儀態之“義”的特形字。楚簡“仁義”二字意符均從“心”、寫作“息悉”,是戰國時期孟子的仁義觀在文字上留下的痕跡。戰國思孟學派的心性之學,把前期

儒家所主張外推的道德範疇,改變推行的方式和方向,主張由外而内,强調個人德性、心性的修養。楚簡“義”寫作“悊”,是對於告子“仁内義外”説的一個反動。它説明“義”不僅僅是外在的行爲、表現,而且與“仁”一樣,也是人内在的德性、心性,這是孟子“仁義内在”思想在文字中的生動體現。正如哲學家龐樸所言:“義”寫成“悊”,“是儒學走向心性論研究、相信人道源於人心的又一表現”①。

在春秋戰國時期的思想家中,孔子主談“仁”,墨子主談“義”,孟子兼談“仁義”。《説文》中記録了《墨子》一書中“義”字的一個特殊形體:“羛,墨翟書義從弗。”《玉篇》我部“羛”下亦云“墨翟書義字從弗”,與《説文》同。郭忠恕所撰《汗簡》羊部也説“羛,義,出墨翟書”。段玉裁謂“羛”字“從‘弗’者蓋取矯弗合誼之意”,認爲“羛”字從“弗”從“羊”會意②。而王引之則據鼎彝銘文,認爲“羛”中的“弗”爲“我”的訛誤。王引之云:“‘弗’於聲義均有未協,‘弗’當作‘𢦏’。‘𢦏’,古文‘我’字,與‘弗’相似,故訛作‘弗’耳。周《晉姜鼎銘》‘我’字作‘𢦏’,是其明證。‘羛’之從‘𢦏’聲,與‘義’之從‘我’聲,一也。《説文》‘我’字下,重文未載古文作‘𢦏’,故於此亦不知爲‘𢦏’字之譌,蓋鐘鼎古篆,漢人亦不能遍識也。”③

現代著名哲學家、思想史家龐樸先生認爲“羛”是先秦墨家獨創出來的一個有學派特徵的“義”字:“墨子有個大發明,那就是他書中的義字,不從羊我,而從羊弗作羛。不從我,而從弗,用弗來代替我,明示著是對我字的否定;而對我字的否定,當係針對我字左旁的古殺字而來。這是墨子兼愛非攻思想的邏輯引申。”④現代學者張繼文、高華平也認爲“義”從“弗”而不從“我”,是出於墨子摒棄武力的考慮,與其“兼愛、非攻”的思想一致;墨子貴義,故“義”字棄“我”、棄“戈”而寫作“羛”④。龐樸等從先秦哲學思想的角度解讀“羛”字,認爲“羛”字中“弗”替換了“義”字中的“我”,棄“我”即“兼愛”,而“我”中又有“戈”,棄“戈”即“非攻”。這是一種很新穎或曰新奇的解讀。

“羛”字在今本傳世文獻《墨子》中已經不復存在,全都寫成了“義”。但戰國古文中寫作“羛”或類似於“羛”的形體頗爲多見。如:

　　𢓅 郭店《語叢三》64—65 簡:“毋意,毋固,毋義(我),毋必。”

①④　龐樸《郙燕書説——郭店楚簡中山三器心旁文字試説》第 41 頁。

②　段玉裁《説文解字注》第 633 頁。

③　轉引自孫詒讓《墨子閒詁》第一卷第 9 頁。

④　參見張繼文、高華平《論墨子“仁義觀”——從〈墨子〉中“義”字的原始形體來考察》。

整理者(1998:214)注[一三]:"裘按:此即孔子之'四毋'。《論語·子罕》:'子絕四:毋意,毋必,毋固,毋我。'"今按:本簡"義"通假作"我"。

這是楚簡中從"羊"從"弗"的"羛(義)"字,字下的"弗"寫法略有變異。在楚系文字中"羛(義)"字並不罕見。長沙子彈庫戰國楚帛書丙十·三"除去不義"和丙十一·四"戮不義","義"字寫作🔣、🔣,曾憲通隸作"羛",讀作正義之"義",認爲下部所從之"弗",是源於曾侯乙墓戈銘和新鄭所出二年鄭令銅矛中"戟"字🔣、🔣的變體,與表戈戟類兵器的"我"字形義同源,"許氏謂羛見於墨翟書,可知帛文一類的寫法在戰國時相當流行"①。楚系文字的"羛(義)"字在包山二號楚墓竹簡亦多見,用作人名的有第 92 簡"🔣癸"、94 簡"🔣得"、99 簡"🔣牢"等等。還見於《故宮博物院藏古璽印選》448 所收秦璽"張義(儀)","義"字寫作🔣,假借爲張儀之"儀"。可見這一寫法在戰國時期相當普遍。而且直至漢初,這一寫法仍見於馬王堆漢墓帛書,其《戰國縱橫家書》238"魏王謂韓朋張義(儀)"、256"因張義(儀)而和於秦",其中"義"字分別寫作🔣、🔣,也是假借爲張儀之"儀"。以上秦璽和包山簡、馬王堆帛書的"義"字,都可以隸作"羛"。《説文》所謂"羛,墨翟書義從弗",蓋東漢時"義"字已經規範,統一寫作上"羊"下"我"的"義"。許慎所見之"羛"字已不見於他書、僅偶見於《墨子》而已,而非謂"羛"爲墨家所創,僅僅見於戰國時期的《墨子》一書。"義"字之所以寫成了"羛",王引之所論至爲精確,下部所從的"弗",確是從"我"而來,或爲傳摹之誤,或爲流變之失,已爲戰國秦漢出土文獻所證明。今人似可不必曲爲解釋,借字發揮,演繹成"兼愛、非攻"的微言大義。

二、楚簡"愳"與《説文》"治"

楚簡中表示"治理"意義的詞是十分常見的高頻詞,但是都不寫作從"水""台"聲的"治"②,而是寫作其他各種形體,如"恦、㥁(忌)、怡、恖、㤥、㤠、愳、紿、綯、幻、絧(綱)、緿(嗣)、戋、銅"等等。其中雖有不同的整理者對同一字的不同隸定,但總的來説,其字形是非常紛繁複雜的③。這些字都是形聲字,根據意符,可分爲從"心"、從"糸(幺)"、從"戈"、從"心、糸"雙形、從"言、糸"雙形等類。根據聲符,可分爲"司"聲、"厶"聲、"台"聲、"台、司"雙聲、"厶、司"雙聲

---

① 曾憲通《長沙楚帛書文字編》第 85—86 頁。
② 整理者釋爲"治"的字僅見於上博簡(八)《王居》第 7 簡"乃命彭徒爲治卜尹"1 例。不合常例,十分罕見。該字復旦讀書會釋爲"洛":"'洛',原整理者釋爲'治'。按:從簡文看當是'洛'字。"見復旦讀書會《上博八〈王居〉、〈志書乃言〉校讀》,其説可從。
③ 從嚴格意義上來説,楚系文字中從🔣或從🔣的字,應隸定作"愳"。

等。這些聲符讀音都相同或相近,但意符所表的意義卻完全不同。

下面根據意符的分類略舉數例。

從"心"的"治":

[字]上博(二)《從政甲》9 簡:"凡此七者,政之所忌(治)也。"

今按:"忌"應是"㤅"的省聲字。

[字]上博(四)《曹沫之陳》32—33 簡:"各載爾藏,既戰將量,爲之㤅(治),果勝矣。"

[字]上博(四)《曹沫之陳》40—41 簡:"三軍出乎境必勝,可以有㤅(治)邦。"

從"糸"的"治":

[字]郭店《老子甲》26 簡:"絧(治)之於其未亂。"

今按:今本《老子》作"治之於未亂"。

[字]郭店《六德》30—31 簡:"門內之絧紉弅義,門外之絧義斬紉。"

整理者(1998:190)注[二二]:"裘按:疑'絧'當讀爲'治'。'紉'當讀爲'仁'。"

[字]上博(五)《君子爲禮》15 簡:"禹絧(治)天下之川□。"

[字]上博(九)《舉治王天下》29 簡:"明則保國,知賢政絧(治),教美民服。"

整理者濮茅左(2012:225)注:"'絧',通'治'。'絧'或隸爲'紿'、'綃'。"

[字]郭店《唐虞之道》10 簡:"禹幻(治)水,益幻(治)火,后稷幻(治)土。"

整理者(1998:159)注[十三]:"幻,從'司'聲,讀作'治'。"今按:"幻"當爲"絧"字的省形。

[字]郭店《老子乙》1 簡:"紿(治)人事天,莫若嗇。"

今按:今本《老子》作"治人事天,莫若嗇"。

[字]上博(二)《子羔》1 簡:"善與善相受也,古能紿(治)天下、平萬邦。"

今按:"古"當釋爲"古(故)"。"紿"字簡文李守奎等隸定爲"綃":"按:疑爲治理之治。"①又:"綃,按:簡文中'綃'及其異體多讀爲'治理'之'治',或即楚動詞'治'之專字。"②

[字]上博(八)《顔淵問於孔子》10 簡:"任紿(治)大則祿。"

整理者濮茅左(2011:153)注:"'紿',讀爲'治',楚文字多用作'治'。"

[字]上博(二)《容成氏》43 簡:"其政綃(治)而不賞,官而不爵,無勵於民,

---

① 李守奎等《上海博物館藏戰國楚竹書(一—五)文字編》第 506 頁。

② 同上第 589 頁。

而綯(治)亂不□。"

綯上博(四)《曹沫之陳》36簡:"能綯(治)三軍。"

綯上博(五)《君子爲禮》16簡:"子綯(治)詩書。"

綯上博(八)《命》6簡:"綯(治)楚邦之政。"

綯清華(壹)《皇門》8簡:"乃惟不順是綯(治)。"

綯清華(叁)《芮良夫毖》1簡:"恒爭於富,莫綯(治)庶難。"

綯清華(柒)《趙簡子》8—9簡:"以綯(治)河濟之間之亂。"

"綯"或隸作"綯",或省作幻,當讀作"治"。從用字習慣來看,在楚簡文中,"綯、綯、幻"等從"糸"的字一般祇用來表示"治理"的意思。從"糸"的字形很可能就是"治絲"的本字,楚簡中多用來表示"治理",似當爲此本義之引申。《説文》糸部:"紿,絲勞即紿。從絲,台聲。"傳世文獻多假借爲"怠、詒"。在《古璽彙編》中,收有1998號"郵綯(紿)"、3094號"□綯(紿)",何琳儀認作晉璽、人名①。出土文獻中,古璽有從"糸"從"心"的綯,見《古璽彙編》0765號姓名璽"長綯",原璽爲圖,羅福頤隸作"長□";又2535號姓名璽"戀綯",原璽爲圖,羅福頤隸作"戀綯"。此二璽何琳儀亦認作晉璽、人名,認爲綯字"疑紿之異文。《集韻》'紿,或從怠'"②。《古文字詁林》"紿"字僅收《古璽文編》3094號、1998號,引丁佛言《説文古籀補補》卷十三:"綯,古璽長紿。"③丁氏所引爲古璽0765號之"長綯",亦認綯即"紿"字。"長綯"當即"長治"。郭忠恕《汗簡》糸部綯標注爲"治",《古文四聲韻》至韻引義雲章"治"古文作綯(紿)。由此看來,古文字中的"紿"極有可能是"治"的異體字。"紿"字從"糸",當是表"治絲"意義的專造字,與"亂"字從"糸"意義相對。所以楚簡的"紿",與《説文》訓爲"絲勞敝"義的"紿"是不同音義的同形字。

從"戈"的"治":

戔郭店《語叢三》26—27簡:"德至區者,戔者至亡間。"

整理者(1998:213)注[四]:"裘按:'戔'與見於此後有些簡的'銅'字當是一字異體,疑當讀爲'治'。"

戔郭店《語叢三》33簡:"兼行則戔者中。"

戔郭店《語叢三》28—29簡:"未有其至,則仁銅者至亡間。"

①② 參見何琳儀《戰國古文字典》第58頁。

③ 參見李圃《古文字詁林》第九册第1148頁。

　　🐚郭店《語叢三》30 簡:"愛銅者親。"

　　🐚郭店《語叢三》31 簡:"智銅者寡謀。"

整理者(1998:213)注[五]:"裘按:'㥏'似應讀爲'悔'。"

　　"戔"字當從"戈""厶"聲,"銅"字當從"戈""厶、司"雙聲。從字形及其在辭例中的意義來看,"戔、銅"應是治理之"治"的異體字,造字的理據,應是著眼於干戈武力的治理。

　　從"心、糸"的"治":

　　🐚上博(二)《從政甲》16 簡:"君子樂則悠(治)正。"

整理者張光裕(2002:229)注:"'悠',讀爲'治'。"

　　🐚上博(二)《從政乙》1 簡:"興邦家,悠(治)正教。"

今按:"正"當讀爲"政"。

　　🐚上博(二)《從政乙》3 簡:"從政,不悠(治)則亂。"

　　從"言、糸"的"治"如:

　　🐚上博(三)《恒先》8 簡:"有綢(治)無亂。"

整理者李零(2003:295)注:"'綢'讀'治'。"

　　以上這些用作"治理"意義的字,又經常借用作"始、怠、殆"等。如:

　　讀爲"始"。如郭店《老子甲》17 簡"萬物作而弗司(始)也",郭店《語叢一》49 簡"有終有綢(始)"。在清華簡中,"訋"多用作"始",見於清華(貳)《繫年》第 8、12、16、40、108 簡和清華(叁)《赤鳩之集湯之屋》15 簡等①。

　　讀爲"怠"。如上博(五)《三德》2 簡"敬者得之,悠(怠)者失之",清華(叁)《周公之琴舞》13 簡"孝敬非綢(怠)荒",清華(叁)《周公之琴舞》12—13 簡"逷余恭何悠(怠)"。

　　讀爲"殆"。如上博(四)《曹沫之陳》45 簡"既戰而有悠(殆)心",清華(伍)《命訓》8 簡"乃曠命以代其上,訋(殆)於亂矣"。

　　讀爲"台"。如清華(壹)《尹至》3—4 簡"今其如悠(台)",清華(叁)《周公之琴舞》14 簡"良德其如訋(台)",清華(叁)《芮良夫毖》24 簡"咎何其如悠(台)哉"。

　　讀爲"駘"。如清華(貳)《繫年》124—125 簡"鄭伯悠(駘)朝周王於周",《繫年》126 簡"宋公田、鄭伯悠(駘)皆朝於楚"。

---

① 金文中"始"有作從"司、刉、訋"者,如殷商時期《者婦(始)罍》,殷末或周初《乙未鼎》《矗銅鼎》作"婤"。

　　戰國楚簡這些不同形體的"治",涉及不同意義的主要意符有三個:一是"心",一是"糸",一是"戈"。這三種"治"的基本意義都是"治理",它們都是"治理"之"治"的異體字,從不同的角度表明"治"的不同性質、手段、方式和目的。從"糸"的"紿、綗、綱、幻"等字在字形、字義上與"亂"的本字本義相對,是指農耕社會裏普遍的生產勞動——"治絲"。從"戈"的"戔、銅"是指武力、權力的征服和統治,是法家"爲政以力"的"力治",是霸道之治。從"心"的"恫、忌、恴"則是儒家的"德治、心治"或"治心",是王道之治,即《論語・爲政》"爲政以德"之"治"和《禮記・樂記》所謂"致樂以治心"之"治"。

　　在出土文獻中,戰國之前的古文字没有出現從"水""台"聲的"治"字。戰國時期從"水"的"治"多見於秦系文字①,其義爲"治理"。《説文》水部:"治,水出東萊曲城陽丘山,南入海。從水,台聲。"許慎對"治"本義的解釋可能有誤。從秦系璽文和睡虎地秦簡"治"的應用來看,其本義似當爲"治水",引申爲治理一切。"治"作爲河流專名纔是假借。正如王力先生所指出的:"'治'字從'水',它的本義應該就是'治水'。《説文》以'治'爲水名,朱駿聲云:'治篆實當出別義,一曰洍也,理導水也。'這是妥協的説法。其實只有'理導水'是最初的意義。因此,我們可以證明太古確有洪水爲災,古人先製'治'字,然後擴大爲普通'治理'的意義。"②

　　從以上分析可以看出,戰國時期的"治"在楚系文字和秦系文字中分屬兩個不同的系統。楚系文字較爲複雜,有從"心"、從"糸"和從"戈"等不同的"治",對於心治、力治、文治、武治的區分甚細,對於"身"與"心","物"與"我"的區別十分明確。秦系文字則較爲單一,著意於對水患的治理。秦一統天下後獨尊秦篆,楚系文字對於"治"字成系統的構形就被淹没在歷史的長河中。

三、楚簡"篤"與《説文》"篤"

　　楚簡"篤"字多寫作"筥",𥳽郭店《老子甲》24 簡、𥳽郭店《性自命出》55 簡、𥳽上博(四)《東大王泊旱》13 簡等。但有兩處寫作從"心"的"慸"和"懘":

　　𥳽上博(一)《性情論》24 簡:"非之而不可惡者,慸(篤)於仁者也。"今按:郭店簡《性自命出》第 54—55 簡相應的文句作"非之而不可惡者,筥(篤)於仁者也"。

　　𥳽上博(一)《性情論》33 簡:"慸(篤),仁之方也。"

---

① 湯餘惠《戰國文字編》第 739 頁"治"下收"治"形 4 例,均爲秦系文字。高明等《古文字類編》(增訂本)"治"下收 3 例,亦均爲秦系文字。張守中《睡虎地秦簡文字編》第 170 頁收"治"43 例。

② 王力《龍蟲並雕齋文集》第一册第 327 頁。

整理者濮茅左(2001:268)注:"熹,讀爲'篤'或'惇'。《爾雅·釋詁》'篤,厚也','惇,厚也'。《國語·晉語四》:'能惇篤者,不忘百姓也。'……篤,有愛、仁之意。……故篤、仁意近。"今按:郭店簡《性自命出》第 39 簡相應文句作"管(篤),仁之方也"。李守奎等認爲"熹"即"管"字的異體①。整理者讀"熹"爲"惇",是同義换讀。"惇"與"篤"同義,《説文》心部:"惇,厚也。從心,享聲。"《方言》卷七:"惇,信也,燕曰惇。"後世通寫作"敦"。但"篤"跟"惇"形音不同,是兩個不同的字、詞。楚簡"篤"或寫作"管",表明"熹"祇能讀"管(篤)",祇是在"管"字上增加了意符"心"而已。

　　　菶清華(柒)《越公其事》14 簡:"今彼新去其邦而恷(篤)。"整理者李守奎(2017:121)注[一九]:"恷,從心,竺聲,讀爲'篤'。"

　　　《説文》竹部:"管,厚也。從亯,竹聲。讀若篤。"段玉裁注:"管、篤亦古今字。管與二部竺音義皆同。今字篤行而管、竺廢矣。"②《説文》二部:"竺,厚也。從二,竹聲。"段玉裁注:"《爾雅》、毛傳皆曰:篤,厚也。今經典絶少作竺者。惟《釋詁》尚存其舊。叚借之字行而真字廢矣。"③《爾雅·釋詁》"竺,厚也",陸德明《經典釋文》:"竺,字又作篤。"《尚書·微子之命》"予嘉乃德,曰篤不忘",陸德明《經典釋文》:"篤,本又作竺。""管、竺"本是一字異構,都指人心、人性的仁厚,後來被訓爲"馬行鈍遟"的"篤"字通假取代,以致"篤行而管、竺廢矣""叚借之字行而真字廢矣"。在傳世文獻中,"篤"多與表示心理性情、品格德性等抽象價值觀念的詞語連用,如"忠篤、誠篤、慈篤、篤心、篤意、篤情、篤性、篤敬、篤愛、篤孝、篤親、篤信、篤志、篤義、篤道"等。尤其是"篤"與"仁",是儒家特別重視的人性修養。《大戴禮記·保傅》言"篤仁而好學",乃保傅引導和培養天子之道;《史記·周本紀》言文王"篤仁",《史記·魯周公世家》言周公"篤仁",是後世儒者效法的道德標杆。上博簡的"熹仁"和"熹,仁之方也",揭示了戰國儒家思孟學派心性觀念中"仁"與"篤"之間的密切關係,同時通過特造的"熹"和"恷"字,揭示出人的厚道、敦厚與人"心"的關係,這種認識,比"管、竺"所表現的含義要具體、準確、深刻得多。

四、楚簡"慜"與《説文》"莊"

　　　楚簡表示"莊重"意義的"莊",除寫作"牂、牂、牊、牊"之外,還寫作從"心"的"慜"和"憨"字。辭例如:

---

① 　李守奎等《上海博物館藏戰國楚竹書(一——五)文字編》第 503 頁。
② 　段玉裁《説文解字注》第 229 頁。
③ 　同上第 681 頁。

　　▦郭店《語叢一》45—46 簡："凡有血氣者，皆有喜有怒，有慎有慭。"
"慭"字整理者未釋。李零、劉釗均讀"慭"爲"莊"①。李守奎認爲"慭"就是莊
嚴之"莊"的異體字②。

　　▦上博(七)《鄭子家喪乙》3—4 簡："鄭子家顛覆天下之禮，弗畏鬼神之
　不祥，慼(戕)剔(折)其君。"
今按：上博簡(七)《鄭子家喪甲》3—4 簡和《鄭子家喪乙》3—4 簡與本簡全同，
其"慼"字亦從"心"作▦。"慼(戕)剔(折)"當讀"慼(戕)剔(賊)"，"慼"應
從"心""臧"聲，在這裏應借作"戕"。"慼"字亦見於春秋晚期或戰國初年曾侯
殘鐘銘文"[曾]侯慼武"③，字作▦，"慼武"即"臧武"，也就是"莊嚴威武"。清
華(壹)《耆夜》6—7 簡有"贔贔戎服，臧武悆悆(赳赳)"。據此可知，《鄭子家
喪》中的"慼"應如"慭"一樣，是莊重之"莊"的另一異體。

　　《説文》艸部："莊，上諱。牆，古文莊。"許慎因避東漢孝明帝名諱，對"莊"
字本義及字形未作解釋。段玉裁注："其説解當曰'艸大也。從艸，壯聲'。……
此形聲兼會意字。壯訓大，故莊訓艸大。古書莊、壯多通用。引申爲凡壯盛精
嚴之義。……莊字篆文本不書，今書之者，後人補也。然則録古文注之曰'古文
莊'，亦恐後人所加。且其形本非莊字，當是'奘'字之訛。……凡古文經後人轉
寫，茫昧難知者。"④在出土文獻中"莊"字不見於商周春秋，戰國時期屢見於雲
夢秦簡和秦國璽印而罕見於他國⑤，有可能是一個秦系文字。

　　"莊"字從"艸""壯"聲，或者從"艸"從"壯"，"壯"亦聲，其本義應是指草的
茂盛粗壯。段玉裁認爲從"莊"的本義引申出"莊重"之義，"莊"字古文"牆"爲
後人所加且是"奘"字的訛誤，似可商榷。筆者認爲，"莊"的本義"草之盛壯"與
常用意義"莊重"之間沒有語義聯繫，"莊重"不是"莊"的引申義而是假借義，
《説文》中"莊"字古文"牆"纔是表"莊重"意義的本字。古文"牆"非後人所加，
亦非"奘"字之訛，其形可前溯至春秋時期《趞亥鼎》銘文"宋牆公"之"牆"⑥。
戰國齊國姓名璽"孫莊"，其字省變作▦⑦。在戰國楚簡中演變爲"牆"：

---

①　參見李零《郭店楚簡校讀記》(增訂本)第 208 頁；劉釗《郭店楚簡校釋》第 191 頁。
②　李守奎《楚文字編》第 630 頁。
③　參見曹錦炎《曾侯殘鐘銘文考釋》。
④　段玉裁《説文解字注》第 22 頁。
⑤　參見高明等《古文字類編》(增訂本)第 916 頁；湯餘惠《戰國文字編》第 24 頁。
⑥　參見高明等《古文字類編》(增訂本)第 916 頁。
⑦　參見羅福頤《古璽彙編》第 1529 號璽；湯餘惠《戰國文字編》第 24 頁。

𣦵郭店《語叢三》9—10 簡："與爲義者遊,益;與牂(莊)者處,益。"
根據辭例文義,"牂者"應指容貌舉止莊重嚴肅的人。"牂"字聲符爲"爿",意符不明。

楚簡中其他字用作"莊重"之"莊"的有:

𢆶郭店《語叢一》33 簡："禮生於牂。"
"牂"字整理者未釋,李零、劉釗均釋爲"莊"[1]。本簡"牂"應是"慈"字的省形或通假。

𢆶郭店《五行》36 簡："以其外心與人交,遠也;遠而牂(莊)之,敬也。"
整理者(1998:153)注[四七]:"牂,帛書本作'裝',解釋部分作'莊'。'牂'從'爿'聲,與'莊'可通。"今按:楚簡"牂"又寫作"𩠐",從"百""爿"聲,"百"爲"頁"之省形,與"首"同義。在辭例中,"牂、𩠐"僅此例用作"莊",其他均用爲"狀":

𢆶郭店《老子甲》21 簡："有𩠐蟲成,先天地生。"
整理者(1998:116)注[五一]:"𩠐,從'爿''百'聲,疑讀作'道'。"今按:此説有誤。"𩠐"從"百""爿"聲,當釋爲"狀"。詳見裘錫圭先生《郭店〈老子〉簡初探》。其他的辭例還有上博(二)《容成氏》17 簡"如是牂(狀)也"、上博(二)《容成氏》39 簡"泰如是牂(狀)"、上博(五)《融師有成氏》5 簡"牂(狀)若生"。從簡文文義來看,"牂、𩠐"應是"狀"的本字。在郭店《五行》簡中借用爲"莊"。

在楚簡中還有一個從"言"從"爿"的"牂"字,一見於長沙楚帛書乙篇一一·二六"民祀不牂"。商承祚先生認爲當讀爲"莊",與《趞亥鼎》銘文"宋牂公"之"牂"字同形異[2]。二見於上博簡(三)《周易》第 7 簡"師出以律,不牂(臧)兇",整理者濮茅左(2003:146)認爲讀作"藏(臧)",或讀爲"壯"。三見於《古璽彙編》2630 號楚璽"行牂"。這個"牂"應從"言""爿"聲,是專指言語莊重的"莊"。

"莊"意爲"莊重",細分之有外表容貌舉止、言語的莊重,和内心心性的莊重。前者如《論語·爲政》"臨之以莊則敬",後者如《禮記·緇衣》"心莊則體舒,心肅則容敬"。在傳世文獻中,這兩種意義都寫成同一"莊"字,從來没有區分過。祇有在戰國楚簡中,纔有了區分容貌舉止的"牂"、言語的"牂"和心態性情的"慈、憿"字。從文字形義演變的歷史來看,"莊"本義爲"艸之盛壯",後假

① 　參見李零《郭店楚簡校讀記》(增訂本)第 207 頁;劉釗《郭店楚簡校釋》第 189 頁。
② 　參見曾憲通《長沙楚帛書文字編》第 73 頁。

借爲"莊重"之"莊";莊重之莊本寫作"牆、惜、懋、懸",秦漢以後假借字"莊"通行,而本字"牆、惜、懋、懸"卻遭廢棄。"牆"作爲"古文"還保留在《説文》中,而從"心"的"懋、懸"卻隨著楚國的滅亡而深埋於地下,傳世文獻中再也看不到這一寓含楚人心跡的獨特文字了。

五、楚簡"惷"與《説文》"衰"

《説文》衣部:"衰,艸雨衣。秦謂之萆。從衣,象形。𠆤,古文衰。""衰"字本義指蓑衣,如《詩經·小雅·無羊》"何衰何笠",後寫作"蓑",音蘇禾切。"衰"又借指喪服,如《荀子·禮論》"無衰麻之服",後寫作"縗",音隨義變,讀倉迴切。"衰"還假借爲衰弱、盛衰之"衰",如《論語·述而》:"甚矣,吾衰也!"《廣韻》旨韻所追切,這是"衰"字最常見的音義。

"衰"字始見於戰國文字。楚簡的"衰"不從"衣",字形像正面人形而綴以茅草之狀,與《説文》"衰"字的古文相似,用作"縗衣"和"衰弱、衰亡"意義,其辭例如:

　　🔲郭店《成之聞之》8 簡:"君衰(縗)絰麻而居位。"

　　🔲郭店《六德》27—28 簡:"疏衰(縗)齊戊麻實。"

　　🔲郭店《唐虞之道》26 簡:"耳目聰明衰。"

　　🔲上博(一)《孔子詩論》3 簡:"衰矣少矣。"

戰國楚簡除以上常見通用的"衰"字外,還有一個從"心"的"惷"字。這是一個不見於他時他地的特形字,在楚簡也僅一見。辭例爲:

　　🔲郭店《窮達以時》9—10 簡:"子胥前多功,後戮死,非其智惷(衰)也。"整理者(1998:146)注[一二]:"裘按:《韓詩外傳》卷七:'伍子胥前功多,後戮死,非知有盛衰也,前遇闔閭,後遇夫差也。''非知有盛衰也'句,《説苑·雜言》作'非其智益衰也。'"今按:劉向《説苑·雜言》:"伍子胥前多功,後戮死,非其智益衰也。"幾與簡文全同,可對讀。簡文所述武子胥事,亦兩見於袁康的《越絶書》,其書卷六《越絶外傳紀策考》第七云:"胥聞欺曰:'吾前獲功,後遇戮,非吾智衰,先遇闔廬,後遭夫差也。'"卷十四《越絶德序外傳記》第十八云:"子胥賜劍將自殺,欺曰:'……吾先得榮,後僇者,非智衰也。先遇明,後遭險,君之易移也已矣。'"均作"智衰",楚簡的"智惷"即傳世文獻之"智衰",是指智力、心智的衰弱、衰退。

盛衰之變,或有形,或無形。楚簡在"衰"字上增加"心"符,是特指道德、意志、心智、情感等抽象事物的衰微、減弱,如德衰、道衰、心衰、智衰、志衰、意衰、情衰、氣衰、神衰等,以與具體事物的"形衰、身衰、體衰、力衰、年衰、色衰、草木凋衰"的"衰"相區別。

六、楚簡"顲"與《説文》"羞"

楚簡表示"羞恥"意義的"羞"字,寫作"脜"和"顲"。寫作"脜"的辭例如:

🦋上博(五)《季庚子問於孔子》1 簡:"唯子之治脜。"

整理者濮茅左(2005:201)注:"'台',讀爲'治'。'脜',《玉篇》:'脜,如由切,軟也。'《集韻》:'脜,面色和柔貌。'同'䐻',《集韻》:'䐻,或從頁。'《玉篇》:'䐻,如由切。《説文》云:"面和也。"野王按:柔色以蘊之是,今爲柔字。'"今按:整理者釋"台(治)脜(柔)"語意扞格。"台"當讀爲"貽","脜"當讀爲"羞"。本簡簡文陳偉釋爲"唯子之貽羞",意思與上博(三)《中弓》26 簡"恐貽吾子羞"相近,不同的祇是本句用助詞"之"將賓語前置,而《中弓》屬於正常動賓句式①。

🦋清華(壹)《皇門》13 簡:"毋作祖考脜(羞)哉。"

整理者李均明(2010:171)注[七三]:"參看《書·康王之誥》:'無遺鞠子羞。'"

《説文》百部:"䐻,面和也。從百,從肉。讀若柔。""脜"即《説文》"䐻"字,亦即後世之"柔"字,簡文中當假借作"羞"。

在假借字"脜"上增加"心"符,就構成"顲"字。辭例爲:

🦋上博(三)《中弓》26 簡:"愚恐怠吾子顲(憂),願因吾子而治。"

整理者李朝遠(2003:282)注:"'顲'同'𢟿'、'憂'。"陳劍的釋文和句讀則爲:"雍也童愚,恐貽吾子顲(羞),願因吾子而治。"②李守奎等注本簡"顲"字云:"按:從心,脜(䐻)聲,'羞恥'之'羞'。"③孟蓬生亦讀"顲"爲"羞"④。筆者認爲陳劍、李守奎、孟蓬生的釋讀是對的。"貽羞"爲文獻常語,如《禮記·內則》"將爲不善,思貽父母羞辱",《逸周書·序》"穆王思保位惟難,恐貽世羞,欲自警悟,作《史記》",唐代呂溫《代竇中丞與襄陽于相公書》"致遠之效莫彰,貽羞之責斯及",明代朱鼎《玉鏡臺記》"竊恐有玷名門,貽羞淑女"。《説文》丑部訓爲"進獻也"的"羞",本義與'羞恥'無關。"顲"從"心""脜"聲,當爲"羞恥"之"羞"的本字。

🦋上博(三)《周易》28 簡:"不恒其德,或承其頮(羞)。"

整理者濮茅左(2003:175)注:"'頮',從頁、從心、謠省聲,《説文》所無,音與

---

① 參見陳偉《上博五〈季庚子問於孔子〉零識》。

② 參見陳劍《上博竹書〈仲弓〉篇新編釋文(稿)》。

③ 李守奎等《上海博物館藏戰國楚竹書(一—五)文字編》第648頁。

④ 參見孟蓬生《上博竹書(三)字詞考釋》。

'憂'、'羞'通。"黄錫全認爲:"《周易》簡28'或丞丌頪',今按:金文'憂'字本像人以手掩面形,後又從心作。此即'憂'字。"①今按:整理者所謂"謠省聲"的部件實爲"肉(月)","頪"字與《中弓》簡"愳"字實爲一字,當隸定爲"愳"。黄錫全認爲楚簡之"愳"與金文"像人以手掩面形"之"憂",與後來從"心"的"惪"爲同一字,值得商榷。楚簡"憂愁"的"憂"字均寫作"惪",從不寫作"愳",與"愳"的字形以及用法明顯不同。"惪"字從"心"從"頁"會意,意爲憂愁自心而達於顔面;"愳"字從"心""頯"聲,是形聲字,與"惪"是兩個不同的字。簡文"不恒其德,或丞其愳",在馬王堆漢墓帛書《二三子》中作"不恒其德,或承之憂",在馬王堆漢墓帛書《繆和》中作"不恒其德,或承之羞",馬王堆漢墓帛書《周易》作"不恒其德,或承之羞",今本《周易·恒卦》作"不恒其德,或承之羞"。楚簡《周易》與帛書《周易》和今本《周易》"或承之羞"爲對文,"愳"在簡文中應是"羞恥"之"羞"的本字②。

　　"羞"字見於甲骨文,作 ◆、◆、◆、◆ 諸形;金文作 ◆、◆、◆、◆ 諸形。戰國文字"羞"字不多見,多見於秦系文字,如秦印005作 ◆、《秦文字集證》137·0作 ◆③,睡虎地秦簡作 ◆④。諸形均從"又"從"羊"。《説文》丑部:"羞,進獻也。從羊,羊所進也。從丑,丑亦聲。"《爾雅·釋詁》:"羞,進也。"這個意義的"羞",到中古時期增加了"肉"旁或"食"旁寫作"膮、饈"。《集韻》尤韻:"羞膮饈,羞或從肉、從食。"再後來"膮、饈"又指美味的食品,如"珍饈、饈膳、饈饌","羞"就專門用作"羞恥"的意義了。其實楚人早就造出了專門表示"羞恥"意義的"愳"字。羞恥乃人的心理感覺,所以楚人在之前借用"頯"表"羞恥"的基礎上,加上"心"符造出"愳"字。後來本字不敵借字,"愳"字消失,楚國文字的創造性就無人所知。

　　目前所見楚辭有1例"羞"字:

　　　◆清華(陸)《子産》23—24簡:"子産既由善用聖,班羞(好)物俊之行。"整理者李學勤(2016:143)注[七八]:"班,《左傳》襄公十八年'有班馬之聲',杜注:'别也。'即選擇分别。羞,讀爲'好'。"今按:"班"是動詞"選擇分别"的意

①　黄錫全《讀上博〈戰國楚竹書(三)〉劄記六則》。
②　王國維《毛公鼎銘考釋》謂:"'我弗作先王 ◆',◆徐明經、吴中丞釋爲'顛',吴閣學、孫比部釋爲'惪'。余疑即古'羞'字,象以手掩面之形,殆'羞恥'之本字也。《書·康王之誥》'毋貽鞠子羞',《春秋左氏傳》'毋作神羞',與此文例正同。"見《王國維全集》第十一卷第295頁。今按:據後出楚簡"惪、愳"之别,《毛公鼎》"我弗作先王 ◆"之字當釋作"憂"。
③　參見湯餘惠《戰國文字編》第970頁。
④　參見張守中《睡虎地秦簡文字編》第220頁。

思,"羞"亦疑爲動詞,表示"進獻"的意思,"班羞(好)物俊之行"爲動賓結構短語。本簡文意與清華(壹)《皇門》3 簡"乃旁求選擇元武聖夫,膳(羞)於王所"略同。

目前所見楚辭有 1 例"膳"字:

𦤲清華(壹)《皇門》3 簡:"乃旁求選擇元武聖夫,膳(羞)於王所。"

今按:"膳"即"饈",在簡文中仍然用作動詞"羞",表示"進獻"的意思。戰國陶文有𦤲字,舊不識,湯餘惠釋爲"膳"①。其字與清華簡"膳"字形近,應爲"膳"字省寫了中間的豎筆。楚簡"羞恥"的"羞"寫作"慁"而"進獻珍饈"的"羞"寫作"膳",形義分化毫無瓜葛,足見楚人通過新造文字區分不同意義的用心。

七、楚簡"忝"與《説文》"求"

楚簡"尋求、要求、欲求"的"求",大多像後世一樣寫作"求",如郭店《成之聞之》10 簡"是故君子求諸己也深"、郭店《六德》7 簡"雖堯求之弗得也"、上博(一)《緇衣》10 簡"彼求我則"、上博(二)《容成氏》10 簡"求賢者而讓焉"等等。但有三處不寫作通行的"求"而寫作從"心"的"忝":

𢁹郭店《語叢一》99 簡:"忝者,亡有自來也。"

整理者未釋。今按:此句文意不可解。如將《語叢一》第 105 簡"物各止於其所,我行"連接本簡,讀爲"物各止於其所,我行忝者(諸),亡又(有)自來也",讀"者"爲"諸",則文意甚明,意思是:萬事萬物都有各自所處的位置,需要時就要前往尋找它,没有自行來到你身邊的。

𢔊上博(七)《凡物流形甲》23 簡:"如欲識貌,糾而視之,任而伏之。如遠忝(求),託於身稽之,得貌[而圖之]。"

𢔊上博(七)《凡物流形乙》第 15—16 簡:"如欲識貌,糾而視之,任而伏之。如遠忝(求),託於身稽之,得貌而圖之。"

整理者曹錦炎(2008:263)注:"'忝','求'字繁構,古文字表示主觀意識方面的文字在構形時或增心旁。'求',尋找,搜尋。"今按:"求"是"裘"字古文,用作尋求、追求,是假借義而非本意。"忝"是在"求"的假借義上產生的增形今字,"求、忝"是古今字而非異體字中的異構字。本簡"忝貌"即尋求人的形貌。

楚簡另有一例"忝"用作疊音詞:

𢆟清華(壹)《耆夜》6—7 簡:"贔贔戎服,臧武忝忝(趙趙)。"

今按:"忝忝"相當於"趙趙",形容健壯威武的樣子。《詩經·周南·兔罝》"趙

---

① 參見湯餘惠《略論戰國文字形體研究中的幾個問題》第 11 頁。

赳武夫,公侯干城",毛傳:"赳赳,武貌。"

郭店和上博簡中的"㦶",均用作尋求、要求和欲求的"求"。清華簡"㦶㦶"應是"赳赳"的通假。在古文字中,"㦶"字不見於商周、春秋時期的甲骨、金文及其他文字,戰國時期僅見於楚系文字。除以上所見外,"㦶"字還見於《包山楚簡》90 簡"薛㦶"(兩見,字作𦀖、𦀖)、171 簡"寑尹之人㦶"(字作𦀖)和 189 簡"盬㦶"(字作𦀖),《新蔡葛陵楚簡》乙四 98 簡"鄭卜子㦶"(字作𦀖)和 105 簡"奠(鄭)㦶"(字作𦀖),均用作人名,無從求義,但是它們可以證明"㦶"在楚文字中是一個十分流行的字。

在漢初的長沙馬王堆帛書中,有一個整理者隸作"愺"的字,凡兩見:

　　愺馬王堆帛書《老子甲》146:"是以聲(聖)人恒善愺(救)人。"

　　愺馬王堆帛書《老子乙》242:"是以聖人恒善愺(救)人。"

今按:今本《老子》作"是以聖人常善救人"。"救"是一種行爲動作,跟"心"無關,不當從"心"。馬王堆帛書的"愺"可能是先秦楚國文字"㦶"的傳承和變異,在帛書中借作"救"。

在傳世文獻中,也有從"心"的"愺"字,見於《集韻》尤韻:"愺,怨也。或作愺。"渠尤切。《集韻》"愺"在意義上與楚簡"㦶"記錄的是兩個不同的詞,應該沒有相承關係。

根據楚簡辭例,"㦶"應該是在假借字"求"的基礎上,添加形符"心"構成的表示"欲求"意義的本字。"㦶"字以"心"爲形符,其本義必當與"心"相關。它既不可能是動作方面的"追求",也不應是言語方面的"要求",而是專門表示心理、意識、精神方面的"欲求"。跟"忿"字的創造一樣,"㦶"字揭示了戰國儒家思孟學派對楚人的深刻影響,是戰國楚人重視心理意識、走向精神世界的反映,同時表現了楚人以文字的形式對語義進行的深層區分。

楚簡中還有一個可能與"㦶"有關聯的"述"字:

　　遂上博(二)《民之父母》11 簡:"無體之禮,日述月相。"

今按:今本《禮記·孔子閒居》作"無體之禮,日就月將",今本《詩經·周頌·敬之》有"日就月將,學有緝熙於光明"句。

"述"字不見於西周春秋時期的出土文獻。在戰國出土文獻中,"述"字還見於秦系文字《詛楚文》和齊系陶文,以及《古璽彙編》2672 號、3055 號等。《說文》辵部:"述,斂聚也。從辵,求聲。《虞書》曰:'旁述孱功。'又曰怨匹曰述。"《說文》人部"㑸"下引作"旁救㑸功",今本《尚書·堯典》作"共工方鳩㑸功"。簡文"日述月相"中的"述"和"相"對應於《禮記·孔子閒居》和《詩經·周頌·

敬之》的"日就月將","就"和"將"都有表示動作"走、接近"和"走向"的意思，
這些意義都跟"追求"意義的"求"接近。"逑"字從"辵"，其本義當與"行走"的
動作相關。在出土文獻和傳世文獻中，"逑"都有"求"的意義。例如《詛楚文》
"逑取吾邊城新及郢"，"逑取"即"求取"。《爾雅·釋訓》"速速、蹙蹙，惟逑鞠
也"，陸德明《釋文》："'惟逑'，本亦作'求'。"①郝懿行《義疏》："逑者與
求同。"②

　　"求"本是"裘"的古字、本字，自假借作"尋求、要求、欲求"的"求"後，借義
通行而本義遂廢，自古至今，"尋求、要求、欲求"意義一直没有本字，都是假借
"求"字，因而"求"遂據有"索求"之義。又因《詩經》"君子好逑"借"逑"爲配偶
意義之"仇"，而"逑"義益晦。清代就有學者指出"尋求、追求"的本字是"逑"，
朱駿聲注"逑"字曰："按字從辵，本訓當爲干求之求。許君既以求爲裘之古文，
則此字宜訓進取，與迂字從辵一例。《爾雅·釋言》：干，求也。正謂迂逑也矣。
但無佐證，不敢質也。"③今隨楚簡的出土，朱駿聲當年的推斷就有可"質"的佐
證了。我們認爲，"逑"當是"尋求、索求、欲求"之"求"的本字，表示付諸於動
作、行爲的"尋求、索求"。《説文》訓"逑"爲"斂聚"，可能是因爲"逑"在所引
《虞書》中通假作"鳩（勼）"，而"鳩（勼）"是"聚集"的意思。《説文》又訓"逑"
爲"怨匹"，可能是《詩經·關雎》"逑"舊訓"怨匹、怨偶"。事實上《詩經·關
雎》中的"逑"是通假爲"仇（讎）"後纔具有"怨匹"意義的，而不是"逑"的本義
就是"怨匹"。"逑"的字形和"怨匹"的字義不相匹配，形符"辵"不能表達"怨
匹"的本義。所以朱駿聲認爲"逑"通假作"仇（讎）"，而非本義爲"仇（讎）"。
《説文》"怨匹曰逑"是"以假借釋正字"，誤將"逑"的通假義當成了本義。上古
音"逑"屬群母幽部，"鳩（勼）"是見母幽部，"仇（讎）"是禪母幽部，可以通假。

　　由此看來，"悆"與"逑"應該是一對異體字，都是表達"求"義的本字。在楚
人的心中和筆下，這一對異體字是用來區分"心之求"和"行之求"的，分別表示
"藏在心底的欲求"跟"付諸行爲的追求"兩種具體的含義。龐樸先生曾經很風
趣地説："悆"字"從心從求，像是表明此求祇是一個念頭，一種心態，比起《詩
經》上那位'好逑'君子的訴諸行動的逑，要文雅多了"。

　　"欲"和"求"這一對近義詞，在戰國楚簡中具有相同類型的字形表現，即在
傳統通用文字"欲"和"求"之外，又創造出了新的特形字"忥"和"悆"，"心"符

字"惥"和"悆",又都跟"辵"符字"逾"和"逑"相對應:

$$欲——惥——逾$$

$$求——悆——逑$$

　　這種對應表明戰國楚人對内心與外物、精神與物質、意識與行爲的刻意區分,也體現了楚人唯"心"是求的造字傾向。"心"符的"惥悆"跟楚簡中的其他特形"心"符字,如"愿慮(僞詐)、煮愻(圖謀)、悳憨(勇敢)"等,以新創文字的形式,共同體現出戰國楚人對内心世界的人心、人性、人情的重視和追求。

第三章　見於《説文》而意義不同的楚簡"心"符字

　　戰國楚簡中字形見於《説文》的"心"符字,大多跟《説文》字形、字義完全相同,並且其形義一直延用至後世,如"志、忠、念、慧、恩、忘、愚、急、惡、恥、悶、悲、忍、思、恙、愈、戀、惑、忌、忿、患、惡、恃、想、愷、悖、慢"等等。也有很多楚簡爲上下組合的"心"符字,與《説文》中左右組合的"心"符字,雖然字形組合方式不同,但在楚簡中的用法跟《説文》中的意義完全相同,如"意"與"情","惎"與"恥","慈"與"慈","悉"與"怒","愿"與"悟"等等。這些字與本研究無關,均不在本章的討論之列。

　　本章所討論的是戰國楚簡中字形與《説文》相同而意義與《説文》不同的"心"符字。這裏的"相同"是廣義的、相對的,並非全部、絶對相同。這些字中,有的是跟《説文》"心"符字字形完全相同而意義完全不同,屬於同形字,如"戀、愬"。對於這些字,學者往往囿於《説文》,直接以《説文》所載字的形義來解釋楚簡中該字的用法、意義,而致簡文滯格難通。有的是跟《説文》"心"符字字素相同、配置方式不同而意義不同,記録的是語言中意義不同的兩個詞,是兩個完全不同的字,如"悬"與"惕"、"憩"與"惻"、"憙"與"悼"、"恋"與"忱"、"志"與"忻"、"薏"與"憧"。這些字,學者常常由於習慣性閲讀,將楚文字等同於《説文》中字素相同、配置方式不同的字,視作《説文》所載字的異體,以致簡文迂曲難通。還有的是跟《説文》"心"符字表音字素稍異而意義不同,如"忈"與"惎"、"悉"與"恬"、"竄"與"懂"。這些字與《説文》所載字的形符相同,而聲符與《説文》所載字雖不全同,但有非常明顯的關聯,因此學者也常常將楚文字解釋爲《説文》中的相關字,以致簡文阻澀難通。而對依據《説文》所釋完全無法讀通的字,即以"通假"視之。這種固守《説文》、以今釋古、强彼就此的定向思維和習慣性閲讀,在觀點和方法上存在問題,有違實事求是的科學態度。

　　宋代徐鉉等人在承詔校定《説文》時,遵循的是"務援古以正今,不徇今而違古"的原則[1],我們認爲這同樣是今人釋讀出土文獻時值得借鑒的重要原則。戰

---

[1]　參見許慎《説文解字》第 322 頁。

國時期的楚簡文字相對於漢代的《説文》小篆而言,前者即是"古"而後者就是"今"。當楚文字與《説文》相異時,我們可以用楚文字來正《説文》,而不可一味依循《説文》來釋讀楚文字。清代學者臧庸援引段若膺(玉裁)的話説:"今儒好用古字,凡講小學,必宗《説文》。然當究其意旨,不可拘其形體。凡一代有一代之字,何必盡泥《説文》?"①"一代有一代之字"的觀點十分精辟,尤其對於尚未統一和規範的戰國文字而言,更是不必"盡泥《説文》"。戰國時代文字異形,秦系文字與楚系文字的差異甚大,用秦代源自秦系文字的《説文》小篆字形爲標準,去比附戰國時期的楚系文字,須要掌握尺度,慎重考量,而不當簡單套用,否則就容易"拘其形體"而失其意旨。

　　清代學者王聘珍説:"近代以來人事校讎,往往不知家法。王肅本點竄此經,私定《孔子家語》,反據肅本改易經文。……又或據唐、宋類書如《藝文類聚》《太平御覽》之流,增删字句,或云據《永樂大典》改某字作某。……凡兹數端,大率以今義繩古義,以今音證古音,以今文易古文,遂使孔壁古奥之經,變而文從字順。洵有以悦俗學者之目,然而經文變矣,經義當由兹而亡,可不懼哉?"②這種"以今義繩古義,以今音證古音,以今文易古文"的傳統積習,以及輕易將楚簡原本不誤之字考證爲誤字,在現在的簡帛學界是一種較爲常見的現象,實乃古典重建之最大不良傾向,應該引起我們的注意和反思。

　　可喜的是這種現象已引起某些簡帛學者的關注。李零在反省國人對於出土文獻的"閲讀習慣"時指出,西方漢學家研究簡帛文獻,常按原本文字求解,尊重古本、實事求是,但是常常會導致釋讀的不暢甚至荒誕。國内的學者相反,在整理、研究簡帛文獻時,習慣用今字轉寫原文,用符號標出原文中自己所認爲的本字、正字、今字,改正原本,使古本能夠爲今人理解、暢讀,使戰國古本符合今人的閲讀習慣和語境。但所謂本字、正字、今字,其實都是以許慎《説文》和東漢以來的閲讀習慣爲標準的,以當時流行的秦篆和來源於秦系文字的漢隸爲主體,與戰國古本的原貌就有了距離,本質上是屬於"楚書秦讀",難免失真③。劉信芳亦認爲,整理出土文獻應"遵修舊文而不穿鑿",即遵照文本的本來面目進行釋讀,而不能遇到簡帛文獻不合己意之處,便將錯誤推給古人,把原本正確的字考釋成"錯别字",隨意發揮,以己爲師④。李守奎更具體指出:"楚文字研究

————————

① 　引自臧庸《拜經日記》卷二"周禮以今證古"條。

② 　王聘珍《大戴禮記解詁》卷十三。

③ 　參見李零《郭店楚簡校讀記》(增訂本)第245—249頁。

④ 　參見劉信芳《關於竹書"錯别字"的探討》。

已經遠不是楚文字與後世字書文字之間的簡單對應關係。例如'芌'、'吟'、'脛'皆見於《説文》,但楚文字的'芌'、'吟'、'脛'所記録的詞義與小篆完全不同。釋字的核心是音義的解讀,字形的簡單比附是不能算作釋字的。"①這些都是十分深邃的識見。我們認爲,對出土文獻重視"信"而不輕易"疑",是更爲嚴謹的治學精神,值得特別重視。簡帛研究要尊重出土文獻的本來面目,而不能輕易以通假釋原字、以後代文字比附原字。因此本書凡種種不能以《説文》所收字的形義暢解楚簡簡文的,我們不强行以《説文》之形義律楚簡簡文,而均依楚簡文本另作解釋。本章所論之字最爲典型,均準此原則以釋。

第一節　楚簡"心"符字與《説文》形同義異

一、楚簡"戁(難)"與《説文》"戁"

楚簡"困難"的"難"和"災難"的"難"大多寫作"難",圖版字樣爲![字形]郭店《老子甲》12 簡、![字形]郭店《性自命出》44 簡、![字形]上博(一)《緇衣》21 簡、![字形]上博(二)《從政甲》17 簡等。但是也有不少寫作從"心""難"聲的"戁"字,字形構造與《説文》的"戁"字完全相同。研究者多以爲是《説文》"戁"字楚簡通假作"難"。《説文》心部:"戁,敬也。從心,難聲。"段玉裁注:"敬者,肅也。"②《廣韻》潸韻:"戁,悚懼。"女版切。《説文》"戁"是"敬畏、恐懼"的意思。在楚簡中,"戁"大多用作"困難"的"難"和"災難"的"難",偶爾用作"感歎、哀歎"的"歎(嘆)",而不用作"敬畏、恐懼"之義。例如:

![字形]郭店《老子甲》15—16 簡:"有亡之相生也,戁(難)惖(易)之相成也。"

今按:今本《老子》作"難易之相成也"。

![字形]郭店《老子丙》12—13 簡:"是以□人欲不欲,不貴戁(難)得之貨。"

今按:今本《老子》作"不貴難得之貨"。

![字形]郭店《窮達以時》2 簡:"苟有其世,何蓳〈蓳〉(難)之有哉。"

今按:"蓳"是"戁"的省聲,簡文中訛爲"蓳(謹)"字。

![字形]郭店《六德》49 簡:"民之父母親民易,使民相親也戁(難)。"

![字形]郭店《語叢四》14—15 簡:"唯戁之而弗惡,必盡其故。"

---

① 李守奎《包山楚墓文字全編·前言》第 4 頁。

② 段玉裁《説文解字注》第 503 頁。

整理者(1998:218)注[一二]:“裘按:‘唯戁之’疑應讀爲‘雖難之’。”

　　🦎上博(三)《中弓》12 簡:“謂諤狷人,戁(難)爲從正。”

整理者李朝遠(2003:272)注:“‘戁’,《說文·心部》:‘敬也。從心,難聲。’讀爲‘難’。《郭店楚墓竹簡·老子甲》等數處有此字,均讀爲‘難’。”

　　🦎上博(三)《中弓》20 簡:“今之君子,孚過捍析,戁(難)以納諫。”

　　🦎上博(三)《中弓》21 簡:“古之事君者,以忠與敬,唯其戁(難)也。”

整理者李朝遠(2003:278)注:“‘戁’,通‘難’,不容易。”

　　🦎上博(三)《彭祖》2 簡:“戁(難)愳(易)訧欲。”

　　🦎上博(四)《內豊》附簡:“□無戁(難)。”

　　🦎清華(叁)《芮良夫毖》26—27 簡:“民多艱戁(難),我心不快。”

　　以上辭例“戁”讀作“難易、艱難”之“難”,其中或“戁”與“愳(易)”相對、相連,或“艱難”連文。

　　🦎上博(六)《平王問鄭壽》第 3 簡:“君王與楚邦懼戁(難)。”

　　🦎清華(壹)《祭公》19 簡:“我亦不以我辟陷於戁(難),弗失於政。”

今按:今本《逸周書》作“我亦維丕以我辟險於難”。

　　🦎清華(叁)《芮良夫毖》1—2 簡:“恒爭於富,莫治庶戁(難),莫卹邦之不寧。”

整理者趙平安(2012:147)注[四]:“‘戁’通‘難’。”

　　🦎清華(叁)《芮良夫毖》7 簡:“毋自縱於逸以遨,不圖戁(難),變改常術。”

　　🦎清華(叁)《芮良夫毖》12 簡:“□□庶戁(難),用建其邦。”

　　🦎清華(叁)《芮良夫毖》15—16 簡:“生□□戁(難),不秉純德。”

　　🦎清華(叁)《芮良夫毖》21 簡:“邦其康寧,不逢庶戁(難)。”

　　以上辭例“戁”讀作“危難、災難”之“難”,“庶戁”即“眾難、百姓的災難”之意。

　　🦎郭店《性自命出》24—25 簡:“聽琴瑟之聲,則悸如也斯戁(難)。”

整理者(1998:183)注[二三]:“裘按:末一字疑當讀爲‘歎’。”

　　🦎郭店《性自命出》34—35 簡:“慍斯憂,憂斯戚,戚斯戁。”

今按:“戚”爲“悲戚”之“戚”字,“戁”字整理者未釋,當讀作“歎”。

　　🦎上博(五)《弟子問》4 簡:“回子戁(嘆)曰:‘於!莫我知也夫。’”

🦗上博(六)《孔子見季桓子》26 簡："仰天而戁(嘆)曰。"

以上"戁"用作"歎(嘆)"。

"戁"字在楚簡中的用法顯示,"戁"有可能是楚文字中表示困難和災難意義的"難"字,或者是表示感歎、歎息意義的"歎、嘆"字。從現有的出土文獻材料來看,"歎、嘆"除見於《說文》小篆外,不見於《說文》之前的古文字①。《說文》口部:"嘆,吞歎也。從口,歎省聲。一曰太息也。"欠部:"歎,吟也。從欠,䶅省聲。"段玉裁"嘆"字注曰:"嘆、歎二字今人通用。《毛詩》中兩體錯出,依《說文》則義異。歎近於喜,嘆近於哀。"②在傳世文獻中,"歎"和"嘆"屢見於《詩經》《左傳》《禮記》以及《論語》《孟子》等先秦古籍,是一個常見字,與出土文獻"歎"和"嘆"一無所見的現象不同步、不對等。

李守奎等根據上博簡"戁"字用法,認爲"簡文中讀爲'歎',疑即楚之'歎'字"③。如果依《說文》及傳世文獻之"歎"和"嘆",前推出土文獻之"戁"爲"歎、嘆"的初文或異體,尚嫌依據不足。在字形上,"歎、嘆"本是一種發自於口的動作、行爲,所以從"欠"、從"口"。而"戁"從"心",與"歎、嘆"表示動作、行爲的意義不匹配。所以"戁"更有可能是楚文字的"難"字。"戁"字在郭店簡、上博簡和清華簡中更多地用作"難易"的"難",而且用作"難"的另一音義——"患難"的"難",這種雙重的相應説明"戁"與"難"之間有明顯的關係。跟"難"相對的"易"在楚簡中也寫作從"心"的"惖",在簡文中"戁"與"惖"又對舉、連用,故"戁"當是"難"的異體字。"戁"字在出土文獻中僅見於楚系文字,可能是一個楚國文字,是在"難"字上增加"心"符以突出意識和心理感覺上"以……爲難"的"難",符合楚簡"心"符文字的普遍特徵。楚簡"戁"用作"歎、嘆",應是通假。"戁"從"難"聲,"難"從"茣"聲,與"歎、嘆"所從聲符相同④,自可通假無礙。楚簡"戁"與《說文》訓爲"敬也"、讀爲"女版切"的"戁"字形雖同而音義皆異,當爲同形字,不必泥於《說文》"戁"字以釋楚簡"戁"字。

二、楚簡"惥(擧)"與《說文》"惥"

楚簡有一個整理者隸作"惥"的字,下部從"心",上部是"舁"字中有一豎,跟郭店《緇衣》22 簡的"與"字形🗡相同。又或寫作"惥",上部的"与",跟郭店

---

①　傳世文獻中"歎息"字古或寫作"太",而"太"不見於郭店簡、上博簡和清華簡中,其他楚簡"太"也祇用作神祇名,不用做"歎息"字。

②　段玉裁《説文解字注》第 60 頁。

③　李守奎等《上海博物館藏戰國楚竹書(一—五)文字編》第 484 頁。

④　《説文》以"嘆"爲"歎省聲"、"歎"爲"䶅省聲",並誤。

《老子甲》第 20 簡“與”字𢍉相同。

《説文》舁部：“與，黨與也。從舁，從与。𢍏，古文與。”段玉裁注：“黨與”的“與”“當作与。与，賜予也”①。又《説文》勺部：“与，賜予也。一勺爲与。此与與同。”楚簡字形“與”字和“慇”字中的“與”旁，從“與”的古文“𢍏”，都象兩人雙手交接物件之形，應是“付与”之“与”的異體，因而“慇”和“忥”也是異體字。“忥”後來省作“忌”，《玉篇》心部“慇”字古文作“忌”，《集韻》語韻“慇”以及魚韻“憿”字均“或作忌”。下面是楚簡“慇”和“忥”字的辭例：

　　𢍉郭店《成之聞之》38—39 簡：“‘文王作罰，刑兹亡慇，曷？”

整理者(1998：170)注[三三]：“裘按：今本《尚書·康誥》作‘……曰乃其連由文王作罰，刑兹無赦’。”今按：此簡“慇”通假作“赦”。上古音“慇”喻四母、魚部，“赦”透母、魚部，音近可通。

　　𢍉郭店《語叢二》42 簡：“凡悅，作於慇者也。”

“慇”字整理者未釋。李零釋爲“譽”②。劉釗隸作“忥”，讀爲“與”，稱讚稱揚的意思③。季旭昇認爲“慇”即《説文》心部“趣步慇慇也”之“慇”字，不必改讀，“慇”有“舒”義，與“悆”通④。今按：《廣雅·釋詁四》“與，譽也”，即“讚譽、嘉許”之意。本簡“慇”以讀“譽”爲宜。簡文意爲“高興喜悅，來自別人的讚譽”。

　　𢍉上博(三)《周易》51 簡：“六五：來章，有慶慇(譽)，吉。”

整理者濮茅左(2003：206)注：“‘慇’，恭敬，行步安舒貌。《説文·心部》：‘慇，趣步慇慇也。’亦書作‘憿’。‘慶慇’，福慶安舒。”今按：帛書《周易》作“六五：來章，有慶舉，吉”，今本《易經·豐卦》作“六五：來章，有慶譽，吉”。整理者既讀“慇”作“譽”，又釋“慇”爲《説文》“趣步慇慇”之“慇”，“譽”與“慇”意義不同，整理者的釋讀前後矛盾。讀“慶慇”之“慇”爲“趣步慇慇”之“慇”不通，當從今本《易經》，讀“慶譽”，意爲美好的聲譽。

　　𢍉上博(三)《周易》53 簡：“旅瑣瑣，此其所取慇。”

整理者濮茅左(2003：208)注：“‘慇’，恭敬，或讀爲‘舉’。喻身處人下，不得有所安有所舉，志窮且困，以爲災禍自至。”今按：帛書本《周易》作“旅瑣瑣，此亓所取火”，今本《易經·旅卦》作“旅瑣瑣，此其所取災”，簡文“慇”跟帛書“火”、今本“災”異文音義相差甚遠，整理者的解釋有些牽強。本簡“慇”意義待考。

---

① 段玉裁《説文解字注》第 105 頁。

② 參見李零《郭店楚簡校讀記》(增訂本)第 222 頁。

③ 參見劉釗《郭店楚簡校釋》第 206 頁。

④ 參見季旭昇《〈上博三·周易〉零釋七則》。

　　🐞上博（三）《中弓》7 簡："舉賢才，惑（赦）過愙（與）罪。"整理者李朝遠（2003：268）注："'愙'，從與從心，即'與'。"陳劍釋讀爲"惑（宥）過愙（赦）罪"："'惑（宥）過愙（赦）罪'又見於第 10 簡，'愙'讀爲'赦'見郭店簡《成之聞之》簡 39 引《康誥》'刑茲亡愙（赦）'。"①季旭昇讀作"赦過舉罪"②。今按：古音"惑"爲匣母職部，"赦"爲透母魚部，語音相差太遠，通假的可能性不大。陳劍讀"惑（宥）"，匣母職部的"惑"與匣母之部的"宥"韻部陰、入對轉，可相通。但《中弓》7 簡"惑過愙罪"一語，在《中弓》第 10 簡又作"惑過舉罪"，整理者隸作"舉"字的原作🐞，又與《中弓》第 10 簡"舉爾所知"之"舉"作🐞相同。筆者認爲第 10 簡隸作"舉"的字當隸作"舉"。"舉"是"舉"字的異體。根據第 10 簡異文作"舉"，本簡的"愙"似當通假爲"舉"，"惑過愙罪"疑當讀作"惑（宥）過愙（舉）罪"，意爲寬免小的過錯，懲辦大的罪惡。"過"小，可寬宥；"罪"大，須懲辦。

　　在出土文獻中，"愙"除見於楚簡外，僅見於先秦齊系陶文 1 例，其義不明③。在傳世文獻中，"愙"字見於《説文》心部。徐鍇云："愙愙，美也。"④段玉裁注："愙愙，謂疾而舒也。"⑤《集韻》魚韻："懊，行步安舒也。"在傳世文獻中，"愙、懊"字不見於周秦，文獻辭例僅見於《漢書·敘傳》"長倩懊懊"，顔師古注引蘇林曰："懊懊，行步安舒也。"後世文獻中罕見使用。作爲描寫步態的形容詞，《説文》以及《漢書》都是以"懊懊"疊音的形式出現，没有"愙"以單音形式出現的辭例。馬敘倫注"愙"字説："本書趖，安行也。鬻，馬行徐而疾也。彼從走、馬，故於義合。若此從心，何與趣步？疑此訓爲趖或鬻字之義，而本義亡矣。……倫疑此爲下文念下'念，喜也'之念本字。念下引《書》：有疾不念，今《書》作豫。"⑥馬先生的分析很有見地。"愙"字從"心"，但《説文》又言"趣步"，形、義不相關聯。據形，《説文》的"愙"或當是"念"字的異體，在《漢書·敘傳》"長倩懊懊"中，"愙"當借作"趖"或"鬻"。

　　"愙"字在戰國楚簡中有意義較爲明確的若干辭例。筆者認爲楚簡中的"愙"與《説文》的"愙"衹是形體相同，意義上没有關係，可能是兩個音義不同的

---

① 陳劍《上博竹書〈仲弓〉篇新編釋文（稿）》。

② 參見季旭昇《〈上博三·仲弓〉零釋三則》。

③ 參見高明等《古陶文字徵》第 107 頁；高明等《古文字類編》（增訂本）第 478 頁；湯餘惠《戰國文字編》第 707 頁。

④ 徐鍇《説文解字繫傳》第 209 頁。

⑤ 段玉裁《説文解字注》第 507 頁。

⑥ 馬敘倫《説文解字六書疏證》卷二十，轉引自李圃《古文字詁林》第八册第 999 頁。

同形字。根據楚簡“惥”字的辭例,以及楚簡從“言”之字楚簡往往改從“心”之例,如“謹、詐、謀、謗”,楚簡分別寫作“慬、悷、悬、忘”,楚簡“惥”或爲“譽”字的異體。在楚簡中“惥”大多用作本字“譽”,表示“讚譽”的意思,用作“赦、與、舉”應是“譽”字的通假用法。

從“言”的“譽”字在出土文獻中也不見於商周春秋,戰國時期始見於楚簡,如:

　　郭店《老子丙》1 簡:“其次親譽之。”

　　上博(三)《周易》35 簡:“往訐來譽。”

“譽”或從“口”作“䂊”,如:

　　郭店《窮達以時》14 簡:“䂊(譽)毀在旁。”

在戰國楚簡中,“惥”跟“譽(䂊)”同時使用。《説文》言部:“譽,稱也。從言,與聲。”指稱頌、讚美,如《論語·衛靈公》“吾之於人也,誰毀誰譽?”又指聲譽、美名,如《詩經·周頌·振鷺》“庶幾夙夜,以永終譽”。稱揚和讚美可出自於口、形之於言,亦可存之於心,所以在文字上就有“譽(䂊)”和“惥”的區別。

第二節　楚簡“心”符字與《説文》形近義異

一、楚簡“忥(近)”與《説文》“忻”

楚簡表示“遠近”意義的“近”,有從“辵(止)”跟從“心”兩種不同的意符,和從“斤(斦、斤)”、從“聿”兩種不同的聲符,寫作“近、䢫、逮”和“忥、悫、忈、慧”等。從“辵”與從“止”同義,“斤、斦、斤”同聲。從“辵(止)”“斤”聲的“近”是後世常見形體,在楚簡中也較爲習見,如:

　　郭店《成之聞之》37 簡:“唯君子道可近求而可遠嚮也。”

　　郭店《性自命出》36 簡:“䢫(近)得之矣。”

從“心”的“忥、悫、忈”用作“近”,在傳世文獻和出土文獻中都甚爲罕見,但在楚簡中卻較爲常見,辭例有:

　　郭店《性自命出》40—41 簡:“愛類七,唯性愛爲近仁。智類五,唯義道爲忥(近)忠。惡類三,唯惡不仁爲忥(近)義。”

今按:本簡“近仁”寫作“近”,“近忠、近義”寫作“忥”,可對讀。

　　上博(一)《性情論》37 簡:“不有夫恒悫(忻)之志則曼。”

整理者濮茅左(2001:272)注:“‘悫’字待考,疑‘忻’之別體。曼,讀爲‘慢’。”

今按:郭店簡《性自命出》45 簡作“不有夫恒怡之志則縵”,“怡”劉釗釋作

"忘(殆)","縵"讀同"慢"①。"慢"是"輕慢","恒"者常也。釋"㥁"爲"忻"在簡文中讀不通。"㥁"疑是"近"字別體,簡文中通"謹",意爲"不常懷謹慎之心就會輕慢放逸"。

　　　上博(五)《弟子問》12 簡:"言行相㥁(近),然後君子。"

整理者張光裕(2005:275)注:"能言則需以行動表示,故强調'言行'應'相近',始符合君子之道。"

　　　清華(陸)《子産》8—9 簡:"損難有事,多難㥁(近)亡。"

　　　上博(五)《三德》1 簡:"卉木須時而後奮,天惡如忎(忻),平旦毋哭,明毋歌,弦望齊宿,是謂順天之常。"

整理者李零(2005:288)注:"'忎',喜歡,與'惡'含義相反。"今按:本簡講敬天時、順天常,讀"天惡如忎(忻)"不可解,疑當讀作"天惡如忎(近)",即"上天的憎惡就在眼前",意爲不敬天順常就會馬上招致上天的懲罰,與下簡"毋爲僞詐,上帝將憎之"相應。

　　　上博(七)《凡物流形甲》19 簡:"猷之有聲,忎之可見。"

整理者曹錦炎(2008:258)注:"'忎',欣喜。"今按:"猷"字《凡物流形》甲、乙本右旁皆作"攴",隸作"猷"可疑。其字疑當隸作"鼓"。"忎"當釋爲"近"。前文謂"識道"者能"坐不下席"而"視於天下""謀於千里""至聽千里,達見百里";而"小徹"者則"鼓之有聲,忎(近)之可見",謂敲擊它纔能發出聲音,迫近事物纔能得見其貌。

　　　清華(柒)《晉文公入於晉》7 簡:"遠旗死,中旗刑,忎(近)旗罰。"

　　　上博(七)《凡物流形甲》12 簡:"天悓之矢人。"

整理者曹錦炎(2008:247)注:"'悓',無心貌。"今按:"悓",復旦讀書會改隸作"宖",並將 12 簡下拼接於 13 簡上之後,釋爲"遠之弋(?)天,宖之薦人"②,"遠、宖(近)"相對。

　　　以上辭例中,"宖"字是在"忎"字上增加了一個無義羨文"宀",這在楚簡文字中是很常見的現象。"㥁"應是"近"的增形字,上部的"祈"即"近"字的異體,古文字中"彳、辵"義同,都表示"行走"的意思,常常相通,如楚簡"後"與"迭","復"與"返","往"與"逛","洛"與"迨"等。

　　　"忎"字在楚簡中的用法比較複雜,除讀"近"外,還用作"沂",如:

①　參見劉釗《郭店楚簡校釋》第 102 頁。

②　參見復旦讀書會《〈上博(七)·凡物流形〉重編釋文》。

　　　上博(二)《容成氏》25 簡:"禹通淮與忢(沂),東注之海。"

今按:"忢"和"沂"没有任何意義上的關聯,本簡"忢"通假作"沂"。

　　楚簡"忢"亦用作"祈":

　　　清華(壹)《程寤》2 簡:"祝忢(祈)被王,巫率被太姒。"

　　　清華(壹)《程寤》3 簡:"忢(祈)於六末山川,攻於商神。"

　　　清華(柒)《越公其事》26 簡:"以忢(祈)民之寧。"

本簡的"忢"應是楚文字"祈禱"之"蘏"的省文。清華(貳)《繫年》131 簡"祈"
即寫作🪶(蘏)。這種用法在郭店簡、上博簡都不曾出現。但在新蔡葛陵楚簡
中,"忢"字凡 5 見,全部讀作"祈禱"的"祈"[1]。由於新蔡簡"祈"又或寫作"蘏、
蒁"[2],如甲三 419 簡"蘏(祈)福、舉禱文君大牢"、乙四 113 簡"命蒁福",筆者認
爲清華簡和新蔡簡的"忢(祈)"或源自"蘏"或"蒁",是"蘏"或"蒁"的省形字。

　　楚簡"忢"還用作"忻"。如:

　　　郭店《性自命出》31—32 簡:"凡憂思而後悲,凡樂思而後忢。"

今按:本篇 40—41 簡"近仁"寫作"近","近忠、近義"寫作"忢",見前。

　　　上博(八)《命》7 簡:"莫不忢(欣)喜。"

　　"忻"字見於《説文》。《説文》心部:"忻,闓也。從心,斤聲。《司馬法》曰:
善者,忻民之善,閉民之惡。"段玉裁注:"忻,謂心之開發。"[3]《玉篇》心部:"忻,
喜也。""忻"即"欣"的異體字。"忢"與"忻"造字字素相同,而構形方式有上下
與左右之别。楚簡的"忢"是否是《説文》中的"忻"或"欣"呢? 筆者認爲有可能
不是。漢字中的確有許多字素相同而有並列組合和上下組合之别的異體字,如
"慚"與"憖"、"慽"與"慼";但也有的是字素相同,並列組合與上下組合是兩個
完全不同的字,如"怡"與"怠"、"忡"與"忠"、"怜"和"念"。因此不能簡單地把
楚簡上下組合的"忢",與《説文》左右組合的"忻"劃等號。由於楚簡"近"又寫
作"忢",因此筆者認爲郭店簡、上博簡和清華簡中的"忢",可能與《説文》中表
示"欣喜"意義的"忻"或"欣"是兩個不同的字,"忢"就是"忢"字。而"忢"是
"祈"的增形字,"祈"是"近"的異體字,因此"忢"當是"近"的異體字。在楚簡

① 如新蔡葛陵甲一 7 簡"忢(祈)福於太"、甲一 11 簡"☐忢(祈)福於北方"、甲一 21 簡"忢(祈)福於昭
　王"、乙三 5 簡"忢(祈)福於禍"、乙三 6 簡"忢(祈)福澴禱於☐"。參見滕壬生《楚系簡帛文字編》
　(增訂本)第 911—912 頁。

② "祈禱"的"祈"在上博簡亦寫作"蘏",見上博簡(二)《子羔》12 簡"履以蘏禱"。

③ 段玉裁《説文解字注》第 503 頁。

中"忻"用作"近",是本字本義;用作"忻",是通假用法。

　　楚簡"忻"是"近"字,還可以從"忻"與"近"的另一對異體字"聿"與"逮"得到佐證。

　　🖑上博(三)《中弓》20簡:"孔子曰:'今之君子所竭其情、聿(盡)其慎者,三害近與矣。'"

整理者李朝遠(2003:278)注:"'聿',即'聿'。《説文・聿部》:'聿,聿飾也。從聿,從彡。'借爲'盡'。"今按:"聿"字從"心",肯定不會是用筆修飾的"聿"。"聿"也是"津"的聲符,上古音爲精母真部;"忻"的聲符"斤"爲見母文部,都可用作群母、文部的"近"的聲符。"聿"疑爲"忻(近)"字異體。在楚簡中"近"又寫作"逮",可與"聿"當爲"忻(近)"作參證、比對:

　　🖑上博(二)《容成氏》19簡:"是以逮(近)者悦治,而遠者自至。"

整理者李零(2002:265)注:"逮,即'近'。"今按:從"心"的"聿"與從"辵"的"逮"應是一對異體字,如楚簡"忿"與"逌","怠"與"逸","伂"與"迚","意"與"違"一樣,"心"符與"辵"符相對而異。"聿、逮"都是"近"的異體字。《中弓》中"聿(近)"是借用作"盡"。古音"盡"屬從母真部,"近"屬群母文部,音近可通。

　　《説文》辵部:"近,附也。從辵,斤聲。岜,古文近。"楚簡的"岜"就是《説文》"近"的古文"岜"①。"近"從"辵"、從"彳"、從"止",都是立足於"足",表示行走的近,是空間距離的近,也用來表示時間距離的近。但"近"還有"親近"這一層意思,表示心理感情或者思想意識上的"近"。如《戰國策・魏策四》"天下皆曰王近也",鮑彪注:"近,親也。"《尚書・五子之歌》"民可近不可下",孔安國傳:"近,謂親之。"《史記・魯周公世家》"平易近民",司馬貞索隱:"近,謂親近也。"李密《陳情表》"外無期功强近之親",這些抽象的"近"都不是用"辵(止)"所能丈量的,而是要用"心"來感知、用"心"來體驗。楚簡這些從"心"的"忻、忿、忘、聿",正是爲了與從"辵、彳、止"的"近、忻、岜、岜、逮"相區別,而刻意創造出來的。"忻"與"近"的對應,是"感覺的遠近"與"實際的遠近"的對應。

二、楚簡"恳(易)"與《説文》"惕"

　　與楚簡"難"字從"心"寫作"戁"一樣,楚簡的"易"字也寫作從"心"的"恳"。"恳"字在郭店簡、上博簡和清華簡中出現十多次,均寫作上下組合之"恳",没有寫作左右組合之"惕"的。整理者或隸作"恳",或隸作"惕",今據簡

---

① 楚簡多作"岜"。作"岜"僅1例,見望山楚簡第45簡"岜邑"。

文統一隷作"愓"。"愓"當從"心""易"聲,在郭店簡、上博簡和清華簡中絶大多數用作"難易"的"易",偶爾用作"惕"。具體辭例爲:

　　[字]郭店《老子甲》14 簡:"大小之多愓(易)必多難。"

今按:馬王堆帛書《老子》作"大小多少,報怨以德。圖難乎其易也,爲大乎其細也。夫輕諾必寡信,多易必多難",今本《老子》作"大小多少,報怨以德。圖難於其易,爲大於其細。天下難事必作於易,天下大事必作於細。是以聖人終不爲大,故能成其大。夫輕諾必寡信,多易必多難"。簡文"多"字後或有脱文。劉釗釋爲"大小之多,愓(易)必多難",曰:"'愓'用爲'易'。'易'指容易。'難'指困難。"①本簡"愓"字上部"易"旁横斷成上下兩半,"心"旁偏於右下,與第三豎筆共用,在楚簡諸"愓"字中寫法較爲特殊。

　　[字]郭店《老子甲》15—16 簡:"有亡之相生也,戁(難)愓(易)之相成也,長短之相形也。"

今按:今本《老子》作"難易之相成也"。

　　[字]上博(二)《從政甲》17 簡:"是以曰君子難得而愓(易)使也。"

整理者張光裕(2002:230)注:"讀爲'君子難得而易使也',與第十八簡'小人愓(易)得而難使也'對言。"

　　[字]上博(二)《從政甲》18 簡:"是以曰小人愓(易)得而難使也。"

　　[字]上博(四)《曹沫之陳》46 簡:"卒欲少以多。少則愓(易)□,屹成則愓(易)□。"

　　[字]上博(七)《武王踐阼》第 10 簡:"位難得而愓(易)失,士難得而愓(易)外。"

整理者陳佩芬(2008:161)注:"'惕',從心,易聲,借爲'易'。"

　　以上"愓"字均爲"難易、容易"之"易"。

　　[字]上博(五)《三德》5 簡:"變常愓(易)禮,土地乃坼,民乃囂死。"

今按:此簡"愓"與"變"對舉,是"變易、改易"之"易"。

　　[字]上博(五)《三德》15 簡:"毋不能而爲之,毋能而愓(易)之。"

今按:此爲"輕易"之"易"。

　　[字]清華(陸)《管仲》11 簡:"小事逸以惕,大事簡以誠。"

今按:簡文此字字形爲少見的左右組合。"逸"和"惕"並舉,意義相近,"惕"也是"輕易"之"易"。

---

① 　劉釗《郭店楚簡校釋》第 14 頁。

上博(五)《鮑叔牙與隰朋之諫》6 簡："愓(易)牙人之與偖而食人。"

今按：人名"愓牙"，傳世文獻均作"易牙"。"愓"應是"惖"字的變體。

上博(三)《彭祖》6 簡："□□之謀不可行，怵惖之心不可長。"

今按：《孟子·公孫丑上》："今人乍見孺子將入於井，皆有怵惕惻隱之心。"此爲楚簡"惖"字讀"惕"、表示"畏懼"意義的例子。

上博(九)《卜書》8 簡："若卜貞邦，三族苟旨(慄)而惖，三末雖敗，亡大咎。"

以上是"惖"用作"惕"。

楚簡"惖"字多用作"難易、容易"和"輕易"之"易"，其中多例"惖"跟"戁、難"相對。也有"惖"用作"變易"的"易"、"輕易"的"易"、人名"易牙"的"易"。從楚簡"惖"字的用法來看，"惖"應是楚文字"難易"之"易"的本字、異體字。"惖"偶用作"惕"，可能是"難易"之"惖"通假作"怵惕"之"惕"。從"心"的"惖"字還見於包山簡第 138、157、163 簡，均用作人名。在郭店簡中"易"多寫作不從"心"的"易"字，僅《老子甲》有寫作從"心"的"惖"；而在上博簡中多寫作從"心"的"惖"字，僅《周易》和《彭祖》有寫作不從"心"的"易"字，這種差異、區別應反映了楚簡的抄寫者對於"易"字的不同理解或者書寫習慣。

在古文字中，左"心"右"易"組合之"惕"字始見於春秋《蔡侯申尊》《蔡侯申盤》銘文"孜敬不惕"，凡兩見，讀爲"易"，是"輕慢、輕忽"的意思；至戰國，"惕"字見於晉地《侯馬盟書》之"余不敢惕兹"，根據文義，"惕"也是"輕慢、輕忽"的意思。上"易"下"心"之"惖"字，始見於春秋晉國銅器《趙孟壺》銘文"爲趙孟斨邗王之惖金"，"惖"或讀爲"賜"，或讀爲"錫"，均爲借讀，無從推知其本義。此外的"惖"字就祇見於楚簡。由春秋金文及戰國古文之"惕、惖"都讀爲"易"，可推知其時之"惕、惖"均當爲"難易"之"易"的本字，與《説文》訓爲"敬也"的"惕"義不相屬。《説文》易部："易，蜥易，蝘蜓，守宮也。象形。""易"本爲"蜥蜴"之"蜴"的初文，很早就假借作"難易"的"易"；春秋戰國所造表示"難易"義的本字"惕、惖"，在秦漢時期即轉指"警惕"之義。《説文》心部："惕，敬也。從心，易聲。悐，或從狄。"《廣雅·釋詁二》"惕，懼也"，《玉篇》心部"惕，憂也，疾也，懼也"，又"惖"同"惕"，《集韻》錫韻"惕，古書作惖"，形雖依舊，但音義已迥然不同於戰國。

楚簡"惖"從"心"，是指心態情感、心理感覺上的易。《詩經·小雅·何人斯》"我心易也"，毛傳："易，説。"這是指内心的喜悦、輕鬆、舒暢。郭店簡《語叢二》23 簡"子生於性,易生於子",裘錫圭先生按:"'子'當讀爲見於《禮記・樂記》等的'易直子(慈)諒'之'子'。"①這是指心態情感的平和、平易。《戰國策・秦策四》"願王之勿易也",高誘注"易,輕也";《左傳》僖公二十二年"國無小,不可易也;無備,雖眾,不可恃也","易"即指心態的輕蔑、傲慢。《禮記・樂記》"易慢之心入之矣",鄭玄注:"易,輕易也。"《漢書・王嘉傳》"吏民慢易之",顏師古注:"易,亦輕也。"這些都是指心性的簡慢輕易。諸如此類的"易",都是"心"對外物的認識、感知以及所表現的態度,所以"易"增加"心"符作"愓",與"難"增加"心"符作"戁"是同樣的道理。這一對反義詞在楚簡中構成對應的"難:易=戁:愓"等式。

三、楚簡"惻(賊)"與《説文》"惻"

郭店簡、上博簡和清華簡中有一個十分常見的"惻"字,研究者多隸作"惻",認爲是"惻隱"的"惻"字,在楚簡中通假爲"賊"。但在戰國楚簡"惻"數十例中,沒有一例是寫成左右組合的"惻"的,意義上也沒有用作"惻隱"之"惻"的,所以我們據簡文隸作"惻",以示區別於"惻隱"的"惻"。"惻"字從"心""則"聲。下部均從"心",上部的"則"寫法較爲歧異:多寫作🖋郭店《老子丙》6 簡、🖋郭店《尊德義》13 簡、🖋上博(二)《子羔》7 簡等等。此外,有的將"則"中"貝"符下部變作兩橫,寫做🖋,如《從政》《鄭子家喪》諸簡。有的將"則"中"貝"寫作從"鼎"從"刃(刀)"的"剌",如《用曰》諸簡。有的將"則"省去右邊的"刀"寫作🖋、🖋,如《老子》諸簡。歧異的字形分見於不同的簡篇,應該是書寫者的習慣使然,現統一隸作"惻"。在簡文中"惻"的用法都是一致的,即除偶爾借用作"則"外,其他所有"盜賊、賊害"的"賊"都寫作"惻",所有的"惻"都用作"盜賊、賊害"的"賊"。其辭例有:

🖋郭店《老子甲》1 簡:"絕巧棄利,盜惻(賊)亡有。"

今按:帛書本作"絕巧棄利,盜賊無有",今本同。

🖋郭店《老子甲》31 簡:"法物滋彰,盜惻(賊)多有。"

今按:今本《老子》作"法令滋彰,盜賊多有"。

🖋郭店《語叢二》26—27 簡:"乘生於怒,惎生於乘,惻生於惎。"

整理者(1998:206)注[七]:"裘按:《説文・心部》:'惎,毒也。''惻'疑當讀爲'賊'。"今按:本簡"惻"當從裘按讀"賊"。"惎"意義爲"憎惡","惻生於惎"是說因憎惡而生賊害之心,讀作惻隱的"惻"於義不通。

---

① 《禮記・樂記》"則易直子諒之心油然生矣",孔穎達疏:"易,謂和易。"

　　郭店《語叢二》43 簡："嘩,自惡也。悬,退人也。"

整理者亦未釋,"悬"亦應釋作"悬(賊)"。

　　上博(二)《從政甲》15 簡："毋悬(賊)、毋貪。"

整理者張光裕(2002:228)注:"毋悬,讀爲'毋賊'。……'事必有基則賊',待考。"今按:"事必有基則賊"或可與郭店簡《語叢二》第 27 簡"惻生於基"對讀。"基"通"惎",本簡意爲凡事必先有憎惡然後纔有賊害。

　　上博(二)《容成氏》6 簡："不刑殺而無頫(盜)悬(賊)。"

今按:"頫"字簡文與郭店《老子甲》31 簡"覜(盜)悬(賊)多有"中的"覜"形近,"頫"當隸作"覜",從"見""兆"聲,上古音屬於透母宵部字,借作定母宵部的"盜"。説見本書"楚簡'愻'與《説文》'盜'"一節(113 頁)。

　　上博(二)《容成氏》42 簡："……悬(賊)盜夫。"

　　上博(三)《彭祖》7 簡："務愻者多憂,賊者自賊也。"

今按:本簡兩個"賊"字,都是從"則"從"心"的"悬",祇是字中的"心"與其他"悬"字中的"心"寫法略異,而與"戈"形略近,整理者故將其隸作"賊"而不隸作"惻",研究者或隸作"戜"①。其實楚簡的"心"大多數都寫作兩筆,如上博(一)《孔子詩論》1 簡的　(思);也有寫作三筆的,如上博(三)《彭祖》1 簡的　(忘)。《彭祖》一篇"心"符基本上都寫作三筆。上面兩個"悬"字中的"心"都是三筆的寫法,前一字中的"心"字,撇筆沒有交叉出頭,還明顯是"心";後一字撇筆過頭了,就跟"戈"形體相近。楚簡沒有在其他地方出現過從"戈"的"賊"字,本簡"悬"下部似"戈",應當是"心"的書寫變異。第二字可隸作"賊",這是楚簡"賊"字不從"心"而從"戈"的唯一辭例,但不排除"心"誤寫爲"戈"的可能。簡文"賊者自賊"即《淮南子·説林》"反自賊",意即害人者反而害了自己。

　　上博(五)《姑成家父》10 簡："長魚矞悬(賊)三郤……三郤既亡,公家乃弱。"

整理者李朝遠(2005:249)注:"悬,讀爲'賊'。古代人身傷害罪叫'賊',財物盜竊罪稱'盜'。"

　　上博(五)《鬼神之明》2 簡："殺許者,悬(賊)百姓,亂邦家。"

整理者曹錦炎(2005:314)注:"'悬',讀爲'賊'。《説文》謂'賊'字從則得聲,

---

① 參見李守奎等《上海博物館藏戰國楚竹書(一—五)文字編》第 568 頁。

故可通。”

上博（六）《用曰》3 簡：“難之少，足於懃，亦不邇於慇（賊）。用曰：遠君遠戾。”

整理者張光裕（2007：289）注：“‘慇’，讀爲賊，害也。”今按：本簡“不邇”與“遠”相對同義；“慇”與“戾”相對同義，“慇”當從整理者讀“賊”，謂賊害。

上博（六）《用曰》9 簡：“禍不降自天，亦不出自地，惟心自慇（賊）。”

今按：本簡“自賊”與上博（三）《彭祖》7 簡“務悉者多憂，賊者自賊也”之“自賊”重見。“自賊”一詞見《管子・禁藏》“離氣不能令，必内自賊”，《文子・符言》“木生蟲，還自食；人生事，還自賊”。

上博（七）《鄭子家喪甲》4 簡：“弗畏鬼神之不祥，戕慇（折）其君。”

整理者陳佩芬（2008：176）注：“‘戕折’，謂戕害、傷害。”今按：《鄭子家喪乙》4 簡與此全同，字亦從“心”爲“慇”，並當讀“賊”。

上博（七）《凡物流形甲》25 簡：“百物不死如月。此慇（賊）或入，終則或□，至則或反。”

整理者曹錦炎（2008：266）注：“‘慇’，讀爲‘賊’。”今按：《凡物流形乙》18 簡全同。

上博（七）《凡物流形甲》26 簡：“慇（賊）悐（盜）之作，何先知？”

整理者曹錦炎（2008：267）注：“‘慇’，讀爲‘賊’。‘慇悐’讀爲‘賊盜’，亦即‘盜賊’。”今按：《凡物流形乙》第 19 簡全同，字亦從“心”爲“慇”，並當讀“賊”。

上博（八）《蘭賦》3 簡：“殘慇（賊）螻蟻蟲蛇。”

清華（壹）《皇門》9—10 簡：“是人斯乃讒慇（賊），以不利厥辟厥邦。”

“慇”讀“則”的辭例有：

上博（八）《蘭賦》5 簡：“蘭有異物，蓁慇（則）簡逸。”

清華（参）《芮良夫毖》10 簡：“或因斬柯，不遠其慇（則）。”

整理者趙平安（2012：151）注[三九]：“‘惻’同‘則’。”

“慇”讀“惻”的辭例有：

上博（九）《史蒥問於夫子》9 簡：“曷龘而不敬？子亦是之慇。”

整理者濮茅左（2012：285）注：“讀爲‘子亦是之惻’。‘惻’，《説文》：‘痛也。從心。則聲。’《玉篇》：‘惻，悲也，痛也。’爲悲然、痛切、怛恨之義。”

“慇”讀“測”的辭例有：

清華（参）《芮良夫毖》26 簡：“言深於淵，莫之能慇（測）。”

　　"悤"字見於郭店簡、上博簡和清華簡近 30 例,絶大多數用作"賊"。根據楚簡中該字的實際用法,我們認爲楚簡上下組合的"悤"應該是"賊"的異體字,而不是《説文》中左右組合、意爲"惻隱"的"惻"字在楚簡中通假作"賊"。也就是説"悤"是"賊"的異體字而不是"惻隱"之"惻"的異體字,在簡文中"悤"是用作"賊"的本字,而不是"惻"的異體字而借作"賊"的意義。所以應嚴格隸作"悤"而不應隸作"惻"。

　　從歷史的角度來看,出土文獻從"心"的"悤"字最早見於春秋晚期宋國《右師延敦》銘文"易天悤",字形作;"易"讀"揚","悤"讀"則"。至戰國,目前"悤"字僅見於楚系簡帛文字。較早見於戰國楚帛書:

　　長沙子彈庫楚帛書乙十・二八:"天象是悤。"

此處"悤"字商承祚先生讀"測",何琳儀、嚴一萍讀"惻",李零認爲字同"惻",借爲"則"[1]。"天象是悤"即"悤天象",與金文"易(揚)天悤"義近,都是"則天"的意思,即取法於天、順天之常。"則天"和"天則"在傳世文獻和出土文獻都很常見,是古代一個重要的哲學觀念[2]。其後"悤"字零星見於包山楚簡、望山楚簡、新蔡楚簡等,如包山楚墓 207、220 簡"長悤","悤"借作"策"或"蓍",爲卜筮用具[3]。望山一號墓卜筮簡 19 簡"輇悤",疑爲占卜用具或占卜方法[4]。新蔡葛陵簡甲三 377 簡"悤陽",爲地名。"悤"字較爲集中出現且意義明確的是在郭店簡、上博簡和清華簡。

　　從"戈"的"賊"字,最早見於陝西出土之西周晚期銅器《散氏盤》銘文,春秋時期見於河南温縣出土的晉國盟書若干例。戰國時期,"賊"字主要見於雲夢睡虎地秦簡,共 16 例,《睡虎地秦簡文字編》謂"賊"字"通則",如"從而賊之"[5]。湯餘惠《戰國文字編》、李守奎《楚文字編》、滕壬生《楚系簡帛文字編》(增訂本)均未見楚系文字有從"戈"的"賊"字。

　　從"悤"和"賊"在出土文獻中的情況來看,"賊"字的出現要早於"悤"。"賊"字在西周春秋時期的出土文獻中不見於楚地文獻,在戰國時期的出土文獻中集中見於秦系文字,似乎排除在楚系文字之外,可能是戰國時期延續周代金

---

① 　參見曾憲通撰《長沙楚帛書文字編》第 81—82 頁。
② 　《左傳》昭公二十五年:"天地之經,而民實則之,則天之明,因地之性。"《孝經・三才》:"天地之經,而民是則之。則天之明,因地之利,以順天下。"清華(伍)《厚父》4 簡:"天則弗戁,永保夏邦。"
③ 　參見陳偉等《楚地出土戰國簡册(十四種)》第 10 頁注[42]。
④ 　同上第 279 頁注[25]:"輇悤,整理者:當是占卜所用的工具或方法,待考。"
⑤ 　參見張守中《睡虎地秦簡文字編》第 188 頁。

文而來的西土秦系文字。而"惻"字在戰國出土文獻中又僅僅見於楚系文字而不見於他系文字,應該是戰國時期楚系文字中的一個特形字。將戰國雲夢睡虎地秦簡"賊"通"則"與長沙子彈庫楚帛書"天象是惻"的"惻"通"則"以及上博簡和清華簡"惻"用作"則"比較,似乎隱現出秦系文字"賊"與楚系文字"惻"的對應。前人在釋讀出土文獻"惻"字時,往往將"惻"字隸作"惻",視作"惻隱"的"惻"字,對於其義非"惻"之例,則視爲通假,泥於《説文》以及傳世文獻"惻"字形義,有强古文以就《説文》、以漢世《説文》比附戰國古文之嫌。

《説文》戈部:"賊,敗也。從戈,則聲。""賊"有"破壞、傷害、殺害、作亂、偷盜"等意義。"賊害"的對象,有客觀、具體的人或事物,如《論語·先進》"賊夫人之子"、《孟子·告子上》"將戕賊杞柳而後以爲桮棬也";有主觀、抽象的道德觀念,如《論語·陽貨》"鄉愿,德之賊也"、《孟子·梁惠王下》"賊仁者謂之賊,賊義者謂之殘"和《孟子·盡心上》"爲賊其道也"。"賊"又指人心的險惡,人性的奸邪、暴虐等,如《詩經·陳風·防有鵲巢·序》"防有鵲巢,憂讒賊也"、《逸周書·皇門》"是人斯乃讒賊媢嫉"和《史記·遊俠列傳》"(郭解)少時陰賊"。楚簡"惻"字從"心",指心性、品德的邪惡不良、性格的殘暴狠毒,與楚簡"盗"字從"心"作"慾"是同一道理。而通見的從"戈"的"賊",則是表示動作行爲,是針對具體事物的賊害,與"惻"渾言則不分,析言則有別。

四、楚簡"意(童)"與《説文》"憧"

楚簡有下"心"上"童"的"意"字,與《説文》"憧"字的字素相同而組合方式不同。辭例爲:

　🖺上博(三)《中弓》4 簡:"使雍也從於宰夫之後,雍也意。"
整理者李朝遠(2003:266)注:"憧,字形爲從童、從心,讀爲從重從心之'憧'。'童'與'重'形近義通。'憧',遲緩,《説文·心部》:'憧,遲也。'"今按:上博簡"童"字字形較爲特殊,簡文作🖺上博(一)《孔子詩論》10 簡、🖺上博(二)《子羔》2 簡,與其他楚簡"童"的字形🖺郭店《窮達以時》11 簡、🖺包山楚簡 108 簡寫法不完全形同。"意"字中的"童"跟上博簡的"童"字形相同。李學勤先生指出此簡當與第 26 簡相連,"童愚"連讀①,如此,則當讀爲:"雍也童愚,恐貽吾子憂,願因吾子而治。"李鋭讀爲"重愚":"'憧',讀爲'重','重愚',《荀子·成相》:'愚以重愚,闇以重闇,成爲桀。'"②陳偉讀爲"憧愚":"竹書此字從'童'從'心',當即'憧'。《玉

---

① 參見李鋭《清華大學簡帛講讀班第三十二次研討會綜述》。

② 李鋭《〈仲弓〉補釋》。

篇·心部》:憧,‘愚也’。《類篇·心部》:憧,‘駿昏也’。‘憧愚’見於《大戴禮記·千乘》:‘凡民之不刑,崩本以要閑,作起不敬以欺惑憧愚。’……古書中亦作‘愚憧’,見《史記·三王世家》。”①廖名春讀“蠢愚”②,汪中文讀爲“憧愚”、通假作“惷愚”等③。

上博簡的“𢡃”,其實應是“童”的增形異體字,直接如李學勤先生讀“童”即可,不須輾轉釋爲“憧、蠢、惷”等。“童”字本身即有“愚、惷”之義。《説文》辛部:“童,男有罪曰奴,奴曰童,女曰妾。從辛,重省聲。”童又有“孩童”義,引申出“幼稚、無知、愚昧”之義,尤指像兒童心智尚未開啓一般的懵懂無知,如《易經·蒙卦》“匪我求童蒙,童蒙求我”,鄭玄注“人幼稚曰童”,陸德明《釋文》引《廣雅》云:“童,癡也。”④楚簡“童愚”應是兩個同義詞的並列連用。

🦟清華(叄)《芮良夫毖》12簡:“平和庶民,莫敢忿(悫)(懂)𢡃。”整理者趙平安(2012:151)注[四九]:“‘憧’字上一字從清華簡《金縢》‘敊’字左半,下從心,應爲‘懂’字。《廣雅·釋詁》:‘懂,驚也。’憧,《説文·心部》:‘意不定也。’”今按:整理者隸定爲“悫”的字,簡文十分漫漶,下部從“心”還隱約可見,上部殊難辨識。如隸作“悫”,則似當爲“愨”字,《説文》:“愨,謹也。”《廣韻》覺韻:“愨,善也;愿也;誠也。”苦角切。如爲“懂”字,則其字不見於《説文》,始見於《廣韻》,傳世文獻幾無用例,是以很難確認爲“懂”字。本簡“𢡃”亦可是“童昏”之“童”的意思。“𢡃”前一字應與“𢡃”義同義近,待考。

楚簡的“𢡃”與《説文》“憧”字形、音、義都不同,應是兩個不同的字。《説文》心部:“憧,意不定也。從心,童聲。”直容切,《廣韻》鍾韻直榮切,音 chōng。玄應《一切經音義》卷二十引《説文》作“憧憧,意不定也”,“意不定”都須“憧憧”重言,形容心神不定之貌,如桓寬《鹽鐵論·刺復》:“心憧憧若涉大川,遭風而未薄。”也形容往來不絶貌、搖曳不定貌。《集韻》鍾韻“憧,憧憧,往來不絶貌”,如《易經·咸卦》“憧憧往來”、王充《論衡·吉驗》“光耀憧憧上屬天”。單用時則非是“意不定也”之義,而是通假爲“惷”字,意爲“愚笨”,如《大戴禮記·

---

① 陳偉《竹書〈仲弓〉詞句試解(三則)》。
② 廖名春《楚簡〈仲弓〉與〈論語·子路〉仲弓章讀記》云:“‘憧’是‘蠢’的異文,訓爲‘駿昏’,與‘愚’義同。”
③ 汪中文《〈仲弓〉“雍也憧(惷)愚”解》認爲:“‘憧’、‘惷’二字通假。《説文·心部》:‘惷,愚也。從心,春聲。’又,‘憧,意不定也。從心、童聲。’……‘惷愚’乃古人自謙之詞也。《禮記·哀公問》云:公曰:‘寡人惷愚,冥煩,子志之心也。’又,《儀禮·士昏禮》……‘某之子惷愚,又弗能教,吾子命之,某不敢辭。’”
④ 陸德明《經典釋文》第20頁。

千乘》"作起不敬以欺惑憧愚"、《史記·三王世家》"臣青翟、臣湯等宜奉義遵職,愚憧而不逮事"。所以,與其釋楚簡"意"字同《説文》"憧"字而通假爲"惷",不如釋"意"爲"童"更加直接、合理。

"意"或"憧"字均不見於甲骨金文,古文字中"意"字目前僅見於上博簡(三)《中弓》4簡和清華簡(叁)《芮良夫毖》12簡兩例。"童"字出現較早,見於商周甲骨金文。戰國中山王墓大鼎銘文作 ："寡人幼童未用智。""用"當隸作"甬",通"通"。張守中採用張政烺的釋讀,將 字隸作"踵",謂:"踵,從立,重聲,讀爲踵,繼也。……幼踵言少年即位。"①《金文編》則將 歸"童"字,釋《大鼎》銘文爲"寡人幼童未用智"②。筆者認爲,此文前爲"吾先考成王早棄群臣",後文有"……今方壯,智天其德,省其行","幼童"與"今方壯"相對, 當讀爲"童",是"孩童"的意思。中山王墓大鼎銘文當釋爲"寡人幼童,未通智",其意正是指幼童之時心智未開、懵懂無知。"童"在古文字中是一個常用字,在楚簡中較爲多見。"童"既有"愚"義,所以楚人造出一個帶"心"符的"意"字,表示心智未開的童蒙愚昧,既在常理之中,也符合戰國楚人通過"心"符文字强化、重視"心性"的常例。

五、楚簡"忞(願)"與《説文》"忨"

楚簡有下"心"上"元"的"忞"字,用作"願望、意願"的"願",整理者或等同於《説文》"忨"字。其辭例爲:

　　 上博(一)《孔子詩論》14簡:"以琴瑟之悦,忞好色之忞。"
整理者馬承源(2001:144)注:"'忞'即'忨',《説文》云:'忨,貪也,從心,元聲。'《春秋傳》:'忨歲而漱日。''忨'字亦通'玩'。《玉篇》則云:'愛也。'是以'忨'有'貪'、'愛'二義。在簡文中,字與'敓(悦)'字相對應,當取《玉篇》之釋。"今按:"忞"即"疑"字,本簡通"擬","比擬"之意。"忞"即"心願、欲願"之"願",而非《説文》訓"貪也"之"忨"。本簡評論《闗疋(關雎)》,詩意窈窕淑女爲君子好逑,並以琴瑟而友之,鐘鼓而樂之。簡文意爲以琴瑟鐘鼓的歡快,表達愛好美色的心願。

　　 上博(一)《孔子詩論》19簡:"木芯有臧忞而未得達也。"
整理者未釋"忞"字。今按:本簡"忞"據簡文當隸作"忞",爲"忞"的省形或訛變。"臧忞"即"臧願",指善良、美好的願望。

　　🔲上博（三）《中弓》26 簡：“愚恐怠吾子憂，忎（願）因吾子而治。”

整理者李朝遠（2003：282）注：“‘忎’，從元、從心，同‘願’。”今按：“怠”通假爲“貽”，“貽憂”即“遺留憂患”，類似於“貽羞”。

　　🔲上博（三）《彭祖》4 簡：“故君之忎（願），良……。”

整理者李零（2003：306）注：“忎，即‘願’。”今按：本簡“忎”亦當隸作“忎”，爲“忎”的省形或訛形。

　　🔲上博（四）《東大王泊旱》21 簡：“忎（願）聞之。”

整理者濮茅左（2004：213—214）注：“‘忎’，字亦見於《中山方壺》，從心，元聲，或同‘忨’，《説文·心部》：‘忨，貪也，從心，元聲。’或釋爲‘願’。”今按：整理者引《説文》“貪也”之義以釋簡文，無法讀通。本簡的“忎”祇能讀“願望”之“願”。

　　🔲上博（五）《鮑叔牙與隰朋之諫》4 簡：“敦堪背忎（願），疲敝齊邦。”

整理者陳佩芬（2005：186）注：“‘忎’，從心，元聲，同‘願’。”

　　🔲上博（八）《王居》4 簡：“忎（願）大夫之毋燕徒以損。”

整理者陳佩芬（2011：210）注：“‘忎’，同‘願’。”

　　🔲上博（八）《李頌》1 簡背：“忎（願）歲之啟時。”

整理者曹錦炎（2011：242）注：“‘忨’，字也見於戰國中山方壺銘。《説文》謂：‘忨，貪也。’字又通‘玩’，均非簡文義。‘忨’，當讀爲‘願’。”

　　🔲清華（壹）《皇門》13 簡：“既告汝忎（元）德之行。”

　　🔲清華（叁）《芮良夫毖》25—26 簡：“謀無小大，而器不再利，屯可與忎（忨），而鮮可與惟。”

整理者趙平安（2012：155）注［九六］：“屯，可訓‘皆’。……忨，《説文·心部》：‘貪也。從心元聲。’《春秋傳》曰：‘忨歲而㵭日。’”今按：整理者釋“忎”爲“忨”，訓“貪”，似可商榷。此簡“忎”疑仍是“願望”之“願”的意思，“惟”是“有”的意思。《玉篇》心部：“惟，有也。”《禮記·緇衣》“自周有終，相亦惟終”，吳昌瑩《經詞衍釋》卷三：“惟，有也。《孟子》：‘有罪無罪，惟我在。’《書》：‘乃惟成湯。’”簡文“屯可與忎，而鮮可與惟”的意思應是“都是可以念想的，而極少是可以佔有的”。

　　🔲清華（叁）《良臣》9—10 簡：“子產之師：王子伯忎（願）。”

整理者沈建華（2012：162）注［五一］：“王子伯願等人文獻均未見。”

　　🔲🔲清華（陸）《管仲》19 簡：“凡其民人，老者忎（願）死，壯者忎（願）行。”

🔺清華(柒)《越公其事》19 簡："孤用㤅(願)見越公。"

🔺清華(柒)《越公其事》24 簡："孤之㤅(願)也。"

在出土文獻中,"㤅"字不見於商周甲骨金文。在戰國文字中,"㤅"字除見於楚簡外,還見於中山王墓銅器方壺銘文,共兩見:"天不斁其有㤅,使得賢才良佐賙,以輔厥身""賙㤅從士大夫,以靖燕疆"。兩處"㤅"字張守中並"讀爲願"①。

目前所見到的"㤅"字,僅見於戰國楚、晉出土文獻中。辭例中的"㤅",都讀同意願、願望的"願"。"㤅"字從"心""元"聲,是意願、願望之"願"的本字,殆無疑義。筆者認爲,戰國楚、晉文字的"㤅"字,與《說文》"忨"字雖然構形字素相同,但配置方式不同,音義也不相同,是兩個不同的字②,不能簡單劃等號。上博(八)《子道餓》1 簡"元(願)吾子止圖之也",整理者濮茅左(2011:123)注:"'元',讀爲'願'。"可爲"㤅"讀"願"佐證。

戰國楚、晉文字"㤅"字,意義既不同於《說文》"貪愛、苟安"意義的"忨",也不同於《說文》的"願、愿"。"愿、願"的本義都不表"意願、心願"。《說文》心部:"愿,謹也。從心,元聲。"本義爲老實、謹慎,如《尚書·皋陶謨》"愿而恭"、《論語·述而》"侗而不愿"中之"愿"。《說文》頁部:"願,大頭也。從頁,原聲。"段玉裁注:"本義如此,故從頁。今則本義廢矣。"③徐灝注箋謂"古書傳未有訓願爲大頭者,未詳其恉"④。語言中不可能沒有表示"意願、心願"這一常用意義的詞,而《說文》中卻沒有記録"意願、心願"意義的字,這不合常理,令人費解。關於"意願"之"願"一詞用字的歷史,裘錫圭先生曾在分析"一詞借用多字"時舉例說:"欲愿的|愿|原來多借《說文》訓爲'顛頂'的'顛'字表示。漢代人往往把這個字簡寫爲'顈'(見銀雀山漢簡等)、'顅'、'顉'(以上見漢碑)等形,南北朝和唐代人進一步簡化爲'顅'。《說文》訓'大頭'的'願',在漢代也已假借來表示欲愿的|愿|(見定縣40 號漢墓簡文),但是用的人似乎不多。六朝以後,'願'字的使用逐漸普遍。到宋代,一般人大概就不用'顅'字祇用'願'

---

① 參見張守中《中山王嚳器文字編》第 35 頁。

② 李守奎等《上海博物館藏戰國楚竹書(一一五)文字編》第 432 頁云:"㤅,'願望'之'願',與《說文》之'忨'不同字。㤅,'㤅'之異體,亦讀'願望'之'願'。"又第 497 頁云:"楚之'㤅'均讀'願望'之'願'。"

③ 段玉裁《説文解字注》第 418 頁。

④ 徐灝《説文解字注箋》,轉引自丁福保《説文解字詁林》第 2208 頁。

字了。"①裘先生之論甚確。現在由於楚簡和中山王墓礨器銘文"悉"字的發現，我們纔得以知道，記錄"意願"的"願"這一古今常用詞的，其實早就有其本字，這個本字就是"悉"。它最晚創造於戰國中期，至少應用於楚國和晉國。後來隨著秦朝的統一和書同文字，這個本字消失了，秦漢以後的傳世文獻和出土文獻，都祇好借用表示"顛頂"意義的"顛"字、表"大頭"的"願"字、表"謹也"的"愿"字來記錄漢語中這一常用詞、基本詞、核心詞。"悉"字在戰國出土文獻中重新現世，使歷史上斷層了幾千年的一個字、詞得以接續，也解決了一個令人費解的謎，對於漢語詞彙史、漢字史的研究彌足珍貴。如果置這一新的發現於不顧，仍以《說文》之"忨"以曲說而掩蓋之，就實在太可惜了。

六、楚簡"忢（決）"與《說文》"快"

楚簡有一個上"夬"下"心"的"忢"字，見於郭店簡、上博簡若干例，在辭例中都可以讀作"決"。整理者均隸定爲左右組合的"快"字。另有近 10 例見於包山簡，都用作人名，不知其意。見於郭店簡、上博簡的辭例爲：

郭店《性自命出》12 簡："凡見者之謂物，忢於己者之謂悅。"

今按：整理者隸作"快"，未釋，蓋讀"快"爲如字。今按：本簡"忢"讀"決"亦可，"忢於己"即取決於己。

郭店《性自命出》47—48 簡："有其爲人之忢如也，弗牧不可。有其爲人之臬如也，弗杸不足。"

今按：整理者亦隸作"快"。"杸"爲"輔"的異體字。"牧"與"杸"顯然是相助、輔佐的意思。簡文"忢如、臬如"應指人之"其爲人"都有天生的不足，故須有人"牧、輔"纔能矯正其不足的天性。"臬"當讀"泉"，"泉如"比喻人的性情像泉水噴湧恣肆而無約束。"忢"當讀"決"，意爲大水衝破堤岸橫流氾濫，"決如"比喻人的天性像河水決堤一般莽撞不羈。"泉如、決如"都用水性比喻人未經訓練的"天命"之性，故需賢人相輔，纔能由自然的人培養成社會的人。

郭店《尊德義》35 簡："勇不足以沫眾，博不足以知善，忢不足以知倫。"

整理者（1998：175）注［二二］："裘按：'快'疑當讀爲'決'。"今按：裘按是。此爲"果決"之義。

---

① 裘錫圭《文字學概要》第 191—192、343 頁。又：清人邵瑛《群經正字》"顛"字說："今經典皆借其聲爲顛欲字，而又棄繁就簡，祇用願，不用顛。然古人似祇作顛。"《漢語大字典》頁部"顛"字下按："'願'字從戰國到秦漢的璽印、帛書、竹木簡、碑刻大多作'顛'，祇有個別作'願'，'顛'、'願'二字同義，但《說文》收爲不同義的兩字。"《玉篇》《廣韻》"顛"均爲"願"字重文。

　　郭店《語叢一》107—108 簡："忢(決)與信,器也,各以𤷾詞毀也。"整理者(1998:200)注[二一]："𤷾,裘按:或即'澹'之別體,在此讀爲'詹',後起字作'譫',意爲多言、妄言。"今按:本簡"忢"與"信"連文,當爲"果決"之意。

　　上博(一)《性情論》6 簡："凡見者之謂物,忢(囿)於其者之謂悦。"整理者濮茅左(2001:229)注:"忢即'怮'字,《正字通》:'怮,俗憂字。'據文意似當讀作'囿'。"今按:本簡該字上部圖版原字甚爲漫漶,審其形,很難認定其爲"忢"字。整理者又引始見於《正字通》中的"怮"字以釋之,殊爲不經。龐樸説:"上博簡'忢'、'其'二字已甚漫漶,且'其'字在他處皆作'丌',此處絶非'其'字,似毋庸議。至於'忢',釋文釋爲憂、囿,並引《莊子》'囿於物者也'爲證,有移來作解之勢,令人不安。"[1]裘錫圭先生亦指出:"《上博》讀'忢'爲'囿',文義不可通。……'右'、'夬'皆從'又',其另一組成部分形亦相近,疑'忢'即'忢'之誤字。"[2]劉釗亦云:"簡文釋文中有一些字常常釋錯,如……釋'快'爲從心從右。"[3]該字上部難以辨識,但比對郭店《性自命出》12 簡同字圖版,可隸作"忢"字。

　　出土文獻中,左右組合的"快"字見於秦漢時期文字,比"忢"字的出現要晚。秦印寫作🔲、🔲,漢代馬王堆帛書寫作🔲《戰國縱橫家書》、🔲《老子甲》。《説文》心部:"快,喜也。從心,夬聲。"

　　從"水"的"決"字在戰國楚簡中出現過 1 次:

　　上博(二)《容成氏》24—25 簡："決九河之阻。"另外見於雲夢睡虎地秦墓竹簡,寫作🔲;漢印,寫作🔲;居延漢簡,寫作🔲。《説文》水部:"決,行流也。從水,從夬。"段玉裁注:"決水之義,引申爲決斷。"[4]

　　從楚簡的實際辭例來看,上下組合的"忢"字,並非是始見於秦漢、收入《説文》中的"快"字,而是楚文字表示"果決、決斷"意義的本字,與"衝決、決堤"的"決"是異體字。"果決"的"決"字表示決意、決志、決心和勇決、敢決等意義,是心性、意志和精神的表現。就像楚簡"勇"又可寫作"恿"、"敢"又可寫作"憨","決"也可以從"心"寫作"忢"。在上博楚簡《容成氏》中,"決九河之阻"之"決"是水流"衝決"堤岸之意,所以寫作從"水"的"決";表示"果決"意義的"決"則都寫作從"心"的"忢"。秦漢時期,楚國文字"忢"被從"水"的"決"所取代,未

①　龐樸《上博藏簡零箋》。
②　裘錫圭《談談上博簡和郭店簡中的錯別字》。
③　劉釗《讀〈上海博物館藏戰國竹書〉(一)劄記》。
④　段玉裁《説文解字注》第 555 頁。

被《説文》收録。在傳世文獻多用"決"字,今則通用其俗字"決"①。

七、楚簡"惡(輕)"與《説文》"悊"

楚簡没有從"車""巠"聲的"輕"字。凡"輕重"的"輕"楚簡均寫作從"羽""巠"聲的"翌"。另外有一個與《説文》"悊"字字素相同而組合方式相異的"惡"字,説者多隸作、釋作《説文》中"悊"字。

楚簡"惡"字釋作"輕"。其字僅見郭店簡1例:

🔲郭店《尊德義》32—34簡:"不愛則不親,不□則弗惡,不犖則亡畏,不忠則不信,弗愿則亡復。🔲則民惡,正則民不吝,犖則民不懠。"

整理者(1998:175)注[一九]、[二一]:"裘按:'惡'疑當讀爲'懷','犖'疑爲'懇'之誤字,讀爲'恭'。末一字《緇衣》讀爲'怨'。"今按:"□"與前後文"愛、忠、勇"等相對,或可補"德、仁、敬、禮"等字;🔲與後文"正、恭"等相對,其義也當同類,研究者或釋爲"咎"字,似有不當,其字待考。"惡"字整理者未釋,蓋以爲用作如字"悊",無須解釋。"悊"字不見於秦漢以前的出土文獻,在傳世文獻中也十分罕見,基本上衹見於字書而無辭例。《説文》心部:"悊,恨也。從心,巠聲。"胡頂切。段玉裁認爲"悊"即《孟子·公孫丑下》"諫於其君而不受,則怒,悻悻然見於其面"之"悻"字②。陳偉指出:"悊"字"也可能讀爲'輕',指輕視"③。陳偉的解釋值得重視。簡文中的上下組合的"惡"字與《説文》中左右組合的"悊"字,雖然字素相同,但組合方式不同,音義可能有别,"惡"疑非"悊"字,當爲"輕"的異體字,簡文"惡"表示輕慢、輕視、輕易等與人心性相關的意義,與後文"不吝、不懠(怨)"相提並論。"民惡",當即《韓非子·初見秦》"其民輕而難用也"中"民輕"的意思。而表示"輕重"的"輕",楚簡則另有"翌"來表示。如:

🔲郭店《緇衣》28簡:"故上不可以褻刑而翌(輕)爵。"

今按:上博(一)《緇衣》15簡相應的文句,"翌"作🔲。

🔲郭店《緇衣》44簡:"翌(輕)絶貧賤,而厚絶富貴。"

今按:上博(一)《緇衣》22簡相應的文句,"翌"作🔲。

🔲郭店《五行》11簡:"不聖,思不能翌(輕)。"

🔲郭店《五行》第15簡:"聖之思也翌(輕),翌(輕)則形。"

---

① 《廣韻》屑韻:"決,俗作決。"《玉篇》冫部:"決,俗決字。"

② 參見段玉裁《説文解字注》第508頁。

③ 陳偉《郭店竹書別釋》第165頁。

另外包山楚簡 189 簡有人名"登翟",簡文作🈐。

楚簡"翟"字從"羽""𡕦"聲。從"羽",是以羽毛之輕比喻事物之輕,即古語所謂"輕於鴻毛"。虞萬里指出:"羽毛輕,或即物輕之本字,而輕則如《説文》所説爲車之輕者,逮輕行而翟廢,故戰國簡文少見此形。"①這是有道理的。不過楚文字有兩個與"輕車"不一樣的"輕"——"惡"與"翟",分別表示内心之輕與外物之輕,都是"輕"的異體字。

"輕"字不見於目前所見春秋以前的出土文獻。在戰國文字中,從"車"的"輕"祇見於秦系文字,寫作🈐、輕,與楚文字從"羽"的"翟"和從"心"的"惡"相對,分別屬於兩個不同的文字系統②。《説文》車部:"輕,輕車也。從車,𡕦聲。"段玉裁注:"輕本車名,故字從車,引申爲凡輕重之輕。"③秦滅六國之後,秦系文字"輕"即取代了楚系文字的"惡"和"翟"的形義,楚文字對於心與物的區別不復再見,"輕"的初文、本字"惡"和"翟"遂埋没無存。

八、楚簡"𢤦(違)"與《説文》"愇"

楚簡有一個從"心"、上下組合的"𢤦"字。此字除楚簡外不見於其他出土文獻④,也不見於任何傳世文獻。"𢤦"當爲"違"字的異構。整理者或認作《説文》左右組合的"愇"字。辭例如:

🈐上博(二)《民之父母》10 簡:"孔子曰:'無聲之樂,氣志不𢤦。'"整理者濮茅左(2002:170)注:"𢤦同'愇',《文選·幽通賦》'違世業之可懷',李善注引曹大家曰:'違或作愇,愇亦恨也。'"李守奎等云:"按:説文'𧾷'之籀文。"⑤今按:本句在今本《禮記·孔子閒居》中作:"孔子曰:'無聲之樂,氣志不違。'""𢤦、違"異文,"𢤦"當同"違"。整理者泥於《説文》"愇"字,釋"𢤦"爲"愇",似不可取。李守奎釋同《説文》"𧾷",亦恐非是。

🈐上博(八)《李頌》2 簡:"𢤦(違)與他木,非與從風可(兮)。"整理者曹錦炎(2011:244)注:"'𢤦',讀爲'違'。……違,遠離,避開。"今按:此説近是。本簡稱頌李(桐)樹與其他樹木的不同,"𢤦"同"違",是"相異、相反"的意思,"𢤦與他木"意爲跟其他眾樹不同。

---

① 虞萬里《上博館藏楚竹書〈緇衣〉綜合研究》第 123 頁。
② 參見高明等《古文字類編》(增訂本)第 1188 頁引《秦文字集證》和雲夢睡虎地秦簡。睡虎地秦簡"輕"字凡 5 見,見張守中《睡虎地秦簡文字編》第 210 頁。
③ 段玉裁《説文解字注》第 721 頁。
④ 在較早的曾侯乙墓竹簡中有"南□陵連醫𢤦取𣝕轂","𢤦"字作🈐。
⑤ 李守奎等《上海博物館藏戰國楚竹書(一—五)文字編》第 501 頁。

🔣清華(叄)《説命上》5 簡:"失仲韋(違)卜,乃殺一豕。"

整理者李學勤(2012:124)注[一八]:"'違卜'語見《書·盤庚》、《大誥》。"今按:"違卜"即違背占卜的指示,是傳世文獻常語,如《尚書·盤庚》"各非敢違卜,用宏兹賁",《尚書·大誥》"王害不違卜",《左傳》僖公四年"愎諫,違卜,固敗是求",《左傳》昭公三年"諺曰:'非宅是卜,唯鄰是卜。'二三子先卜鄰矣,違卜不祥"。簡文的"韋卜"即傳世文獻的"違卜"。

🔣清華(陸)《子産》16 簡:"毋兹韋(違)拂其事。"

　　"韋"或通假作"威、回":

🔣上博(三)《周易》11 簡:"厥孚汱如,韋(威)如,吉。"

整理者濮茅左(2003:152)注:"'韋'即'愇'字,通'韙'。《集韻》:'韙,通作愇。'《説文·是部》:'韙,是也。從是,韋聲。'⋯⋯或讀爲'威'、'委'。"今按:馬王堆漢墓帛書《二三子》:"《卦》曰:'絞如委如,吉。'"今本《周易·大有卦》作"厥孚交如,威如,吉"。本簡"韋"借作"委"或"威",表示情狀。整理者釋"韋"同"愇"、通"韙",殊不可解。

🔣上博(八)《顔淵問於孔子》5 簡:"顔淵曰:'君子之内事也,韋(回)既聞命矣。'"

整理者濮茅左(2011:146)注:"'韋',音通'回'。"

🔣上博(八)《顔淵問於孔子》9—10 簡:"顔淵曰:'君子之内教也,韋(回)既聞命矣已。'"

　　今按:以上兩例"韋"均通顔回之"回"。"韋"從"韋"聲,古音匣母微部。"回"古音亦匣母微部,音近通假。

　　《説文》是部:"韙,是也。從是,韋聲。《春秋傳》曰:'犯五不韙。'愇,籀文韙從心。"《説文》以"愇"爲"韙"字籀文,訓爲"是也",清代學者大有異議。段玉裁《説文》"愇"字注曰:"《玉篇》云:'愇,怨恨也。'《廣韻》引字書:'愇,恨也。'皆不云同韙。"[1]王筠指出:"是部韙之籀文愇,《玉篇》在心部,注曰'怨恨也',《廣雅》'怨、愇、很、恨也',皆不以爲韙之籀文,第音不異耳。《集韻》七尾'韙'下繼收愇字。兩字各義。然則宋時《説文》尚無此重文也。"[2]段、王均認爲"韙、愇"是兩個意義不同的字,祇是讀音相同而已,《説文》"愇,籀文韙從心"並非原文,而是宋後之人所加。俞樾認爲:"韙從是,故其義爲是,若從心則非其義

① 段玉裁《説文解字注》第 69 頁。
② 王筠《説文釋例》,轉引自丁福保《説文解字詁林》第 608 頁。

矣。今按悼者媁之或體也。女部：'媁，不悦貌。'"①邵瑛説："今經典衹有韙字……無悼字。惟《漢書·敘傳》'豈不餘生之足殉，悼世業之可懷'，用籀文韙字。然《文選·幽通賦》作'違'，李善引曹大家注：'違，恨也。'又曰：'違或作悼，悼亦恨也。'是悼與違通。以此意推《書·無逸》'民否則厥心違怨'、《詩·谷風》'中心有違'、《禮記·大學》'而違之，俾不通'，諸'違'字皆有恨怒意，可與'悼'爲一字，與'韙'則截然兩字也。"②均指出"悼"跟"違"是一個字，而跟"韙"是不同的字。

　　清代學者對《説文》的異議，以邵瑛之説尤當注意。"悼"字從"心"，而義爲"怨恨"，與訓"是也"的"韙"形義相隔。而以"悼"爲"違"字異體，則形、音、義皆通。"違"有"怨恨"之意。《尚書·無逸》"民否則厥心違怨"，孔穎達疏："違怨，謂違其命而怨其身。"《廣雅·釋詁四》"悼，恨也"，王念孫《疏證》："悼者，班固《幽通賦》'違世業之可懷'，曹大家注云：'違，恨也。'《漢書·敘傳》作'悼'。《無逸》云：'民否則厥心違怨。'義亦與'悼'同。《邶風·谷風》篇'中心有違'，韓詩云：'違，很也。''很'亦'恨'也。"③"悼、違"二字既異文互見，又同訓"怨恨"，可知其爲異體。將"悼"釋同"違"字，解釋傳世文獻均無違礙，解釋楚簡簡文"惪"字亦通。《民之父母》簡"無聲之樂，氣志不惪"，當釋爲"氣志不惪（違）"，意爲無聲之樂，不違養氣勵志之旨，與下文"無聲之樂，氣志既得"相呼應，"樂"與"志氣"兩者"不惪（違）"，纔能"氣志既得"。

　　楚簡還有一個從"心"的"嚔"字，上部是聲符"售（唯）"。此字不見於《説文》及其他任何文獻，在楚國簡帛文字中也僅出現一次。其辭例爲：

　　🖼郭店《尊德義》20—21 簡："尊仁、親忠、敬壯、歸禮，行矣而亡嚔。""亡嚔"整理者未釋。今按：簡文"壯"通"莊"，"歸"通"貴"。李零釋"亡嚔"爲"無違"，"違"指違背④。劉釗釋爲"無遺"，"遺"指遺漏⑤。陳偉釋爲"亡惟"，"惟"指思考⑥。

　　簡文"尊仁、親忠、敬莊、貴禮"是四個並列的動賓短語，是作者所提倡的四種道德行爲規範。"行"與"嚔"意義相反，"行"是遵行、踐行、履行，"嚔"當從李

①　俞樾《兒苫録》，轉引自丁福保《説文解字詁林》第 608 頁。

②　邵瑛《説文解字群經正字》，轉引自丁福保《説文解字詁林》第 608 頁。

③　王念孫《廣雅疏證》第 120 頁。

④　參見李零《郭店楚簡校讀記》（增訂本）第 183 頁。

⑤　參見劉釗《郭店楚簡校釋》第 131 頁。

⑥　參見陳偉《〈鄭子家喪〉通釋》。

零釋讀爲"違",是"違背、違逆"的意思。"行"的對象是前面的仁、忠、莊、禮。"行矣而亡噅",意爲遵行前述四種道德規範和行爲準則而不相違背。"行而無違"相對於"行違"而言,"行違"指言行相異、表裏不一等不良的道德行爲,如《論語・顏淵》之"色取仁而行違",王充《論衡・答佞》之"言合行違,名盛行廢"。"噅"字應是"違"的異體字。

從"辵"的"違"字最早見於西周金文,《臣卿鼎》作𢔻,《班簋》作𢔱。《説文》辵部:"違,離也。從辵,韋聲。"本義指行走時背離方向、離棄正道。僅見於楚簡的從"心"的"𢙃、噅",是表示此乃"心違"而非"行違",即"事與心違""言與心違""面從心違"之"違"。

表示動作、行爲的"違"在楚簡中亦有所見,表示"違反、違背"的意思。辭例有:

　　𢙃上博(五)《三德》8 簡:"衣服過制,失於美,是謂違章,上帝弗諒。"

　　𨓍上博(六)《競公瘧》12 簡:"公强起,退席曰。"

今按:本簡"退"當隸作"違",是"違"字的省寫,省去了"韋"上部的"止"。

　　𨖀清華(壹)《程寤》5 簡:"樹因欲,不違材。"

楚簡還有一個從"口"的"啙":

　　啙清華(叁)《芮良夫毖》23 簡:"人訟扞啙(違),民乃嗥囂。"

從以上材料來看,楚簡表示"違背"意義的字,有"𢙃、噅、啙、違"四種異構,意符分別從"心"、從"口"和從"辵",顯示同一概念心、口、行的三元對立,形成精神意識的違背、口頭言語的違逆和動作行爲的違避等系列深層的、具體而微的語義構式。在後來的傳世文獻中,《説文》所收的"愇"應是戰國古文"𢙃"字,是楚文字"違"的異體,而誤收作"趨"的籀文。後世文獻"愇(𢙃)"在"心違"的本義基礎上引申出"怨恨"的意義。再後來從"心"的"愇(𢙃)"逐漸消失,統一用"違"來涵蓋行之"違"、言之"啙"和心之"愇(𢙃)",通過文字區分心、口、行的三元對立就泯滅不見了。

九、楚簡"悉(猜)"與《説文》"保"

楚簡隸作"悉"的字,簡文作𢝻。字下部"心"符右橫筆往上折,與上部"采"符右下一捺相接。上部"采"符字形較小,尤其"木"符不甚清晰。比較楚簡"采"字字形𤖅上博(三)《恒先》7 簡、𤖄上博(三)《恒先》8 簡,仍可辨析,隸作"悉"應無疑義。字僅 1 見:

　　𢝻上博(一)《性情論》37 簡:"有其爲人之㥚㥚如也,不有夫柬柬之心則悉。有其爲人柬柬如也,不有夫恒忻之志則曼。"

整理者濮茅左(2001:272)注:"伮伮,似可讀爲'惛惛',專默精誠。'柬'……可讀作'堅',剛毅。……或讀爲'簡簡'、'謇謇'。悉,讀爲'襂',引申爲輕微、細小之意。"今按:郭店《性自命出》第44—45 簡相應簡文作"有其爲人之迊迊如也,不有夫柬柬之心則采。有其爲人柬柬如也,不有夫恒怡之志則縵",整理者未釋。上博簡"悉"郭店簡異文作"采",簡文爲𤔔。上博簡整理者讀"悉"爲"襂",於義未當。"悉"字上部爲從"爪"從"木"之"采",不是"悉"字上部所從之"象獸指爪分別也"之形的"采"。古音"采"屬清母之部,"悉"屬心母質部,韻部相差太遠,"悉"不宜讀爲從"悉"聲的"襂",整理者誤以爲從"采"聲的"悉"爲從"采"聲。

郭店簡"有其爲人之迊迊如也,不有夫柬柬之心則采",陳偉讀爲"有其爲人之即即(節節)如也,不有夫柬柬(簡簡)之心則悉",認爲"采,讀爲'悉',《説文》:'奸也。'簡文大概是説注意節制的人,如果没有平易之心,就會走向奸邪"[1]。劉信芳從陳偉,認爲"悉字即'猜'也,《方言》卷十二:'猜,恨也。'凡人因小失大,則生遺憾之'恨'也。《性自命出》'采',陳偉先生釋爲從心之'采',今爲《性情論》所證實"[2]。陳、劉之釋可從。楚簡之"悉"即《説文》之"悰",並當爲"猜"字的異體。

《説文》"悰、猜"在心部和犬部重出。《説文》心部:"悰,奸也。從心,采聲。"嚴可均等疑"悰"字"此篆恐非舊次",引《玉篇》訓"悰"爲"恨也,急也",《廣韻》訓"恨也",謂《説文》"云'奸',未詳"[3]。中古字書《廣雅·釋詁四》、《玉篇》心部、《廣韻》海韻、《集韻》海韻等並釋"悰,恨也"。筆者疑"悰"本當訓"恨也",《説文》"奸也"乃"恨也"之訛。而《説文》"猜"亦訓"恨"。《説文》犬部:"猜,恨賊也。從犬,青聲。"《慧琳音義》卷六十二"猜疑"注引《説文》作"猜,恨也",《方言》卷十二、《小爾雅·廣言》、《玉篇》犬部、《廣韻》咍韻並釋"猜,恨也"。故徐灝疑《説文》"猜,恨賊也"中的"賊"字是衍文[4]。王筠則讀爲"猜,恨,賊也",認爲"許君爲恨不足盡猜之情,故申之以賊"[5]。字書中亦以"悰"爲"猜"字的異體。《集韻》咍韻:"猜,《説文》:'恨,賊也。'或作悰。"《玄應

①　陳偉《郭店楚簡〈六德〉諸篇零釋》。

②　劉信芳《關於上博藏楚簡的幾點討論意見》。

③　嚴可均、姚文田《説文校議》,轉引自丁福保《説文解字詁林》第 2607 頁。

④　參見徐灝《説文解字注箋》,轉引自丁福保《説文解字詁林》第 2444 頁。

⑤　王筠《説文解字句讀》第 376 頁。

音義》卷三"猜焉"注:"猜,今作俵。"上述傳世文獻證明"俵、猜"意義相同,應是音義相同的異體字。

"猜"字不見於秦以前出土文獻,始見於漢印。先秦傳世文獻《尚書》《詩經》《左傳》"猜"字略見數例。"悉(俵)"字則僅楚簡1見,不見於其他出土文獻,亦不見於傳世文獻,是一個很冷僻的字。《說文》中的"俵",可能即源自楚國文字"悉"。"猜"義既爲"恨也",自可從"心"作"悉(俵)"。楚簡"悉"之與《說文》"俵"和"猜",猶楚簡"恚"之與《說文》"悻"和"狂",如朱駿聲注《說文》"猜"字所言:"字從犬,如狡、獪、狂、猛之類,本以言犬,移以言人。"[1]都是先自外物而後至人心。與楚簡"恚"字一樣,始自楚簡的"悉"字,雖見録於《說文》之中,但並未傳承下來。

十、楚簡"恁(任)"與《說文》"恁"

楚簡從"心"的"恁"字,目前在楚國文字中僅有1見,辭例爲:

　　　上博(四)《曹沫之陳》5簡:"鄰邦之君明,則不可以不修政而善於民。不然,恁(任)亡焉。"

整理者李零(2004:246)注:"恁亡讀'任亡',指聽任敵國來滅亡自己。"

除上述辭例外,"恁"字不見於所有傳世文獻和出土文獻。依照楚簡"賃"字均寫作"貢"之例,參照"恁"字楚《王孫遺者鐘》作　、楚璽2561號姓名璽作　[2],楚簡"恁"字當爲"恁"的省聲字。

《說文》心部:"恁,下齎也。從心,任聲。"段玉裁注:"未聞。按:《後漢書》班固典引曰:'亦宜勤恁旅力。'李賢注引《說文》:'恁,念也。'當用以訂正。"[3]《說文》對"恁"字本義的解釋難以理解,《說文》食部"恁"又作"飪"字古文,更使其義撲朔迷離。後世字書中,"恁"或解釋爲"思、念",如《廣雅·釋詁二》、《集韻》沁韻並云"恁,思也",《玉篇》心部"恁,念也";或解釋爲"弱",如《廣雅·釋詁一》、《集韻》侵韻並云"恁,弱也"[4];或釋爲"信",如《玉篇》心部、《廣韻》侵韻、《集韻》侵韻並云"恁,信也"。

楚璽2561號單字姓名璽"恁"無從知義。在楚系文字之外,"恁"字亦兩見於中山王墓大鼎銘文:"非恁與忠,其誰能之""越人修教備恁"。張正烺謂中山

---

① 朱駿聲《說文通訓定聲》第850頁。
② 參見李守奎《楚文字編》第613頁;湯餘惠《戰國文字編》第709頁。
③ 段玉裁《說文解字注》第508頁。
④ 訓爲"弱"的"恁",當爲"色屬内荏"之"荏"的本字。

王墓"恁"字"是信之異體"①；何琳儀隸作"恁"，釋爲"信"，認爲"恁"字"從心從玉從人，人亦聲"②。董蓮池也"疑爲'信'字異體"③。徐中舒、伍仕謙認爲"恁"即"任"字④。

以上諸家對戰國出土文獻中的"恁、恁"字的釋讀，讀"念"或"弱"都没有普遍適應性，暫且略之不論。比較一致的是讀"恁"爲"信"。何琳儀等將中山王墓字隸作"恁"，以與"恁"相區别，似涉牽强。中山王墓字右上原作"玉"，與中山王墓其他"玉"字形體有所不同，雖與楚文字之"玉"字形體相近，但楚文字不宜用作三晉文字的立論依據。在戰國出土文獻中，"恁"字出現數例，在漢代印璽中，也有"紀恁、臧恁、國恁之印、惠恁之印"等辭例，右上都寫作"壬"，没有寫作"玉"的。如果僅將中山王墓大鼎銘文隸作"恁"，則與其他形義相同相近的"恁"字不類，依據不足，似仍以隸作"恁"爲宜。如果僅從意義考慮，將"恁"認作"信"字，楚簡"恁亡焉"、《王孫遺者鐘》"余恁予心"、中山王墓大鼎"非恁與忠""修教備恁"以及漢印諸辭例，都能讀通。但是戰國秦漢出土文獻的"信"字，意符均從"言"或從"口"，寫作"訡、訐、誻、誜、信、訆、伈、吽"等，没有寫作從"心"的"恁"。以前古璽中從"心"而認作"信"字的，都應是"悤(仁)"字的誤讀，説見本書"仁"字條(243頁)。可見古人於"信"主"言"而不主"心"。將"恁"認作"信"字，是一個特例、孤證，根據不足。出土文獻中的"恁"和"恁"字，不宜過於從其在辭例中的意義考慮而釋爲"信"字的異體，而應主要考慮其字形結構、結合辭例而能讀通的意義來釋讀。基於此，筆者認爲出土文獻中的"恁"不是《説文》訓爲"下齎也"的"恁"字，也不是"信"字異體，而應從徐中舒、伍仕謙釋作"任"字異體，是"任"的增形字。

"任"字在楚簡中有幾種不同的形體。除了寫作從"心"的"恁"外，還寫作

① 張守中《中山王嚳器文字編》第49頁："張正烺謂：信原作 恁，按古文從口之字亦或從心，故知是信之異體。"

② 何琳儀《中山王器考釋拾遺》第5—10頁："朱德熙、裘錫圭隸定爲'恁'，釋'信'，甚確。"又"恁與恁皆非一字""壬與本銘'王'迥乎不同，'王'應隸定爲'玉'""恁從心從玉從人，人亦聲""古人每析玉爲信……《説文》'瑞，以玉爲信也'，《左傳》襄公九年'信者言之瑞也'。……《書·吕刑》'罔中於信'與本銘'非恁與忠'辭例暗合"。

③ 董蓮池《金文編補校》第203—204頁："此文右上所從……乃'玉'字。……銘中讀爲'信'，疑即信字異體。古璽文'信'字或有從'人'從'心'作者，此多增一'玉'，應爲追加之義符。古人又將玉與美德相比之習，認爲玉有信的美德。"

④ 徐中舒、伍仕謙《中山三器釋文及宫室圖説明》第85頁："恁，同任。《詩·邶風》：'仲氏任只。'鄭箋：'以恩相信任曰任。'《周禮·大司徒》：'大司徒之職……二曰六行：孝、友、睦、姻、任、恤。'注：'任，信于友道。'"

常見通用的"任",如:

　　　　任上博(一)《性情論》31 簡:"凡憂惓之事欲任,樂事欲後。"

　　　　任上博(四)《内豊》6 簡:"止之而不可,憐而任。"

　　又寫作從"貝""壬"聲的"賃",如:

　　　　賃郭店《六德》4 簡:"聚人民,賃地。"

整理者(1998:189)注[四]:"裘按:此文當讀爲'任土地'。"

　　　　賃上博(八)《成王既邦》1 簡:"成王既邦,周公二年,而王厚其賃。"

　　又寫作從"力""壬"聲的"劰",如:

　　　　劰郭店《性自命出》62 簡:"凡憂患之事欲劰(任),樂事欲後。"

　　楚簡"任"寫作"賃",與中山王墓銘文"使知社稷之賃(任)""氏以寡人委賃(任)之邦""余知其忠信也而專賃(任)之邦""受賃(任)佐邦""而塚香(任)之邦"①,和雲夢睡虎地秦簡"不賃(任)其人"相同②。《説文》貝部:"賃,庸也。從貝,任聲。"段玉裁注:"今之傭字。"③意爲雇用、租賃、傭金。"貢、香"應是"賃"的省形,上述出土文獻"賃、貢、香"都是通假作"任",這也間接證明楚簡的"恁"以及中山王墓的"恁"當爲"任"字。

　　又寫作"壬":

　　　　壬清華(伍)《殷高宗問於三壽》17 簡:"惠民由壬(任)。"

今按:本簡"壬"通假作"任"。形聲字的聲符往往先通假,而後增加形符成本字,是漢字孳生的常例。"壬"通"任"亦可佐證"恁"爲"任"字。

　　《説文》人部:"任,符也。從人,壬聲。""符"即"契合",具有"信"的含義。《詩經·邶風·燕燕》"仲氏任只,其心塞淵",鄭玄箋:"任者,以恩相親信也。"《經義述聞·爾雅上》"肅疾也肅速也"條引"周語:俾莫不任肅純愹",王引之按:"任,信也。"《戰國策·秦策三》"慈仁任忠",鮑彪注:"任,猶信也。"《周禮·地官·大司徒》"一曰六德:知、仁、聖、義、忠、和;二曰六行:孝、友、睦、婣、任、恤",鄭玄注:"任,信於友道。"《戰國策·魏策二》"因令史舉數見犀首,王聞之而弗任也,史舉不辭而去",鮑彪注:"任,猶信也。舉既非之,而數見之,故王疑之。"《史記·屈原賈生列傳》"王甚任之"、《漢書·藝文志·諸子略》"捨人事而任鬼神","任"也都是"信賴"的意思。戰國時期"信"與"任"同義並行,秦漢以後"信"通用而"任"逐漸淡出,魏晉以後"信任"連用,逐漸凝固合成爲一個雙

---

① 參見張守中《中山王𰯼器文字編》第 63 頁。"香"當是"賃"字的省寫。
② 參見張守中《睡虎地秦簡文字編》第 98 頁。
③ 段玉裁《説文解字注》第 282 頁。

音節詞,"任"就成爲其中的一個詞素,基本上不再單獨表示"信"的意思了。

戰國楚文字"任、恁(㐲)、妊"同時並用而各有分工。"任"字從"人",是普遍意義、概括意義的"任";"妊"字從"力",應是特指"擔任、重任、責任"的"任",是須要付出力氣的"任";"恁(㐲)"字從"心",應是特指"信"義的"任"。因爲"誠信、相信、信賴"都是基於心理活動,所以其字從"心"。它與《説文》中訓"下齎也"的"恁",或訓"念"、訓"弱"的"恁",形同義異,是不同的字。後世字書如《玉篇》心部、《廣韻》侵韻、《集韻》侵韻均解釋爲"信也"的"恁",則應與戰國時期的"恁(㐲)"有淵源關係。

上博(四)《曹沫之陳》"㐲(任)亡"的"㐲(任)"整理者釋爲"聽任",認"㐲"爲"任",是可信的。"任"本身就有"信"的意義,所以"㐲"在簡文中讀爲"信"亦可。"信"爲"確信"的意思。"㐲(任)"用在"不修政""不善於民"和"亡"之間,表示前面的原因與後面的結果相符,這正是《説文》"任,符也"的本義,也就是"信"的意思。至於其他出土文獻辭例中的"恁"字,用"信"的意義去理解,也同樣怡然理順。

十一、楚簡"蘁(勸)"與《説文》"懽"

在楚簡中,有一個簡整理者隸作"懽"或"寢、癵、懽"的字,整理者多以其爲《説文》"懽"字。該字上下組合,下部從"心",上部當是"雚"字的變異。"雚"字甲骨文作 🐦、🐦,金文作 🐦、🐦,象怒目圓睜之雚鳥形狀。因雚鳥雙睛炯然,視察銳利,故凡以目炯視者亦謂之"雚",孳乳爲"觀"字。《説文》:"雚,小爵也。從萑,吅聲。《詩》曰:'雚鳴於垤。'""爵"即"雀"。從甲骨金文等來看,"雚"應是一獨體象形字,而非形聲字。在楚系簡帛文字中"雚"字字形寫作 🐦、🐦、🐦 等,均用作"觀看"之"觀"。簡文"雚"字上部的"宀"或"人",應是雚鳥眼眶或眼毛之形的訛變。"寢、癵、懽"應是同一字的異寫,現統一隸作"蘁"。"蘁"在楚簡中的辭例爲:

🐦 郭店《緇衣》23—24 簡:"長民者,教之以德,齊之以禮,則民有蘁(歡)心,教之以政,齊之以刑,則民有㚔心。"

整理者(1998:134)注[六五]:"蘁,其上部爲'雚'的異體,讀作'歡',今本作'格'。裘按:'蘁'也有可能讀爲'勸'。勸,勉也。"今按:"則民有蘁(歡)心",上博簡(一)《緇衣》第 12—13 簡相應簡文作"則民有昱心",今本《禮記・緇衣》作"則民有格心"。本簡語意源於《論語・爲政》:"子曰:'道之以政,齊之以刑,民免而無恥;道之以德,齊之以禮,有恥且格。'""蘁(歡)心"應從裘錫圭先生釋爲"鬞(勸)心",即自我勉勵之心。

　　鬞郭店《緇衣》27—28 簡:"政之不行,教之不成也,則刑罰不足恥,而爵
不足鬞(勸)也。"

今按:今本《禮記・緇衣》作"爵禄不足勸也,刑罰不足恥也","爵禄不足勸"意
與《莊子・胠篋》"雖有軒冕之賞弗能勸"同。

　　鬞郭店《尊德義》16 簡:"教以鬞(權)謀。"

今按:本簡應是"鬞(勸)"通假作"權"。

　　鬞郭店《尊德義》32 簡:"依惠則民材足,不時則亡鬞也。"

整理者(1998:175)注[一八]:"裘按:'鬞'疑當讀爲'勸'。"

　　鬞郭店《性自命出》52 簡:"未賞而民鬞(勸),含福者也。"

整理者(1998:183)注[四四]:"裘按:'鬞'當讀爲'勸'。'福'疑當讀爲'富'。"

　　鬞上博(二)《容成氏》6 簡:"賁不鬞(勸)而民力,不刑殺而無盜賊。"

　　鬞上博(二)《從政乙》1—2 簡:"顯嘉鬞(勸)信,則僞不彰。"

整理者張光裕(2002:234)注:"'鬞',讀若'勸'。"

　　鬞上博(三)《中弓》22 簡:"上人相復以忠,則民鬞(歡)承學。"

整理者李朝遠(2003:279)注:"'懽'同'歡',歡喜。……'民懽',與《郭店楚墓
竹簡・緇衣》'民有懽(歡)心'義同。"今按:"鬞(歡)"當讀爲"鬞(勸)","民
鬞(勸)承學"與《荀子・勸學》之"勸學"義近①。

　　鬞鬞上博(四)《相邦之道》3 簡:"百工鬞(勸)於事,以實府庫,庶□(?)
鬞(觀)於四肢之藝。"

整理者張光裕(2004:236)注:"'鬞',當讀爲'勸'。'百工勸於事',猶言百工
勉力於事也。"今按:本簡兩"鬞"字,整理者前讀爲"鬞(勸)"而後讀爲
"鬞(觀)",似有不妥,當統一讀作"勸"。"鬞於事"與"鬞於藝"前後對文,意義
相類。"百工之事"與"庶民之藝"前後相對,與《孟子・滕文公上》孟子與許行
辯"農、工"之事相似,簡文"百工"即其"百工之事固不可耕且爲也"之"百工",
"藝"即其"樹藝五穀"之"藝"。

　　鬞上博(四)《曹沫之陳》59—60 簡:"一出言三軍皆鬞,一出言三軍

① 申紅義《上海博物館藏戰國楚竹書(三)〈仲弓〉雜記》認爲:"'民懽丞(承)學'同樣也可以讀作'民
　勸丞(承)學'。《論語・爲政》:'子曰:"臨之以莊則敬,孝慈則敬,舉善而教不能則勸。"'何晏注:
　'包曰:"舉用善人而教不能者,則民勸勉。"'正和'民勸丞(承)學'内涵一致,所以'懽'釋爲'勸'更
　爲妥當。"

皆往。"

今按："蕙",整理者未釋,當釋爲"蕙(勸)",與下句勇往直前的"往"和下簡"以蕙(勸)其志"的"蕙(勸)"相應。

　　　　上博(四)《曹沫之陳》61簡："賞獲□蒽,以蕙(勸)其志。"

　　　　清華(伍)《命訓》4簡："上以穀之,能毋蕙(勸)乎? 如蕙(勸)以忠信,則度至於極。"

今按:今本《逸周書·命訓》作"無以穀之,能毋勸乎? 若勸之以忠,則度至於極"。

　　　　清華(伍)《命訓》12簡："蕙(勸)之以賞,畏之以罰。"

　　　　清華(柒)《越公其事》47—48簡："是以蕙(勸)民。"

　　　　清華(伍)《殷高宗問於三壽》15簡："申禮勰(勸)規,輔民之化,民勰(勸)毋疲。"

　　　　清華(伍)《殷高宗問於三壽》17簡："宣儀和樂,非壞於湛,四方勰(勸)教。"

以上《殷高宗問於三壽》兩簡的"蕙"字,上部聲符是左"見"右"藿"的"觀",下部是"心",從"心""觀"聲,應隸作"勰",是"蕙(勸)"字的增形異體字。

　　在包山楚簡中,也有"勰"字:

　　　　《包山楚簡》259簡："一會勰之觴。"

包山簡整理者(1991:61)注[544]:"會,借作繪。勰,疑讀作獲,觴,讀作蕩。"今按:將"會勰之觴"釋爲"繪獲之蕩"難解,不若釋爲"會勸之觴"。"會勰之觴"疑爲盟會、聚會時用的行酒勸侑之觴,如《詩經·豳風·七月》"朋酒斯饗,曰殺羔羊,躋彼公堂,稱彼兕觥,萬壽無疆"中的"兕觥"之類。

　　《説文》心部:"懽,喜欵也。從心,雚聲。《爾雅》曰:'懽懽愮愮,憂無告也。'"欠部:"歡,喜樂也。從欠,雚聲。"段玉裁注"懽"字曰:"懽與歡音義皆略同。……《廣韻》曰:'懽,同歡。'"[1]今按:"懽、歡"音義相同,都表示"喜悦、快樂"之義,應是異體字,祇不過"懽"是表示內心的快樂、喜悦,而"歡"是表示形於臉色、聞於聲音的快樂、喜悦。

　　從楚簡以上的辭例來看,"蕙"字除了偶爾用作"觀"外,全都可讀、應讀爲"勸勉"的"勸",而無一處必讀爲"快樂、喜悦"意義的"懽"。"勸勉"與"快樂、喜悦"義不相關,因此如果將楚簡中的"蕙"認作《説文》中的"懽",在簡文中用

_____

① 段玉裁《説文解字注》第507頁。

作"勸"衹能是通假。但在一種特定的文獻中要説所有的辭例都是通假而無用作本字之處，總難讓人信服。況且在傳世文獻中，雖然"懽、勸"聲符相同，是完全可能通假的，但是我們卻没有發現"懽"通"勸"或"勸"通"懽"的例證。因此筆者懷疑楚簡的"蕙"應是"勸"字的異體，與《説文》的"懽"是兩個不同的字，記録的是兩個不同的詞。

　　"蕙"字不見於春秋之前的出土文獻。在戰國齊器《陳逆簠》銘文中首見一個從"心"的"𧇠（蕙）"字，這應是"蕙"字的古文。在戰國秦漢時期的出土文獻中，"蕙"字僅見於楚簡，且除 1 例見於包山簡外，全部出現在郭店簡、上博簡和清華簡中①。從"力"的"勸"字在出土文獻中極爲罕見：

　　𩕳清華（柒）《越公其事》30—31 簡："日靖農事以勸勉農夫。"

　　《説文》力部："勸，勉也。從力，藋聲。"段玉裁注："《廣韻》曰：奬，勉也。按，勉之而悦從亦曰勸。"②"勸"與"勉"同義。《國語·越語上》："國人皆勸，父勉其子，兄勉其弟，婦勉其夫。""勸"又與"勵"同義互訓。《小爾雅·廣詁》、《廣雅·釋詁一》、《玉篇》力部並云："勵，勸也。"《莊子·逍遥遊》"舉世而譽之而不加勸，舉世而非之而不加沮"，成玄英疏："勸，勵勉也。"《玄應音義》卷二十二"奬化"注引《小爾雅》云："勸，勵也。"《希麟音義》卷三"策勵"注引《廣雅》云"勵，勸勵也。"楚簡的"勵"字也從"心"，寫作"蕙"，説見"蕙"字條。既然楚簡"勵"字從"心"寫作"蕙"，那麽"勸"字當然也可以從"心"，寫作"蕙"。"勸"的本義爲奬勵、鼓勵、激勵，既可以"勸力"，如《淮南子·道應訓》"此舉重勸力之歌也"、《淮南子·要略》"則無以使學者勸力"，又可以"勸心"，如劉禹錫《讓同平章事表》"人無勸心"。"勸"既可以是對具體行爲的奬勵、激勵，如《大戴禮記·千乘》"勸有功"，以及"勸耕、勸農"等，也可以是對抽象的觀念、精神的鼓勵、激勵，如《尚書·君奭》"勸寧王之德"，以及"勸化、勸善"等。楚簡從"心"的"蕙"，突出了精神、心理、意志上勉勵、鼓勵的意義，與後世從"力"的"勸"又一次形成"心"與"力"的對應。

十二、楚簡"忈（欺）"與（説文）"惎"

　　楚簡有一個下部從"心"、上部從"丌"或"亓"的字，也是一個未曾見過的特形字，整理者隸作"忈"，或隸作"惎"。僅郭店簡《尊德義》第 1 簡寫作𢗓，字形稍有不同，整理者隸作"愩"，上部從"异"，與上博簡（二）《從政乙》第 1 簡𢗓（欺）

---

① 戰國及以前出土文獻從"欠"的"歡"字僅見于三晉璽文 1 例，見湯餘惠《戰國文字編》第 598 頁；高明等《古文字類編》（增訂本）第 387 頁。

② 段玉裁《説文解字注》第 699 頁。

形體基本相同①，祇是🄐字上部的"异"旁"己"與"丌"共用一橫筆，應爲"欺"字。高明、湯餘惠、滕壬生均從《尊德義》整理者之釋，將🄐字隸於"忌"字下，與楚簡釋爲"忌"的🄐、🄐視作同字②，似有不當。"惎"辭例如：

　　　🄐郭店《忠信之道》1 簡："不惎弗知，信之至也。"

整理者（1998：163）注［一］："裘按：疑'惎'當讀爲'欺'。"李零釋讀作"不欺弗知"③；劉釗隸作"忎"（下同），釋爲"不忎（欺）弗智"④。

　　　🄐郭店《尊德義》1 簡："改惎勝，爲人上者之務也。"

整理者未釋。李零釋讀作"改惎勝"，並云："原釋'惈'，應即'惎'的異體。'惎'是忌恨之義，'勝'是'好勝'之義。"⑤劉釗隸作"忎"，釋讀作"改（戒）忎（惎）勝"，並云："'忎'即'惎'字，'惎'意爲忌妒。……'惎勝'一詞睡虎地秦墓竹簡《爲吏之道》作'期勝'：'毋復期勝，毋以忿怒決。'《荀子·性惡》：'不恤是非，不論曲直，以期勝人爲意，是役夫之知也。'"⑥今按：楚簡"惎勝"與睡虎地秦墓竹簡及《荀子·性惡》"期勝"並非一詞。《荀子·性惡》"期勝人"中的"期"是"期望"的意思，"勝人"是"期"的賓語，"期勝"不能連讀爲一個詞。本簡"惈"從"心"，從🄐（欺），當是"欺"字異體。

　　　🄐郭店《六德》41—42 簡："下修惎（其）本。"

整理者未釋。今按：本簡"惎"通假作"其"。

　　　🄐🄐郭店《語叢二》26—27 簡："惎生於乘，賊生於惎。"

整理者（1998：206）注［七］："裘按：《說文·心部》：'惎，毒也。'"李零讀作"惎生於勝，賊生於惎"⑦；劉釗讀爲"忎（忌）生於勝，賊生於忎（忌）"，云："'忎'讀爲'忌'，義爲忌恨、嫉妒。《小爾雅·廣言》：'惎，忌也。'"⑧連劭名讀爲"惎生於乘，賊生於惎"，云："'惎'，讀爲'欺'，《說文》云：'欺，詐欺也。'"⑨今按：本簡"惎生於乘"可與《尊德義》第 1 簡"改惎勅"對讀，均當讀爲"欺乘"。"乘"有欺

---

① 　《從政乙》第 1 簡"雍戒先匿，則自异（忌）司（始）"，"自异"當改釋"自欺"。🄐當從"己""丌"聲，即"員"字，疑由代詞"己"孳乳爲代詞"其"，爲代詞"其"的本字。在《從政乙》第 1 簡中🄐借作"欺"。

② 　參見高明等《古文字類編》（增訂本）第 486 頁；湯餘惠《戰國文字編》第 712 頁；滕壬生《楚系簡帛文字編》（增訂本）第 918 頁。

③ 　參見李零《郭店楚簡校讀記》（增訂本）第 130 頁。

④ 　參見劉釗《郭店楚簡校釋》第 161 頁。

⑤ 　李零《郭店楚簡校讀記》（增訂本）第 181、184 頁。

⑥ 　劉釗《郭店楚簡校釋》第 124—125 頁。

⑦ 　李零《郭店楚簡校讀記》（增訂本）第 221 頁。

⑧ 　劉釗《郭店楚簡校釋》第 202 頁。

⑨ 　連劭名《郭店楚簡〈語叢〉叢釋》第 32 頁。

壓、淩辱之意,如《左傳》宣公十二年"楚人乘我"、《大戴禮記·曾子制言下》"不乘貧賤以居己尊"。《小爾雅·廣言》:"乘,淩也。""欺乘"即"欺淩"。

　　郭店《語叢四》13—14 簡:"不與智謀,是謂自惎(誋)。早與智謀,是謂重惎(惎)。"

李零釋爲"自欺、重欺",云:"'自欺',下字原從心從其,釋文讀'誋'。案《忠信之道》簡 1'不欺弗知',其中讀'欺'的字亦從心從其,這裏的讀法似乎相同。'重欺',原作'童惎',整理者讀'重惎',疑讀'重欺'。"①劉釗讀爲"自惎(欺)、重惎(惎)"②。冀小軍指出:"'誋',《説文》:'誠也。'但'不與智謀,是謂自誠',與'早與智謀,是謂重誠'之間,似乎缺少邏輯關係。李零:《郭店楚簡校讀記(增訂本)》、林素清:《郭店竹簡〈語叢四〉箋釋》均讀爲'自欺',可從。此句是説:不跟智者謀劃,這叫做自欺。"③今按:本簡"自惎、重惎"當從李零等諸家所釋,讀作"自欺、重欺"。

　　清華(壹)《程寤》7—8 簡:"惟容納棘,億亡勿用,不惎,使卑柔和順。"整理者劉國忠(2010:138)注[三六]:"惎,字原作惎,疑爲'惎',《説文》:'毒也。'……或疑'惡'字之省。"今按:本簡"惎"疑似"惎(惎)"的變體,讀同"欺"。

　　上博(六)《孔子見季桓子》13 簡:"昂不僕此,言不惎(願)見於君子。"今按:"惎(願)"陳偉改釋爲"欺",斷句爲"此言不欺":"欺,從丌從心。相同的字見於郭店竹書《語叢四》13 號簡。原釋文作'忨',不確。"④本簡整理者釋作"忨(願)"的字,與楚簡其他釋作"惎(願)"的　上博(一)《孔子詩論》14 簡、　上博(三)《中弓》26 簡、　上博(三)《彭祖》4 簡等字比較,上部右下筆的筆勢有上翹與下拖之別,迥然不同。　與本節所揭"惎"字字樣相同,應從陳偉改釋爲"欺"。

　　"惎"在楚簡中還通假作其他字,如:

　　　　上博(八)《志書乃言》3 簡:"我也惎(忌)韋(諱)。"

　　　　清華(叁)《良臣》5—6 簡:"楚昭王有……司馬子惎(期)。"

整理者沈建華(2012:60)注[三一]:"司馬子期,昭王兄,子西之弟,見《古今人表》'中下'。"

　　　　清華(伍)《湯處於湯丘》2—3 簡:"湯亦食之,曰:'允!此可以和民

---

①　李零《郭店楚簡校讀記》(增訂本)第 59 頁。

②　參見劉釗《郭店楚簡校釋》第 229 頁。

③　冀小軍《郭店楚簡〈語叢四〉12—14 號簡考釋》。

④　陳偉《讀〈上博六〉條記》。

乎?'小臣答曰:'可。'乃與小臣惎(基)謀夏邦。"

整理者沈建華(2015:137)注[九]:"惎,本義訓爲毒,《説文》:'惎,毒也。'……'惎'通'基',《爾雅·釋詁》:'基,謀也。'"今按:"惎"當隸作"忎"。

　　⻗清華(柒)《越公其事》26簡:"越王勾踐將忎(惎)復吴。"

整理者李守奎(2017:127)注[二]:"惎,憎惡,怨恨。"今按:以上兩簡"忎"均借讀爲"期",期,待也。

　　楚簡"忎"字上部均寫作"丌、亓",嚴格地説當隸作"忎"或"忎"。楚簡"丌、亓"當爲一字,楚文字横筆上常加一短横,是無義羡文。楚簡"丌、亓"屬高頻用字,在滕壬生《楚系簡帛文字編》(增訂本)中收録有400多例,全都用作代詞"其"①。楚簡中的代詞"其"除寫作"亓、丌"外,也有少量的寫作"箕"字的初文𭕤和𭕦(其)。《説文》丌部:"丌,下基也,薦物之丌。象形。……讀若箕同。""丌"本是"基"的初文,讀音同"基",出土文獻和傳世文獻都借用作指示代詞的"其"。《集韻》之韻:"其,古作丌、亓。"因此楚簡"忎"隸作傳世文獻中的"惎"字亦未嘗不可。

　　"忎"字不見於商周甲骨金文。在古文字中除見於楚簡外,還見於先秦齊系璽文1247號姓名璽"喬忎"、3662號姓名璽"要忎",地籍不明的5289號單字璽,亦見於齊系陶文3.274、3.275號人名用字②,其義不明。顧廷龍謂:"忎,《説文》所無。按上從亓,亓與丌同,亦即其字。從亓,從心,疑即惎字。"③"惎"字不見於出土文獻,在傳世先秦文獻中數見於《左傳》,注者多訓爲"毒也""教也"。《説文》心部:"惎,毒也。從心,其聲。"渠記切。"惎"字從"心",當指人心的狠毒。但從楚簡"忎(惎)"字的用法來看,多讀同"欺",是欺騙、欺負、欺凌的意思,用《説文》"毒也"的意義來讀,均讀不通,用後世字書《小爾雅·廣言》"惎,忌也"、《廣雅·釋詁三》"惎,志也"、《玉篇》心部"惎,教也"諸義來讀,亦讀不通,筆者認爲楚簡的"忎(惎)"可能與《説文》的"惎"没有意義上的關聯。根據楚簡從"欠"之字或從"心",如"欲"作"忩"之例,"忎(惎)"可能是"欺"字的異體。

　　從"欠"的"欺"字不見於商周春秋時期出土文獻。戰國古文字中"欺"字也極爲罕見。在楚簡中没有出現從"欠"的"欺"字。在目前所見戰國秦漢時期古文字中,"欺"字僅見於璽印,且不多見,僅秦系文字《十鐘山房印舉》和《珍秦齋

---

① 　參見滕壬生《楚系簡帛文字編》(增訂本)第444—459頁。
② 　參見湯餘惠《戰國文字編》第716頁。
③ 　顧廷龍《古陶文舂録》,轉引自李圃《古文字詁林》第八册第1063頁。

古印展》各 1 見,另《古璽彙編》2526 號姓名璽“狃欺”1 見①,漢印有“□不欺引”“王欺”2 例②。而在先秦兩漢的傳世文獻中,“欺”卻是一個十分常見的字,如《論語·子罕》“吾誰欺? 欺天乎?”《左傳》成公十七年“季子欺余”、《莊子·應帝王》“是欺德也”等。出土文獻的罕見與傳世文獻的常見形成極大的不相應。“欺”在語言中是一個常用詞,在漢語出土文獻中罕見,可能是文獻缺失而不足證,更可能是另有記録這個詞的其他字,楚簡的“忎”或爲其字。

楚簡用作“欺”的字除“忎(惎)”外,還有從“土”“亓”聲的“坓”字:

坓清華(伍)《殷高宗問於三壽》20—21 簡:“内坓(惎)而外比,上下愗(毋)倉(攘)。左右愗(毋)比,强並糾出。”

整理者李均明(2015:157)注[七一]:“内惎,以内爲本。比,輔。”又(2015:158)注[七三]:“比,《論語·爲政》‘君子周而不比’,孔安國曰:‘阿黨爲比。’”今按:本簡相連的兩“比”字,整理者分別讀爲“輔助”和“勾結”兩種褒貶不同的意義,又讀“愗”爲“毋”,讀“惎”爲如字,均爲不當。“比”都是“勾結”的意思。“愗”即“謀”字,“坓”當讀爲“忎(惎)”,楚簡從“土”的“坓”字,看似“基”字異構,但楚簡從“土”的字常常與從“心”的字相對,“坓”也可能是“忎”字的異構。簡文當讀“内坓(欺)而外比,上下謀攘,左右謀比,强並糾出”,意爲:對内彼此欺詐、對外互相勾結,上下圖謀排斥異己,左右彼此勾結爲奸,各種强横、糾葛不斷涌現。

還有從“言”“亓”聲的“訮”字:

訮清華(柒)《越公其事》38 簡:“凡市賈争訟,反背訮(欺)詒。”

整理者李守奎(2017:134)注[九]:“指言語不實,顛倒欺詐等。……訮,讀爲‘欺’。”

訮清華(柒)《越公其事》42 簡:“市賈乃無敢反背訮(欺)詒。”

以上兩簡的“訮”字,從“言”“亓”聲,與從“心”“亓”聲的“忎”,是聲符相同、形符義近互通的異體字。“訮”和從“欠”“其”聲的“欺”也是音、義相同的異體字。

《説文》欠部:“欺,詐欺也。從欠,其聲。”段玉裁《説文注》據《韻會》引《説文》,改爲“詐也”,云:“言部曰‘詐者,欺也’,此曰‘欺者,詐也’,是爲轉注。從

欠者猶從言之意。”①“欺”的本義當是指用言語“欺詐、誆騙”，引申爲行爲上的
“欺淩”。“欺”是一種壞的品性、德行，《禮記·大學》“所謂誠其意者，毋自欺
也”，“自欺”是對“誠其意”的反動。《荀子·性惡》“今與不善人處，則所聞者欺
誣詐僞也”，“欺、誣、詐、僞”都是同義詞。徐灝曰：“戴氏侗曰：‘欺，氣餒也，引
之爲欺紿。欺於心者餒於氣。’……灝按：戴説從欠之義甚精。《大學》曰：‘所
謂誠其意者毋自欺也。’”②“欺”的行爲乃源自於“心”。在楚簡中，“詐”和“僞”
寫作從“心”的“慮”和“愚”，因此楚簡“欺（訢）”寫作從心的“忢”，意指“欺心、
心欺”，與表示言行的“欺（訢）”相對，完全符合楚文字從“心”與從“欠（言）”異
構的常則。

十三、楚簡“悥（病）”與《説文》“恓”

在楚簡中，有從“心”的“悥”，字中的“口”爲無義羡文，字當從“心”“丙”
聲。整理者或隸作“悥”，釋作《説文》的“恓”。研究者多認爲此爲楚文字之
“病”字。其辭例如：

　　　　上博（二）《從政甲》8 簡：“悥（恓）則亡親，罰則民逃。”
整理者張光裕（2002：223）注：“‘悥’即‘恓’。……《説文·心部》：‘恓，
慐也。’”

　　　　上博（七）《鄭子家喪甲》1—2 簡：“鄭子家殺其君，不穀日欲以告大夫，
　　以邦之悥（恓），以急於今。”
整理者陳佩芬（2008：174）注：“《説文·心部》：‘恓，憂也。從心，丙聲。’……
《廣韻》：‘恓，憂也。’《玉篇》：‘恓，憂也，懼也。’”今按：《鄭子家喪乙》2 簡簡文
與此簡全同，字作　。復旦讀書會隸作“悥（恓—病）”，以“悥”爲“病”而非
“恓”字，認爲“‘邦之病以急’即楚國之病甚急”③。張新俊隸作“悥”，讀作
“訕”④。李天虹亦隸爲“悥”，疑爲“悥（病）”的訛字⑤。

　　　　上博（七）《鄭子家喪甲》3 簡：“雖邦之悥（恓），將必爲師。”
今按：《鄭子家喪乙》3 簡簡文與此簡全同，字作　。陳偉認爲“悥”字“似當讀爲
‘病’。此前所見楚簡中的‘病’皆從‘方’作，這可能是‘病’字的另外一種寫

---

①　段玉裁《説文解字注》第 414 頁。
②　徐灝《説文解字注箋》，轉引自丁福保《説文解字詁林》第 2194 頁。
③　復旦讀書會《〈上博七·鄭子家喪〉校讀》。
④　參見張新俊《〈鄭子家喪〉“悥”字試解》。
⑤　參見李天虹《〈鄭子家喪〉補釋》。

法"①。

　　🔲清華(叄)《説命中》6—7簡:"惟干戈作疾,惟衣載恩(病)。"
整理者李學勤(2012:127)注[二六]:"此句'干戈'疑當爲'甲胄'。"

　　上面辭例中的"恩"用法與"病"相同或相似,又與"病"同聲符,應是"病"字的異體,跟《説文》中訓"憂也"的"怲"是形同而音義不同的同形字。

　　楚簡也有通常所見的"病"字,不過增加了羨文"口"作"瘤",但不常見。辭例有:

　　🔲清華(壹)《保訓》3—4簡:"今朕疾允瘤(病),恐弗堪終,汝以書受之。"

　　又有在"病"上增加"心"符的"瘜"字:

　　🔲清華(肆)《筮法·死生》1—2簡:"六虚,其瘜(病)哭死。"

　　不過,楚簡"疾病"的"病",多寫作從"疒""方"聲的"疠",或寫作從"疒"省的"肪",如:

　　🔲郭店《老子甲》36簡:"得與亡孰肪(病)。"

　　🔲上博(四)《柬大王泊旱》5簡:"速祭之吾瘝鼠肪(病)。"

　　🔲上博(四)《柬大王泊旱》22簡:"君王之肪(病)將從今日以已。"

　　🔲上博(四)《柬大王泊旱》2簡:"龜尹知王之遮於日而疠(病)齐。"

　　🔲上博(四)《柬大王泊旱》8簡:"不穀瘝甚疠(病)驟。"

　　🔲清華(伍)《湯在啻門》15簡:"疠(病)民無故,此謂惡事。"

　　也有在"疠"上增加從"心"符的"瘜"字:

　　🔲上博(五)《三德》13簡:"身且有瘜(病),惡菜與食。邦且亡,惡聖人之謀。"

"瘜"字整理者未釋。李守奎等云:"按:'病'字異體。"②今按:本簡意思是説:身體有病,就會厭惡飯菜飲食;國家將亡,就會拒絶聖賢的計謀。"身有瘜"與"惡菜食"相連,與"邦且亡"相對,"瘜"讀作疾病之"病"無疑,應是楚文字"疠(病)"的增形異體字。"瘜"從"疠"聲,"疠"從"方"聲。古音"方"屬幫母陽部,"病"屬並母陽部,語音相近。

　　《説文》疒部:"病,疾加也。從疒,丙聲。"在出土古文字資料中,商周言"疾"不言"病","病"字亦不見於商周。戰國秦漢"疾、病"並用,中古以後言

──────────

①　陳偉《〈鄭子家喪〉通釋》。

②　李守奎等《上海博物館藏戰國楚竹書(一—五)文字編》第501頁。

"病"多而言"疾"少,現代僅言"病"而不言"疾"。楚簡中的"病"字,形符有從"疒"、從"心"之分,聲符有從"丙"、從"方"之別。形符從"心"、聲符從"方"或"丙"的"悥、懣、恆"字都不見於《説文》。形符從"疒"、聲符從"丙"的"病"字除見於楚簡外,還多見於秦系文字,後收入《説文》。楚系文字獨有的"悥、懣、恆"字增加意符"心",是爲了與表示"體之病"的"疠(疠)、瘠"相區別,專指"心之病"。《易經·説卦》"其於人也,爲加憂,爲心病",孔穎達疏:"憂其險難,故心病也。"《詩經·衛風·伯兮》"願言思伯,使我心瘡",孔穎達疏:"思此伯也,使我心病。"《左傳》襄公三年"楚人以是咎子重。子重病之,遂遇心病而卒",杜預注:"憂恚故成心疾。"類似於此類疾病,按照楚國造字者的觀點,都應是"悥、懣、恆"而不是"疠(疠)、瘠"。這種文字上的刻意區分體現了楚人思想觀念上對"身、心"之分的執著。

十四、楚簡"悥(傷)"與《説文》"愓"

　　楚簡中意義爲傷害的"傷"字,都不寫作從"人""𩰖"聲的"傷",而寫作形符從"刀"、從"戈"或從"心",聲符從"易"聲的"剔、戜、悥"。楚簡從"刀"的"剔"字較多見,從"心"的"悥"字較少見。辭例如:

　　🔲上博(七)《武王踐阼》8—9 簡:"楹銘誨:'毋曰何悥(傷),懲將長;〔毋〕曰胡害,懲將大;毋曰何殘,懲將延。'"

整理者陳佩芬(2008:159)注:"讀爲'楹名誨:"毋曰何傷,懲將長。"'……'愓',《説文通訓定聲》:'傷假借爲愓。''傷',害也。"今按:今本《大戴禮記·武王踐阼》作:"楹之銘曰:毋曰胡殘,其禍將然;毋曰胡害,其禍將大;毋曰胡傷,其禍將長。"簡文"悥、害、殘"對舉,"悥"即"傷害"之"傷"字。楚簡的"悥"與《説文》訓作"放也,從心,易聲。一曰平也",讀作徒朗切的"愓"形近義異。《説文》"愓"是"放蕩"之"蕩"的本字,與式羊切的"悥(傷)"是兩個不同的字。

　　🔲清華簡(叁)《芮良夫毖》7 簡:"此德刑不齊,夫民用憂悥(傷)。"

　　先秦出土文獻中從"心"的"悥"字僅見於楚簡。"悥"應即《説文》"愓"字初文。《説文》心部:"愓,憂也。從心,殤省聲。"大徐本式亮切,去聲;小徐作庶錫反,平聲。《廣韻》陽韻式羊切:"愓,憂貌。"又漾韻式亮切:"愓,憂也。"《集韻》陽韻尸羊切:"愓,痛也,憂也。通作傷。"又漾韻式亮切:"《説文》憂也。一曰閎也。"平聲的音切與"傷"同音,平、去聲意義亦相通。在傳世文獻中"愓"僅見於字書,意義與"傷"相通,學者多認作"傷"字。錢坫説:"愓,此憂傷字。"①朱

---

① 錢坫《説文解字斠詮》,轉引自丁福保《説文解字詁林》第 2629 頁。

駿聲説:"《廣雅·釋詁一》'惕,憂也',《二》'惕,痛也'。經傳皆以'傷'爲之。"①《爾雅·釋詁》"傷,思也",陸德明《釋文》:"傷,字書作惕,尸羊反。"②《方言》卷一"悼怒悴愁,傷也",錢繹《箋疏》:"傷,《廣雅》作惕。《説文》'惕,憂也',惕與傷通。"③《廣雅·釋詁》卷二下:"悲、悠、悼、怒、悴、愁、愍、感、痛、嘆、殤,惕也。"可見《説文》"惕"字不僅就是傳世文獻中通用的"傷"的異構,而且是特指"悲傷、憂傷、傷心"意義的專造字。

　　"傷"在戰國文字中,除《莒陽斧》作𦥑、《古璽彙編》2652 號作𦥑、秦印作𦥑外,較爲集中地見於睡虎地秦簡,寫作傷、𦥑、𦥑、𦥑諸形,共 29 例④。漢印則均寫作"傷",如"胡何傷印""公孫去傷""毋傷"等⑤。《説文》人部:"傷,創也。從人,𦥑省聲。"而矢部又説:"𦥑,傷也。從矢,易聲。"心部又説:"惕,憂也。從心,殤省聲。"這些"省聲"之説轉輾互訓,均爲誤釋。《説文》角部"觴"字籀文從"易",《説文》矢部"𦥑",亦見於《古文四聲韻》。《古文四聲韻》陽韻"傷"字引古《孝經》作𦥑,從"易",又引古《老子》作𦥑,從"𦥑",可見"𦥑、易"同字。《説文》無"𦥑"字,"𦥑"當是"易"字的繁文。後世從"𦥑"聲的"惕、傷、殤",楚簡均從"易"聲。

　　戰國文字"傷"或從"刀"、從"刃"、從"戈"、從"矢",如楚簡𦥑、𦥑之從"刀",楚簡𦥑、𦥑以及陶文 79 𦥑之從"戈",《古璽彙編》0561 號𦥑、3221 號𦥑之從"刃",《古璽彙編》3921 號"𦥑"之從"矢",與《説文》訓爲"創也"的"傷"一樣,均取義於刀刃、箭矢和干戈等造成的外傷、創傷。而僅見於楚簡的從"心"的"惕",相對於外傷、創傷而言,應是專指對人内心、精神上的傷害,即"憂傷、悲傷"之類的"心傷"。如《詩經·小雅·正月》"正月繁霜,我心憂傷"、《詩經·召南·草蟲》"未見君子,我心傷悲"、《詩經·豳風·七月》"女心傷悲,殆及公子同歸"、《詩經·小雅·采薇》"我心傷悲,莫知我哀"、《詩經·小雅·杕杜》"女心傷止,征夫遑止"中的"傷",都應寫作從"心"的"惕、惕"。

　　楚簡還有一個用作"傷"的"瘍"字:

　　𦥑清華(伍)《命訓》9 簡:"民枳則瘍(傷)人,瘍(傷)人則不義。"

---

① 朱駿聲《説文通訓定聲》第 883 頁。《廣雅·釋詁一》"惕,憂也",王念孫《廣雅疏證》第 20 頁:"惕者,經傳通作傷。"
② 陸德明《經典釋文》第 409 頁。
③ 錢繹《方言箋疏》卷一第 12 頁。
④ 參見張守中《睡虎地秦簡文字編》第 128 頁。
⑤ 參見羅福頤《漢印文字徵》第八·八。

整理者劉國忠（2015：129）注［二二］："今本作'……民叛則傷人，傷人則不義'。"未釋"瘍"字。

　　　䗧清華（伍）《命訓》10—11 簡："恥莫大於瘍（傷）人。"

整理者劉國忠（2015：130）注［二七］："今本作'……醜莫大於傷人'。"亦未釋"瘍"字。

　　以上兩例用作"傷"的"瘍"，固然可以依照一般慣例，認作是"瘍"通假作"傷"。但是楚簡"昜、易"同字，"傷、愓"同字，又"狂"字楚簡寫作"忹"和"痉"，據此推理，"瘍"亦有可能是楚文字的"愓"字，就像"痉"是"忹"字一樣，强調的是傷痛的疾病性質。

　　目前所見出土文獻，從"心"的"愓"還見於戰國古璽。《古璽彙編》3518 號收録䰞字，從"心""湯"聲。從"心"的"愓"可能是戰國楚人爲區別於"剔、戭"等刀槍對肉體形成的外傷、創傷，而專爲心理、精神傷害所造的一個楚國文字，當是《説文》"愓"字所本。從"人"的"傷"，則可能是一個秦國文字，秦朝"書同文"後，《説文》小篆即取秦系文字"傷"字。在《説文》中，"剔、戭"都没有收入；"愓、傷、錫"雖分見於不同部首，實際上是異部重文，本爲同一字的異體，衹是取義的理據不同而已。在後來的傳世文獻中，從"人"的"傷"字取代了其他各體，戰國文字體現不同"傷"的細微區别就不復存在了。

第四章　楚簡同於《説文》而不行於後世的"心"符字

戰國楚簡中又有少量的"心"符字,字形和意義與《説文》中所載之字相同,但在傳世文獻中其字形大多僅保留在《説文》中,罕見或完全不見於傳世文獻。本章討論的"心"符字,除少數作爲《説文》字頭篆文出現外,更多的是附列於篆文之下的"古文"。《説文解字》作爲字書,主要是搜羅文字、解釋字形、分析本義,而極少擁有應用該字的辭例、書證。因此這些僅保留在《説文》中,或僅在早期文獻中有極少應用的字,就没有或少有組成文獻語言中的詞和句,未能用作語言中活著的語言單位,不爲後人所理解,或讓人感到十分的陌生。隨著楚簡的出土,楚簡中的這些"心"符字激活了沉睡在《説文》中的這些文字"化石",也説明《説文》所載"古文"即戰國文字,其中部分就來自於戰國楚文字。這些罕爲人知的"心"符字證明《説文》中的古文由來有自,爲古文字形義的演變提供了研究的新材料。

第一節　楚簡同於《説文》篆文的"心"符字

一、楚簡"悳"與《説文》"悳(德)"

"德"是中國思想體系中極爲重要的意義範疇,尤其在古代儒家思想中具有十分重要的地位。在戰國楚簡中,表示"道德"意義的"德"是一個十分常見的高頻詞,出現了一百多次,但是卻没有寫作通用字形"德"的。除極少寫作"德、遷"外,其他全都寫作從"心"的"悳",或偶然寫作"惪"。從"心"的"悳、惪"與從"彳"的"德"是什麼關係? 它經歷了怎樣的形義演變過程? 它在楚簡中的出現反映了什麼社會意義? 這是我們所要討論的内容。

楚簡中的"德"主要寫作"悳",偶然寫作"惪、德、遷"。寫作"惪"的共有 4 例,僅見於郭店簡《語叢三》,這可能是書寫者個人的原因。寫作"德、遷"的最少。

楚簡諸種"德"字形體中"直"的寫法也不一樣。有的寫作"目"上有一豎的"悳",與甲骨文"直"字寫作 乙四六七八、 佚五七相同;有的寫作"目"上有一實心或空心橢圓形點的🐦、🐦，與金文“直”作🐦《恒簋》形的右部相近；更多的是寫作“目”上爲一“十”形的🐦，這就是後來“直”字的來源。在《説文》中，祇有所謂從“乚”從“十”從“目”的“直”字而没有從“十”從“目”的“直”字。《説文》乚部：“直，正見也。從乚，從十，從目。”段玉裁注：“謂以十目視乚，乚者無所逃也。”[1]所謂“十目視乚（隱）”乃據後起小篆字形所作的附會之説，不足爲信。“直”的甲骨文🐦、🐦，應是象視線平直之形。楚簡“悳”字上部的“直”繼承了甲骨文、金文幾種不同的形體：有的沿襲了甲骨文從“目”從“丨”的寫法，寫作🐦；有的將🐦上的豎筆“丨”寫成橢圓形，變形爲🐦、🐦；有的將🐦、🐦的橢圓形再向左右延伸，則訛變爲“十”形的🐦。即如徐中舒先生所説：（直）“從目上一豎，會以目視懸（懸，懸錘），測得直立之意。金文作🐦（恒簋），豎畫已訛爲🐦，小篆乃訛爲十，與十由丨訛爲十同”[2]。而楚簡🐦、🐦中的“乚”，蓋由“德”字初文“值”中的“彳”旁訛變而來，即如郭沫若所言“小篆從乚蓋彳形之訛矣”[3]，而非《説文》訓爲“象迟曲隱蔽形”的“乚”。

　　值得注意的是，在楚簡中“直”單獨爲字時都寫作有“乚”的“直”，作🐦、🐦、🐦諸形，與用作偏旁時寫作没有“乚”的“直”有所不同。而且“直”在楚簡中多用作“德”字，如郭店《唐虞之道》7 簡“世亡隱直（德）”、第 17 簡“今之弋於直（德）者”、第 20 簡“上直（德）授賢之謂也”、第 20—21 簡“上直（德）則天下有君而世明”。而楚簡表示“正直、曲直”意義的“直”，卻又不寫作“直”，而寫作《説文》“直”字的古文“𣆄”，作🐦、🐦、🐦諸形。如郭店《老子乙》第 14 簡“大𣆄（直）若屈”、郭店《五行》第 33—34 簡“中心辯然而正行之，𣆄（直）也”、郭店《緇衣》第 3 簡“靖共爾位，好是正𣆄（直）”、上博（一）《緇衣》第 2 簡“静恭爾位，好是正𣆄（直）”。楚簡“𣆄”用作“直”，而“直”又用作“德”，這種形義的錯位，印證了楚簡中表示“道德”意義的“直”，乃是源自於商周甲骨金文“德”的初文“值”；而《説文》“直”的古文“𣆄”，也從楚簡“𣆄”用作“直”得以證明。

　　下面略舉楚簡“悳”字辭例：

　　　🐦郭店《老子甲》33 簡：“含悳（德）之厚者，比於赤子。”
今按：今本《老子》作“含德之厚者，比於赤子”。

　　　🐦郭店《老子乙》11 簡：“上悳（德）如谷，大白如辱。”

---

[1]　段玉裁《説文解字注》第 634 頁。
[2]　徐中舒《甲骨文字典》第 1385 頁。
[3]　郭沫若《卜辭通纂》，轉引自李圃《古文字詁林》第九册第 1002 頁。

今按：今本《老子》作"上德若谷，大白若辱"。

　　郭店《緇衣》12 簡："《詩》云：'有　惪（德）行，四方順之。'"

整理者（1998：133）注［三八］："《詩・大雅・抑》：'有覺德行，四國順之。'"

　　郭店《緇衣》23—24 簡："長民者教之以惪（德），齊之以禮，則民有歡心。"

今按：今本《禮記・緇衣》作"夫民，教之以德，齊之以禮，則民有格心"。

　　郭店《成之聞之》32—33 簡："君子治人倫以順天惪（德）。"

　　郭店《性自命出》27 簡："其出入也順，司其惪（德）也。"

今按：包山簡第 62、169 簡有"司惪"一詞，爲職官名。

　　郭店《六德》1 簡："何謂六惪（德）？聖、智也，仁、義也，忠、信也。"

　　郭店《語叢三》24 簡："義，惪（德）之書也。"

整理者（1998：213）注［三］："裘按：'書'疑當讀爲'盡'或'進'。"

　　上博（一）《孔子詩論》24 簡："后稷之見貴也，則以文武之惪（德）也。"

　　上博（二）《魯邦大旱》2 簡："不知刑與惪（德）。"

　　上博（三）《周易》28 簡："不恒其惪（德），或承其羞。"

今按：本句馬王堆漢墓帛書《周易・恒卦》作"不恒亓德，或承之羞"，今本《周易・恒卦》作"不恒其德，或承之羞"。

　　上博（四）《曹沫之陳》3 簡："此不貧於美而富於惪（德）歟？"

　　上博（五）《季庚子問於孔子》3—4 簡："敬成其惪（德）以臨民。"

　　上博（六）《孔子見季桓子》21 簡："君子慮（？）紀而立仔，保慎其禮樂。"

整理者濮茅左（2007：219）注："'慮'，亦作'惪'。《五音集韻》：'惪，施也。'讀爲'德'。"今按："惪"字或隸作"德"，應是"德"字的簡寫。此種寫法在楚簡中還見於包山簡 84、85 號簡和江陵范家坡二七號楚墓竹簡，上部"值"與西周早期《德鼎》銘文　（德）字略同，當是"值"字的省形。

　　上博（八）《子道餓》2 簡："偃也修其惪（德）行。"

　　上博（九）《舉治王天下・堯王天下》25 簡："堯始用之嘉惪（德）。"

　　清華（壹）《尹至》5 簡："摯惪（德）不僭。"

　　清華（貳）《繫年》41—42 簡："晉文公思齊及宋之惪（德）。"

　　清華（叁）《周公之琴舞》3 簡："示告余顯惪（德）之行。"

　　清華（伍）《厚父》9 簡："畏不祥，保教明惪（德）。"

　　🐟清華(陸)《管仲》17—18 簡：“和民以惪(德)。”

　　🐟清華(柒)《子犯子餘》11 簡：“昔者成湯以神事山川，以惪(德)和民。”

在上引辭例來看，“惪”在簡文中讀爲道德、德行之“德”，殆無疑義。

從“德”和“惪”形義演變的歷史來看，據《甲骨文編》著録，“德”字除 1 例寫作從“行”的🐟甲二三四〇外，其他的均寫作從“彳”的🐟戬三九·七、🐟粹八六四、🐟乙三七五、🐟前七·七·四等①，很顯然這些字都應隸作“徝”。甲骨文没有出現“心”符的“德”，而甲骨文中的“徝”又未收入《説文》。徐中舒指出：🐟、🐟等字“從彳從👁、👁即直字……可隸定爲徝。徝字《説文》所無，見於《玉篇》：‘徝，施也。’甲骨文徝字又應爲德之初文。金文德作🐟(辛鼎)，與甲骨文徝同，後增心作🐟(毛公鼎)，即爲《説文》德字篆文所本。《説文》：‘德，升也。’爲後起義”②。在殷商卜辭中，“徝”多用作動詞“得”和“巡視”等義，尚未發現有用作“道德”義的辭例。但從字形結構看，“徝”應是“德”的初文、古字，“德”是“徝”的增形後起字、今字。南宋金石學家、文字學家薛尚功在分析金文“遚”字時説：“德字從彳，而此器從辵，蓋德出於道，從辵亦篆籀之本意。”③薛氏“德”出於“道”的解釋頗耐人尋味。《左傳》桓公二年“將昭德塞違”，孔穎達疏：“在心爲德，施之爲行，德是行之未發者也。”所謂“道德、德行”爲古今恒言，“德、道、行”三字均從表示行走意義的“辵”或“彳”，顯示“德”與“道、行”有某種意義的關聯。“德”的古字作“徝”，本義當指人的行爲舉止所體現的品行，與“心”相對而異。《師望鼎》“克明厥心，哲厥德”、《蔡侯鐘》“既聰於心，誕中厥德”，均將“德”與“心”相對；而《詩經·邶風·雄雉》“百爾君子，不知德行”、《詩經·大雅·抑》“有覺德行，四國順之”、《詩經·周頌·敬之》“示我顯德行”，均將“德”與“行”聯言，都可證明“德”的本義不從“心”、重“心”而從“彳”、重“行”。然而“德”與“行”合言之雖爲一詞，對言之卻内外有别。郭店簡《五行》篇開宗明義闡述了“德”

---

① 中國科學院考古研究所《甲骨文編》第 74 頁。
② 徐中舒《甲骨文字典》第 168—169 頁。今按：關於“德”字之形義，學者衆説紛紜。如吳大澂《説文古籀補》：“德”字“從彳從直從心。直，古相字。相心爲德。得于心則形於外也”。林義光《文源》認爲“惪”字“從直從心，直者循之本字。心之所循爲惪也”，“德”字“從心徝，徝即直，則德與惪同字”。孫詒讓《名原》：“考金文🐟、🐟字恒見，皆當爲省字。……古文惪當從心從省，蓋以省心會意。”郭沫若《金文叢考》認爲“德”字始見於周代金文，殷代甲骨金文均無“德”字，“羅振玉《殷墟書契考釋》以🐟🐟等字爲德，案寔徝省字也”，“于文以省心爲德”，通觀金文諸“德”字，“蓋寔從徝從道，從心，徝者巡省之本字也。……是則古人造文寔以省心爲德：省者視也”。以上諸家之説均轉引自李圃《古文字詁林》第二册第 472—473 頁。
③ 薛尚功《歷代鐘鼎彝器款識法帖》卷十一，轉引自李圃《古文字詁林》第二册第 471 頁。

內而"形"外的區別:"五行:仁形於内謂之悳(德)之行,不形於内謂之行;義形於内謂之悳(德)之行,不形於内謂之行;禮形於内謂之悳(德)之行,不形於内謂之行;智形於内謂之悳(德)之行,不形於内謂之行;聖形於内謂之悳(德)之行,不形於内謂之行。"《周禮·地官·師氏》以三德三行教國子,鄭玄注:"德行,内外之稱;在心爲德,施之爲行。"《禮記·表記》"恥有其德而無其行",孔穎達疏:"德在於内,行接於外。"都强調了"德之行"與"行"的區別,即體現於内心道德的是"德之爲"而不源自於内心道德的是"行之爲"。正是這種"德"内而"行"外的區別,構成了後來在古字"直"上添加"心"符而寫作"德"的語義基礎。

到了兩周和春秋戰國時期的金文中,據容庚《金文編》編錄,"德"字仍有少量的寫作從"彳"的"直"。如西周早期周成王時《德方鼎》銘文"王賜直(德)貝廿朋",字作𢛳;《叔德簋》銘文"王益叔直(德)臣妾十人",字作𢛳;西周中前期《辛鼎》銘文"厥家雍直(德)",字作𢛳。"直"字又簡寫"彳"符爲"亻",寫作"值"。如西周早期《德鼎》銘文"王賜直(德)貝廿朋",字作𢛳(人名)。

除此之外,兩周金文中的"德"字,大都在"直"字上增加了"心"符,寫作"德、悳、遃、悳(悳)"諸形。從"心"的"德"字最早見於西周成王時期《何尊》銘文"唯王恭德裕天",字作𢛳;西周康王時期《盂鼎》銘文"秉於文王正德",字作𢛳。其後如周穆王時《班簋》銘文"顯唯敬德亡攸違",字作𢛳;西周中期《師望鼎》銘文"克明厥心,慎厥德",字作𢛳;春秋時期《秦公簋》銘文"穆穆帥秉明德",字作𢛳;戰國秦國石刻《詛楚文》"靈德",字作𢛳;戰國齊國銅器《陳曼㠱》銘文"齊陳曼不敢逸康,肇勤經德",寫作𢛳。"德"字又或省"彳"爲"亻",寫作"悳",如西周《王孫鐘》銘文"誕永余悳(德)",字作𢛳;晉國廿一年《相邦冉戈》銘文"壞悳(德)",字作𢛳;戰國楚《鄂君啟節》銘文"如馬如牛如悳(德)",字作𢛳,通"犆"或"特"。"德"字又或變更意符"彳"爲"辵",寫作"遃",如《王孫鐘》銘文"惠於政遃(德)""誕永余遃(德)",字作𢛳;《弔(叔)家父匜》銘文"哲遃(德)不忘",字作𢛳。"德"字又或省去意符"彳",即爲"悳(悳)",最早見於西周《嬴靈德壺》,字作𢛳、𢛳,其字上部與金文其他"德"字中的"直"寫法不全相同,應是"直"的變異。在兩周金文近百例表示"道德"意義的"德"字中,大多寫作"德",寫作"悳"的較少見。

到戰國時期,從出土文獻來看,"悳"字與"德"字並用,"悳"字的出現頻率明顯增高,並大大超過了"德"字的使用頻率。在郭店簡、上博簡和清華簡一百多個"德"字辭例中,除個别寫作"悳(德)"外,其餘的全都寫作"悳"。在目前所見所有楚國出土文獻中,寫作"德"的不過數例,個別寫作"遹",其餘的也都寫作"悳"。可見"悳"是戰國楚地流行、通用的寫法。

從"心"的"悳"字除大量見於戰國楚簡外,還見於三晉中山王墓礜器大鼎銘文"敬順天悳(德)""侖其悳(德)""寡人庸其悳(德)""以明其悳(德)",《方壺》銘文"唯悳(德)匡民""是又純悳遺訓";《圓壺》銘文"悳(德)行盛往""先王之悳(德)弗可復得"。這些"悳"字作、等。辭例中"悳"的意義非常明確,都是道德的"德"。三晉《侯馬盟書》出現、、、、諸形的"悳"字40餘見,除用作人名外,多用作道德之德。此外還有三晉銅器《令狐君嗣子壺》銘文"承受純悳(德)",字作;齊國《陳侯因資鐘》銘文"答揚厥悳(德)",字作,燕國璽印"武城悳(德)坩",字作,等等。可見"德"由"形於外"向"形於内"的轉變,在戰國時期已經完成,而且不僅限於楚國。

在戰國"悳"字盛行的同時,"德"字及其變體"遹"和簡體"德",以及源自甲骨文的"值",也見於戰國秦、楚、晉、齊各國。如秦陶487"楊氏居貲五德公士契囗",字作;楚國銅器《王孫誥鐘》和《王子午鼎》銘文"惠於正遹(德)"以及信陽1號楚墓竹書第5簡"君子之遹(德)";三晉《侯馬盟書》九二·三四七寫作(人名);齊國銅器《陳曼臣》銘文"齊陳曼不敢逸康,肇堇(勤)經值(德)",寫作。

從"心"的"悳"字見於許慎《説文》心部:"悳,外得於人,内得於己也。從直,從心。"這是表示"道德"意義的本字。而"德"字見於《説文》彳部:"德,升也。從彳,悳聲。"其訓"升也"的意義本來與"道德"義無關。然而從甲骨、金文的形體和演變來看,應當是先有甲骨文"值"字,然後金文增加"心"符作"德","德"又省去"彳"符作"悳"。"值、德、悳"形音義均同源,都是"道德、德行"的"德",是"道德"之"德"在不同時期的繁簡異構。因此,"悳"字的字形結構,應是從"心",從"值"省,"值"亦聲,而非《説文》所説的從"直"從"心";"德"是"值"的後起增形字,字形結構應是從"心",從"值","值"亦聲,而非《説文》所説的從"彳""悳"聲。"德"字從字面上來看是從"值(古直字)"從"心",意思是把心裏放端正,即《大學》所説的"欲修其身者先正其心"。《説文》訓"德"爲"升",其意義在出土文獻無證,傳世文獻也無確詁。古音"德"字屬於端母職部,"升"字屬於端母蒸部,語音相近,許慎訓"德"爲"升",也許僅僅是聲訓。將其意義理解爲指人的品性提升也未嘗不可。後世學者多泥於《説文》"德"字從"彳"之説,理解爲表示上升的"升",似有未當。

在先秦古文字"德"一系列的形體變化中,由殷商甲骨文從"彳""直"聲的

"值",演變爲兩周金文從"心""值"聲的"德",是一個十分重要的形義變化環節,尤其值得重視。它意味著殷商時期注重外在形象、行爲規範的"值",到了西周春秋時期,已經上升爲注重抽象、内化的意識形態之"德"。這是一種十分重要的觀念變化。劉翔指出:"德字不見於殷代卜辭而大量出現在西周以後的金文。迄今所見金文中出現德字最早的是周康王時代的《大盂鼎》和《何尊》,這一史實殊值重視。"劉翔認爲,殷人祀鬼尊神,先鬼神而後禮法,先天事而後人事,推行的是神權政治。周革殷命,總結殷朝滅亡之因,認爲"有殷受天命⋯⋯不其延,惟不敬厥德,乃早墜厥命",因而反殷道而行,制定、推行禮法制度,尊禮尚德,先人事而遠鬼神,提出"皇天無親,惟德是輔"的"敬德、明德、慎德、用德"觀,重視端正心性的"德"性修養,從"心"的"德"字"在周初金文中始見,充分説明它是殷周之際社會大變革的歷史產物"①。這一分析很有道理。至春秋戰國時期,西周制定的一系列禮法制度崩潰瓦解,道隱德衰,儒家兼濟天下的宏願無法實現,退而求之於己身,德性修養再一次成爲戰國儒家尤其是子思和孟子的思孟學派追求的境界。在楚簡中如此高頻出現而且普遍寫作没有"彳"旁、祇有"心"符的"悳"字,這種選擇應具有明確的指向性和目的性。在那時,本爲從"心"從"值"的"德"字,人們可能已經像後世許慎一樣,誤以爲是從"彳""悳"聲之字,表示"升也"或其他與"行走"相關的意義,因此表示精神意識範疇的"德"字,就去掉了表示"行走"意義的"彳"旁,祇寫作"悳"。或者自甲骨文"值"而來的"德"字,在楚人看來祇是表示"形於外"的"行爲"之"德",不足以涵蓋"誠於中"的心性之"德",因而楚人——至少是楚簡的書寫者,爲表現和重視心性之"德",就普遍寫作無"彳"而有"心"的"悳",表示此"悳"乃是"心之行",以示與"爲之行"的"德"相區別②。

　　兩周金文還出現了從"言""值"聲的"譿",見於西周宣王時期《史頌鼎》銘文"史頌譿穌",字作𧨲;以及從"言""悳"聲的"謜",見於春秋晚期《蔡侯申鐘》銘文"誕中爵謜",字作𧩙。前者將"德"字中的"心"換成"言",後者將"德"字中的"彳"換成"言",這當是"德"字語義的進一步拓展,由"正行、正心"擴大到"正言",形成"心、言、行"三者的對立統一。而自秦漢以後,"德"字覆蓋了"悳、

①　劉翔《中國傳統價值觀詮釋學》第 95—96 頁。
②　《説文》"悳"字,段玉裁《説文解字注》第 502 頁:"内得於己,謂身心所自得也;外得于人,謂惠澤使人得之也。"邵瑛《説文解字群經正字》:"據許義則内得於心曰悳,發揚於外曰德。⋯⋯悳從心,故主内得於心。德從彳,故主發揚於外。今俗統作德,而悳字但爲古文矣。《史》《漢》多作悳,注家但以悳爲古德字,而亦不加剖別也。"邵説轉引自丁福保《説文解字詁林》第 2573 頁。

僁、譿”諸字的語義領域,先秦古文字中對於心性、言、行之德的刻意區分就隨著文字的更替而不復存在了。

二、楚簡“惑”與《説文》“惈(誡)”

《説文》廾部:“戒,警也。從廾持戈,以戒不虞。”是警戒、戒備之意。由此引申出告誡的意思,並孳乳出從“言”的“誡”字。《説文》言部:“誡,敕也。從言,戒聲。”是用言語告誡、警告的意思。

“誡”字目前不見於小篆之前的古文字。楚簡表示“戒、誡”意義的字都寫作“戒”。辭例如:

戒上博(三)《周易》10 簡:“邑人不戒。”

戒上博(四)《曹沫之陳》37 簡:“有戒言曰。”

戒清華(伍)《封許之命》7 簡:“嗚呼,丁,戒哉!”

戒清華(陸)《管仲》2 簡:“見不善者戒焉。”

另外有一個從“心”的“惑”字,祇出現一次。辭例爲:

惑清華(肆)《別卦》6 簡:“惑(革)。”

整理者趙平安(2013:133)注[二七]:“惑,馬國翰輯本《歸藏》、上博簡本、今本《周易》作‘革’。”

本簡“惑”爲卦名,即傳世《易經》的“革”卦。從字形結構來看,“惑”當從“心”“戒”聲,應是“戒”的增形今字,即《説文》表示“飭也”意義的“惈”字。在簡文中“惑”應是通假爲“革”。上古音“戒”屬見母之部,“革”屬見母職部,分屬有對轉關係的陰、入兩部,可音近通假。

《説文》心部:“惈,飾也。從心,戒聲。《司馬法》曰:‘有虞氏惈於中國。’”清代《説文》學者均認爲“飾”當爲“飭”字的訛誤。段玉裁注改“飾也”爲“飭也”,曰“飭,各本作飾。古書飾、飭多互譌,不可勝正”“惈與戒義同,警也”“《司馬法》曰:‘有虞氏惈於中國。’中國,國中也。今《司馬法·天子之義》篇作‘有虞氏戒於國中’”[1]。段氏的解釋十分精準,從《説文》所引《司馬法》文意以及今本異文來看,《説文》“飾”爲“飭”字之訛確鑿無疑。“飭”即告誡、警示、戒備的意思。“惑(惈)”與戰國中山王𧊒壺銘文“以憼嗣王”的“憼”,以及“警、儆”音近義通。

“誡”和“惑(惈)”其實都是從古字“戒”分化出來的今字、後起字。“戒”的初形、本義是從手持戈,表示警戒、戒備的行爲。從“戒”的初形、本義,分化出從

---

[1]　段玉裁《説文解字注》第 504 頁。

“言”的“誠”字,用以表示誠口、慎言,以及告誡、訓誡、教誡之義。同理,從“戒”的初形、本義,又分化出從“心”的“惑(悈)”字,用以表示心之戒、戒心,即謹慎、警惕之心。《孟子・公孫丑下》“予有戒心”,《管子・君臣》“戒心形於内,則容貌動於外矣”,《孟子・滕文公下》“必敬必戒,無違夫子”,《莊子・人世間》“戒之慎之”,《禮記・中庸》“是故君子戒慎乎其所不睹,恐懼乎其所不聞”,這些屬於心理、意識、精神上的“戒”,都應是“惑(悈)”字始能準確表達的字義。從“心”的今字“惑(悈)”始見於戰國楚簡,從“言”的今字“誡”始見於秦國小篆,兩字都被收入了《説文》,但“誡”字通行至今而“惑(悈)”卻没有流傳開來,傳世文獻中用作“戒飭、警戒”意義的“悈”幾乎没有用例,歷史上就罕有人知曾經有過楚人專爲“戒心”或“心戒”而造的“惑(悈)”字了。

三、楚簡“棽”與《説文》“惏(婪)”

楚簡目前未見從“女”的“婪”字,但出現了一個從“心”的“棽”字,用作“婪”。僅清華簡一見,辭例爲:

　　㷱清華(叁)《芮良夫毖》3—4 簡:“度毋有咎,毋棽(婪)㥈(貪)。”

今按:“棽(婪)㥈(貪)”即“㥈(貪)棽(婪)”,簡文“㥈棽”同義連用,兩字皆從“心”。傳世文獻“貪惏”常常同義連用,如《左傳》昭公二十八年“貪惏無厭”,《左傳》僖公二十四年“狄固貪惏”。

上下組合的“棽”字不見於《説文》,傳世文獻見於《廣韻》。《廣韻》山韻:“棽,地名。出《玉篇》。”力閒切。但今本《玉篇》没有“棽”字。“棽”字從“心”,與“地名”意義不相匹配,《廣韻》所收可疑。《説文》貝部“貪”字徐鍇云:“貪惏也。”[1]段玉裁注:“心部惏、女部婪皆訓貪。”[2]《廣雅・釋詁二》“婪,貪也”,王念孫《疏證》:“惏,與婪同。”[3]《玉篇》心部“惏,貪也”,《玉篇》貝部“貪,欲也,惏也”,《廣韻》覃韻“惏”同“婪”。《玄應音義》卷二十二“貪婪”注:“婪,又作惏。”從字形構造以及辭例來看,楚簡“棽”字當是《説文》中“惏”字的異寫,是“貪婪”之“婪”字的異構。

《説文》女部:“婪,貪也。從女,林聲。”段玉裁注:“此與心部之惏音義皆同。”[4]王筠亦云:“婪,字與惏同。”[5]又《説文》心部:“惏,河内之北謂貪曰惏。

① 　徐鍇《説文解字繫傳》第 127 頁。
② 　段玉裁《説文解字注》第 282 頁。
③ 　王念孫《廣雅疏證》第 44 頁。
④ 　段玉裁《説文解字注》第 624 頁。
⑤ 　王筠《説文解字句讀》第 501 頁。

從心,林聲。"段玉裁注:"惏與女部婪音義同。賈注《左傳》曰:惏,嗜也。"①揚雄《方言》卷一:"晉魏河內之北謂惏曰殘,楚謂之貪,南楚江湘之間謂之欺。""惏"訓"殘"文獻無徵,馬敍倫認爲《方言》的"殘、欺"當爲"今之所謂饞也"②,可備一說,"殘"或爲後世"饞"字的假借。《大戴禮記·保傅》:"飽而强,飢而惏。"《左傳》成公七年"爾以讒慝貪惏事君",洪亮吉《春秋左傳詁》引王逸《楚辭章句》云:"愛財曰貪,愛食曰惏。""嗜、飢而惏、殘(饞)、愛食",都表示"惏"是對食物的貪慾,所以"惏"字又從"口"寫作"啉"。《玄應音義》卷一"貪惏"注引《字書》:"惏,或作啉,今亦作婪,同。"《玉篇》口部:"啉,貪也。"又《方言》卷二:"惏,殘也。陳楚曰惏。"《左傳》昭公二十八年"貪惏無厭",陸德明《釋文》引《方言》云:"楚人謂貪爲惏。"③據楚簡和《方言》,"惏"有可能是先秦兩漢時期陳楚一帶的方言詞。

《說文》貝部:"貪,欲物也。"因其從"貝",所以解釋爲"欲物"。"貪"和"婪"其實是源自人心的一種慾望,人的各種慾望皆由心起,"欲物"袛是心慾的外在表現形式之一。心有所慾纔會貪婪,楚簡和《說文》中從"心"的"惏",就是揭示貪婪本是源於人心的思想意識活動。通用的"婪"字從"女",反映了傳統社會對女性的侮辱、歧視和偏見。而揭示貪婪根源的"惏",在秦漢以後就很少使用,在現代則完全退出了流通領域。

四、楚簡"慼"與《說文》"慽(慼)"

表示"悲慼"意義的字,文獻多借用表示"斧鉞"意義的"戚"字,而極少或者基本不用表示"悲慼"意義的本字"慽"。《說文》戉部:"戚,戉也。從戉,尗聲。"《說文》心部:"慽,憂也。從心,戚聲。"段玉裁注:"戚即慽之假借字也。"④後世"慽"又寫作"慼"。《說文》中的"慽"不見於目前的先秦出土文獻,但在楚簡中有一個字形類似於"慼"而用作"悲慼"意義的字,似乎是《說文》"慽"字最早的源頭。該字的字形和辭例爲:

　　𢡺郭店《性自命出》30簡:"其剘(?)戀戀如也,蕬(慼)然以終。"

今按:"蕬"當隸作"蕬"。學者多認爲"蕬"從"艸""慼"聲⑤,其實應當從"心""萊"聲。"蕬"字的此種寫法僅見於郭店簡,但字中"萊"的這種寫法屢見於包

①　段玉裁《說文解字注》第510頁。

②　馬敍倫《說文解字六書疏證》卷二十,轉引自李圃《古文字詁林》第八冊第1025頁。

③　陸德明《經典釋文》第291頁。

④　段玉裁《說文解字注》第514頁。

⑤　如《郭店楚簡文字編》將"蕬"歸於"艸"部,參見張守中等《郭店楚簡文字編》第9頁。

山簡。如![字形]包山 12 簡、![字形]包山 58 簡、![字形]包山 126 簡、![字形]包山 140 簡等。而沒有"艸"字頭的"尗（叔）"，則寫作![字形]望山 1 簡、![字形]望山 5 簡、![字形]望山 7 簡、![字形]仰天湖 36 簡。由此可知"菽（尗）"的下部是"尗（叔）"，"蔽（慈）"的上部是"菽（尗）"，"慈"是"蔽"的變體、"蔽（慈）"是"感"的變體。"菽（尗）、戚、蔽（慈）"都從"尗"聲。上博（一）《性情論》18—19 簡作"其拔戀戀如也，戚然以終"，辭例中釋爲"戚"的字，字形作![字形]，當爲"戚"字異體。

　　楚簡的"感"除上例寫作"蔽（慈）"，更多的是寫作"戚"。辭例有：

　　　![字形]郭店《性自命出》34—35 簡："慍斯憂，憂斯戚，戚斯難。"

今按："戚、難"二字整理者未釋。本簡簡文與今本《禮記·檀弓》"舞斯慍，慍斯戚，戚斯歎"相當，簡文"戚"當爲"感"字，"難"當讀爲"歎"。

　　　![字形]上博（一）《孔子詩論》4 簡："民之又戚（罷）惓也，上下之不和者，其用心也將何如？"

整理者馬承源（2001：13）注："'戚'字以'尗'爲聲符，《戱鐘》'戚伐厥都'，'尗'讀作'撲'。……'撲''罷'雙聲假借。"今按：本簡隸定爲"戚"的字，圖版字樣與郭店簡相同，當隸作"戚"，是楚簡"感"字特有的寫法。李零釋作"感"："'感惓'，原書讀爲'罷倦'，但上字見郭店楚簡《性自命出》簡 34，實爲'感'字，'感'是憂愁的意思；'惓'，有倦怠之義。"[①]

　　　![字形][字形]清華（壹）《程寤》5—6 簡："惟商感在周，周感在商，欲惟柏夢。"

整理者劉國忠（2010：138）注[二二]："感，《説文》作'慽'，'憂也'。"

　　　![字形]清華（壹）《金縢》1—2 簡："周公曰：'未可以感吾先王。'"

整理者劉國忠（2010：159）注[四]："感，《説文》作'慽'，'憂也'。今本作'戚'。"

　　　![字形]清華（柒）《越公其事》46 簡："王見其執事人，則憂感不豫。"

這種寫法的"感"字除見於郭店簡、上博簡和清華簡外，亦見於河南新蔡葛陵楚簡。辭例有：

　　　![字形]新蔡葛陵甲三 10 簡："小有外言感也，不爲憂。"

　　　![字形]新蔡葛陵乙四 95 簡："君有子，將感之，卯恤也。"

　　　![字形]新蔡葛陵零 204 簡："女子之感，又痾疾作，不爲憂。"

　　以上寫作![字形]、![字形]、![字形]等的"感"字，除掉"心"符所剩下的![字形]、![字形]，應是同一字符

----

① 李零《上博楚簡校讀記（之一）——〈子羔〉篇"孔子詩論"部分》。

的不同變體,是戰國"戚"字的常見寫法。楚簡的"戚"字多寫作這一字形。例如:

　　[字]郭店《尊德義》6—7 簡:"禹之行水,水之道也。戚(造)父之御馬,馬之道也。"

　　[字]郭店《語叢一》34 簡:"禮齊樂靈則戚。"

　　[字]、[字]等"戚"字中的上部,疑爲"未"的簡省或變異,[字]、[字]等"戚"字當從"戈""未"聲,字形結構與《戚姬簠》的[字](戚)相同。"戚"字的這種寫法不僅見於楚簡,也見於秦系文字,如《詛楚文》寫作[字],《十鐘印舉》寫作[字]。這種寫法一直延續到秦漢時期,如馬王堆帛書《老子甲》卷後佚書寫作[字],《相馬經》寫作[字],以及漢印寫作[字]、[字]、[字]等等,與小篆之後從"戊""未"聲的"戚"形符略異。

　　根據有關語料庫檢索,清代以前的傳世文獻中"感(慽)"字僅出現 40 餘次,其中絕大多數出現於魏晉之前,隋唐之後極少使用。人們都慣用"戚"字作"感(慽)",借字通行而本字廢棄,後人遂不知有源自戰國楚文字的從"心"之"感(慽)"了。

五、楚簡"濜"與《說文》"悽(淒)"

　　楚簡有一個上部爲"淒"、下部從"心"的"濜"字,是一個前所未見的特形字。該字僅於清華簡中出現一次,辭例爲:

　　[字]清華(肆)《別卦》7 簡:"濜(濟)。"

整理者趙平安(2013:134)注[三三]:"濜,從心淒聲,讀爲'濟'。上博簡(三)《周易》'未濟'作'未淒'可證。"今按:楚簡"妻"寫作[字]郭店《老子甲》18 簡、[字]郭店《語叢一》34 簡、[字]清華(肆)《筮法·得》1 簡、[字]清華(肆)《筮法·娶妻》16 簡,當隸作"㚰",是楚簡"妻"字特有的寫法。楚簡"淒"字寫作[字]郭店《六德》16 簡、[字]上博(四)《曹沫之陳》43 簡、[字]清華(壹)《皇門》13 簡,字的左邊是"水",右邊跟楚簡"妻"同形。而[字]字的上部跟"淒"同形,隸作"濜"無疑。

　　"濜"字所從的"淒"在楚簡中除用作"悲淒"之義外,亦多用作"濟"。例如:

　　[字][字]郭店《成之聞之》25—26 簡:"'允師淒(濟)德。'此言也,言信於眾之可以淒(濟)德也。"

整理者(1998:170)注[二五]:"裘按:'淒'似當讀爲'濟'。濟,成也。"今按:裘按甚確。"濟"有"成就、成功"之義。《爾雅·釋言》:"濟,成也。"《尚書·君陳》"必有忍,其乃有濟;有容,德乃大","有濟"即有所成。簡文"濟德"意爲使德有所成。

　　徸上博(二)《容成氏》31 簡:"以衛於溪谷,淒(濟)於廣川。"

　　囍上博(三)《周易》58 簡:"六三:未淒(濟),征凶,利涉大川。"

　　徸上博(四)《曹沫之陳》43 簡:"三軍未成,陳未豫,行阪淒(濟)障,此散裹之忌。"

　　澕清華(壹)《皇門》13 簡:"輔余於險,臨余於淒(濟)。"

　　很明顯,以上的"淒"都是通假作"濟"。上古音"淒"爲清母脂部,"濟"爲精母脂部,音近相通。由此看來,楚簡"憑"字用作"濟"也同樣屬於通假。

　　"憑"字從"心",與"涉水"意義的"濟"義不相干。那麽"憑"的本義是什麽呢? 從字形上來看,"憑"字很容易使我們聯想到《説文》的"悽"字。《説文》心部:"悽,痛也。從心,妻聲。"《玉篇》心部:"悽,悽愴也,傷也。""悽"是指人心的悲痛、悲傷。楚簡"憑"應是在"淒"字上增加"心"符的後起今字,是同源詞。《説文》水部:"淒,雲雨起也。從水,妻聲。《詩》曰:'有渰淒淒。'"段玉裁改"雲雨"爲"雨雲",即"欲雨之雲",曰:"按:《詩》曰'淒其以風',毛傳:'淒,寒風皃。'又曰:'風雨淒淒。'蓋淒有陰寒之意。"[1]從"水"的"淒"是指烏雲、風雨使人體膚産生的陰寒冷寂之感,而從"心"的"憑"則是指人情緒的低落,心理情感上的淒愴、冷戚、悲涼和憂傷。楚簡"憑"在字形上應是從"心",從"淒","淒"亦聲,是《説文》"悽"的異體字,也可能是《説文》"悽"字的來源。然而在傳世文獻中,人們習慣於用身體感受的"淒"字來書寫心理感受的"憑(悽)",後者就逐漸少用、罕見直至現代完全不用了。

　　六、楚簡"𩓣"與《説文》"惇(敦)"

　　《説文》心部:"惇,厚也。從心,享聲。""惇"小篆寫作**𩓣**,表示爲人敦厚。後世都寫作"敦",是個借字。楚簡中"敦厚"意義不寫作"敦",而寫作"𩓣",或寫作"膞",又寫作"韋"。寫作"𩓣"的辭例如:

　　𩓣郭店《窮達以時》15 簡:"窮達以時,幽明不再。故君子𩓣於反己。"

"𩓣"字整理者無説。今按:"𩓣"字學者或釋爲"敦",或釋爲"惇"。釋"敦",是以後世通行的通假字作解;釋"惇",是以《説文》所見的本字本義作解。郭店簡**𩓣**字從"心""韋"聲,祇是聲符"韋"下部的"羊"簡寫作"㐅"。**𩓣**實即《説文》"惇"字。

　　寫作"膞"辭例如:

---

① 段玉裁《説文解字注》第 557 頁。

![字]上博（五）《弟子問》19 簡："子脖＝（惇惇）如也。"

整理者張光裕（2005:279）注："'脖'，讀如'惇'或'敦'。《爾雅·釋詁》：'敦、亶、祜、篤，厚也。'"今按："脖脖（惇惇）如"形容敦厚、誠懇的樣子。"脖"字不見於《説文》，傳世文獻最早見於中古的《玉篇》和《集韻》。《集韻》魂韻他昆切，"朜脖，月光也。或省"。《玉篇》的解釋大體相同。據字書所釋之義，當從"月""享（敦）"聲。"脖（朜）"的音義衹存在於中古字書中，没有任何傳世文獻材料的印證，甚爲可疑。其字左邊的"月"，可能是"肉"而非"月"。楚簡的"肉"字寫作![字]上博（二）《魯邦大旱》6 簡、![字]上博（五）《弟子問》8 簡、![字]包山楚墓 255 簡，字的外部分爲撇和横彎撇兩筆。而"月"字寫作![字]上博（一）《孔子詩論》8 簡、![字]上博（二）《民之父母》11 簡、![字]上博（一）《緇衣》11 簡，外部是從左而上彎再右下連貫的一筆。對照楚簡的![字]字，左邊正是外框是兩筆的"肉"，而非一筆的"月"。由此我們可以推斷，楚簡的"脖"乃從"肉""享"聲，是指人外形的敦實、厚重，它跟内心敦厚的"惇"其實是一個字，楚簡"子脖＝（惇惇）如也"之"脖＝"當讀如字，不必釋爲"惇惇"。

寫作"羣"辭例如：

![字]上博（二）《從政甲》5 簡："從政，羣（敦）五德，固三誓，除十怨。"

整理者張光裕（2002:219）注："羣，讀爲'敦'。此言從政之道，需敦行五德。"

![字]上博（二）《從政甲》12 簡："羣（敦）行不倦，持善不厭。"

在古文字中，"羣"字與其所從的"亯"字在字形、字義和字音上一直糾纏不清。《説文》亯部："羣，孰也。從亯，從羊，讀若純。一曰鬻也。![字]，篆文羣。"常倫切。《説文》亯部："亯，獻也。從高省，象進孰物形。《孝經》曰：'祭則鬼亯之。'![字]……篆文亯。"大徐本"亯"有許兩、普庚、許庚三切。這三個反切，分别表示從古字"亯"分化出來的三個今字，即祭享的"享"、烹煮的"烹"、亨通的"亨"。"亯"在甲骨中很常見，寫作![字]、![字]、![字]、![字]諸形，金文中寫作![字]、![字]、![字]諸形，學者多謂"亯"字象宗廟之形，意爲祭享之所，引申爲祭享之義。戰國時期"亯"多用作祭享之"享"，如長沙子彈庫帛書甲 9—20"百神是![字]（享）"、丙 5:2—9"不可以![字]（享）祀"，開母廟石闕篆文"神靈![字]（享）而飴格"等。後來因爲"亯"字篆文作![字]、![字]，遂訛變爲"享"；而"羣"字，也因其字形![字]、![字]與"亯"字![字]、![字]相似，而且與"亯"字一樣具有"祭享"之義，也訛變爲"享"。於是"亯"與"羣"形、音、義遂混爲一體，許慎失察，遂以"羣"字的意義來解釋"亯"字，説"象進孰物形"。楊樹達《釋羣》認爲"亯字隸變作享""而羣字之隸變亦作享"。

"亯"又作"亨","亨"又分化出許庚切的"亨"和普庚切的"烹",所以楊樹達謂"小篆亯之一字,今實分爲享亨烹三文,亦兼三字之義"①。是非常正確的分析。

"𩰊"字在甲骨文中也是一個極爲常見的字,寫作𩰊、𩰊、𩰊諸形,大致用作地名、祭享之"享"、敦伐之"敦"三種意義。兩周金文寫作𩰊、𩰊、𩰊諸形,除用作器名(後世孳乳作"錞"字)外,多用爲敦伐之"敦"。關於"𩰊"字的形、義,王國維《不𣪘敦蓋銘考釋》説:"'𩰊'者,'敦'之異文。《説文》以'𩰊'爲純熟之純,殆非。古器如齊侯敦等皆以'𩰊'爲敦。……宗周鐘云'王𩰊伐其至',寡子卣云'以𩰊不淑'。皆𩰊之訓也。"②王國維謂"𩰊者敦之異文",僅據金文立説,似可商榷。金文"𩰊"用作"敦",猶如"𩰊"用作"錞",均爲假借,而非異文。

在出土文獻中,"敦"字始見於戰國。多見於戰國秦系文字,如秦璽作𩰊上博印32、𩰊秦代印風163、𩰊《古璽彙編》0646號,秦簡作𩰊雲夢秦簡《法律答問》164簡、𩰊龍崗秦簡44簡;亦見於齊系金文作𩰊《陳猷釜》,又名《陳純釜》、璽印作𩰊《古璽彙編》4033號,不見於楚系文字。《説文》攴部:"敦,怒也,詆也,一曰誰何也。從攴,亯聲。"都昆切,又丁迴切。"敦"字從"攴",本義爲打擊、攻伐、逼迫、整治等。如《詩經·邶風·北門》"王事敦我"之"敦"。《説文》訓"怒也"者,其實是假借爲"憝"。《説文》心部:"憝,怨也。從心,敦聲。"徒對切。"敦"表示動作、行爲,與人性的"敦厚"意義無關。席世昌曰:"班氏《五行志》引《左氏》成公十三年《傳》云:'盡力莫如惇篤。'杜預改惇作敦,則捨惇厚之惇而從敦怒之敦。杜預好改古文,古文《左傳》由是遂亡。後人稱爲左氏功臣,何哉?古文《周易》亡於弼,古文《左傳》亡於預。"③誠哉斯言。魏晉之人好改古文,多以今字易古字,以借字易本字,以後起字易初文,以秦篆漢隸易戰國古文,非僅"惇"字而已。

在出土文獻中,從"心"的"𢝫"字僅見於楚簡而不見於其他文獻。《爾雅·釋詁》:"惇,厚也。"《方言》卷七:"惇,信也。""惇"指心性的篤實、仁厚、誠信、勤懇,故字從"心"。"惇"又見於《汗簡》心部和《古文四聲韻》魂韻。《汗簡》心部:"𢝫,敦。"黃錫全注:"豐本惇作敦、惇,内本作惇。敦釋作惇,内藤本作𢝫,武本作𢝫,薛本作𢝫。……惇即敦厚本字。"④《汗簡》《古文四聲韻》收字多戰國古文,郭店簡的𢝫與《汗簡》的𢝫以及《古文四聲韻》的𢝫可作比照。

---

①　楊樹達《積微居小學述林》第73頁。

②　王國維《王國維全集》第十一卷第321頁。

③　席世昌《席氏讀説文記》,轉引自丁福保《説文解字詁林》第2577頁。

④　黃錫全《汗簡注釋》第374頁。

綜上所述，"辜"是"享"字的初文、古體；楚簡中的"㲉"字從"辜"省聲，字同《説文》"惇"。楚簡以及中古字書中的"腪(臕)"，不從"月"而從"肉"，是指外形厚重，跟内心厚重的"惇"是一對異構字。楚簡"辜"字表示的"篤信、勤勉"意義，非其本義，而是假借爲"惇"。後世"敦厚"之"敦"，是以借字取代本字，本字是"㲉(惇)"。

郭店簡《窮達以時》15 簡"君子㲉於反己"，意爲君子特別看重内在自我反省的功夫。與郭店簡《性自命出》56 簡"聞道反己，修身者也"、《成之聞之》19—20 簡"反諸己而可以知人"以及《論語・衛靈公》"子曰：君子求諸己，小人求諸人"的修身要求是完全一致的。始見與楚簡的"㲉(惇)、腪"，是分指内心與外形的敦厚，與楚國文字區分身、心的普遍原則相一致。後來"惇"字被《説文》收録而"腪"字則失傳。出土文獻和傳世文獻多借"敦"爲"㲉(惇)、腪"，楚人創造出來的兩個本字就被埋没了。

七、楚簡"憂"與《説文》"憂(憂)"

《説文》心部："憂，愁也。從心，從頁。"《玉篇》心部引《説文》作"憂，愁也"。郭店簡、上博簡和清華簡的"憂"字較爲常見，上下組合，下部均從"心"，上部從"頁"或從"𦣻"。"憂、憂"實爲一字。"憂"整理者或隸作"憂"。隸作"憂"的字原形作，應當是（憂）字的變體。楚簡（憂）字上部"頁"符下面兩筆的形在楚文字中有不同的變化：兩筆一樣長則爲，即傳世文獻所見的"憂"；前一筆延長則爲；後一筆延長則爲；省去則爲（憂）；或將兩筆的拉成一筆的"一"則爲；或將拉成一横筆之後兩端下垂則爲，其中後來訛爲"冖"，遂誤"憂"爲"憂"。《漢語大字典》心部指出："憂，'憂'的訛字。《集韻・侯韻》：'憂，愁也。'方成珪考證：'憂訛憂，據《説文》《類篇》正。'"①是很正確的。

現將"憂(憂)"在楚簡中的辭例略舉如下：

　　　郭店《老子乙》4 簡："絶學亡憂(憂)。"
今按：今本《老子》作"絶學無憂"。

　　　郭店《五行》9—10 簡："未見君子，憂(憂)心不能惙惙。"
今按：今本《詩經・召南・草蟲》有"未見君子，憂心惙惙"，可以對讀。

　　　郭店《唐虞之道》16 簡："舜居於草茅之中而不憂(憂)，身爲天子而不驕。"

---

① 徐中舒《漢語大字典》（縮印本）第 967 頁。

　　🔹郭店《性自命出》第 31—32 簡：“凡㥑（憂）思而後悲，凡樂思而後忻。”
今按：本簡“㥑悲”同義相對，“㥑樂”反義相對。

　　🔹郭店《性自命出》62 簡：“凡㥑（憂）患之事欲任，樂事欲後。”
今按：本簡“㥑患”同義並列，“㥑樂”反義相對。

　　🔹上博（一）《孔子詩論》16 簡：“綠衣之㥑（憂），思古人也。”
整理者馬承源（2001:145）注：“‘㥑’即《說文》‘㥑’，義爲‘愁也’。”

　　🔹上博（四）《內豊》6 簡：“父母所樂樂之，父母所㥑㥑（憂憂）之。”
整理者李朝遠（2004:224）注：“《大戴禮記·曾子事父母》：‘孝子無私樂，父母
所憂憂之，父母所樂樂之。’簡文義與此同。”

　　🔹上博（五）《競建內之》5 簡：“將有兵，有㥑（憂）於公身。”
整理者陳佩芬（2005:171）注：“《說文繫傳》：‘㥑，愁也，從心，頁聲。’按‘㥑’即
‘憂’之本字，頁者人首，人憂心則形於顏面，故從心、頁，會意。”今按：陳佩芬所
釋“㥑”字甚確。《說文解字繫傳》謂“㥑”字從“頁”得聲，有誤。上古音“㥑”屬
影母幽部，“頁”屬喻母葉部，韻部相差甚遠，“頁”當爲形符而非聲符。

　　🔹清華（壹）《耆夜》6—7 簡：“王有旨酒，我㥑（憂）以㱃。”

　　🔹清華（壹）《皇門》12 簡：“夫明爾德，以助余一人㥑（憂）。”

　　🔹清華（叄）《芮良夫毖》7 簡：“此德刑不齊，夫民用㥑（憂）傷。”

　　🔹清華（叄）《芮良夫毖》8 簡：“心之㥑（憂）矣，靡所告懷。”

　　🔹清華（叄）《芮良夫毖》9—10 簡：“民不日幸，尚㥑（憂）思。”

　　🔹清華（肆）《筮法·爻象》55 簡：“爲㥑（憂）、懼。”

　　🔹清華（伍）《封許之命》8 簡：“余既監於殷之不若，囻童茲㥑（憂），靡念
非常。”
整理者李學勤（2015:122）注［五二］：“囻字內似從帀，即‘師’，爲心母脂部字，
疑讀爲‘稚’。……‘稚童’爲謙辭。”

　　🔹清華（陸）《鄭武子規孺子》17—18 簡：“抑無如吾先君之㥑（憂）何?”

　　🔹🔹清華（陸）《子產》8 簡：“君子知懼乃㥑㥑（憂，憂）乃少㥑（憂）。”

　　除了以上“㥑（㥑）”之外，楚簡還有疊加形符“頁”的字，整理者隸作“顤”，
僅一見：

　　🔹清華（柒）《越公其事》46 簡：“王見其執事人，則顤（憂）感不豫。”
今按：該字簡文圖版右上爲“頁”，左上爲“百”，“百”與“心”之間還有一個字
符，應該是“舟”。“舟”端母幽部；“㥑（㥑）”影母幽部，音近，“舟”應是字中聲

符,這是"慁(慁)"字系列唯一的形聲字。疊加形符"頁"没有特别的意義。"顥"與"慁(慁)"義同。

　　出土文獻中"慁"字始見於戰國,除見於楚簡外,還見於中山王墓礜壺銘文"以慁厥民之罹不辜"、《大鼎》銘文"以慁勞邦家"①。在雲夢睡虎地秦簡中亦有所見,如《日書甲》81 背面"亡慁"②。"慁"字延用至漢代,見於漢印人名的有"鮑毋慁""臣毋慁"③,並作爲正篆收録於《説文》心部:"慁,愁也。從心,從頁。"徐鍇云:"慁,愁也,從心,頁聲。慁心形於顏面,故從頁。"④"頁"字下衍"聲"字,非是。段玉裁注:"許於夊部曰:憂,和行也。從夊,慁聲。非和行則不得從夊矣。又引《詩》布政憂憂,於此知許所據《詩》唯此作憂,其他訓愁者皆作慁。自假憂代慁,則不得不假優代憂。"⑤所謂"和行",是形容步態的舒緩、悠遊不迫,這是"憂"字的本義。《説文》所引"布政憂憂",見於《詩經·商頌·長發》,今本"憂憂"已改作"優優"。《説文》人部:"優,饒也。從人,憂聲。一曰倡也。""優"的本義是富裕、充足。後世文獻以"優"代"憂"、以"憂"代"慁",均失其義,而"慁"字遂廢棄不用,"慁心形於顏面"的造字理據也不再被人所瞭解,以致後來又造出一個從"心"的"慢"字,以重現"心"憂之義。《集韻》尤韻"慁,《説文》:'愁也。'或作慢,通作憂",辭例如《楚辭·九章·抽思》"數惟蓀之多怒兮,傷余心之慢慢"。但是這個新造的"慢"字仍没能撼動"憂"的地位而取代之。至於現代漢字將"憂愁"之"憂"簡化作"忧",則與《説文》訓爲"心動也"的"忧"字同形⑥,在字形上又一次回歸到"心"符上來,如果不考慮該字的歷史,倒不失爲一個較好的簡化。

　　從"夊"的"憂"字亦始見於戰國出土文獻,目前僅見於雲夢睡虎地秦簡,並通假作"慁",如《爲吏之道》第 40 簡"既無後憂",《日書甲》第 54 簡背面"人毋(無)故而憂也"、第 55 簡背面"免於憂矣"⑦,"憂"與"慁"在秦系文字中同時使用⑧。至漢印文字,既有"鮑毋慁""臣毋慁"人名印,又有"毋憂""申毋憂""張

---

① 參見張守中《中山王礜器文字編》第 71 頁。
② 參見張守中《睡虎地秦簡文字編》第 220 頁。
③ 參見羅福頤《漢印文字徵》第十·十九。
④ 徐鍇《説文解字繫傳》第 212 頁。
⑤ 段玉裁《説文解字注》第 514 頁。
⑥ 《説文》心部:"忧,不動也。從心,尤聲。讀若佑。"段玉裁注改爲"心動也"。《玉篇》心部亦訓"忧,心動也"。
⑦ 參見張守中《睡虎地秦簡文字編》第 81 頁。
⑧ 睡虎地秦簡《日書》甲第 81 簡背面"亡慁",參見張守中《睡虎地秦簡文字編》第 167 頁。

毋憂”“番擇憂”“蘇澤憂”等人名印①，也是“𢝊、憂”並行。但是在戰國楚簡文字中未見從“夊”的“憂”字，凡“憂愁”義楚簡都寫作本字“𢝊”，而無寫作通假字“憂”者。僅就目前能够見到的出土文獻來看，戰國時期“𢝊”字見於楚系、晉系、秦系文字，通行範圍較廣，應是戰國時期的通用文字；“憂”字僅見於秦系文字。因此“憂”字有可能是一個秦國文字。至秦漢“書同文字”之後，“𢝊、憂”並行，“𢝊”尚未被“憂”完全取代。其後則“憂”行而“𢝊”廢，傳世文獻通行“憂”字，“𢝊”字徹底退出了應用領域。

　　楚簡中還有一個寫作𤕝、隸作“瘖”的字，見於包山二號楚墓第 102 簡人名“絲瘖”，整理者隸作“絲瘖”，劉釗《包山楚簡文字考釋》認爲“瘖”是“‘憂’之異構”，“古璽中多有‘亡瘖’者，‘亡瘖’即無憂，古人常用名”。楚簡又有一個寫作𤕪的字，見於望山一號楚墓 11 簡“苛憯以𤕪”，整理者隸作“牂”、釋同“狀”。滕壬生將𤕝、𤕪兩字均隸作“瘖”②。楚簡𤕝、𤕪兩字均當隸作“瘖”，是“𢝊”的異體字。“瘖”字從“百”從“疒”。從“百”，猶“𢝊”字或從“百”作“𢝊”；從“疒”，蓋專指疾病之憂。“憂”有“疾病”之義，如《禮記·曲禮》“某有負薪之憂”，鄭玄注：“憂，或爲疾。”趙岐注：“憂，病也。”戰國古璽“瘖”字 10 餘見，寫作瘖、瘖、瘖、瘖諸形③，均作姓名用字，大多“达（去）瘖”連用，如《古璽彙編》姓名璽 0551 號“王达瘖”、0857 號“長达瘖”、1062 號“肖达瘖”、1552 號“孫达瘖”、1916 號“潘达瘖”、3190 號“馬达瘖”等等。“达瘖”即“去憂”，與“去疾、去病”同類。楚簡和古璽的“瘖”，都是專指疾病的“憂”。

　　楚簡“𢝊”，從“頁”從“心”會意，心有憂愁就表現在臉上，這纔是“擔憂、憂愁”之“憂”的本字、本義。後來可能源於秦系文字的“憂”通假作“𢝊”，秦朝統一天下後更加鞏固了“憂”的通假意義，鳩佔鵲巢，久借不歸，遂至“憂”字“和行也”的本義廢而借義行，直至於今。

八、楚簡“㤅”與《説文》“㤅（愛）”

　　《説文》心部：“㤅，惠也。從心，旡聲。𢗊，古文。”④段玉裁注：“許君惠㤅字作此。愛爲行皃。乃自愛行而㤅廢，轉寫許書者遂盡改㤅爲愛。”⑤

---

① 參見羅福頤《漢印文字徵》第五·十五。“擇、澤”當讀爲“釋”或“數”。《説文》“釋”和“數”訓“解也”。
② 參見滕壬生《楚系簡帛文字編》（增訂本）709 頁。
③ 參見羅福頤《古璽文編》第 198 頁。
④ 《説文》心部有“㤅”字：“忼慨，壯士不得志也。從心，既聲。”與“㤅”字古文“𢗊”應是異字同形。
⑤ 段玉裁《説文解字注》第 506 頁。

《説文》夊部："愛,行貌。從夊,㤅聲。"

楚簡没有出現傳世文獻表示"親愛"的"愛"字。表示"愛"的字主要有如下兩類字形:

一是"㤅"類。其中又可以分爲四類:(甲)𢗅、𢙴;(乙)由甲類省寫爲𢛸、𢛍;(丙)由乙類訛變爲𢛸、𢙴;(丁)由甲類訛變爲𢙴。

二是"慐"類。此類"愛"字祇見於郭店《語叢一》《語叢二》《語叢三》三篇,寫作𢙴、𢛍、𢛸、𢙴等,整理者均隷作"慐"。嚴格地説,郭店簡"慐"字上部"既"的右側所象之形,都不是寫作人口朝右張開的"旡",而是寫作人口朝左張開、與"旡"反形而且意義也相反的"欠"①,現統一隷作"慐",以與"㤅"字古文"𢙴"對應。

郭店簡、上博簡和清華簡中"㤅"和"慐"均用作"愛",意義很明確,整理者多不出注,研究者也没有異議。下面略舉數例:

　　　𢙴郭店《老子甲》36 簡:"甚㤅(愛)必大費。"

今按:今本《老子》作"甚愛必大費"。

　　　𢙴郭店《老子乙》8 簡:"㤅(愛)以身爲天下,若何以迖天下矣。"

今按:今本《老子》作"愛以身爲天下,若可以托天下"。

　　　𢙴郭店《緇衣》25 簡:"故慈以㤅(愛)之,則民有親。"

今按:本簡"慈㤅(愛)"連用,與"親"對用。"慈愛"指上對下而言,"親"則指下對上而言。

　　　𢙴郭店《五行》13 簡:"親則㤅(愛),㤅(愛)則玉色。"

　　　𢙴郭店《五行》21 簡:"不親不㤅(愛),不㤅(愛)不仁。"

今按:本簡揭示"親、愛、仁"由人性情感升華爲社會道德的三層階梯,本簡的"愛"是指基於親情而又超越親情的大愛,是邁向"仁"的基礎,是連接"親情"與"仁德"的中間環節。

　　　𢙴郭店《尊德義》32—33 簡:"不㤅(愛)則不親。"

① 參見滕壬生《楚系簡帛文字編》(增訂本)第 914 頁。包山簡"慐"字亦較常見,但均不表示"愛"義,而是通假作"燹(氣)"字。如第 207 簡"病腹疾,以少慐(氣)",陳偉等《楚地出土戰國簡册(十四種)》第 105 頁注[44]:"氣,簡文作'慐',原考釋:'"燹"字異體,讀作"氣"。'陳偉(1996D,154 頁):《黄帝内經·氣交變大論》云'民病瘧少氣咳喘',王冰注:'少氣謂氣少不足以息也。'李零(1999B,149 頁):《説文》'㤅'(愛)字古文作'𢙴',簡文假爲'燹'(氣)。劉信芳(2003A,223 頁):慐,簡218、220 等作'燹'。'慐'即《説文》'㤅'之古文,郭店簡'慐'字屢見,多讀爲'愛'。《説文》云:'旡,飲食气不得息曰旡。'知'慐'讀爲'旡'。讀'慐'、'燹'爲'氣',亦通。楚帛書、郭店簡'燹'皆讀爲'氣'。"

🔠上博(一)《孔子詩論》17 簡:"湯之水其炁(愛)婦悡。"

🔠上博(一)《性情論》34 簡:"炁(愛)類七,唯性炁(愛)爲近仁。"

🔠上博(四)《曹沫之陳》12 簡:"兼炁(愛)萬民,而無有私也。"

🔠上博(八)《志書乃言》7 簡:"雖我炁(愛)爾,吾無如社。"

🔠清華(壹)《程寤》9 簡:"人用汝謀,炁(愛)日不足。"

整理者劉國忠(2010:139)注[四四]:"炁,即'愛'字,義爲愛惜。……簡文'愛日不足',即惜日之短。"

🔠清華(伍)《湯處於湯丘》14—15 簡:"古之先聖人,何以自炁(愛)?"

🔠清華(陸)《子儀》17 簡:"不穀敢炁(愛)糧?"

楚簡寫作"炁"字古文"愻"的辭例有:

🔠郭店《語叢一》92 簡:"愻(愛)善之謂仁。"

🔠郭店《語叢二》8 簡:"愻(愛)生於性,親生於愻(愛)。"

🔠郭店《語叢三》40 簡:"愻(愛)親則其方愻(愛)人。"

在以上的辭例中,"炁、愻"既有貶義的"吝嗇"之義,又有中性的"愛惜"之義,更有出自人類自然本性的"慈愛、親愛、情愛"之義,和上升到社會道德範疇、思想意識領域的"仁愛、兼愛"之義,涵蓋了傳世文獻"愛"的所有意義,與"愛"在語義上完全等值。

"炁"字不見於春秋以前的古文字。在戰國出土文獻中,"炁"除見於楚簡外,還見於晉國中山王墓方壺銘文"炁深則賢人親",字作🔠;《圓壺》銘文"昔者先王绎炁百每",字作🔠,"绎炁"即"慈愛"。中山王墓的🔠和🔠,前者作左右組合,頗爲別致。前者從"无"而後者從"欠",與楚簡"炁"字上部左、右反向作🔠、🔠相同。《古璽文編》4655 號三晉璽文"炁"寫作🔠,齊系文字作🔠(愻)[1]。戰國楚、晉、齊、燕諸國出土文獻所見的"愛"字均不從"夊"而從"心"。

先秦出土文獻中均用"炁、愻"表示"仁愛、惠愛"的意義。從"夊"的"憂(愛)"字不見於戰國以前的古文字。在出土文獻中,最早的"憂(愛)"字迄今僅見於雲夢睡虎地秦簡,寫作🔠、🔠、🔠諸形,即是《説文》"愛"字所本。睡虎地秦

---

[1]　參見湯餘惠《戰國文字編》第 706 頁。馮勝君認爲郭店簡《語叢》一～三等篇包含有較多齊系文字的因素,是"具有齊系文字特點的抄本"。郭店《語叢》一～三用"愻"爲"愛",與《説文》"炁"字古文作🔠合,與楚、三晉、燕寫作"炁"有別。見馮勝君《論郭店簡〈唐虞之道〉、〈忠信之道〉、〈語叢〉一～三以及上博簡〈緇衣〉爲具有齊系文字特點的抄本》。

簡"愛"字共出現 10 例①,而未見從"心"的"恚、愙"。在戰國楚系簡帛文字中
"愛"是一個高頻詞,均寫作從"心"的"恚、愙",而未見有從"夊"的"愛",由此
可見秦、楚文字在書寫"愛"這一詞上造字和用字的的區别。受秦朝統一天下後
"書同文字"的影響,漢代初年楚國的出土文獻已經改用秦國的"愛"字,如馬王
堆漢墓帛書《老子》甲本"愛以身爲天下"。今天所見的傳世文獻,本字"恚
(愙)"被通假字"愛"所取代,"恚(愙)"遂致廢棄不用了。而"愛"字表示"行
貌"的本義也被其通假義所掩蓋,不爲後世所知。後世文獻棄"恚(愙)"而用
"愛",與前述棄"恴"而用"憂"屬於同一類型,都是楚系文字的本字廢棄而秦系
文字的借字通行。

九、楚簡"愻"與《説文》"愻(遜)"

《説文》心部:"愻,順也。從心,孫聲。《唐書》曰:'五品不愻。'"本義爲謙
遜、恭順。楚簡中表示"謙遜"詞義的字,都寫作"愻"和"孫"。寫作"愻"的辭
例如:

　　🔣郭店《緇衣》25—26 簡:"恭以涖之,則民有愻(遜)心。"
今按:今本《禮記·緇衣》作"恭以涖之,則民有孫心","孫心"二字,清代學者多
疑其爲"愻"字之誤分。王筠《説文解字句讀》"愻"字注云:"《緇衣》:'恭以涖
之,則民有孫心。'注:'孫,順也。'惠氏棟曰'孫心'當作'愻'。"②楚簡🔣(愻)字
下又有🔣(心)字,可證今本作"孫心"不誤。今本"孫"通"愻","孫心"即"愻
心"。

　　🔣清華(壹)《祭公》8—9 簡:"愻(遜)措乃心,盡付畀余一人。"
整理者沈建華(2010:176)注[二〇]:"愻,字見《説文》,即'遜'字。"

　　寫作"孫"的辭例如:

　　🔣郭店《性自命出》64 簡:"進欲孫(遜)而毋巧。"
　　🔣郭店《唐虞之道》12 簡:"畏守樂,孫民教也。"
今按:"孫民教"即"愻教","愻教"一詞亦見於《者汈鐘》銘文"以克續光朕昭考
之愻教"。

　　🔣上博(二)《從政乙》4 簡:"□誨而恭孫(遜),教之勸也。"
　　🔣清華(柒)《子犯子餘》13—14 簡:"亡[人]不孫(遜),敢大膽問。"

① 參見張守中《睡虎地秦簡文字編》第 81 頁。
② 王筠《説文解字句讀》第 402 頁。

今按:“謙遜”字寫作“孫”,應是通假。

《説文》辵部:“遜,遁也。從辵,孫聲。”本義是逃逸、遁逃。“遜”字在楚簡中已經出現,但十分罕見,目前僅有一見:

上博(四)《柬大王泊旱》14 簡:“俟太宰遜伴進。”

今按:“遜”爲太宰之名。

“愻、遜”二字均不見於商周甲骨金文。出土文獻“愻”字首見於戰國早期越國編鐘《者汈鐘》銘文,寫作。在戰國文字系屬中,吴越文字屬於楚系文字。何琳儀指出,楚系銅器銘文“普遍地使用一種通體頎長,頗有裝飾性的字體”,如郭沫若所指出的“南文尚華藻,字多秀麗”①。《者汈鐘》銘文正體現了這種頎長、秀麗的字體風格。此外“愻”字就衹見於戰國中期的郭店簡。可能楚國滅越之後,楚簡文字也繼承了越國銅器銘文“愻”字的寫法,是爲《説文》“愻”字所本。“遜”字在楚簡中已經出現,但十分罕見。

段玉裁“遜”字下有一段對“孫、愻、遜”形義演變歷史的分析,甚爲經典,兹録於下②:

> 按六經有“孫”無“遜”。《大雅》“孫謀”、《聘禮》“孫而説”、《學記》“不陵節而施之謂孫”、《論語》“孫以出之”,皆“愻”之假借也。《春秋》“夫人孫於齊、公孫於齊”,《詩》“公孫碩膚”,《尚書序》“將孫於位”,皆逡遁遷延之意。故《穀梁》云“孫之爲言猶孫也”,《公羊》云“孫猶孫也”,何休云“孫猶遁也”,鄭箋云“孫之言孫遁也”,《釋言》云“孫,遁也”,《釋名》曰“孫,遜也。遜遁在後生也”,古就孫義引伸,卑下如兒孫,非别有遜字也。至部“臸”字下云:“從至。至而復孫。孫,遁也。”此亦有“孫”無“遜”之證。今《尚書》、左氏經傳、《爾雅·釋言》淺人改爲“遜”,許書“遜,遁也”,蓋後人據今本《爾雅》增之,非本有也。

段玉裁對秦漢傳世文獻“孫、愻、遜”用字歷史的分析,基本符合目前所見出土文獻的事實。不過段玉裁認爲先秦時期衹有“孫”而没有“愻、遜”,今先秦傳世文獻中的“愻、遜”都是後人的篡改,與出土文獻事實不符。“愻、遜”字在先秦已經産生,但應用十分有限。先秦傳世文獻“遜遁”字和“愻順”字,多借“孫”字爲之。在楚簡中,雖然已經出現了“愻”字,但亦時借“孫”字爲之。可見至戰國中期“愻”還是一個很冷僻的字。

---

① 何琳儀《戰國文字通論(訂補)》第135頁。

② 段玉裁《説文解字注》第72頁

段玉裁"愻"字注云："凡愻順字從心,凡遜遁字從辵,今人遜專行而愻廢矣。"①"遜"字從"辵",本是"遁逃"的意思,漢後傳世文獻通假作"愻",應是借指行爲的謙敬恭順。"愻"字從"心",當是指心態的謙敬恭順,是表示"謙敬恭順"意義的"遜"的本字。龐樸説："蓋孫而從心、從辵,意思是不一樣的,一個是説心態的謙順,另一個是説行爲的馴順。""從文字的孳乳看,當是原本祇有'孫'字;而後,由於區别心態和行爲的必要,遂生出從心之愻與從辵之遜兩個字來;再後,從辵的字專行,從心的字漸廢,復歸於一,如今日所見。"②楚系文字創造出從"心"的"愻",揭示了恭順本源於心性。後世用"遜",則捨本字而用借字、不知其用"心"之所在了。

第二節　楚簡同於《說文》古文的"心"符字

一、楚簡"忎"與《說文》"忎(仁)"

在中國幾千年學術思想史中,"仁"是儒家思想體系中最核心的内容,也是各種思想體系共同聚焦的重要範疇。然而在古代的傳世文獻和出土文獻中,"仁"字的出現卻相對較晚。現代史學家、思想史家侯外廬在《中國思想通史》中引述了清代學者阮元論"仁"字起源的觀點：

> 按夏商以前無仁字。仁字不見於《尚書》虞、夏、商書,《詩》雅頌、《易》卦爻辭之中。此字明是周人始因"相人偶"之恒言而造爲"仁"字。……然則仁字之行,其在成康以後乎?(《揅經室一集》卷九《孟子論仁論》)

> 按仁字不見於虞、夏、商書及《詩》三頌、《易》卦爻辭之内,似周初有此言而尚無此字。(《揅經室一集》卷八《論語論仁論》)

侯外廬等認爲："阮元這種研究大體上是合於歷史實際情况的。'仁'字在可靠的古書中,不但不見於西周,而且不見於孔子以前的書中。""更據地下材料,仁字不但不見於殷代甲骨文,更不見於周代吉金,其爲後起之字,實無問題。"③郭沫若在《十批判書》論述"孔子的思想體系"時也曾指出,在孔子思想體系中被强調的"仁"字,"是春秋時代的新名詞,我們在春秋以前的真正古書裏面找不出這個字,在金文和甲骨裏也找不出這個字"④。

---

①　段玉裁《說文解字注》第504頁。
②　龐樸《郭燕書説——郭店楚簡中山三器心旁文字試説》第37頁。
③　侯外廬等《中國思想通史》第五卷第612頁。
④　郭沫若《十批判書》第87頁。

　　清人阮元爲"仁"字斷代所依據的傳世文獻《周官禮》(即《周禮》),其成書年代歧説紛紜,學界多認爲《周官禮》的成書不會早於戰國。如此,則"從人、從二"的"仁"字在傳世文獻中的出現也不早於戰國。

　　在出土文獻中,羅振玉在《殷墟書契前編》卷二第 19 頁第 1 片首次著録了一個⺅=字,商承祚、羅振玉《殷墟文字類編》釋此字爲"仁",《甲骨文編》也收録該字爲"仁"字①。這是目前唯一見於著録的甲骨文"仁"字。但王國維、郭沫若、於省吾、楊樹達等均否認此爲"仁"字,而未收録於他們考釋和著録甲骨卜辭的著作。葉玉森著録此字出現的卜辭辭例爲"癸未☒方於☒⺅=□𤰃一馬廿丙之□月在臭丫",并於⺅=字旁注曰:"⺅上不完,似非仁字。"②細審該片甲骨,此字原形作⺅=,左上部是所存甲骨的邊緣,左上方的一撇與⺅=中的⺅旁極有可能關聯爲一字,殘泐爲⺅,而⺅=中的"二"可能別爲另一字。容谷認爲,⺅字有可能是⺶(羌)字的殘泐,⺅=應讀作"羌二",與後文的"𤰃一、馬廿"並列,如果將其讀爲"仁",卜辭將不可解③。徐中舒《甲骨文字典》和容庚《金文編》都没有收録"仁"字,迄今爲止所見兩周時期其他出土文獻中也均未見"仁"字。

　　由此看來,傳世文獻和出土文獻均顯示"仁"字不見於殷商和兩周,其出現當在戰國時期。

　　戰國古文中開始出現"仁"字。《説文》人部:"仁,親也。從人,從二。忎,古文仁從千心。𡰥,古文仁或從尸。"

　　《説文解字》列爲正篆的"仁",據目前所見戰國出土文獻,首見於雲夢秦簡,共有 4 例。如《秦律十八種》第 95—96 簡"不仁其主",簡文作⺅上;《法律答問》第 63 簡"不仁邑里",簡文作⺅=;《爲吏之道》第 36 簡"剛能柔,仁能忍",簡文作⺅卜④,都表示"仁義、仁愛"之義。

　　"仁"字也數見於戰國璽印。湯餘惠《戰國文字編》收録秦國"仁"字璽有 2 例,即《珍秦齋古印展》191 的㊑、《故宫博物院藏古璽印選》422 的㊑⑤。何琳儀《戰國古文字典》"仁"字下收録的材料更全面,共收録戰國"仁"字璽 6 例,即《古璽彙編》吉語璽 4507 號"忠仁"之⺅、4508 號"中仁"之㊑、4879 號"忠仁思

① 　中國科學院考古研究所《甲骨文編》第 339 頁。
② 　葉玉森《殷墟書契前編集釋》,轉引自容谷《卜辭中"仁"字質疑》。
③ 　參見容谷《卜辭中"仁"字質疑》。
④ 　參見張守中《睡虎地秦簡文字編》第 125 頁;睡虎地秦墓竹簡整理小組《睡虎地秦墓竹簡》第 42、108、107 頁。
⑤ 　參見湯餘惠《戰國文字編》第 550 頁。

士"之乀，另收《十鐘山房印舉》三・二"交仁必可"的、三・六"交仁"的，和《文物》八二・一・四二璽文的"中仁"的。這些"仁"字璽，除《古璽彙編》4507 號屬於晉璽外，全都是戰國秦璽①。

以上是目前能見到的戰國所有出土文獻中的"仁"字。如僅就當前出土文獻而言，從"人"從"二"的"仁"字應是始於戰國、源自秦地的文字。《古璽彙編》4507 號寫作"仁"的晉璽，可能原本就是秦璽而流落到毗鄰的晉國，或是晉國受秦文字的影響而借用了秦國文字。

《説文》中"仁"字的古文或寫作"𡰥"。"𡰥"字在金文中首見於河北定縣出土戰國中山王墓大鼎銘文"亡不率𡰥，敬順天德"，寫作②；山西侯馬晉國遺址出土的《侯馬盟書》"𡰥"字出現了 2 次，寫作，都是宗盟類參盟人員姓氏③。此外何琳儀《戰國古文字典》"𡰥"字下還收錄了幾個來自三晉出土文獻的"𡰥"字：《古璽彙編》姓名璽 0969 號"肖𡰥"的、3292 號"𡰥鵑"的，以及引自《戰國歷代貨幣大系》中的貨系 1952 布方"𡰥氏"的④。由於上述"𡰥"字都出現在晉國出土文獻，所以有人認爲"𡰥"是一個源自於北方的文字⑤。更確切地説，"𡰥"可能是晉系文字。

但是在楚簡中卻出現了若干整理者隸作"𡰥"的字。

楚簡的"𡰥"或用作鳥名"鳲鳩"的"鳲"：

　　上博(一)《孔子詩論》21 簡："𡰥鳩吾信之。"

　　上博(一)《孔子詩論》22 簡："𡰥鳩曰。"

今按：以上兩例"𡰥鳩"，即傳世文獻《詩經・曹風》中篇名《鳲鳩》的異文。古籍"鳲"字不單用，祇見於"鳲鳩"中。"鳲鳩"可能原本就作"尸鳩"或者"𡰥鳩"，後"尸"或"𡰥"受"鳩"字的類化而變作"鳲"。

或用作"祭主"意義的"尸"：

　　上博(三)《周易》51 簡："遇其𡰥(夷)主，吉。"

整理者濮茅左(2003:206)注："'𡰥'，同'夷'。"今按：本句馬王堆漢墓帛書《周易》和今本《周易》均作"遇其夷主，吉"。此簡"𡰥"當讀"尸"。《説文》尸部："尸，終主也。"文獻語言中"尸"亦多訓爲"主"。《爾雅・釋詁》："尸，主也。"

①　參見何琳儀《戰國古文字典》第 1135 頁。

②　參見張守中《中山王譽器文字編》第 13 頁。

③　參見山西省文物工作委員會《侯馬盟書》第 302 頁。

④　參見何琳儀《戰國古文字典》第 1227—1228 頁。

⑤　參見白奚《"仁"字古文考辨》。

《淮南子·主術》"其猶零星之尸也",鄭玄注:"尸,祭主也。""尸"和"主"都是代替神靈接受祭祀的活人或者牌位。

　　或用作"夷":

　　　　弔上博(五)《鬼神之明》3簡:"及伍子胥者,天下之聖人也,鴟尼而死。"整理者曹錦炎(2005:317)注:"'尼',古文'夷'。《玉篇》:'尼',古文夷字。(《說文》誤以爲仁字)"今按:簡文"鴟尼"即傳世文獻"鴟夷"。《史記·伍子胥列傳》:"吳王聞之大怒,乃取子胥屍盛以鴟夷革,浮之江中。"

　　　　尼上博(八)《成王既邦》4簡:"白(伯)尼(夷)、叔齊餓而死於灙瀆。"整理者濮茅左(2011:175)注:"'白尼',即'伯夷'。"今按:"尼"爲"尼"字繁文。

　　　　尼清華(貳)《繫年》43簡:"尹子玉遂率鄭、衛、陳、蔡及群蠻尼(夷)之師以交文公。"

　　　　尼清華(叄)《祝辭》2簡:"詣五尼(夷)。"整理者李學勤(2012:165)注[七]:"五夷疑即武夷。"

　　　　尼清華(伍)《殷高宗問於三壽》10簡:"四海之尼(夷)則作。"

　　　　尼尼清華(柒)《越公其事》57簡:"設戍於東尼(夷)、西尼(夷)。"

　　或通假作"遲":

　　　　尼上博(二)《民之父母》8簡:"無聲之樂,威儀尼＝。"整理者濮茅左(2002:167)注:"'尼＝',重文,讀作'遲遲'。《說文·辵部》:'遲,徐行也。從辵,犀聲。'《詩》曰:'行道遲遲。'"

　　　　尼上博(二)《民之父母》11簡:"無體之禮,威儀尼＝。"今按:以上兩簡,可與今本《禮記·孔子閒居》"無聲之樂,氣至不違;無體之禮,威儀遲遲"對讀。

　　　　尼清華(壹)《金縢》1簡:"王不豫有尼(遲)。"今按:"有尼"即"遲遲"。以上"尼"均用作疊音形容詞,傳世文獻均寫作"遲遲",如《詩經·邶風·谷風》"行道遲遲",《詩經·豳風·七月》"春日遲遲"。

　　"尼"在清華簡中有兩處整理者釋作"仁":

　　　　尼清華(壹)《耆夜》3—4簡:"樂樂旨酒,宴以二公。恁尼(仁)兄弟,庶民和同。"整理者趙平安(2010:153)注[一二]:"《廣韻·侵韻》:'恁,信也。'尼,疑即《說文》古文'仁'。"

　　　　尼清華(陸)《子儀》16簡:"方諸任君不瞻彼沮漳之川開而不闔也!篤,

𡰥(仁)之楷也。"

整理者趙平安（2016：134）注［四六］："郭店簡《性自命出》：'篤，仁之方也；仁，性之方也。'"疑釋爲"篤"的𥎦字"從力，鹿聲（來母屋部），與'篤'（端母覺部）通用"。

　　清華簡上述兩處"𡰥"釋作"仁"，與清華簡其他眾多"仁"均從"心"符而"𡰥"均不用作"仁"的通例不符，甚爲奇觚，殊爲可疑。《耆夜》中的"𡰥"本無必釋"仁"字之理[1]，釋其爲"夷"亦無不可，"𡰥（夷）"表示平和、喜悦之義[2]，與下文"和同"相呼應。《子儀》中的𥎦，整理者疑釋爲"篤"，但與楚簡"篤"的字形差異甚大，故學者或改隸作"虜"，如此則與"𡰥"連讀爲"虜𡰥（夷）"，"𡰥"字也無必釋"仁"之理。所以爲謹慎起見，上述兩例"𡰥"字的釋讀可以存疑[3]。

　　李守奎等注"𡰥"字云："《説文》以爲'仁'之古文。楚文字'仁'字寫作'𢘆'或'忎'。此形疑是'尸'之繁體。"[4]楚簡的確没有把"仁"寫作"𡰥"的，楚簡的"𡰥"極有可能不是《説文》"仁"字的古文"𡰥"，而是"尸"字的繁體，"𡰥"中的"二"或"三"爲無義的羨文、飾筆[5]。楚簡中的"𡰥"訓讀爲"夷"。《説文》尸部："尸，陳也。象臥之形。"從字形結構看，"尸"是倚坐或平躺著的"人"，因此"𡰥"字又可以表示"平夷"的意義。

　　根據戰國出土文獻材料，我們可以大致判斷，"仁"是源自秦國的文字，"𡰥"是源自三晉的文字，而從"心"的"𢘆、忎、㣺"則是源自楚國的文字，是楚人爲區別於"仁"或"𡰥"而特地創造出來的區別字。

　　楚國出土文獻中"仁義"的"仁"出現了上百次，没有一個寫作"仁"的，所有的"仁"字都從"心"，就如龐樸先生説："整個郭店楚簡的一萬三千多字中，無論各篇的思想傾向有無差異，學術派别是否相同，以及鈔手的字體如何帶有個性，其所要表述的仁愛的'仁'字，一律寫作上身下心的'𢘆'，其所寫出的無數個上身下心的字，一概解作仁愛之'仁'；全無例外。"[6]《説文》中"仁"字的另一古文"忎"，從"心""千"聲。意符從"心"的"仁"，在戰國楚簡中有"𢘆、忎、㣺"三種寫法，而寫作"𢘆"的最多。這三種寫法的"仁"字較爲集中地見於楚簡中的郭

———————

①③　參見王挺斌《戰國時代"𡰥"字考論》（文稿）。

②　　《詩經・召南・草虫》"未見君子，我心傷悲。亦既見止，亦既覯止，我心則夷"，《詩經・鄭風・風雨》"風雨淒淒，雞鳴喈喈，既見君子，云胡不夷"，"夷"均爲和樂、喜悦之義。

④　　李守奎等《上海博物館藏戰國楚竹書（一—五）文字編》第416頁。

⑤　　吳其昌《金文名象疏證》云："蠻夷之'夷'字，與'尸'字爲一字。蠻夷之'夷'字，實當爲'尸'字。"轉引自李圃《古文字詁林》第八册第796頁。

⑥　　龐樸《郢燕書説——郭店楚簡中山三器心旁文字試説》第40頁。

店簡和上博簡中。李零認爲:"仁"寫作"𠐊""似是楚國特有的寫法""此字是楚系特有"①。

楚簡"𠐊、忎、仁"三形,僅"忎"字見於《説文》人部"仁"字下。段玉裁"忎"下注:"從心,千聲也。"②學者或謂"千"爲"人"字之誤。商承祚先生謂:"從千,無所取義。考陶文金文人有作ㄣ形者,誤之而爲ㄑ矣。從心者,孟子'仁人心也'義也。"③其實"忎"中的"千"乃從"𠐊"中的"身"簡寫而來。"身"簡寫爲"千","千"簡寫則爲"人"。"𠐊、忎、仁"是同一字的繁簡不同。"忎"與"仁"字形接近,在上博簡中,整理者一律從寬隷定爲"忎"。有的整理者隷定過寬,將"仁、忎"均隷定爲"𠐊"。下圖是楚簡繁簡不同的幾種寫法,從中可以看出由"𠐊"簡省爲"忎"、再簡省爲"仁"的軌跡:

𠐊→𠐊→忎→仁→仁→仁

楚簡"仁"字寫作"𠐊"的最多,辭例如:

𠐊郭店《老子丙》2—3 簡:"故大道廢,安有𠐊(仁)恙(義)。"

𠐊𠐊郭店《緇衣》10—11 簡:"上好𠐊(仁),則下之爲𠐊(仁)也争先。"

𠐊郭店《五行》21 簡:"不親不愛,不愛不𠐊(仁)。"

𠐊郭店《語叢一》16 簡:"有𠐊(仁)有智。"

𠐊郭店《語叢一》22 簡:"𠐊(仁)生於人。"

𠐊郭店《語叢一》82 簡:"厚於恙(義),薄於𠐊(仁)。"

𠐊郭店《語叢一》93 簡:"𠐊(仁)恙(義)爲之桌。"

𠐊上博(二)《從政乙》4 簡:"温良而忠敬,𠐊(仁)之宗也。"

𠐊上博(五)《君子爲禮》1 簡:"君子爲禮,以依於𠐊(仁)。"

𠐊上博(五)《鬼神之明》1 簡:"𠐊(仁)恙(義)聖智,天下法之。"

寫作"忎"的辭例如:

𠐊郭店《唐虞之道》2 簡:"故昔賢忎(仁)聖者如此。"

𠐊郭店《忠信之道》8 簡:"忠,忎(仁)之實也。信,恙(義)之期也。"

𠐊郭店《性自命出》40 簡:"愛類七,唯性愛爲近忎(仁)。"

𠐊上博(一)《性情論》25 簡:"修身近至忎(仁)。"

---

① 李零《郭店楚簡校讀記》(增訂本)第 249 頁。

② 段玉裁《説文解字注》第 365 頁。

③ 商承祚《説文中之古文考》第 75 頁。

〔圖〕上博(一)《性情論》33 簡:"篤,忎(仁)之方也。忎(仁),性之方也。"

〔圖〕清華(伍)《殷高宗問於三壽》13—14 簡:"何謂惡(仁)? ……何謂訐(信)?"

整理者李均明(2015:155)注[三七]:"惡,'仁'字異體。"

〔圖〕清華(伍)《殷高宗問於三壽》18 簡:"衣服端而好訐(信),孝慈而哀鰥,恤遠而謀親,喜神而憂人,是名曰惡(仁)。"

今按:將"仁"寫作下"心"上"訐(信)"的"惡",十分罕見,僅見於《殷高宗問於三壽》13、18 兩簡,並均與"訐(信)"對舉,可證楚簡從"心"的"息、忎、忈、惡"等"仁"字,跟從"言"的"訐、詝"等"信"字是分立的。

〔圖〕清華(陸)《管仲》24 簡:"既佞又忎(仁)。"

整理者劉國忠(2016:117)注[五七]:"參看慧琳《一切經音義》卷五十七:'佞者詔媚於上,曲順人情,乍偽似仁。'"今按:本簡把"忎"寫作左右組合,楚簡罕見,僅此 1 例。

寫作"忈"的辭例如:

〔圖〕郭店《唐虞之道》7 簡:"孝,忈(仁)之冕也。"

〔圖〕郭店《唐虞之道》8—9 簡:"愛親忘賢,忈(仁)而未惪(義)也。尊賢遺親,惪(義)而未忈(仁)也。"

〔圖〕郭店《唐虞之道》15 簡:"縱忈(仁)聖可與。"

將"忎"寫作"忈"者,僅見於郭店《唐虞之道》篇。

在戰國出土文獻中,"仁"字寫作"息"的,還見於《古璽彙編》姓名璽 2706 號"中〔圖〕"、3344 號"氏〔圖〕"、3345 號"〔圖〕璽",吉語璽 4653 號"中〔圖〕"、4654 號"中〔圖〕",單字璽 5381 號〔圖〕、5382 號〔圖〕。《古璽彙編》和《古璽文編》的編者隸定爲"息",但均不知何字,未作釋讀。何琳儀指出古璽中的"息"字璽是戰國楚璽,釋讀爲"信"字的異體①。今比照楚簡,根據古璽辭例,可以確知古璽中的"息"都是楚國特形文字的"仁"字,而非"信"字。

在戰國古璽中,有從"心""千"聲的字,字素與"忎"完全相同,但寫作左右組合的"忏"字,如〔圖〕、〔圖〕、〔圖〕。羅福頤《古璽彙編》均將之釋作"信"字,見於《古

---

① 何琳儀《戰國古文字典》第 1139 頁:"息,從心,身聲。信之異文。楚璽息,讀信。"

璽文編》"信"字下22例,《古璽彙編》等姓名璽30餘例[①],辭例均作"××忓璽"。何琳儀也認爲"忓"字"從心,從人,人亦聲。信之異文"[②]。

《古璽彙編》第3125號姓名璽,實爲"忓"字,編者誤釋爲"千心"兩字。羅福頤《古璽文編》第0651號字下説:"説文古文信作,與此形近。"[③]其實古璽字左邊是"心",與《説文》"信"字古文字右邊的"口",是兩個完全不同的字,區别在於"心"符中的一横左右兩端出了頭,有的左右出頭上翹,其爲"心"符就更爲明顯。而"口"符中的一横左右兩端是不出頭的。古璽字右邊是"千",其竪筆中有一圓墨點,與"人"字單一的竪筆有明顯不同。古璽中諸"忓"字,均即楚簡"忎"字的異寫,當釋爲"仁"[④]。這些"忓"字在何琳儀的《戰國古文字典》中或隸作"㐰",或隸作"伈"。前者誤"心"爲"口"、誤"千"爲"亻",將"忓"混同於《説文》"信"字古文"㐰";後者"心"符不誤,而誤"千"爲"亻"。均屬失察。

在楚簡中,"信"是一個高頻詞,但尚未見到寫作"信"的,而是寫作"訐"或"㐰",如郭店《老子丙》2簡、郭店《忠信之道》1簡、上博(一)《緇衣》17簡、上博(一)《慎子曰恭儉》2簡、清華(壹)《金縢》10簡、清華(伍)《殷高宗問於三壽》13簡、清華(伍)《命訓》6簡、清華(陸)《管仲》23簡等;或寫作從"言"或"口"、"身"聲的"䛸、呞",如上博(九)《史蒥問於夫子》8簡、清華(伍)《命訓》6簡、清華(陸)《子産》1簡、清華(陸)《子産》19簡等。"信"在楚系文字中普遍寫作"訐",寫作"䛸"的很少見。而"信"寫作"䛸"是典型的晉系文字寫法。楚簡中的這種寫法,可能跟晉系文字有關。

在戰國古璽中"信"字跟楚簡一樣,多寫作"訐",如、、、、等,見於《古璽文編》"信"字下19例,《古璽彙編》收有30餘例。也寫作從"䛸"或"䠶",如、或,見於《古璽彙編》單字璽第5287號、5427號以及列於《補遺》的5685號"王生信"的和5695號"信士"的。羅福頤説:"䠶"字"從言從身,中山王墓方壺'信'字作,與璽文形近"[⑤]。中山王壺辭例爲"余智其忠䛸施",讀爲"余知其忠信也"。戰國文字"信"寫作"䛸",除《古璽彙編》5427

---

① 參見《古璽彙編》姓名璽第0651—0654、1147、1265、1326、1478、1481、1955—1956、1958、1562—1563、1590、2187、2239、2414、2709、3084、3697—3699、3700、3709、3714—3717、3719、3721—3724、3726—3728號。

② 何琳儀《戰國古文字典》第1137頁。

③⑤ 羅福頤《古璽文編》第52頁。

④ "忓"字不見於《説文》,今爲"懺"的簡化字,遂致異代而同形。

號、5685 號、5695 號屬於燕璽外，其他均見於三晉文字。除上述中山王墓方壺外，還有晉國金文《信陰君庫戈》的 𦥑、《梁上官鼎》的 𦥑、《信安君鼎》的 𦥑、《長信侯鼎》的 𦥑。有趣的是，楚簡"仁"字有"𢜶、忎、㣺"三字，形符從"心"，聲符分別爲"身、千、人"。楚簡"信"字有"訢、訐"，而古璽"信"字也有"躳、訐、信"三字，形符從"言"，聲符分別是"身、千、人"，三者形成相對整齊的對應：

楚簡"仁"：𢜶　　　忎　　　㣺

楚簡"信"：訢　　　訐　　　—

古璽"信"：躳　　　訐　　　信

其中聲符"身、千、人"都是逐漸簡寫而成，即"身"簡寫爲"千"，"千"再簡寫爲"人"。

古璽中由於"××忓（仁）璽"與"××訐（信）璽"並用，遂致"忓"與"訐"不分，誤釋"忓"爲"信"。古璽"𢜶"字也因辭例較少，没有引起人們的注意。丁佛言最早指出古璽中的"𢜶"與"仁"的聯繫，但懷疑古文"仁"跟"忍"是一個字，認爲"𢜶"即"忍"字，卻未達一間。郭沫若始將其正確地隸定爲"𢜶"，並謂："古璽𢜶字乃仁字之異。仁古文或作忎，從心千聲。𢜶則從心身聲，字例相同，可爲互證。"[1]劉翔指出："戰國璽印文屢見有稱'忠𢜶'的，與稱做'忠仁'者，文例相同。是知從心從身的'𢜶'，從心從千的'忎'，及'㠯'諸形，實皆仁字。這是古文字裏同字異構的的典型實例。"[2]隨著戰國楚簡的出土，人們纔認識到，原來罕見、冷僻、僅見於古璽的"忓"和"𢜶"，在戰國時期的楚國卻是使用頻率最高的常用字之一，記録的是人們最爲熟悉的儒家倫理道德中最爲關鍵的一個常用詞。龐樸先生説：楚簡中的"𢜶"字"以前也曾出土過，《古璽文編》有著録，可惜是或者未被認識，或者誤讀爲'信'，以致一條很有價值的信息，被白白閒置了若干年"[3]。龐樸又指出："羅福頤《古璽文編》一〇·一〇𢜶字頭下收有六例，又有誤收入三·三信字頭下的二十二例，兩共二十又八，足見其於璽文中，亦屬高頻。唯過去多將此字與從言從身的訢即信字相混，此次郭店簡的出現，因有上下文本爲據，亥豕得以一清，𢜶字當讀仁義之'仁'，已是鐵定無疑。"[4]

戰國楚簡"仁"字皆從"心"，其義當指出自於人類本性的親和、善良、温藹、同情、惻隱和不忍之心。在春秋時期孔子的儒家思想中，"仁"的含義由内涵、隱

① 郭沫若《金文叢考》第 216 頁。

② 劉翔《中國傳統價值觀詮釋學》第 159 頁。

③ 龐樸《"仁"字臆斷》第 4 頁。

④ 龐樸《郢燕書説——郭店楚簡中山三器心旁文字試説》第 40 頁。

性自然生成的人類性情,發展成爲外向、顯性和社會所要求的道德原則,擴展爲一種含義極廣的道德範疇,成爲儒家調和階級矛盾和人際關係的工具。所謂"仁者兼愛之跡"(《莊子·大宗師》郭象注)、"仁者德之出"(《賈子·大政上》)、"仁者天下之表"(《禮記·表記》),都説明"仁"所包含的由内而外和推己及人以至於整個社會的思想内容和道德意義。到戰國,儒分爲八,其中子思一派反本歸源,又折回頭來從人心、人性中尋找儒家仁學的根基,把仁愛歸結爲人心内部的事,以内省求仁,以性情心命論仁,建立起"形而上"的新仁學。子思學派的新仁學流行於楚國,盛極一時,新的理論、觀念和思潮反映在文字上,就創造出了從"心"的"悬、忎、态"①。

戰國古璽中還有一個至今未識的"遑"字,見於《古璽彙編》姓名私璽2939號"取遑"。何琳儀隸作"斏遑",歸於晉璽,釋作人名②。如果把前一字釋爲"賢",後一字釋爲"仁",讀作"賢仁",如《吕氏春秋·開春》"共伯和修其行,好賢仁"、《東觀漢記·光烈陰皇后傳》"上以后性賢仁"之"賢仁",亦未嘗不可。如是,則該字即如龐樸先生所説的,"是表示行爲的遑或遑之見於行爲者"③。根據楚簡文字中體現的"心"與"行"二元對立原則,楚簡中特造從"心"的"悬"字,似乎與這個見於三晉的"遑"字,恰好形成心態與行爲、靜態與動態的對立。

白奚認爲:"仁"字在先秦有南北兩條演變的線索。南方的"仁"字以郭店楚簡爲代表,寫作"悬",簡化作"忎";北方(含秦國)的"仁"字以中山王譽鼎銘文爲代表,寫作"尸"④。其實在先秦時期的出土文獻中,從"人"從"二"的"仁"字僅見於秦國文字,是一條獨立的線索,與東方晉國的"尸"和楚國的"悬"成鼎立之勢。秦統一天下後書同文字,廢東方六國文字而專尊秦篆,從"人"從"二"的秦國"仁"字遂作爲國家規範的正體字推通,傳世文獻都統一寫作"仁"了,北方的"尸"字和南方的"忎"字,就成爲了僅存留於《説文》中"仁"字的"古文",沉澱爲漢字的"底層"。而時代更早、字形更完整、在楚簡中出現頻率更高的"悬"字,則在後來的傳世文獻中永遠消失、無影無蹤了。

二、楚簡"悳"與《説文》"悳(勇)"

在楚國簡帛文字中,"勇敢"的"勇"字凡十餘見,有的寫作從"心"的"悳",有的寫作從"戈"的"戙",没有出現從"力"的"勇"。下面是楚簡諸形的"勇"字

---

① 參見劉寶俊《郭店楚簡"仁"字三形的構形理據》。
② 參見何琳儀《戰國古文字典》第1139頁。
③ 龐樸《郢燕書説——郭店楚簡中山三器心旁文字試説》第40頁。
④ 參見白奚《"仁"字古文考辨》。

在郭店簡、上博簡和清華簡中的辭例,寫作"悳"的有:

　　🔹郭店《尊德義》33—34 簡:"不厘則亡畏,不忠則不信,弗悳則亡復。"
整理者(1998:175)注［二〇］:"裘按:'悳'疑讀爲'用'。"今按:裘先生之説似可商榷。"悳"疑當讀爲"勇",與前文的"畏"相對。"不悳則亡復"意爲"不勇往直前就不能凱旋而歸",即置之死地而後生的意思,與郭店簡《成之聞之》第21 簡"戜(勇)而行之不果,其疑也弗往矣"意近。

　　🔹郭店《性自命出》62—63 簡:"慮欲淵而毋偽,行欲悳(勇)而必至。"
今按:簡文與《尊德義》"不悳則亡復"意近。從本簡"悳"讀"勇",亦可證《尊德義》"悳"當讀"勇"。

　　🔹清華(叁)《芮良夫毖》11 簡:"恂求有才,聖智悳(用)力。"
今按:恂,謀也。簡文"聖智悳力"應是並列關係的詞,"聖智"言人的聰明智慧,"悳力"言人的勇氣力量,"悳"當讀"勇",讀爲"用"意義不通。

　　🔹清華(叁)《芮良夫毖》14—15 簡:"以武及悳(勇),衛相社稷。"

寫作"戜"的有:

　　🔹郭店《成之聞之》9 簡:"一軍之人不勝其戜(勇)。"

　　🔹郭店《成之聞之》21 簡:"戜(勇)而行之不果,其疑也弗往矣。"

　　🔹郭店《尊德義》35 簡:"戜(勇)不足以沫眾,博不足以知善。"

　　🔹郭店《語叢四》24 簡:"雖戜(勇)力聞於邦不如材。"

　　🔹上博(四)《曹沫之陳》55 簡:"戜(勇)者思喜,葸者思悔。"
整理者李零(2004:280)注:"讀'勇者思喜,葸者思悔'。'葸者'和'勇者'相反。《玉篇·艸部》:'葸,畏懼也。''悔'和'喜'意思也相反。"

　　🔹上博(九)《邦人不稱》3 簡:"三戰而三首,而邦人不稱戜(勇)。"
整理者濮茅左(2012:246)注:"'戜',從戈,甬聲,同'戜'。"

　　《說文》力部:"勇,氣也。從力,甬聲。戜,勇或從戈、用。悳,古文勇從心。""悳"是"勇"的古文,"戜"是"勇"的或體。在古文字中"勇"字最早出現在甲骨文,寫作從"又""用"聲的🔹、🔹。聲符從"用"與從"甬"相通,上博(九)《邦人不稱》第9 簡的"通"寫作"遇"。意符從"又"與從"力"意義相近。從"力"的"勇"字至春秋晚期纔出現,見於《中央勇矛》銘文。在晚周《伯勇簋》、春秋《攻敔王光劍》銘文中,"勇"又寫作從"戈"從"用"的"戜",此即《說文》從"戈"從"甬"之"戜"的初文。從"心"的"悳"字則首見於春秋早期《悳公戈》銘文。在戰國秦漢出土文獻中,"勇"寫作"悳"除見於戰國楚簡外,還見於雲夢睡虎地秦簡、居延漢簡、武威漢簡、銀雀山漢簡,可見"恿"在秦漢時期是一個通行區域很廣的常見字。在傳世文獻中,《玉篇》心部、《廣韻》腫韻、《古文四聲韻》腫韻、《慧琳一切經音義》卷五十五"勇"字古文並作"恿"。

《汗簡》心部"勇"字有一個寫作"愐"的形體,黄錫全認爲"此蓋恿形寫訛"①。實際上"愐"字本當從"心""用"聲,就像"戰"字從"戈""用"聲一樣。從"用"聲的"戰、愐"比從"甬"聲的"戦、恿"出現更早。商承祚先生據金文"戰"而謂《説文》"戦"字中"甬"上部的"マ"頭"爲後人所加"②,與黄錫全之説恰好相反。筆者認爲"用"和"甬"都是作爲"勇"字及其異體中的聲符,用"用"或"甬"均可,不必解釋爲形體訛誤或後人增形。

對於古文字"勇、恿、戦"三個異體字意義上的差異,學者多有闡發。徐鍇説:"勇者氣也、力也……故於文甬、力爲勇。……古文心、甬爲勇,見義而爲也。心主於義,士不尚力也。"③認爲"恿"字從"心"表現的是"見義而爲"之"恿",而"道義"源自人心,所以"恿"字從"心",與"尚力"的"勇"以示區別。段玉裁説:"勇者氣也,氣之所至力亦至焉,心之所至氣乃至焉,故古文勇從心。……《孟子》曰:'志,氣之帥也。'"④段氏認爲從"力"的"勇"是"氣"的表現,而"氣"源自於"心",所以又可以寫作"恿"。商承祚先生説:"金文鄭勇句父鼎作戦,與説文或作同。殆好義爲恿,故從心。恃氣爲勇,故從力。至勇而無禮,亂之階也,於是乎用干戈而爲戦矣。"⑤龐樸則從這一組異體字中看出了戰國時期不同的思想和觀念的差異:"在簡文中,其一從心另一從戈,所要表示的意思是頗不相同的。從心的恿字,表示的是一種心態、一種德行,是孔子所謂的'力行近乎仁,知恥近乎勇'的恿。而從戈的戦字,所要表示的則顯然是行爲上的戦猛。《説文》中,這兩個字都被附在'勇'字下,説'勇或從戈用'、'古文勇從心',卻未能指出所以從心從戈的道理,從而未能區別開兩字被賦予的深義,實爲憾事。"⑥以上諸説都指出了從"心"的"恿"、從"力"的"勇"、從"戈"的"戦"在意義、觀念上各有不同的"深義",甚有道理。從"力"的"勇"著眼於體格力氣的强悍,從"戈"的"戦"著眼於戰場上持戈殺敵的勇敢,而從"心"的"恿"則著眼於内心的膽量和意志。"恿"字興於春秋戰國,延至秦漢,與"戦、勇"並用。然而在從"心"與從"力"和

---

① 黄錫全《汗簡注釋》第 376 頁。
② 商承祚《殷墟文字考》,轉引自李圃《古文字詁林》第十册第 436 頁。
③ 徐鍇《説文解字繫傳》第 315—316 頁。
④ 段玉裁《説文解字注》第 701 頁。又:《孟子·公孫丑上》:"夫志,氣之帥也;氣,體之充也。"
⑤ 商承祚《説文中之古文考》第 118 頁。
⑥ 龐樸《郢燕書説——郭店楚簡中山三器心旁文字試説》第 37 頁。

從"戈"的博弈中，"心"不勝"力"，遂至衰微、消失，後世不再使用①。戰國楚簡中大量的"心"符字，在漢代或漢代以後都消失了。字之興衰，或可見不同思想、觀念的興替歟？

三、楚簡"悬"與《説文》"悻(狂)"

楚簡尚未見從"犬""㞷"聲的"狂"字。表示"瘋狂"意義的"狂"均寫作"心"符的"悬"，整理者均隸作左右組合的"悻"。"㞷"即"往"的初文、古字，在"狂"字中寫作"王"。下面是"悬"字辭例：

　　悬 上博(三)《中弓》附簡："唯政者，正也。夫子唯有舉，汝獨正之，豈不有悬也。"

整理者李朝遠(2003：283)注："'悬'，疑讀'枉'。不正，矯枉過正。"今按："悬"讀"枉"當爲通假。據簡文，"悻"讀"狂"亦通，不必改讀"枉"。

　　悬 上博(六)《競公瘧》9 簡："外有梁丘據縈悬(狂)。"

整理者濮茅左(2007：184)注："'悬'，古文狂。《説文》：'狂，狾犬也。從犬，㞷聲。巨王切。古文從心。'《集韻》：' 一曰躁也。隸作狂。古作悻，或書作獷、悬。'"

　　悬 上博(九)《陳公治兵》6—7 簡："君王不知悬(狂)之無才，命悬(狂)相執事人整師徒。"

今按：《陳公治兵》篇"悬"均用作人名，即"陳公悬"，除此簡外，又見於第 11 簡悬、12 簡悬、14 簡悬。

　　悬 清華(壹)《楚居》4 簡："至酓悬(狂)亦居京宗。"

今按："酓悬"，人名，傳世文獻作"熊狂"，是楚國第三任君王，見《史記・楚世家》。

　　悬 清華(陸)《子産》19 簡："古之悬(狂)君，卑不足先善君之驗。"

楚簡還出現了一個前所未見的"瘽"字，從"疒""㞷"聲。辭例有：

　　瘽 清華(叁)《説命下》4—5 簡："説，汝毋瘽(忘)曰：'余克享於朕辟。'"

　　瘽 清華(肆)《筮法・祟》49 簡："乃瘽(狂)者。"

　　瘽 清華(肆)《筮法・祟》50 簡："非瘽(狂)乃繼者。"

　　瘽 清華(伍)《殷高宗問於三壽》9—10 簡："君子而不讀書占，則若小人之瘑(寵)瘽(狂)而不友。"

---

① 現代簡化字"怂恿"的"恿"，原本作"慂"，後簡化作"恿"，遂與古"恿敢"字同形。

今按：簡文"癏"從"疒"，應是指一種類似於"狂"的病態，似不宜釋爲"寵"。

　　[字]清華(伍)《厚父》13 簡："亦惟酒用恒瘞(狂)。"

　　從辭例來看，"瘞"大多用作"狂"。從字形結構來看，"瘞"從"疒"，應是指一種疾病；"坣"聲，跟"恖(惶)、狂"同聲符。因此"瘞"也應是"狂"的異體字，是爲體現"狂"的病態意義所造的一個專字。

　　《説文》犬部："狂，狾犬也。從犬，坣聲。惶，古文從心。""惶"是"狂"字的古文，字從"心""坣"聲。聲符"坣"從"止"從"王"，與楚簡"往"字異體[字](迮)上博簡(五)《弟子問》第 19 簡聲符形體相同。

　　從"犬"的"狂"字見於甲骨文，借用作"往"，如"王狂田彌日"，字形作[字]後·一四·八；"王狂田彌日，不冓雨"，字形作[字]甲·六一五。金文《孟狂父鼎》作[字]。從目前所見戰國出土文獻來看，從"犬"的"狂"字尚未見於楚、齊、燕系文字，主要見於晉系和秦系文字，如三晉姓名璽 0530 號、0829 號、1012 號等，《侯馬盟書》309"狂"字亦從"犬"作[字]，雲夢睡虎地秦簡《日書》甲種作[字]，均從"犬"。與以上晉系、秦系文字"狂"字形體不同，戰國楚系文字"狂"均從"心"或從"疒"而不從"犬"。"恖"除見於上博簡三例外，還見於包山楚簡和天星觀一號楚墓卜筮簡，寫作[字]、[字]、[字]、[字]、[字]、[字]、[字]等。

　　《説文》既訓"狂，狾犬也"，又訓"狾，狂犬也"，可見"狾犬"就是狂犬。《説文》古文"惶"即楚簡"恖"字。《説文》"狂"字正篆從"犬"，是源自甲骨金文，經戰國秦晉文字而來的傳統形體。而從"心"的古文"惶"，則是始見於楚並終於楚的戰國楚文字。《古文四聲韻》陽韻"狂"下引古《老子》作[字]、崔希裕《纂古》作"惶"，應來自楚國文字。商承祚先生曾在分析《説文》"狂"字古文"惶"時説："鈢文作[字][字]，皆從犬，與篆文同。此從心，乃[字]之形寫誤。"[1]如果商先生能够見到戰國楚簡毫無疑義的"心"符"恖"字，就不會認爲《説文》古文"惶"中的"忄"旁是戰國古璽"狂"字中[字]旁("犬"旁的變形)之誤寫了。

　　楚簡"恖、瘞"字之所以從"心"和從"疒"，是因爲"瘋狂"本來就是人或動物所罹患的一種精神疾病，即精神錯亂、失常。段玉裁"狂"字注云："此字當從古文作惶。小篆變爲從犬，非也。"[2]段氏認爲"狂"字本當如《説文》古文從"心"，就因爲"狂"與人和動物的意識、精神、心理相關。但段氏説"小篆變爲從

① 商承祚《説文中之古文考》第 92 頁。
② 段玉裁《説文解字注》第 476 頁。

犬,非也”,則是未見甲骨金文以及戰國秦、晉文字“狂”均從“犬”。朱駿聲注“狂”字曰:“移以言人,乃製悻字。”①朱氏認爲動物之狂從“犬”,人之狂則從“心”,是很好的解釋。《尚書·微子》“我其發出狂”,孔穎達疏:“狂生於心而出於外。”《韓非子·解老》“心不能審得失之地,則謂之狂”,《老子》“馳騁畋獵令人心發狂”,《漢書·蘇武傳》“陵始降時,忽忽如狂”,這都是對“悹(悻)”字從“心”最好的詮釋。但在具體的社會用字中,“悹(悻)”字除見於楚簡外,再不見於其他文獻,楚人創造的一個更具有科學理據的“悹(悻)”字也就被埋没了。

四、楚簡“㷭”與《説文》“劳(勞)”

《説文》力部:“勞,劇也。從力,熒省。熒,火燒冂,用力者勞。劳,古文勞從悉。”段玉裁注改“劇”爲“勮”,曰“用力甚也”,後來“譌其字從刀耳”,“燒冂,謂燒屋也。斯時用力者冣勞矣。……竊謂古文乃從熒不省,未可知也”②。

《汗簡》心部:“㷭,勞,出王仁义《切韻》。”黄錫全認爲“《説文》勞字古文作劳,此形同”③。又《汗簡》力部:“㷭,勞,見舊《説文》。”鄭珍認爲今本古文“從悉無義,此形當原作㷭,篆從熒省,古文不省,舊《説文》是”④。朱駿聲説:“古文從心從熒,不省火形,訛采耳。”⑤嚴可均等亦言:“劳,《汗簡》卷下之二引作㷭,云見舊《説文》。按:劳當作㷭,從熒不省。舊《説文》者,陽冰未刊定已前本。小徐作‘古文勞如此’,無‘從悉’二字。”⑥如果《汗簡》之㷭當作從“力”“熒”聲,則《説文》古文“劳”亦當作從“心”從“熒”的“㷭”。

甲骨文、金文“勞”均作“㷭”,構形理據不可解。楚簡中“勞”大多寫作“㷭”,與甲骨文、金文同。如:

㷭郭店《緇衣》5—6 簡:“下難知則君長㷭(勞)。”

整理者(1998:132)注[十七]:“‘勞’字之形與䜌鎛、齊侯鎛‘勞’字同。”

㷭上博(七)《吴命》8 簡:“孤也,何㷭力之有焉。”

整理者曹錦炎(2008:322)指出:“‘㷭’,古文字‘勞’字,構形同於西周金文。……《左傳·襄公九年》:‘小人勞力。’《墨子·魯問》:‘子之所謂義者,亦

---

① 朱駿聲《説文通訓定聲》第 907 頁。
② 段玉裁《説文解字注》第 700 頁。
③ 黄錫全《汗簡注釋》第 384 頁。
④ 轉引自黄錫全《汗簡注釋》第 465 頁。
⑤ 朱駿聲《説文通訓定聲》第 313 頁。
⑥ 嚴可均、姚文田《説文校議》,轉引自丁福保《説文解字詁林》第 3359 頁。

有力以勞人,有財以分人乎?’”

其他簡文寫作“裛”的還有 ![字]郭店《尊德義》24 簡、![字]上博(一)《緇衣》4 簡、![字]上博(二)《從政乙》1 簡、![字]上博(三)《彭祖》2 簡、![字]清華(壹)《金縢》11 簡、![字]清華(壹)《皇門》5 簡等等,都爲上“炊”、下“衣”或“卒”①。

楚簡從“心”的“慗”字僅見 1 例:

![字]郭店《六德》16 簡:“慗其股肱之力弗敢憚也。”

“慗”字整理者未釋,簡帛學者多釋“慗”爲“勞”。其字從“心”“裛”聲。簡文中“慗……力”爲動賓關係,即“勞……力”。

在傳世文獻中,從“心”的“勞”,除見於《説文》古文“![字]”和《汗簡》![字],還見於《玉篇》心部:“慗,心力乏也,疾也”,《集韻》豪韻:“慗,苦心也”。在出土文獻中,從“心”的“勞”,亦見於中山王墓大鼎“以憂慗邦家”,又見漢代《孟考琚碑》,作“慗”,均從“炊”省。這些從“心”的“勞”構形理據與“慗”相同。從“心”之“勞”似爲區別於通行的從“力”之“勞”刻意而造,以表明“勞”有“勞心、勞力”之分。在先秦時代,“勞心”與“勞力”是一對對立的範疇,如《左傳》襄公九年所謂“君子勞心,小人勞力”。正如劉翔所指出的:“《中山王𧜰鼎》銘文説:‘以憂慗家邦。’憂、勞兩字皆從心,正喻勞苦心志之意。戰國時期儒家代表人物孟子説:‘或勞心,或勞力,勞心者治人,勞力者治於人。治人者食人,治於人者食於人。天下之通義也。’這種關於‘勞心’和‘勞力’的學説,也許正是從心的勞字産生的背景吧。”②

從“力”的“勞”字,在出土文獻中見於睡虎地秦簡、秦印,以及漢代居延漢簡、馬王堆帛書以及《説文》。“勞”字字形的演變,從甲骨金文的“裛”,到戰國楚、晉的“慗、慗”,再到秦漢幾乎一統天下的“勞”,似乎又一次看到了秦系文字兼併六國文字的影子。

① 古文字“衣、卒”字常通用。

② 劉翔《中國傳統價值觀詮釋學》第 209 頁。

第五章　結語

第一節　楚簡"心"符與其他形符的對應關係

　　戰國楚簡系列特形"心"符字具有兩個特點，一是不循舊章、另創新體；二是數量眾多、引人矚目。許多傳統、通用的非"心"符的字，楚簡中大多都會出現一個與之對應的形體特異的"心"符字。楚人創造特形"心"符字的方法，一是"替換"，即將一個通用字的非"心"形符替換成"心"符；二是"增形"，即在相應的通用字上增加"心"作爲形符；三是"新創"，即跟傳統、通用字字形無關，另起爐灶，造出一個全新的"心"符字。

一、替換

　　替換是楚簡中"心"符字與通用字之間最常見的對應。漢字中的形符是揭示字義的字素，也是同一類字的部首。《説文》的 540 個部首，有的兩個或多個部首在語義上是相近、相通甚至相同的。古人造字時，經常將意義相近、相同的不同形符打通，造出不同形符的異體字來，學者謂之"義近形符互通"，它與"音近聲符互通"並爲形聲字構成的兩條重要通則。唐蘭説："凡是研究語言音韻的人，都知道字音是有通轉的，但字形也有通轉，這是以前學者所不知道的。"他又以"衣"與"巾"、"土"與"阜"等互爲通用的形符爲例，説："凡義相近的字，在偏旁裏可以通轉。"①後來楊樹達又列舉"艸"與"艸"、"人"與"兒"與"女"、"彳"與"止"等形旁的通用，稱之爲"義近形旁任作"②。高明《中國古文字學通論》中的《意義相近的形旁互爲通用》一節，歸納出古文字中 32 組義近通用的形符③，

---

① 唐蘭《古文字學導論》（增訂本）第 231、241 頁。
② 參見楊樹達《新釋字之由來》，《積微居金文説》第 9—11 頁。
③ 參見高明《中國古文字學通論》第 129—158 頁。32 組義近通用的意符是：(1)人、女；(2)兒、女；(3)首、頁；(4)目、見；(5)口、言；(6)心、言；(7)音、言；(8)肉、骨；(9)身、骨；(10)止、足；(11)止、辵；(12)辵、彳；(13)走、辵；(14)攴、戈；(15)牛、羊、豕、馬、鹿、犬；(16)鳥、隹；(17)羽、飛；(18)蟲、黽；(19)艸、艸；(20)禾、米；(21)米、食；(22)衣、巾；(23)衣、糸；(24)糸、索、素；(25)糸、屬；(26)宀、广；(27)缶、皿；(28)土、墓；(29)土、田；(30)土、阜；(31)谷、阜；(32)日、月。另外還有大、人；阜、山；火、光；牙、齒；玉、石；片、木；雨、水，也常互通。

是迄今對這一現象最爲全面的總結,其中有"心、言形旁通用例",如"愍謀、忢訓、悦説、慢謾、忧訧、悖誖"等。但楚簡中用"心"符替換通用字的形符遠遠不止一個"言"符。換言之,楚簡中不僅僅是"義近形符互通",而是衹要某字的意義,能與德性、品行、思維、意識、心理、性情等發生任何聯繫,相應通用字的任何形符都可能用"心"符去替換它。下面的圖表是本書所論與特形"心"符字相對應、被"心"符替換的通用字的形符:

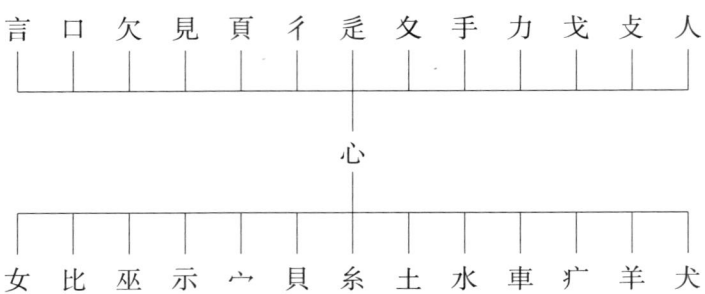

以上對應和替換,具體而言有:

1."心":"言",如"蕙、忈、慇、惎":"謹、謗、譽、謀"。

2."心":"口",如"忩、忢、噁、憙、慮":"谷、哀、吝、喜、唐"。

3."心":"欠",如"惍":"欲"。

4."心":"見",如"蒽":"親"。

5."心":"頁",如"忥":"順"。

6."心":"彳",如"惪、忞":"德、俟(疑)"。

7."心":"辵",如"忥、惥、懰、曓、忘、蒽、慫":"逡(疑)、逸、迩、迷、近、違、遜"。

8."心":"攵",如"惪、惡":"憂、愛"。

9."心":"手",如"応":"托"。

10."心":"力",如"蕙、懇、**愬**、蘴、悪、蕬":"勵、勥、勞、勸、勇、勞"。

11."心":"戈",如"恝":"賊"。

12."心":"攴",如"臺":"敦"。

13."心":"人",如"憑、惓、愳、慁、忶":"僞、倦、侮、傷、任"。

14."心":"女",如"恴、悪、惢、梉":"妄、姪、娛、婪"。

15."心":"比",如"悯":"毖"。

16."心":"巫",如"憲":"靈"。

17."心":"示",如"忝、惥":"祅、祈"。

18. "心":"宀",如"憴、怒、惡":"寵、察、定"。

19. "心":"貝",如"㤅、㥶":"賢、貪"。

20. "心":"糸",如"㥥":"緩"。

21. "心":"土",如"忥":"在"。

22. "心":"水",如"憲、慸、忝、㥍":"浸、湛、決、治"。

23. "心":"車",如"惡":"輕"。

24. "心":"疒",如"㥛":"病"。

25. "心":"羊",如"㥻":"義"。

26. "心":"犬",如"患、悉":"狂、猜"。

這些"心"符字與通行的非"心"符字在意符上的對應,大致可以歸納爲如下幾種關係:

一是"心"符與"言、口、欠、見、頁"等表示頭部五官類意義的形符,和"辵、攵、彳、手"等表示四肢類形符字的對應。《孟子·告子上》:"耳目之官不思,而蔽於物。物交物,則引之而已矣。心之官則思。"孟子認爲"耳目之官"都是祇能觸物感知而没有思考功能的動物性器官,祇有"心之官"乃"天之所與我者也",即唯有"心"是上天特意賦予人類的可以思維的器官,而不僅僅是作爲五臟之一的生理器官。這種觀點在郭店簡思孟學派的論著《五行》一篇中[1],有更加廣泛而深入的表述:"耳、目、鼻、口、手、足六者,心之役也。心曰唯,莫敢不唯;諾,莫敢不諾;進,莫敢不進;後,莫敢不後;深,莫敢不深;淺,莫敢不淺。和則同,同則善。"[2]子思和孟子認爲,"心"不僅是身體器官的一部分,而且具有"思"的功能,具有支配、役使身體其他器官的作用。楚簡"心"與"耳、目、手、足"等符字的對應和替換,與孟子以及郭店簡《五行》篇對"心"的功能和作用的認知與重視是完全一致的,應是戰國思想家"唯心"思想的體現,顯示了對"心"與"行"的分立和重"心"輕"行"的思想意識。

二是"心"符與"力、攴、戈"等表示力量、動作類意義形符的對應。"心"與"力"、"王道"與"霸道"歷來是儒家思想中不可調和的一對範疇,楚簡用"心"符替換"力"等形符,反映了對"心"和"王道"的崇尚、重視,對"力"和"霸道"的排

① 《荀子·非十二子》批評子思、孟軻"按往舊造説,謂之五行,甚僻違而無類,幽隱而無説,閉約而無解",原來均不知思孟的"五行"具體爲何。今出土文獻證明思孟"五行"即"仁義禮智聖"的具目,並闡述了基本思想内容,彌補了先秦學術思想史上的一個空白。

② 在馬王堆帛書《老子》卷後古佚書《五行》篇中,此段文字基本相同,爲:"耳、目、鼻、口、手、足六者,心之役也。心曰唯,莫敢不唯;心曰諾,莫敢不諾;心曰進,莫敢不進;心曰退,莫敢不退;心曰深,莫敢不深;心曰淺,莫敢不淺。和則同,□□□。"

斥、摒棄。

三是"心"符與"人、女、比、巫、示"等表示人、神意義的形符的對應。"人、示"等形符乃著眼於人、神的整體和外在形象,是作爲客觀具象的存在而賦形的。楚簡"心"符字將表現整體性和外在形象的"人"縮小到内在"心"的部分,由外體而深入内心,突出、强調"心"與"體"的區别,把物質形態的人和神轉化爲意識形態的人和神。

四是"心"符與"宀、貝、糸、土、水、車、疒、犬、羊"等表示形物類意義的形符對應,以區分"形而上"的抽象心性與"形而下"的具體物象。

二、增形

如果通用字是一個獨體字,上述"替换"的方式就無法施行,這時就要换用其他的改造方式。在通用字上增加一個"心"符使其變成一個形聲字,就是一種主要的方式。當然原本就屬於"合體"的通行字,除了用"替换"一法更换其非"心"的形符外,也可以用增形的方式造出一個新的形聲字。例如:

通用字:求 反 尤 乚 畏 易 定 童 固 聖 哀 衰 害 戒 疾 晏 難 戚 谷 欲

特形字:忞 忌 忒 忘 愄 惕 㥁 憧 㥦 恖 㤅 㦑 惈 㦮 恷 㥃 難 慼 㕻 慾

在通用的原有字基礎上新增形符,是戰國時期漢字形聲化的重要手段。楚簡順應這一漢字演變的規律,給原有通用字增加"心"符形成新的形聲字,原字與新造字形成古今字或異體字的關係。增加"心"符的新造字對原字意義範圍進行重新的界定,由非"心"意義向與"心"相關的意義轉移。

三、新造

這種新造的字基本上跟通用字没有字形上的關係,而是撇開通用字,另起爐灶,造出一個全新的"心"符字。例如:

通用字:仁 莊 弛 盜 危 佞 願 顧 羞 猜 逸 美 病 篤 詐 謀 圖 過 欺 聰

特形字:㤡 慜 悠 態 㤠 惡 忢 悬 愿 悉 恖 㦵 疢 篤 慮 愚 煮 㤠 㤠 聰

這些"心"符字與通用字不僅形符有别,聲符也完全不同或者相差甚遠,因而顯得格外的陌生、特别,也最能體現楚文字的特色和楚人的創造性。因爲這些"心"符字與通用字没有字形上的聯繫,所以對它們的識讀難度最大,歧説最多,多依賴於其所處的語言環境,根據辭例加以判斷,或根據傳世文獻中與楚簡辭例相應的異文來推定。

第二節 楚簡特形"心"符字的哲學思想史意義

語言學家王力認爲語言史和文化史有密切的關係,指出"一切的語言史都可認爲文化史的一部分",而文字史和語義史又是語言史的一部分,把文字、語義與文化結合起來研究,乃是建立"新訓詁學"的重要途徑①。語言學家羅常培也指出,"談到中國古代語言和文化的關係,我們便不能撇開文字",認爲文字學"和社會學可以交互啟發"②。社會語言學家陳原更明確指出:"語言—文字是人類社會生活的活化石。通過語言文字可以尋出社會活動的軌跡,甚至在某些場合還可以找到社會史'失去了的環節'。"③

　　如前所述,研究中國古代哲學史和思想史的學者已屢屢提及楚簡"心"符字的大量湧現,與哲學思想史上一個非常重要的環節——戰國思孟學派"心性學"理論密切相關。根據先秦時代的社會歷史尤其是哲學思想史,可以推想,當統一的周王朝到了鼎革政移、禮崩樂壞的春秋晚期和戰國時代,儒家"天下大同"的理想徹底破滅,由己及人、兼濟天下的外化道術行不通了。孔子在世時,周遊列國、遊説諸侯,推行儒家的仁、義、禮、樂之道而不受待見,以致"纍纍若喪家之狗",哀歎"道不行"而欲"乘桴浮於海"。這時候,"仁義聖智等道德規範,已不再被認爲是君臨於常人的超人們的特殊天賦,或者是先進於禮樂的野人們的淳樸遺風,而被相信爲是每一個人的内心世界所具有的稟性,是受於天命、藏於身心、見於人情的德行"④。在屢屢碰壁之後,儒家開始對心性範疇進行自覺的探討,由對外在社會"環境"的改造逐步走向對個人"心境"的内省,轉而變爲重視個人心性修養。於是到了戰國時期,中國學術史上就出現了一個特別重視"心性"的時代,形成了以子思、孟子爲代表的"盡心知性""明心見性"的德性修養理論,開啟了中國心性哲學之源,"心性論"進入了空前繁盛的時期。

　　根據《韓非子·顯學》所載,孔子死後,儒家分裂爲八派:"世之顯學,儒、墨也。儒之所至,孔丘也。墨之所至,墨翟也。自孔子之死也,有子張之儒,有子思之儒,有顏氏之儒,有孟氏之儒,有漆雕氏之儒,有仲良氏之儒,有孫氏之儒,有樂正氏之儒。"其中"孟氏"即孟子。子思是孔子之孫,孟子又是子思的私淑弟子。因"子思之儒"與"孟氏之儒"思想上具有一致性,所以被韓非列爲"孫氏之儒"的荀子,在其所著的《荀子·非十二子》中,認爲思、孟二者具有内在的聯繫而將其作爲一個學派對待,謂其"略法先王而不知其統,猶然而材劇志大,聞見雜博。案往舊造説,謂之五行,甚僻違而無類,幽隱而無説,閉約而無解。……

---

①　王力《龍蟲並雕齋文集》第一册第 327 頁。

②　羅常培《語言與文化》第 9—10 頁。

③　陳原《語言和人》第 86 頁。

④　龐樸《郢燕書説——郭店楚簡中山三器心旁文字試説》第 40 頁。

子思唱之,孟軻和之,世俗之溝猶瞀儒,嚾嚾然不知其所非也,遂受而傳之,以爲仲尼、子遊爲兹厚於後世。是則子思、孟軻之罪也"。後人因將子思之儒和孟氏之儒並稱爲思孟學派。

　　子思的著作,據《漢書・藝文志》所記有二十三篇,但除《中庸》一篇被收在《禮記》裏,另外《禮記》中的《緇衣》《表記》《坊記》一般也認作是子思的作品,其他的後世大多亡佚。而孟子的著作,則有《孟子》一書存留於世,影響甚鉅。子思認爲天命就是"性",遵循"性"就是"道"。人的德性修養須首先"盡人之性",再進於"盡物之性",然後可以"贊天地之化育",達到"與天地參"的最高境界。這一過程在孟子論述"心性"的重要篇目《孟子・盡心上》中,概括爲"盡心知性而知天"的認知模式①。

　　郭店楚簡十八篇,大部分都是思孟學派的著述,除《老子》《太一生水》和《語叢四》等五篇屬於道家外,其他的十三篇都是儒家的著述,其中《緇衣》《五行》《性自命出》《六德》《魯穆公問子思》《成之聞之》《尊德義》《窮達以時》八篇都是子思或者子思弟子的著作,是子思學派極有代表性的作品。《唐虞之道》屬於孟子學派。這是思孟學派文獻材料的一次大的發現和補充。研究表明,郭店簡《五行》篇,和馬王堆漢墓帛書《老子》甲本卷後古佚書中的《五行》篇,正是荀子在《非十二子》中作爲思孟學派代表作來批判的儒家"五行"學説。郭店簡《五行》篇完整揭示了思、孟的五行即"仁、義、禮、智、聖"的具目及其思想內容,持論與《中庸》和《孟子》相同。

　　《五行》開篇即説:"仁形於內,謂之德之行;不形於內,謂之行。"後面的"義、禮、智、聖"均同樣分爲形於內的"德之行"和不形於內的"行"。"德之行"是經人的內心深思、深入人心之後意識化的"行",而"行"是未經"心之官"的思考而意識化的"行",兩者的性質是完全不一樣的。《五行》認爲"五行皆形於內"並且能"時行之"者"謂之君子",強烈主張"仁、義、禮、智、聖"這樣的道德一定要"形於內""根於心",在人的內心深處可以具體地感受到與人存在相關的道德感情,這纔是真正的道德。或者説,道德不管來自內,或來自外,它一定要精神化或意識化,經過內心精深、長久的思考而自得、自覺,這樣的道德纔有意義。令人驚異的是,"仁、義、禮、智、聖"五行,在楚簡字形中除了"智"仍然寫作"智"而未見寫作從"心"外,"仁、義、禮、聖"四行都從"心"符,分別寫作"㤹、悆、豊、悪",與《五行》篇主張"仁、義、禮、智、聖"要"形於內""根於心"的主張

---

① 《孟子・盡心上》:"盡其心者,知其性也,知其性,則知天矣。"

正好相輔相成、互相發明。當然,思孟的"五行"學說祇是基於與《尚書·洪範》"金、木、水、火、土"五行的匹配而制定的具目,實際上思孟的"心性"學說,涵蓋的範圍遠不止於這五者。就是日常所有與人心、人性相關的品行修養、意識情感、行爲舉止等等,都須要"盡其心"而"知其性"。從楚簡除了五行中的"悬、悲、豊、惡"從"心"外,其他許多字都從"心",可見其範圍的廣泛。以"心性"這種主觀精神來説明社會道德倫理和個人品行修養的思想,將孔子的儒道思想擴大化、抽象化、唯心化,是思孟學派對儒家思想的重大發展。

在思孟的心性哲學思想裏,"心"是指人的主體意識,即人的内在德性狀態;"性"是指"人之初"没有受到後天社會習染的本性。在孟子"盡心、知性、知天"的認知模式中,"盡心"即盡自己的最大努力把自己的主體意識體現出來;"知性"即認識自己的天性、本性;"知天"即知曉天理、順從天道。下面我們根據思孟的心性哲學,結合現代的認識論,將92個楚簡特形"心"符字歸納爲"性、情、意、道"四個層級,這四個層級呈現由低級向高級、由先天向後天、由自然屬性向社會屬性遞進提升的感知過程和認知關係。

首先是"性"。"性"大致相當於孟子"盡心知性"中的"性",是人及動物都具有的天性、秉性,是先天固有、後天難以改變的屬性,例如智、愚、勇、懦、剛、柔,善、惡等。楚簡特形"心"符字屬於這一類的有:聰(聰)、憙（敦）、慸（篤）、恿(勇)、愳(强)、恝(決)、愻(欲)、慸(羞)、愚(畏)、恩(固)、憧(童)、患(狂)、忘(妄)、愙(吝)等。

其次是"情"。"情"基於"性"而產生,是人及動物的天性因外界事物的觸發所產生的喜、怒、愛、憎、哀、懼、憂、悲等心理狀態,是"喜怒哀悲"之氣"待物而後作"的結果。"情"是感性的,是不學而能、不受意識控制的情感。楚簡特形"心"符字屬於這一類的有:恋(哀)、憙(喜)、娛(娛)、懇(譽)、慗(親)、忎(近)、怣愍(愛)、慇(顧)、忑(尤)、慷(唐)、慐(憂)、愓(傷)、感(戚)、瀘(淒)等。

第三是"意"。"意"比"情"遞進了一層,是脱離了動物屬性,祇有人類纔有的、理性的心理活動,是人的思維活動及其形成的意識、認知,以及由此產生的行爲,是須運用"心之官"進行"思"之後產生的結果。楚簡特形"心"符字屬於這一類的字最多,有:恖(治)、煮(圖)、愳慗(謀)、蕙(勵)、懽(勸)、惑(戒)、惡(定)、慸(美)、晏(晏)、恬(托)、怭（㘉）、悫(願)、慸(祈)、求(求)、憲(靈)、恁(任)、恣（在）、憲(浸)、慸(湛)、㦟(迒)、寵(寵)、慸(緩)、惪(弛)、察(察)、慸(迷)、勞(勞)、悘(逸)、悆(疑)、忘(隱)、難(難)、慇

（易）、惓（倦）、陁（危）、忝（祆）、憲（害）、瘥（疾）、㥵（病）、㦂（衰）、惡（輕）、悉（猜）等等。

　　第四是"道"。"道"是在"意"的基礎上產生的更高的認知範疇，大致相當於孟子"盡心知性而知天"中的"天"。"天"即"道"，"道"即"德"①。其中又可分爲最高的道德、德性，其次的品行，一般的修養三個不同層面。楚簡特形"心"符字屬於這一類的也不在少數，有：悬（仁）、愁（義）、豐（禮）、惡（聖）、惪（德）、惥（賢）、㥯（莊）、蕙（謹）、㥆（遜）、忯（順）、㥁（違）、忞（反）、愚（僞）、慮（詐）、惏（貪）、楙（婪）、忢（謗）、憥（盜）、惻（賊）、㤉（欺）、㥷（侮）、愢（過）、㤦（佞）、㥕（婬）等等。

　　以上特形"心"符字的"所指"，就不僅僅是《五行》篇指定必須"形於内、根於心"的五種道德了，還涉及先天固有的"性"，後天觸發而生的"情"，"心官"所思的結果"意"，以及"五行"之外其他的"道"。這一切都跟人的思維器官"心"有關，也可以說都是"盡心"的結果。這些特形"心"符字，滲透到了"心"能觸及的各個方面，把"心"的"能思"功能發揮到了極致，把"心"的"所思"範圍擴大到了極點。它們的集中出現，與同時代的思孟學派重視"心官"的社會功能，和"盡心、知性、知天"的"心性論"，無論如何都擺脱不了干係。

　　思孟學派作爲戰國時期的顯學之一，當然不僅僅流行於楚國。但思孟學派"心性學"在戰國中期的楚國尤其盛行，則應是不爭的事實。郭店楚墓出土大批的思孟學派的著述，就是在這種文化背景、學術基礎上產生的背景文化、基礎學術。上博楚簡亦多爲儒家思想的著述，與郭店楚簡在思想内容上具有一致性。上博簡中的《緇衣》和《性情論》，即郭店簡的《緇衣》和《性自命出》。在文字的構型上，尤其是特形"心"符字的構型，郭店簡、上博簡、清華簡三者更是具有高度的一致性和相似性。由此可見，戰國楚地盛行"心性學"，是大量前所未見的儒家思孟學派著作出土於楚地的重要原因。反映在語言文字上，亦因爲"心性學"對社會的深刻影響和向人們内心世界的深入，當時的文人爲此創造出許多特指心態的文字，再加上"因義賦形"是古人造字的主要原則，所以就有了我們今日所見大量以"心"爲形符的字、以"心"爲核心意義的詞，形成一個龐大的字群和詞群。隨著時代的變遷，"心性論"在戰國之後失去了它的顯學地位並逐漸式微以致消失，許多應運而生的"心"符字也就不再被使用並就此失傳。新近出土的郭店、上博、清華簡，所保存的系列特形"心"符字，正是昭示古代楚人心智的窗口。

---

① 　郭店簡《五行》第 5 簡："德，天道也。"

它們把楚簡中新文字的創造者和使用者的"心跡"袒露在兩千多年之後的我們面前,使我們能夠穿越時空的隧道去觸摸戰國楚人的心靈,深入他們的内心世界,瞭解他們的思想活動,這是文字學超越本身而延伸到其他學科的意義所在。

附錄一:郭店簡、上博簡、清華簡篇目表

一、《郭店楚墓竹簡》(書篇共 18 種)

1.《老子甲》,共 39 簡。

2.《老子乙》,共 18 簡。

3.《老子丙》,共 14 簡。

4.《太一生水》,共 14 簡。

5.《緇衣》,共 47 簡。

6.《魯穆公問子思》,共 8 簡。

7.《窮達以時》,共 15 簡。

8.《五行》,共 50 簡。

9.《唐虞之道》,共 59 簡。

10.《忠信之道》,共 9 簡。

11.《成之聞之》,共 40 簡。

12.《尊德義》,共 39 簡。

13.《性自命出》,共 67 簡。

14.《六德》,共 49 簡。

15.《語叢一》,共 112 簡。

16.《語叢二》,共 54 簡。

17.《語叢三》,共 72 簡。

18.《語叢四》,共 27 簡。

二、《上海博物館藏戰國楚竹書》(一——九册,書篇共 70 種)

第一册(3 種)

1.《孔子詩論》,共 29 簡,馬承源整理。

2.《緇衣》,共 24 簡,陳佩芬整理。

3.《性情論》,共 45 簡,濮茅左整理。

第二册(7 種)

4.《民之父母》,共 14 簡,濮茅左整理。

5.《子羔》,共 14 簡,馬承源整理。

6.《魯邦大旱》,共 6 簡,馬承源整理。

7.《從政甲》,共 19 簡,張光裕整理。

8.《從政乙》,共 6 簡,張光裕整理。

9.《昔者君老》,共 4 簡,陳佩芬整理。

10.《容成氏》,共 53 簡,李零整理。

第三册(4 種)

11.《周易》,共 58 簡,濮茅左整理。

12.《中弓》,共 28 簡,李朝遠整理。

13.《恒先》,共 13 簡,李零整理。

14.《彭祖》,共 8 簡,李零整理。

第四册(7 種)

15.《采風曲目》,共 6 簡,馬承源整理。

16.《逸詩》,共 4 簡,馬承源整理。

17.《昭王毀室》,共 10 簡,陳佩芬整理。

18.《柬大王泊旱》,共 23 簡,濮茅左整理。

19.《内豊》,共 10 簡,李朝遠整理。

20.《相邦之道》,共 4 簡,張光裕整理。

21.《曹沫之陳》,共 65 簡,李零整理。

第五册(9 種)

22.《競建内之》,共 10 簡,陳佩芬整理。

23.《鮑叔牙與隰朋之諫》,共 9 簡,陳佩芬整理。

24.《季庚子問於孔子》,共 23 簡,濮茅左整理。

25.《姑成家父》,共 10 簡,李朝遠整理。

26.《君子爲禮》,共 16 簡,張光裕整理。

27.《弟子問》,共 25 簡,張光裕整理。

28.《三德》,共 22 簡,李零整理。

29.《鬼神之明》,共 5 簡,曹錦炎整理。

30.《融師有成氏》,共 4 簡,曹錦炎整理。

第六冊 (10 種)

31.《競公瘧》,共 13 簡,濮茅左整理。

32.《孔子見季桓子》,共 27 簡,濮茅左整理。

33.《莊王既成》,共 4 簡,陳佩芬整理。

34.《申公臣靈王》,共 6 簡,陳佩芬整理。

35.《平王問鄭壽》,共 7 簡,陳佩芬整理。

36.《平王與王子木》,共 5 簡,陳佩芬整理

37.《慎子曰恭儉》,共 6 簡,李朝遠整理。

38.《用曰》,共 20 簡,張光裕整理。

39.《天子建州甲》,共 13 簡,曹錦炎整理。

40.《天子建州乙》,共 11 簡,曹錦炎整理。

第七冊 (8 種)

41.《武王踐阼》,共 15 簡,陳佩芬整理。

42.《鄭子家喪甲》,共 7 簡,陳佩芬整理。

43.《鄭子家喪乙》,共 7 簡,陳佩芬整理。

44.《君人者何必安哉甲》,共 9 簡,濮茅左整理。

45.《君人者何必安哉乙》,共 30 簡,濮茅左整理。

46.《凡物流形甲》,共 30 簡,曹錦炎整理。

47.《凡物流形乙》,共 21 簡,曹錦炎整理。

48.《吴命》,共 9 簡,曹錦炎整理。

第八冊 (10 種)

49.《子道餓》,共 6 簡,濮茅左整理。

50.《顏淵問於孔子》,共 14 簡,濮茅左整理。

51.《成王既邦》,共 16 簡,濮茅左整理。

52.《命》,共 11 簡,陳佩芬整理。

53.《王居》,共 7 簡,陳佩芬整理。

54.《志書乃言》,共 8 簡,陳佩芬整理。

55.《李頌》,共 3 簡,曹錦炎整理。

56.《蘭賦》,共 5 簡,曹錦炎整理。

57.《有皇將起》,共 6 簡,曹錦炎整理。

58.《鶹鷅》,共 2 簡,45 字,曹錦炎整理。

第九册(12 種)

59.《成王爲城濮之行甲》,共 5 簡,陳佩芬整理。

60.《成王爲城濮之行乙》,共 4 簡,陳佩芬整理。

61.《靈王遂申》,共 5 簡,陳佩芬整理。

62.《陳公治兵》,共 20 簡,陳佩芬整理。

63.《舉治王天下·古公見太公望》,共 3 簡(1—3 簡),濮茅左整理。

64.《舉治王天下·文王訪之於尚父舉治》,共 17 簡(4—20 簡),濮茅左整理。

65.《舉治王天下·堯王天下》,共 5 簡(21—25 簡),濮茅左整理。

66.《舉治王天下·舜王天下》,共 3 簡(26—28 簡),濮茅左整理。

67.《舉治王天下·禹王天下》,共 7 簡(29—35 簡),濮茅左整理。

68.《邦人不稱》,共 13 簡,濮茅左整理。

69.《史蒥問於夫子》,共 1 簡,濮茅左整理。

70.《卜書》,共 6 簡,李零整理。

三、《清華大學藏戰國竹簡》(壹—柒,書篇共 35 種)

第壹册(9 種)

1.《尹至》,共 5 簡,李學勤整理。

2.《尹誥》,共 4 簡,李學勤整理。

3.《程寤》,共 5 簡,劉國忠整理。

4.《保訓》,共 5 簡,李守奎整理。

5.《耆夜》,共 5 簡,趙平安整理。

6.《金縢》,共 5 簡,劉國忠整理。

7.《皇門》,共 13 簡,李均明整理。

8.《祭公》,共 5 簡,沈建華整理。

9.《楚居》,共 5 簡,李守奎整理。

第貳册(1 種)

10.《繫年》,第 1—4 章共 22 簡(第 1—22 簡),李學勤整理。

　　第 5—8 章共 27 簡(第 23—49 簡),趙平安整理。

　　第 9—11 章共 11 簡(第 50—60 簡),沈建華整理。

　　第 12—15 章共 24 簡(第 61—84 簡),李均明整理。

　　第 16—19 章共 23 簡(第 85—107 簡),劉國忠整理。

第 20—23 章共 31 簡（第 108—138 簡），李守奎整理。

第叁册（6 種）

11.《説命（上中下）》，共 24 簡，李學勤整理。

12.《周公之琴舞》，共 17 簡，李守奎整理。

13.《芮良夫毖》，共 28 簡，趙平安整理。

14.《良臣》，共 16 簡，沈建華整理。

15.《祝辭》，共 5 簡，李學勤整理。

16.《赤鳩之集湯之屋》，共 15 簡，劉國忠、邢文整理。

第肆册（3 種）

17.《筮法》，共 63 簡，李學勤整理。

18.《別卦》，共 7 簡，趙平安整理。

19.《算表》，共 21 簡，李均明整理。

第伍册（6 種）

20.《厚父》，共 13 簡，趙平安整理。

21.《封許之命》，共 9 簡，李學勤整理。

22.《命訓》，共 15 簡，劉國忠整理。

23.《湯處於湯丘》，共 19 簡，沈建華整理。

24.《湯在啻門》，共 21 簡，李守奎整理。

25.《殷高宗問於三壽》，共 28 簡，李均明整理。

第陸册（6 種）

26.《鄭武子規孺子》，共 18 簡，李均明整理。

27.《管仲》，共 30 簡，劉國忠整理。

28.《鄭文公問太伯甲》，共 14 簡，馬楠整理。

29.《鄭文公問太伯乙》，共 12 簡，馬楠整理。

30.《子儀》，共 20 簡，趙平安整理。

31.《子産》，共 29 簡，李學勤整理。

第柒册（4 種）

32.《子犯子餘》，共 15 簡，陳穎飛整理。

33.《晉文公入於晉》，共 8 簡，馬楠整理。

34.《趙簡子》，共 11 簡，趙平安整理。

35.《越公其事》，共 75 簡，李守奎整理。

附録二：簡帛及古文字研究主要網站説明

新時期出土文獻大量的最新研究成果大多都是首先通過網站發佈的。本書主要從如下網站獲取發佈的論文、資料和資訊。

1. 山東大學文史哲研究院"簡帛研究"網（http：//www. jianbo. org、http：//www. bamboosilk. org）。

本網站是簡帛研究專門網站。2000 年 1 月取得國際功能變數名稱並試行運轉，是圍繞地下出土的簡帛文字資料，發表研究成果、聯絡各地學人、溝通海內外資訊而建立的最早一個出土簡帛文獻研究網站。設有"學術動態、學術文章、學術研討"等欄目。2014 年 1 月後網站停止運行。

2. 武漢大學簡帛研究中心"簡帛"網（http：//www. bsm. org. cn）。

本網站是簡帛研究專門網站。2005 年 11 月開始運行，是簡帛文獻研究領域的重要學術網站。網站開設有"簡帛文庫、簡帛論壇、中國古代簡帛字形辭例數據庫、簡帛文庫檢索、學術刊物、國際合作計劃"等欄目，以更新快、信息量大、原創性强等特點，成爲國際簡帛學界交流成果、交換資訊和資源分享的重要平臺。其中"中國古代簡帛字形辭例數據庫"是武漢大學簡帛研究中心與香港大學中文系合作開發的大型資料檢索系統，收録了楚簡、秦簡和漢代簡帛 7 萬多個圖版單字字形和每一字形所在的辭例，爲研究者檢索字形和辭例提供了極大的方便。

3. 復旦大學出土文獻與古文字研究中心網（http：//www. gwz. fudan. edu. cn）。

本網站是古文字研究綜合網站。設有"最新文章、最新動態、學術討論、資源資訊、古文字綜合、甲骨金文、戰國文字與簡帛"和"璽印與秦漢文字"等 13 個欄目。其中"戰國文字與簡帛"欄目於 2007 年 12 月開始刊發研究論文。

4. 清華大學出土文獻研究與保護中心"孔子 2000"網簡帛研究欄目（http：//www. confucius2000. com/admin/lanmu2/jianbo. htm）。

設"最新資料"和"往日資料"兩個版塊。目前已停止運行。

參考文獻

一、古籍

（按作者年代排列）

［漢］許慎撰，［宋］徐鉉校定：《説文解字》，中華書局 2013 年。

［南朝梁］顧野王：《宋本玉篇》，中國書店 1983 年版影印張氏澤存堂本。

［唐］陸德明撰，黃焯斷句：《經典釋文》，中華書局 1983 年標點本。

［南唐］徐　鍇：《説文解字繫傳》，中華書局 1987 年影印祁寯藻刻本。

［宋］陳彭年：《宋本廣韻》，中國書店 1982 年影印張氏澤存堂本。

［宋］丁　度：《集韻》，中國書店 1983 年影印揚州使院重刻本。

［宋］郭忠恕、夏竦編，李零、劉新光整理：《汗簡・古文四聲韻》，中華書局 1983 年。

［清］段玉裁：《説文解字注》，上海古籍出版社 1981 年影印經韻樓原刻本。

［清］王　筠：《説文解字句讀》，中華書局 1988 年。

［清］王　筠：《説文釋例》，武漢市古籍書店 1983 年影印世界書局本。

［清］朱駿聲：《説文通訓定聲》，武漢市古籍書店 1983 年影印臨嘯閣本。

［清］王念孫著，鍾宇訊點校：《廣雅疏證》，中華書局 1998 年點校本。

［清］郝懿行撰：《爾雅義疏》，中國書店 1982 年影印咸豐六年刻本。

［清］錢繹撰集：《方言箋疏》，上海古籍出版社 1984 年影印紅蝠山房本。

［清］王先謙撰集：《釋名疏證補》，上海古籍出版社 1984 年影印光緒二十二年本。

［清］臧　庸：《拜經日記》，清嘉慶二十四年武進臧氏拜經堂刻本。

［清］王聘珍：《大戴禮記解詁》，清光緒十三年刻廣雅書局叢書本。

［清］孫詒讓撰，孫啟治點校：《墨子閒詁》，中華書局 2001 年新編諸子集成本。

［清］羅振玉：《殷虛書契考釋三種》，中華書局 2006 年。

二、今人論著

（按作者姓氏音序排列）

白　奚：《"仁"字古文考辨》,《中國哲學史》2000 年第 3 期第 96—98 頁。

白於藍：《〈郭店楚墓竹簡〉讀後記》,吉林大學古文字研究室編《中國古文字研究》第 1 輯第 110—116 頁,吉林大學出版社 1999 年。

———：《〈上海博物館藏戰國楚竹書(一)〉釋注商榷》,《華南師範大學學報》(社會科學版)2002 年第 5 期第 100—104 頁。

———：《簡牘帛書通假字字典》,福建人民出版社 2008 年。

曹　峰：《上博六〈用曰〉篇劄記》,簡帛網：http://www.bsm.org.cn/show_article.php? id=610(2007 年 7 月 12 日)。

———：《〈恒先〉研究綜述——兼論〈恒先〉今後研究的方法》,《中國哲學史》2008 年第 4 期第 63—75 頁。

曹錦炎：《曾侯殘鐘銘文考釋》,《江漢考古》2014 年第 4 期第 70—73 頁。

陳邦懷：《中山國文字研究》,《天津社會科學》1983 年第 1 期第 62—69 頁。

陳漢平：《屠龍絕緒》,黑龍江教育出版社 1989 年。

陳　劍：《說慎》,李學勤、謝桂華主編《簡帛研究：二○○一》第 207—214 頁,廣西師範大學出版社 2001 年。

———：《據戰國竹簡文字校讀古書兩則》,香港中文大學中國語言文學系編《第四屆國際中國古文字學研究會論文集》第 371—382 頁,2003 年。

———：《上博簡〈子羔〉、〈從政〉篇的拼合與編連問題小議》,《文物》2003 年第 5 期第 56—59 頁。

———：《據楚簡文字說"離騷"》,謝維揚、朱淵清主編《新出土文獻與古代文明研究》第 137—139 頁,上海大學出版社 2004 年。

———：《甲骨金文舊釋"尤"之字及相關諸字新釋》,《北京大學古文獻研究中心集刊》第四輯,北京大學出版社 2004 年。

———：《上博竹書〈仲弓〉篇新編釋文(稿)》,簡帛研究：http://www.jianbo.org/admin3/html/chenjian01.htm(2004 年 4 月 18 日、19 日)。

———：《甲骨金文舊釋"𩵋"之字及相關諸字新釋》(上、中、下),復旦大學出土文獻與古文字研究中心網：http://www.guwenzi.com/SrcShow.asp? Src_ID=280、281、282(2007 年 12 月 29 日)。

———:《〈上博(六)·孔子見季桓子〉重編新釋》,復旦大學出土文獻與文字研究中心編《出土文獻與古文字研究》第二輯第 172—174 頁,復旦大學出版社 2008 年。

陳　來:《儒家系譜之重建與史料困境之突破——郭店楚簡儒書與先秦儒學研究》,武漢大學中國文化研究院編《郭店楚簡國際學術研討會論文集》第 562—570 頁,湖北人民出版社 2000 年。

陳　茜:《〈上海博物館藏戰國楚竹書(九)〉文字編》,東北師範大學碩士學位論文,2014 年。

陳斯鵬:《初讀上博楚簡》,簡帛研究:http://www. jianbo. org/Wssf/2002/chensipeng01. htm(2002 年 2 月 5 日)。

———:《楚系簡帛中字形與音義關係研究》,中國社會科學出版社 2011 年。

陳松長:《楚系文字與楚國風俗》,《東南文化》1990 年第 4 期第 92—94 頁。

———:《馬王堆簡帛文字編》,文物出版社 2001 年。

陳　偉:《郭店楚簡〈六德〉諸篇零釋》,《武漢大學學報》(哲學社會科學版)1999 年第 5 期第 29—33 頁。

———:《讀郭店竹書〈老子〉劄記(四則)》,《江漢論壇》1999 年第 10 期第 11—12 頁。

———:《〈語叢〉一、三中有關"禮"的幾條簡文》,武漢大學中國文化研究院編《郭店楚簡國際學術研討會論文集》第 143—148 頁,湖北人民出版社 2000 年。

———:《郭店簡書〈尊德義〉校釋》,《中國哲學史》2001 年第 3 期第 108—120 頁。

———:《郭店竹書別釋》,湖北教育出版社 2003 年。

———:《竹書〈仲弓〉詞句試解(三則)》,簡帛研究:http://www. jianbo. org/admin3/2005/chenwei001. htm(2005 年 8 月 15 日)。

———:《上博五〈季庚子問於孔子〉零識》,簡帛網:http://www. bsm. org. cn/show_article. php? id=210(2006 年 2 月 20 日)。

———:《讀〈上博六〉條記》,簡帛網:http://www. bsm. org. cn/show_article. php? id=597(2007 年 7 月 9 日)。

———:《〈鄭子家喪〉初讀》,簡帛網:http://www. bsm. org. cn/show_article. php? id=919(2008 年 12 月 31 日)。

———:《〈鄭子家喪〉通釋》,簡帛網:http://www. bsm. org. cn/show_article.

php？id＝964#_ednref5（2009 年 1 月 10 日）。

―――等：《楚地出土戰國簡册（十四種）》，經濟科學出版社 2009 年。

陳寅恪：《〈敦煌劫餘録〉序》，《中央研究院歷史語言研究所集刊》1930 年 1 本 2
　　分第 231―232 頁。

陳　原：《語言和人》，商務印書館 2003 年。

程龍東：《戰國文字新增字研究》，安徽大學碩士學位論文，2011 年。

程樹德：《説文稽古篇》，商務印書館 1933 年。

程　燕：《望山楚簡文字編》，中華書局 2007 年。

［日］池田知久：《荆門市博物館〈郭店楚墓竹簡〉筆記》，郭店老子國際研討會論
　　文，（美）達慕思大學，1998 年。

崔仁義：《荆門郭店楚簡〈老子〉研究》，科學出版社 1998 年。

戴家祥主編：《金文大字典》，學林出版社 1995 年。

鄧建鵬：《楚地心性學與郭店儒簡》，法律史學術網：http://flwh. znufe. edu. cn/
　　article_show. asp？id＝125164K（2009 年 1 月 17 日）。

丁福保編纂：《説文解字詁林》，雲南人民出版社 2006 年影印本。

董　琨：《郭店楚簡〈老子〉異文的語法學研究》，《中國語文》2001 年第 4 期第
　　348―384 頁。

董蓮池：《金文編補校》，東北師範大學出版社 1995 年。

董　珊：《楚簡〈恒先〉初探》，簡帛研究：http://www. jianbo. org/admin3/html/
　　dongshan02_1. htm（2004 年 5 月 12 日）。

―――：《越者汈鐘銘新論》，《東南文化》2008 年第 2 期第 49―55 頁。

杜維明：《郭店楚簡與先秦儒道思想的重新定位》，姜廣暉主編《〈中國哲學〉第
　　二十輯·郭店楚簡研究》第 1―6 頁，遼寧教育出版社 1999 年。

―――：《郭店楚簡的人文精神》，武漢大學中國文化研究院編《郭店楚簡國際學
　　術研討會論文集》第 22―24 頁，湖北人民出版社 2000 年。

范毓周：《〈詩論〉第四枚簡釋論》，簡帛研究：http://www. bamboosilk. org/wssf/
　　2002/fanyuzhou09. htm（2002 年 5 月 3 日）。

―――：《關於上海博物館所藏楚簡〈詩論〉文獻學的幾個問題》，艾蘭、邢文主
　　編《新出簡帛研究》第 115―122 頁，文物出版社 2004 年。

馮勝君：《論郭店簡〈唐虞之道〉、〈忠信之道〉、〈語叢〉一～三以及上博簡〈緇
　　衣〉爲具有齊系文字特點的抄本》，北京大學博士後研究工作報告，2004 年。

復旦讀書會：《攻研雜誌（一）——復旦讀書會劄記》，復旦大學出土文獻與古文

字研究中心網：http：//www. gwz. fudan. edu. cn/SrcShow. asp？ Src＿ID＝301（2008 年 1 月 9 日）。

———：《〈上博（七）·凡物流形〉重編釋文》，復旦大學出土文獻與古文字研究中心網：http：//www. gwz. fudan. edu. cn/SrcShow. asp？ Src_ID＝581（2008 年 12 月 31 日）。

———：《〈上博（七）·鄭子家喪〉校讀》，復旦大學出土文獻與古文字研究中心網：http：//www. gwz. fudan. edu. cn/SrcShow. asp？ Src_ID＝581（2008 年 12 月 31 日）。

———：《上博八〈王居〉、〈志書乃言〉校讀》，復旦大學出土文獻與古文字研究中心網：http：//www. gwz. fudan. edu. cn/SrcShow. asp？ Src_ID＝1595（2011 年 7 月 17 日）。

———：《上博八〈命〉校讀》，復旦大學出土文獻與古文字研究中心網：http：//www. gwz. fudan. edu. cn/SrcShow. asp？ Src_ID＝1594#_edn6（2011 年 7 月 17 日）。

傅斯年：《歷史語言研究所工作之旨趣》，《中央研究院歷史語言研究所集刊》1928 年 1 本 1 分第 3—10 頁。

———：《性命古訓辨證》，商務印書館 1940 年。

高　亨主編：《古字通假會典》，齊魯書社 1989 年。

高華年：《“性”“情”論——由新出楚簡中“性”、“情”二字的形義引發的思考》，《華中師範大學學報》（人文社會科學版）2009 年第 5 期第 98—105 頁。

高　明：《古文字的形旁及其形體演變》，中國古文字研究會編《古文字研究》第四輯第 41—90 頁，中華書局 1980 年。

———編著：《古陶文彙編》，中華書局 1990 年。

———：《中國古文字學通論》，北京大學出版社 1996 年。

———：《古體漢字義近形旁通用例》，《高明論著選集》第 31—61 頁，科學出版社 2001 年。

高　明、涂白奎編著：《古文字類編》（增訂本），上海古籍出版社 2008 年。

高　明、葛英會編著：《古陶文字徵》，中華書局 1991 年。

高佑仁：《〈鄭子家喪〉、〈競公瘧〉諸“病”字的構形考察》，簡帛網：http：//www. bsm. org. cn/show_article. php？ id＝364（2010 年 1 月 4 日）。

高　正：《郭店竹書是稷下思孟學派教材》（上），簡帛研究：http：//www. jianbo. org/Wssf/Gaozheng1. htm（2000 年 5 月 10 日）。

顧史考:《上博楚簡〈用曰〉章解》,武漢大學中國傳統文化研究中心編《人文論叢》第717—770頁,武漢,2008年。

郭店楚簡研究(國際)中心編:《古墓新知——紀念郭店楚簡出土十周年論文專輯》,香港國際炎黃文化出版社2003年。

郭静雲:《先秦自然哲學中"天恒"觀念》,郭齊勇主編《儒家文化研究》第一輯第357—375頁,三聯書店2007年。

———:《"媺"與"美"之區分——以〈緇衣〉爲出發點》,簡帛研究:http://jian-bo. sdu. edu. cn/admin3/2008/guojingyun001. htm#_ftnref8(2008年)。

———:《"虍"與"禦"——論二字在商周語文中的涵義以及其在戰國漢代時期的關係》,簡帛研究:http://www. bamboosilk. org/admin3/2009/guojingyun012. htm(2009年10月23日)。

郭蕾蕾:《〈上海博物館藏戰國楚竹書(六)〉研究概況及文字編》,吉林大學碩士學位論文,2008年。

郭沫若:《青銅時代》,人民出版社1954年。

———:《金文叢考》,人民出版社1954年。

———:《十批判書》,東方出版社1996年。

———:《卜辭通纂》,科學出版社2003年。

郭若愚編著:《戰國楚簡文字編》,上海書畫出版社1994年。

郭錫良:《古音手册》,北京大學出版社1986年。

[英]哈特曼、斯托克著,黃長著等譯:《語言與語言學詞典》,上海辭書出版社1981年。

韓同蘭:《戰國楚文字用字調查》,華東師範大學博士學位論文,2003年。

韓　偉:《論異形字的文化考古價值》,《中州學刊》2006年第6期第237—239頁。

韓義剛:《〈上海博物館藏戰國楚竹書(七)〉研究概況及文字編》,吉林大學碩士學位論文,2011年。

何九盈:《漢字文化學》,遼寧人民出版社2000年。

何琳儀:《中山王器考釋拾遺》,《史學集刊》1984年第3期第5—10頁。

———:《戰國古文字典》,中華書局1998年。

———:《滬簡〈詩論〉選釋》,朱淵清、廖名春主編《上博館藏戰國楚竹書研究》第243—259頁,上海書店出版社2002年。

———:《戰國文字通論(訂補)》,江蘇教育出版社2003年。

何家興:《戰國文字分域研究》,安徽大學碩士學位論文,2010 年。

何有祖:《讀〈上博六〉劄記》,簡帛網:http://www. bsm. org. cn/show_article.
　php? id=596(2007 年 7 月 9 日)。

———:《上博七〈鄭子家喪〉劄記》,簡帛網:http://www. bsm. org. cn/show_arti-
　cle. php? id=917(2008 年 12 月 31 日)。

河南省文物研究所:《信陽楚墓》,文物出版社 1986 年。

河南省文物考古研究所:《新蔡葛陵楚墓》,大象出版社 2003 年。

洪　颺:《古文字考釋通假關係研究》,福建人民出版社 2008 年。

侯乃峰:《上博(七)字詞雜記六則》,復旦大學出土文獻與古文字研究中心網:
　http://www. guwenzi. com/Srcshow. asp? Src_ID=665(2009 年 1 月 16 日)。

侯外廬等:《中國思想通史》,人民出版社 1957 年。

湖北省博物館:《曾侯乙墓》,文物出版社 1989 年。

湖北省荆沙鐵路考古隊:《包山楚簡》,文物出版社 1991 年。

湖北省文物考古研究所、北京大學中文系編:《望山楚簡》,中華書局 1995 年。

———編:《九店楚簡》,中華書局 2000 年。

胡　傑:《先秦楚系簡帛語音研究》,華中科技大學博士學位論文,2009 年。

胡志明:《戰國文字異體現象研究》,福建師範大學博士學位論文,2007 年。

黄德寬等:《新出楚簡文字考》,安徽大學出版社 2007 年。

黄德寬主編:《古文字譜系疏證》,商務印書館 2007 年。

黄人二:《戰國楚簡研究》,上海古籍出版社 2012 年。

黄人二、林志鵬:《上博藏簡第三册恒先試探》,簡帛研究:http://www. jianbo.
　org/admin3/html/huangrener03. htm#_ftnref3(2004 年 5 月 12 日)。

黄盛璋:《三晉銅器的國別、年代與相關制度問題》,中國古文字研究會等編《古
　文字研究》第十七輯第 1—66 頁,中華書局 1989 年。

黄文傑:《秦至漢初簡帛文字研究》,商務印書館 2008 年。

黄錫全:《汗簡注釋》,武漢大學出版社 1990 年。

———:《讀上博〈戰國楚竹書(三)〉劄記六則》,簡帛研究:http://www. jianbo.
　org/admin3/html/huangxiquan01. htm#_ednref17(2004 年 4 月 29 日)。

冀小軍:《郭店楚簡〈語叢四〉12—14 號簡考釋》,簡帛研究:http://www. jianbo.
　org/Wssf/2003/jixiaojun01. htm(2003 年 6 月 25 日)。

季旭昇:《説文新證》,臺灣藝文印書館 2004 年。

———:《〈上博三·仲弓〉篇零釋三則》,簡帛研究:http://www. jianbo. org/AD-

MIN3/HTML/jixusheng02. htm(2004 年 4 月 23 日)。

———:《〈上博三·周易〉零釋七則》,簡帛研究:http://www. jianbo. org/AD-MIN3/HTML/jixusheng03. htm(2004 年 4 月 24 日)。

———:《上博五芻議》,簡帛網:http://www. bsm. org. cn/show_article. php? id=195(2006 年 2 月 18 日)。

———主編:《上海博物館藏戰國楚竹書(一)讀本》,北京大學出版社 2009 年。

蔣德平:《從楚簡新出字中的分化字看戰國時期的"文字異形"》,《華東師範大學學報》(哲學社會科學版)2008 年第 5 期第 113—118 頁。

蔣　文:《上海博物館藏戰國楚竹書(六)文字編》,復旦大學出土文獻與古文字研究中心網:http://www. gwz. fudan. edu. cn/SrcShow. asp? Src_ID=480(2008年 8 月 2 日)。

金岷彬:《試談楚簡的用字》,北大中文論壇:http://www. pkucn. com/viewthread. php? tid=209619(2007 年 11 月 1 日)。

荆門市博物館編:《郭店楚墓竹簡》,文物出版社 1998 年。

康少峰:《"悫(忨)"字本義辨析》,《求索》2004 年第 4 期第 218—219 頁。

匡鵬飛、廖媛媛:《楚簡異體字形與代表字形的形體差異比較》,《湖南科技學院學報》2012 年第 2 期第 168—173 頁。

雷金方:《〈上海博物館藏戰國楚竹書(七)〉文字編》,安徽大學碩士學位論文,2010 年。

李　彩:《陳淳〈北溪字義〉訓詁特點》,《鹽城師範學院學報》(人文社會科學版)2012 年第 4 期第 56—58 頁。

李方桂:《上古音研究》,商務印書館 1980 年。

李家浩:《從戰國"忠信"印談古文字中的異讀現象》,《北京大學學報》(哲學社會科學版)1987 年第 2 期第 9—19 頁。

李　零:《長沙子彈庫戰國楚帛書研究》,中華書局 1985 年。

———:《包山楚簡研究(占卜類)》,《中國典籍與文化》1993 年第 1 期第 425—448 頁。

———:《上博楚簡校讀記(之一)——〈子羔〉篇"孔子詩論"部分》,簡帛研究:http://www. jianbo. org/Zzwk/2002/L/liling. htm(2002 年 1 月 4 日)。

———:《上博楚簡校讀記(之二):〈緇衣〉》,簡帛研究:http://www. bamboosilk. org/Wssf/2002/liling02. htm(2002 年 1 月 7 日)。

———:《上博楚簡校讀記(之三):〈性情〉》,簡帛研究:http://www. jianbo. org/

Zzwk/2002/L/liling. htm(2002 年 1 月 9 日)。

———:《郭店楚簡校讀記》(增訂本),中國人民大學出版社 2007 年。

———:《上博楚簡三篇校讀記》,中國人民大學出版社 2007 年。

李　敏:《〈上海博物館藏戰國楚竹書(九)〉文字編》,安徽大學碩士學位論文,2014 年。

李　圃主編:《古文字詁林》,上海教育出版社 1999 年。

李　銳:《清華大學簡帛講讀班第三十二次研討會綜述》,孔子 2000 網:http://www. confucius2000. com/qhjb/032. htm(2004 年 4 月 15 日)。

———:《〈仲弓〉補釋》,孔子 2000 網:http://www. confucius2000. com/qhjb/zhonggongbushi. htm(2004 年 4 月 15 日)。

———:《讀上博四劄記》(二),孔子 2000 網:http://www. confucius2000. com/admin/list. asp? id=1618(2005 年 2 月 20 日)。

李守奎:《〈説文〉古文與楚文字互證三則》,中國古文字研究會編《古文字研究》第二十四輯第 468—472 頁,中華書局 2002 年。

———編著:《楚文字編》,華東師範大學出版社 2003 年。

———:《略論楚文字與小篆的關係——兼論依〈説文〉部首編著的古文字編的體例》,《北華大學學報》(社會科學版)2003 年第 2 期第 3—6 頁。

———:《出土楚文獻文字研究綜述》,《古籍整理研究學刊》2003 年第 1 期第 9—17 頁。

李守奎、曲冰、孫偉龍編著:《上海博物館藏戰國楚竹書(一——五)文字編》,作家出版社 2007 年。

李守奎、賈連翔、馬楠編著:《包山楚墓文字全編》,上海古籍出版社 2012 年。

李松儒:《香港中文大學藏戰國簡的歸屬(之一)》,復旦大學出土文獻與古文字研究中心網:http://www. gwz. fudan. edu. cn/SrcShow. asp? Src_ID=1176(2010 年 6 月 7 日)。

李天虹:《郭店竹簡〈性自命出〉研究》,湖北教育出版社 2003 年。

———:《楚簡文字形體混同、混訛舉例》,《江漢考古》2005 年第 3 期第 83—87 頁。

———:《〈鄭子家喪〉補釋》,簡帛網:http://www. bsm. org. cn/show_article. php? id=967(2009 年 1 月 12 日)。

李孝定:《甲骨文字集釋》,臺灣史語所專刊之五十,1970 年。

李學勤:《戰國時代的秦國銅器》,《文物參考資料》1957 年第 8 期第 38—40、

53 頁。

———:《戰國題銘概述》(上、中、下),《文物》1959 年第 7 期第 50—54 頁;第 8 期第 60—63 頁;第 9 期第 58—61 頁。

———:《由蔡侯墓青銅器看"初吉"和"吉日"》,《中國社會科學院研究生院學報》1998 年第 5 期第 85—88 頁。

———:《簡帛書籍的發現及其影響》,《文物》1999 年第 10 期第 38—43 頁。

———:《上海博物館藏楚竹書〈詩論〉分章釋文》,邢文編《國際簡帛研究通訊》第二卷第 2 期,2002 年。

———:《〈詩論〉的體裁和作者》,朱淵清、廖名春主編《上博館藏戰國竹書研究》第 51—61 頁,上海書店出版社 2002 年。

———主編:《清華大學藏戰國竹簡》(壹)—(柒),中西書局 2010—2017 年。

李運富:《從楚文字的構形系統看戰國文字在漢字發展史上的地位》,《徐州師範大學學報》(哲學社會科學版)1997 年第 3 期第 35—39 頁。

連劭名:《郭店楚簡〈語叢〉叢釋》,《孔子研究》2003 年第 2 期第 24—32、91 頁。

廖名春:《"仁"字探源》,《中國學術》第 4 期第 123—139 頁,商務印書館 2001 年。

———:《上海博物館藏詩論簡校釋剳記》,朱淵清、廖名春主編《上博館藏戰國楚竹書研究》第 260—276 頁,上海書店出版社 2002 年。

———:《上博〈詩論〉簡的形制和編連》,《孔子研究》2002 年第 2 期第 10—16 頁。

———:《上博〈詩論〉簡的作者和作年》,《齊魯學刊》2002 年第 2 期第 94—99 頁。

———:《出土簡帛叢考》,湖北教育出版社 2004 年。

———:《上博藏楚竹書〈恒先〉簡釋》(修訂稿),孔子 2000 網:http://www.confuciius2000.com/admin/list.aso? id=1552(2004 年 4 月 22 日)。

———:《楚簡〈仲弓〉與〈論語·子路〉仲弓章讀記》,《淮陰師範學院學報》(哲學社會科學版)2005 年第 1 期第 1—4 頁。

———:《楚竹書〈曹沫之陳〉與〈慎子〉佚文》,林慶彰、李學勤編《新出土文獻與先秦思想重構》第 139—150 頁,臺灣書房出版有限公司 2007 年。

梁春勝:《〈戰國古文字典〉引近代漢字資料辨析》,復旦大學出土文獻與古文字研究中心網:http://www.gwz.fudan.edu.cn/SrcShow.asp? Src_ID=510(2008 年 9 月 1 日)。

梁　　濤:《郭店楚簡與思孟學派》,中國人民大學出版社 2008 年。

林慶彰、李學勤編:《新出土文獻與先秦思想重構》,臺灣書房出版有限公司
　　2007 年。

林　　源:《〈説文〉心部字研究》,復旦大學博士學位論文,2004 年。

劉寶俊:《秦漢帛書音系》,華中工學院碩士學位論文,1985 年。

———:《郭店楚簡"仁"字三形的構形理據》,《中南民族大學學報》(人文社會
　　科學版)2005 年第 5 期第 129—132 頁。

———:《論戰國楚簡從"心"之字與心性之學》,《中南民族大學學報》(人文社
　　會科學版)2009 年第 2 期第 162—169 頁。

———:《戰國楚簡文字釋讀一則:"恧(過)"》,羅漫主編《學術一甲子》第
　　312—314 頁,世界圖書出版公司 2011 年。

———:《戰國楚簡"心"符系列特形文字研究》,華中科技大學博士學位論文,
　　2012 年。

———:《論戰國古文"仁"字》,《中南民族大學學報》(人文社會科學版)2013
　　年第 3 期第 154—158 頁。

———:《戰國楚簡"悳"字形義考辨》,《語言研究》2014 年第 1 期第 27—32 頁。

———:《楚國出土文獻異形文字形義關係研究》,《語言研究》2015 年第 3 期第
　　83—91 頁。

———:《論戰國古文"義"字》,《中南民族大學學報》(人文社會科學版)2015
　　年第 3 期第 112—115 頁。

———:《社會語言學》,科學出版社 2016 年。

———:《論戰國楚簡特形字"忿"和"悆"》,《語言研究》2019 年第 3 期第 104—
　　108 頁。

劉　　波:《包山楚簡語言研究》,北京師範大學碩士學位論文,2005 年。

劉國勝:《包山二七八號簡釋文及其歸屬問題》,《中國文字學學術研討會文集》
　　第 235—236 頁,臺灣萬卷樓圖書有限公司 2002 年。

———:《楚喪葬簡牘集釋》,武漢大學博士學位論文,2003 年。

劉洪濤:《清華簡補釋四則》,復旦大學出土文獻與古文字研究中心網:http://
　　www. gwz. fudan. edu. cn/SrcShow. asp? Src_ID = 1479(2011 年 4 月 27 日)。

劉　　翔:《中國傳統價值觀詮釋學》,生活・讀書・新知三聯書店 1996 年。

———等編著:《商周古文字讀本》,語文出版社 1989 年。

劉信芳:《郭店竹簡文字考釋拾遺》,《江漢考古》2000 年第 1 期第 42—46、

32 頁。

———:《關於上博藏楚簡的幾點討論意見》,簡帛研究:http://www. jianbo. org/Wssf/2002/liuxinfang01. htm(2002 年 2 月 13 日)。

———:《楚簡〈詩論〉述學九則》,簡帛研究:http://www. jianbo. org/Wssf/2002/liuxinfang001. htm(2002 年 7 月 31 日)。

———:《上博館藏戰國楚簡:孔子詩論述學》,安徽大學出版社 2003 年。

———:《包山楚簡解詁》,臺灣藝文印書館 2003 年。

———:《上博藏竹書〈恒先〉試解》,簡帛研究:http://www. jianbo. org/search. asp(2004 年 5 月 16 日)。

———:《關於竹書"錯別字"的探討》,《考古》2006 年第 10 期第 66—76 頁。

———:《上博藏六〈用曰〉12、13 號簡試解》,簡帛網:http://www. bsm. org. cn/show_article. php? id=674(2007 年 7 月 28 日)。

———:《〈上博藏六〉試解之三》,簡帛研究:http://jianbo. sdu. edu. cn/admin3/2007/liuxinfang0001. htm(2007 年 8 月 10 日)。

劉　雨:《信陽楚簡釋文與考釋》,河南省文物研究所《信陽楚墓》第 124—136 頁,文物出版社 1986 年。

劉　雲:《戰國文字異體字研究》,北京大學博士學位論文,2012 年。

劉　釗:《包山楚簡文字考釋》,香港《東方文化》1998 年 1、2 合期。

———:《讀〈上海博物館藏戰國竹書〉(一)劄記》,朱淵清、廖名春主編《上博館藏戰國楚竹書研究》第 289—291 頁,上海書店出版社 2002 年。

———:《郭店楚簡校釋》,福建人民出版社 2003 年。

———:《古文字構形學》,福建人民出版社 2006 年。

樓　蘭:《構件視覺的秦簡牘文和楚簡帛文構形差異比較研究》,華東師範大學博士學位論文,2009 年。

———:《不重複字形層面的秦楚簡文構形差異比較研究》,《平頂山學院學報》2010 年第 6 期第 113—116 頁。

———:《戰國秦簡牘文、楚簡帛文本體比較研究綜述》,《廣西社會科學》2010 年第 8 期第 135—138 頁。

———:《秦楚簡文構形差異比較研究》,《古漢語研究》2012 年第 4 期第 85—96 頁。

盧海波:《〈上海博物館藏戰國楚竹書(七)〉研究情況及文字編》,東北師範大學碩士學位論文,2011 年。

羅常培:《語言與文化》,語文出版社 1989 年。

羅福頤編:《漢印文字徵》,文物出版社 1978 年。

———主編:《古璽文編》,文物出版社 1981 年。

———主編:《古璽彙編》,文物出版社 1981 年。

羅志翔:《〈説文〉心部字研究及溯源》,黑龍江大學碩士學位論文,2002 年。

羅竹風主編:《漢語大詞典》(縮印本),漢語大詞典出版社 1997 年。

馬承源:《竹書〈孔子詩論〉兼及詩的有關資料(摘要)》,艾蘭、邢文編《新出簡帛研究》第 1—3 頁,文物出版社 2004 年。

———主編:《上海博物館藏戰國楚竹書》(一)—(九),上海古籍出版社 2001—2012 年。

馬敘倫:《説文解字六書疏證》,上海書店 1985 年。

孟蓬生:《上博竹書(三)字詞考釋》,簡帛研究:http://www. jianbo. org/admin3/html/mengpengsheng01. htm(2004 年 4 月 26 日)。

歐陽禎人:《先秦儒家文獻中的"性"》,論文中國網:http://www. lw-cn. cn/Lunwen/zhexue/cnzx/200710/87. html(2007 年 10 月 28 日)。

龐　樸:《孔孟之間——郭店楚簡的思想史地位》,《中國社會科學》1998 年第 5 期第 88—95 頁。

———:《初讀郭店楚簡》,《歷史研究》1998 年第 4 期第 5—10 頁。

———:《親自觸摸一下歷史——漫説郭店楚簡之一》,《尋根》1999 年第 1 期第 4—5 頁。

———:《郢燕書説——郭店楚簡中山三器心旁文字試説》,武漢大學中國文化研究院編《郭店楚簡國際學術研討會論文集》第 37—42 頁,湖北人民出版社 2000 年。

———:《古墓新知——漫讀郭店楚簡》,姜廣輝主編《〈中國哲學〉第二十輯·郭店楚簡研究》第 7—12 頁,遼寧教育出版社 2000 年。

———:《"仁"字臆斷》,《尋根》2001 年第 1 期第 4—8 頁。

———:《郭店楚簡與先秦哲學》,水木清華 BBS:http://www. smth. edu. cn/bbsanc. php? path＝％2Fgroups％2Fthu. faq％2FSHSS％2Fzuopin％2Fwenzhai％2Fwhgw％2Fchineseculture％2FM. 983356875. A(2001 年 2 月 28 日)。

———:《上博藏簡零箋》,朱淵清、廖名春主編《上博館藏戰國楚竹書研究》第 233—242 頁,上海書店出版社 2002 年。

———:《古墓新知——郭店楚簡的價值》,《荆門職業技術學院學報》2003 年第

2 期第 1—5 頁。

———:《〈恒先〉試讀》,國學網:http://www.guoxue.com/ws/html/chinassx2/20040603/734.html(2004 年 6 月 3 日)。

———:《試析仁義内外之辨》,《文史哲》2006 年第 5 期第 28—30 頁。

———:《説"仁"》,《文史哲》2011 年第 3 期第 16—18 頁。

彭　林:《〈郭店楚簡・性自命出〉補釋》,姜廣輝主編《〈中國哲學〉第二十輯・郭店楚簡研究》第 315—320 頁,遼寧教育出版社 2000 年。

秦樺林、淩瑜:《"習以不可改也"——楚簡〈恒先〉中有關"語言符號的强制性"的思想》,孔子 2000 網:http://www.confucius2000.com/admin/list.asp? id=1552(2005 年 1 月 10 日)。

邱傳亮:《楚璽文字集釋》,吉林大學碩士學位論文,2005 年。

邱德修:《〈上博簡〉(一)"詩無隱志"考》,朱淵清、廖名春主編《上博藏戰國楚竹書研究》第 292—306 頁,上海書店出版社 2002 年。

裘錫圭:《文字學概要》,商務印書館 1988 年。

———:《説字小記・説"恖"、"聰"》,裘錫圭《古文字論集》第 642—643 頁,中華書局 1992 年。

———:《郭店〈老子〉簡初探》,陳鼓應主編《道家文化研究・郭店楚簡專號》第 25—63 頁,三聯書店 1999 年。

———:《糾正我在郭店〈老子〉簡中的一個錯誤——關於"絶僞棄詐"》,武漢大學中國文化研究所編《郭店楚簡國際學術研討會論文集》第 25—30 頁,湖北人民出版社 2000 年。

———:《關於〈孔子詩論〉》,姜廣輝主編《中國哲學》第二十四輯第 139—142 頁,遼寧教育出版社 2002 年。

———:《談談上博簡和郭店簡中的錯別字》,裘錫圭《中國出土古文獻十講》第 308—316 頁,復旦大學出版社 2004 年。

———:《上博簡〈相邦之道〉1 號簡考釋》,黄德寬主編《中國文字學報》第一輯第 68—72 頁,商務印書館 2006 年。

饒宗頤:《竹書〈詩序〉小箋(二)論"齊"與"隱"》,簡帛研究:http://www.jianbo.org/Wssf/2002/xuwenwu02.htm(2002 年 2 月 21 日)。

———:《竹書〈詩序〉小箋》,朱淵清、廖名春主編《上博館藏戰國楚竹書研究》第 228—232 頁,上海書店出版社 2002 年。

饒宗頤、曾憲通編著:《楚帛書》,中華書局香港分局 1985 年。

容　庚編著,張振林、馬國權摹補:《金文編》,中華書局 1985 年。

容　庚編著,嚴志斌校補:《四版〈金文編〉校補》,吉林大學出版社 2001 年。

容　谷:《卜辭中"仁"字質疑》,《復旦大學學報》(社會科學版)1980 年第 4 期第 90—91 頁。

山西省文物工作委員會編:《侯馬盟書》,文物出版社 1976 年。

單周堯、黎廣基:《讀上博楚竹書〈從政〉甲篇"惡則亡新"劄記》,簡帛研究:http://www.jianbo.org/Wssf/2003/shanli01.htm(2003 年 1 月 22 日)。

單育辰:《占畢隨録之十五》,復旦大學出土文獻與古文字研究中心網:http://www.gwz.fudan.edu.cn/SrcShow.asp? Src_ID=1606(2011 年 7 月 22 日)。

商承祚:《説文中之古文考》,上海古籍出版社 1983 年。

申紅義:《上海博物館藏戰國楚竹書(三)〈仲弓〉雜記》,簡帛研究:http://www.bamboosilk.org/ADMIN3/HTML/shenhongyi01.htm(2004 年 6 月 30 日)。

———:《出土楚簡與傳世典籍異文研究》,四川大學博士學位論文,2006 年。

沈兼士著,葛益信、啟功整理:《沈兼士學術論文集》,中華書局 1986 年。

沈之傑:《楚簡帛文字研究——形聲字初探篇》,華東師範大學碩士學位論文,2005 年。

宋華强:《新蔡葛陵楚簡初探》,武漢大學出版社 2010 年。

蘇建洲:《釋楚竹書幾個從"尤"的字形》,復旦大學出土文獻與古文字研究中心網:http://www.gwz.fudan.edu.cn/SrcShow.asp? Src_ID=287(2008 年 1 月 1日)。

睡虎地秦墓竹簡整理小組編:《睡虎地秦墓竹簡》,文物出版社 1990 年。

孫　剛編纂:《齊文字編》,福建人民出版社 2010 年。

孫偉龍:《〈上海博物館藏戰國楚竹書〉文字羨符研究》,吉林大學博士學位論文,2009 年。

湯餘惠:《略論戰國文字形體研究中的幾個問題》,中國古文字研究會等編《古文字研究》第十五輯第 9—100 頁,中華書局 1986 年。

———主編:《戰國文字編》,福建人民出版社 2001 年。

湯志彪:《三晉文字編》,吉林大學博士學位論文,2009 年。

唐　蘭:《中國文字學》,上海古籍出版社 1979 年。

———:《古文字學導論》(增訂本),齊魯書社 1981 年。

唐作藩:《上古音手册》,江蘇人民出版社 1982 年。

滕壬生:《楚系簡帛文字編》(增訂本),湖北教育出版社 2008 年。

汪中文:《〈仲弓〉"雍也憧(惷)愚"解》,簡帛研究:http://www. jianbo. org/ad-min3/2005/wangzhongwen001. htm(2005 年 12 月 17 日)。

王愛民:《燕文字編》,吉林大學碩士學位論文,2010 年。

王　波:《郭店楚簡形聲字定量研究》,華東師範大學博士學位論文,2007 年。

王國維:《古史新證——王國維最後的講義》,清華大學出版社 1994 年。

———:《王國維全集》,浙江教育出版社 2009 年。

王　輝:《古文字通假釋例》,臺灣藝文印書館 1993 年。

王錦華:《楚簡帛文字内部構形差異研究》,華東師範大學博士學位論文,2008 年。

王凱博:《上博八文字編》,復旦大學出土文獻與古文字研究中心網:http://www. gwz. fudan. edu. cn/SrcShow. asp? Src_ID=1765(2012 年 1 月 3 日)。

王　力:《龍蟲並雕齋文集》第一册,中華書局 1981 年。

王　寧:《釋"蝁"》,復旦大學出土文獻與古文字研究中心網:http://www. gwz. fudan. edu. cn/SrcShow. asp? Src_ID=1083(2010 年 2 月 16 日)。

王挺斌:《戰國時代"㠯"字考論》(文稿),2019 年。

王志平:《〈恒先〉管窺》,簡帛研究:http://www. bamboosilk. org/showarticle. asp? articleid=922(2004 年 5 月 8 日)。

吴建偉:《戰國楚文字構件系統分析和〈上海博物館藏戰國楚竹書(一)〉文字考辨》,華東師範大學博士學位論文,2004 年。

吴升國:《春秋文字研究》,安徽大學博士學位論文,2005 年。

蕭　毅:《楚簡文字研究》,武漢大學出版社 2010 年。

徐在國:《隸定古文疏證》,安徽大學出版社 2002 年。

徐中舒主編:《漢語古文字字形表》,四川人民出版社 1981 年。

———主編:《甲骨文字典》,四川辭書出版社 1988 年。

———主編:《漢語大字典》(縮印本),湖北辭書出版社、四川辭書出版社 1992 年。

徐中舒、伍仕謙:《中山三器釋文及宫室圖説明》,《中國史研究》1979 年第 4 期第 85 頁。

徐文武:《楚簡〈老子〉"絶智棄辯"章解讀》,《江漢論壇》2004 年第 4 期第 75—79 頁。

徐新偉:《楚文字字形系統再認識——〈楚文字編〉補正》,華東師範大學博士學位論文,2008 年。

許抗生:《初讀郭店竹簡〈老子〉》,姜廣輝主編《〈中國哲學〉第二十輯·郭店楚簡研究》第 93—102 頁,遼寧教育出版社 2000 年。

許進雄:《中國古代社會——文字與人類學的透視》,臺灣商務印書館 1988 年。

許全勝:《宛與智——上博〈孔子詩論〉簡二題》,廖名春編《新出楚簡與儒學思想國際學術研討會論文集》,清華大學出版社 2002 年。

許志雄編:《秦印文字彙編》,河南美術出版社 2001 年。

顏世鉉:《上博楚竹書散論》,《齊魯學刊》2003 年第 6 期第 101—103 頁。

楊　琪:《説"治"》,復旦大學出土文獻與古文字研究中心網:http://www. gwz. fudan. edu. cn/SrcShow. asp? Src_ID = 999(2009 年 11 月 27 日)。

楊儒賓:《子思學派試探》,簡帛研究:http://www. jianbo. org/admin3/list. asp? id = 1201(2004 年 5 月 23 日)。

楊樹達:《積微居金文説》,中國科學院 1952 年。

———:《積微居小學述林》,中華書局 1983 年。

———:《積微居小學金石論叢》,中華書局 1983 年。

楊媛媛:《九店楚簡文字編》,安徽大學碩士學位論文,2009 年。

楊澤生:《關於郭店楚簡〈緇衣〉篇的兩處異文》,《孔子研究》2002 年第 1 期第 36—39 頁。

———:《上海博物館所藏楚簡文字説叢》,簡帛研究:http://www. jianbo. org/Wssf/2002/yangzesheng02. htm(2002 年 2 月 3 日)。

———:《戰國竹書研究》,中山大學出版社 2009 年。

姚小鷗:《〈孔子詩論〉第九簡黃鳥句的釋文與考釋》,廖名春主編《新出楚簡與儒學思想國際學術研討會論文集》,清華大學出版社 2002 年。

余　瑾:《清華大學簡帛講讀班第十九次研討會綜述》,孔子 2000 網:http://www. confucius2000. com/qhjb/019. htm(2002 年 4 月 13 日)。

余　璐:《〈説文解字〉楚方言詞研究》,安徽大學博士學位論文,2007 年。

于豪亮:《中山三器銘文考釋》,《考古學報》1979 年第 2 期第 171—184 頁。

于勝玥:《基於〈戰國文字編〉的戰國文字地域特徵研究》,華東師範大學碩士學位論文,2011 年。

于省吾:《甲骨文字釋林》,中華書局 1979 年。

———主編:《甲骨文字詁林》,中華書局 1999 年。

俞志慧:《〈孔子詩論〉五題》,朱淵清、廖名春主編《上博館藏戰國楚竹書研究》第 307—326 頁,上海書店出版社 2002 年。

———:《竹書〈孔子詩論〉的論詩特點及其詩學史的地位》,臺灣《漢學研究》2003 年第 1 期第 23—45 頁。

虞萬里:《上博館藏楚竹書〈緇衣〉綜合研究》,武漢大學出版社 2009 年。

袁金平:《新蔡葛陵楚簡字詞研究》,安徽大學博士學位論文,2007 年。

雲夢睡虎地秦墓編寫組:《雲夢睡虎地秦墓》,文物出版社 1981 年。

曾憲通撰集:《長沙楚帛書文字編》,中華書局 1993 年。

張傳旭:《楚文字形體演變的現象與規律》,首都師範大學博士學位論文,2002 年。

張　峰:《楚系簡帛文字訛書研究》,吉林大學博士學位論文,2008 年。

張富海:《説"矣"》,中國古文字研究會等編《古文字研究》第二十六輯第 502—504 頁,中華書局 2006 年。

張光裕、滕壬生、黄錫全主編:《曾侯乙墓竹簡文字編》,臺灣藝文印書館 1997 年。

張　晗編纂:《古幣文編》,中華書局 1986 年。

張繼文、高華平:《論墨子"仁義觀"——從〈墨子〉中"義"字的原始形體來考察》,《社會科學家》2012 年第 7 期第 32—36 頁。

張家山二四七號漢墓竹簡整理小組:《張家山漢墓竹簡[二四七號墓]》,文物出版社 2001 年。

張　静:《郭店楚簡文字研究》,安徽大學博士學位論文,2002 年。

張立文:《略論郭店楚簡的"仁義"思想》,《孔子研究》1999 年第 1 期第 56—69 頁。

張守中撰集:《中山王𗊌器文字編》,中華書局 1981 年。

———撰集:《睡虎地秦簡文字編》,文物出版社 1994 年。

———撰集:《包山楚簡文字編》,文物出版社 1996 年。

張守中、孫小滄、郝建文撰集:《郭店楚簡文字編》,文物出版社 2000 年。

張通海:《楚系簡帛文字字用研究》,安徽大學博士學位論文,2009 年。

張新俊:《上博楚簡文字研究》,吉林大學博士學位論文,2005 年。

———:《〈鄭子家喪〉"㥜"字試解》,復旦大學出土文獻與古文字研究中心網:http://www.guwenzi.com/SrcShow.asp? Src_ID＝604(2009 年 1 月 3 日)。

張新俊、張勝波:《新蔡葛陵楚簡文字編》,巴蜀書社 2008 年。

趙建功:《〈恒先〉新解六則》,孔子 2000 網:http://www.confucius2000.com/qhjb/xhxinjie3ze.htm(2004 年 6 月 9 日)。

趙建偉:《郭店竹簡〈忠信之道〉、〈性自命出〉校釋》,《中國哲學史》1999 年第 2
　　期第 34—39 頁。

趙　彤:《戰國楚方言音系》,中國戲劇出版社 2006 年。

趙學清:《戰國東方五國文字構形系統研究》,上海教育出版社 2005 年。

中國科學院考古研究所編輯:《甲骨文編》,中華書局 1965 年。

中國文物研究所、湖北省文物考古研究所:《龍崗秦簡》,中華書局 2001 年。

周　波:《戰國時代各系文字間的用字差異現象研究》,復旦大學博士學位論文,
　　2008 年。

周鳳五:《〈孔子詩論〉新釋文及注解》,朱淵清、廖名春主編《上博館藏戰國楚竹
　　書研究》第 152—172 頁,上海書店出版社 2002 年。

朱德熙、裘錫圭:《平山中山王墓銅器銘文的初步研究》,《文物》1979 年第 1 期
　　第 42—52 頁。

朱淵清:《讀簡偶識》,朱淵清、廖名春主編《上博館藏戰國楚竹書研究》第 403—
　　407 頁,上海書店出版社 2002 年。

宗福邦、陳世鐃、蕭海波主編:《故訓匯纂》,商務印書館 2003 年。

後　記

　　1982 年春,我從華中師範學院中文系畢業,有幸考入剛剛組建的華中工學院中國語言研究所,師從著名語言學家、音韻學家嚴學宭先生,攻讀漢語史專業研究生。畢業論文即擇取長沙馬王堆漢墓出土帛書中有語音關係的異文和通假字,研究秦漢時期楚地方言的音韻,撰成《秦漢帛書音系》一文。在研究中深切體會到出土文獻對於語言文字研究的重要性,從而十分關注各種新出土文獻。當時最常看的雜誌,不是《中國語文》之類,而是國家文物局主管的《文物》雜誌。每當看到《文物》登載的新出土先秦兩漢文獻信息,常常就有莫名的興奮和研究的衝動。同時也結識了一批利用馬王堆出土帛書研究中國古代哲學思想史的著名專家如龐樸、于豪亮等先生。

　　研究生畢業後我任教於中南民族學院,閱讀了一批文化人類學、社會語言學的名著,加上之前對於出土文獻的初步認知,深切認識到"因文稽古、以字證史"研究方法的重要,又觸發了利用古文字的形體構造研究上古社會歷史的動機,從對上古音韻、文字的研究,轉向古文字和上古社會歷史的結合性研究,寫出了《漢字——漢族歷史文化的索引》之類的作品。1998 年《郭店楚墓竹簡》出土後,我的學術研究,就基本上轉到戰國楚簡文字與戰國社會思想關係的研究上來了。

　　這裏不得不再次提到我十分景仰的中國著名哲學思想史研究專家龐樸先生。龐先生淵博的知識、深厚的學養,我早在研究秦漢帛書音韻時就領教了。當郭店楚簡整理出版後,龐樸先生敏銳地發現楚簡中有一大批前所未見的"心"符文字,他認爲這一大批在戰國楚簡中突如其來,戰國之後又悄然而去的"心"符字,必定有其出現和消失的社會原因,他認爲這就是戰國時期儒家思孟學派"心性學"在戰國文字中的反映。著名的美籍華裔學者杜維明,以及其他從事中國古代哲學思想史研究的部分學者,也都有類似的看法,提出過類似的觀點。後來我又看到了加拿大華裔學者、古文字學家劉翔先生在其所著《中國傳統價值觀詮釋學》一書中,發現從西周到春秋戰國時期金文中"心"符字有顯著的增加,他進行系統的分析、比較、研究,亦認爲戰國金文中出現大量的"心"符字,與儒家心學中以孟子爲代表的"盡心知性"的心性道德修養理論相關。他們的觀點引起了我的强烈共鳴和研究興趣,促使我以郭店簡、上博簡和清華簡三種新出戰國楚簡爲研究對象,對其中新見"心"符字來一個全面的收集、整理、分析、研究,接連發表了幾篇研究單個新出"心"符字的論文。

2006 年,華中科技大學(原華中工學院)人文學院的博士生導師、現代頗有影響的音韻學家尉遲治平先生,積極鼓勵或者説極力"慫恿"我去讀一個博士學位。於是我難卻尉遲治平先生的好意,即拜尉遲治平先生爲師,在職攻讀語言學及應用語言學專業博士學位。尉遲治平先生本是嚴學宭先生的首屆碩士研究生,而我是嚴學宭先生的第二屆碩士研究生,我們本來是十分親密友好的師兄弟,現在一變而成師生關係,我總覺得有些彆扭。好在尉遲先生總是把我當做師弟來看待,從不顯示出老師的身份,我們亦師亦友,關係倒是更加融洽。在博士論文選題時,我選了兩個題目供尉遲先生幫我定奪,第一個是社會語言學研究,第二個就是對戰國楚簡系列新出"心"符字的研究。我的本意是希望寫第一個題目,因爲它更偏重于學理的推闡演繹,比較容易一些。而第二個題目則偏重於學識的驗證和材料的分析歸納,有相當的難度。但尉遲先生希望我寫第二個題目,因爲更見功力。於是我就定下了第二個題目爲學位論文,寫成《戰國楚簡"心"符系列特形文字研究》一文,於 2012 年通過了學位論文答辯,獲得博士學位。

本書就是在我的博士論文基礎上改寫而成的。從 2012 年至今 8 年中,在研究範圍上有較大的擴大,研究的内容也增加了不少,行文結構上作了很大的調整,對原文的分析論證也有很多的修改,幾乎面目半非。儘管如此,本書仍然存在許多的問題,例如對某些"心"符字的分析,存在證據不足、分析不透、析理不清甚至貽笑大方的錯誤,都因本人學力不足所致,懇望學界同行的批評教正。"本人之於學也,盡心焉耳矣",假如拙著還有些許可供學術研究參考的價值,還有些許嘉惠士林的作用,則不枉費本人心血,幸莫大焉!

在拙著付梓之際,尤其緬懷引導我走進出土文獻語言研究領域的恩師嚴學宭先生。先師對漢語言文字學的研究,尤其重視包括出土文獻、漢語方言、漢藏語系親屬語言等新的材料。在古文字研究領域,先師承吳其昌、唐蘭先生之學,對甲骨金文的研究有十分重要的成果貢獻於世,對於本人的研究具有深刻的影響。尉遲治平先生對於本項研究,有定奪之功。如非他當年的定題,也許就没有本書的撰成。在書稿的撰寫過程中,又指教良多。惜其長居國外,又兼目力不濟,書稿完成後未能恭請賜教,誠爲憾事。此外武漢大學文學院盧烈紅教授、席嘉教授，華中科技大學人文學院董爲光教授、程邦雄教授，對本項研究都有所指教。中華書局語言文字編輯室主任、編審秦淑華女士欣然惠允出版拙著，編輯張可女士爲本書付出了大量心血，中南民族大學中央高校基本科研業務費專項資金項目（人文社科類）（CSZ20002）給予資助，在此一併表示衷心的感謝！

　　是爲記。

劉寶俊

2020 年 1 月 18 日

于武昌南湖之濱